출애굽기
산 책

출애굽기 산책

2014년 2월 20일 초판 1쇄 발행
2022년 1월 15일 초판 3쇄 발행

지은이 | 박철현
펴낸이 | 박영호
펴낸곳 | 도서출판 솔로몬

주소 | 서울시 동작구 사당로 155 신주빌딩 B1
전화 | 599-1482
팩스 | 592-2104
직영서점 | 596-5225

등록일 | 1990년 7월 31일
등록번호 | 제 16-24호
이메일 | solcp1990@gmail.com

ISBN : 978-89-8255-515-2 03230

WALKING THROUGH EXODUS

출애굽기 산책

박철현 지음

솔로몬

머리말

이 책은 주석으로 의도된 것이 아니다. 책 제목 그대로 그야말로 "출애굽기 산책"이다. 산책을 할 때 우리는 맞닥뜨리는 모든 순간, 모든 광경에 다 주목하지 않는다. 어떤 것들은 그냥 무관심하게 지나치고, 어떤 것들은 좀 더 관심을 갖고 유심히 쳐다본다. 그리고 어떤 것들은 정말 몰두해서 살펴본다. 이처럼 이 책을 통해 나는 출애굽기의 여러 가지 사항들을 산책하듯이 살펴 볼 것이다. 어떤 본문은 슬쩍 지나칠 것이며, 어떤 본문은 좀 더 많은 관심을 기울일 것이며, 어떤 본문은 정말로 세세한 분석을 가할 것이다. 아주 가끔은 본문의 의미를 좀 더 생생하게 드러내주기 위해 내가 그 본문의 연구를 진행하면서 겪었던 에피소드를 넣는 파격을 저지르기도 할 것이다. 그 이유는 내가 연구를 하는 과정에서 겪었던 난감한 경험들이 결국은 나를 더 깊은 감동으로 이끌어주었기 때문이며, 이 책의 독자들 역시 그런 과정에 대한 이해가 더 깊은 감동을 줄 것이라고 생각하기 때문이다.

이 책이 이런 성격을 띠게 된 이유는 지난 몇 년 동안 축적해 온 출애굽기 강의를 바탕으로 하고 있기 때문이다. 나는 여기에 2009년 5,6월호의 매일성경 출애굽기 본문 해설을 집필하면서 얻은 통찰들과 박사학위 논문, 그리고 그 동안 출애굽기에 대해서 여기저기에 쓴 글들을 모았다. 거기에서 빠진 사항들은 2009년 봄 학기에 웨스트민스터 신학대학원에서 출애굽기 강의를 하면서 보충시켰다. 이처럼 이 책은 처음부터 하나의 책으로 기획되지 않았기 때문에 때로는 흐름이 부자연스러운 부분들이 있을 수도 있다. 하지만 본질적으로 나는 박사학위 연구를 시작한 때로부터 지금까지 출애굽기를 연구해 오면서 독자들이 꼭 알아야 할 중요한 점들이라고 여긴 것들을 최대한 반영하려고 노력했다.

강의와 기존의 글들을 이런 식으로 모으고 정리해서 책의 형태로 내어놓는 지금 한 가지 아쉬운 점은 은사이신 김정우 교수님께서 발행인으로 주관하신 설교 및 학술 잡지인 헤르메네이아 투데이에 출애굽기 강해의 형태로 실었던 글을 지금까지 쉬지 않고 계속 집필했었더라면 하는 점이다. 아마 그랬다면 지금쯤은 그 글들을 모으기만 했어도 하나의 번듯한, 그리고 지금보다 더 나은 책이 되었을 것 같다.

하지만 인생이란 것이 그렇게 원래의 계획이나 의도처럼 살아지지만은 않는 것 같다. 때로는 말씀의 연구가 주는 기쁨보다는 삶의 무게가 더 무겁게 어깨를 짓누르고, 더 쓰라리게 느껴지는 경우도 있는 법이다. 마치 출애굽기 6:9의 "모세가 이와 같이 이스라엘 자손에게 전하나 그들이 마음의 상함과 가혹한 노역으로 말미암아 모세의 말을 듣지 아니하였더라"는 구절처럼 나는 그 당시 박사 학위를 공부하느라 미뤄 놓았던 인생의 많은 숙제들을 마치 학습지진아가 후행 학습을 하듯이 서둘러 살아치우느라고 정신이 없었다. 특히 헤르메네이아 투데이에 출애굽기 강해 글을 싣던 기간은 가장 쓰라림을 겪는 중이었다. 그 버거움으로 인해 그 당시에는 더 이상 글을 쓸 수가 없었지만 시간이 지나고 보면 하나의 큰 후회거리로 남는다.

그래도 마침내 이 책을 마무리지을 수 있게 된 것은 무척이나 기쁘다. 가나안에 들어가지 않겠다고 버티다가 멀지도 않은 길을 40년 동안이나 헤매야했던 이스라엘처럼 나는 많은 헛길들을 돌아다닌 후에야 드디어 이 완성된 책이라는 가나안 땅에 입성하게 되었다. 아무쪼록 그동안의 여정이 현재의 나를 과거의 나보다 조금이라도 더 지혜롭게 만들었기를 소망한다.

이 책은 2009년도 봄 학기에 출애굽기 수업을 들어준 웨스트민스터 신학대학원의 M.Div. 과정 학생들과 Th.M. 성경주해과정 학생들이 없었다면 결코 나오지 못했을 것이다. 그 전까지는 출애굽기 강의를 할 때 특정 본문들에 집중해서 다루고는 했었지만 이 학기의 수업을 위해서 처음으로 나는 출애굽기 1장부터 마지막 장까지의 모든 본문을 전부 다룬 강의안을 준비하고자 하였다. 그 결과 이 책이 나오게 된 것이다. 이제 더 이상 웨스트민스터 신학대학원에서 강의를 할 수 없게 된 지금, 나중에 히브리어 배우고 나서 들으라고 강제로 수강철회를 시킨 M.Div. 1학년 학생들에게 죄송한 마음이 든다. 그 당시만 해도 나는 여러 가지 고민 속에서도 학교를 그만 두는 결정을 하리라고는 예상하지 않았다. 하지만 결과적으로 학교를 사임함으로써 그들과 다시는 수업을 통한 교제를 나눌 수 없게 된 것에 대해 진심으로 안타깝게 생각한다.

그때 강의를 하는 내내 나는 내가 강의 중에 한 말들을 책임져야 하는 순간이 오지 않을까 하는 생각을 하고는 했다. 특히 광야 여정에 대한 본문을 다루면서 만약 나에게 먹을 것과 마실 것이 떨어지는 순간이 닥친다면 과연 나는 이스라엘처럼 불평을 내뱉을 것인가, 아니면 강의를 통해서 내가 누누히 강조했던 것처럼 하나님의 은혜와 신실하심을 믿고 그 순간을 묵묵히 견뎌낼 것인가 하는 질문을 스스로에게 던지고는 했다.

다른 일할 곳이 전혀 정해지지 않은 상태에서 사표를 낸 이후 나는 지금까지 벌써 일 년 반 동안 이스라엘처럼 광야를 걷고 있는 중이다. 그 기간 동안의 삶을 되돌아볼 때 다행히도 나는 수업 시간에 내가 강조했던 신앙의 태도에서 크게 벗어나지는 않은 것 같다. 물론 가끔 내가 사임을 하지 않았더라면 지금보다는 편안하고 안전한 삶을 살고 있지 않을까 하는 후회가 들 때가 있지만 수없이 생각해봐도 나는 나의 신앙과 신념에 부합하는 결단을 내렸으며, 다시 한 번 그 시기로 돌아간다 해도 결국은 같은 결단을 내리게 될 것이라고 생각한다.

그 기간 동안 나는 신앙적인 결단이란 것은 그 결단에 부수적으로 따라오는 삶의 굴곡까지 받아들이는 것을 필요로 한다는 것을 몸으로 경험했다. 그 기간 동안 기도를 통해 내 삶의 두려움과 정처없는 막연함을 하나님 앞에 내어놓고 그 선한 손길 위에 나를 내맡길 수 없었더라면 나는 지금쯤 영혼육이 너무나도 비참한 상태에 있게 되었을지도 모른다. 다행히 하나님은 이 기간 내내 나의 마음을 항상 평안하게 지켜주셨다. 그 결과 나는 아무 보장도 갖지 못한 인생의 광야 속을 통과하면서도 단 한 번도 하나님을 원망하지 않았고, 나나 내 가족을 위해 무엇인가를 해달라고 요구하지 않았고, 단지 내가 이 기간을 통해서 하나님 앞에 더 좋은 신앙인이 되고, 하나님의 나라를 위해 더 순결하고 성실한 말씀의 사역자가 되게 해달라는 간구만을 할 수 있었다.

하나님께 지금 이 순간 기도하는 것은 별로 위대한 신앙이나 대단한 용기를 갖지 못한 나에게 오직 내가 감당할 만큼의 시험과 고난만을 허락하시고, 혹시 내가 감당치 못할 순간이 올 때에는 피할 길을 내주십사 하는 것이다. 나를 어머니의 태에서 조성하시기 전부터 나의 체질과 성품을 아시는 하나님께서 나의 약함과 한계를 아신다는 것을 나는 굳게 믿는다. 하지만 내가 정말 그 마지막 순간에 다다라랐을 때 그 한계까지도 감당해야 하는 것이 내 몫이라고 한다면 다니엘의 세 친구처럼 "그리 아니하실지라도"라고 말할 수 있게 되기를 간구한다 (단 3:18).

이 책이 이렇게 활자화되어 햇빛을 볼 수 있게 된 것에 대해서 많은 분들에게 감사를 드린다. 우선 2009년 1학기 웨스트민스터의 출애굽기 과목 학생들에게 다시 한 번 감사한다. 특히 내가 학교를 그만 둔 후에 문자와 전화 통화를 통해 여러 가지 위로와 격려를 해준 분들에게 깊은 감사를 드린다. 그들의 격려와 위로는 나에게는 만나와 메추라기보다 더 은혜로운 것이었다.

내가 출애굽기로 박사 학위를 받을 수 있게 지도해 주신 고든 맥콘빌 교수님께도 다시 한 번 감사드린다. 이제 이 책을 쓰고 보니 박사논문을 쓰기 전 몇 달 동안 교수님께서 출퇴근 때마다 내가 그날그날 쓴 글들을 가져가셔서 검토를 하신 후에 지적사항들과 더불어 갖다 주시던 때가 생각이 난다. 교수님께서 그렇게 수고를 하시는 것을 보면서 나는 극도의 피곤에도 불구하고 쉴 수가 없었다. 그때 교수님께서 그렇게 하지 않으셨더라면 나는 결코 논문을 끝내지 못했을 것이다. 교수님께서 나에게 베풀어주신 그 은혜는 평생 잊지 못할 것이다. 나 역시 미래의 나의 제자들에게 그런 스승이 되고 싶다. 지금까지 그렇게 되도록 노력해왔으며, 앞으로도 항상 그럴 것이다.

헤르메네이아 투데이에 출애굽기의 처음 몇 장에 대한 주해를 실을 수 있도록 기회를 주신, 은사이신 김정우 교수님께도 감사드린다. 그때 그 글들은 오직 학술적인 글쓰기만 해왔던 나에게 새로운 도전으로 다가왔었다. 이 책을 좀 더 다양한 독자들이 읽을 수 있다면 그때 얻은 교훈과 지혜 때문이라고 생각한다. 출애굽기의 본격적인 주석작업을 마친 후에 기회가 된다면 그때 썼던 글들에 이어서 그런 스타일로 출애굽기 강해서를 완성했으면 한다.

이 책의 출판을 허락해 주신 도서출판 솔로몬 박영호 사장님께 깊은 감사를 드린다. 원래는 1년전에 이 책이 정식으로 독자들을 만났어야 했지만 우여곡절이 많았다. 1년이나 지각을 한 이 책을 집사님은 흔쾌히 출판을 허락해주셨다. 사장님과 지난 1년 동안 신학 출판에 대해 나눈 여러가지 이야기들이 이 책을 조금이나마 더 낫게 만들었기를 바란다. 출판 전문가로서 나보다 더 많은 고견을 갖고 계심에도 나의 쓸데없는 고집에 최대한 양보해주신 점에 대해 다시 한 번 감사를 드린다.

이 자리를 빌려 가족들과 성기문 교수, 박유미 교수, 김성욱 교수, 장성길 교수 등 어려운 시절의 좋은 동역자들에게도 감사를 드린다. 내가 광야 같은 여정을 걸으면서 때로 극복하기 힘든 외로움이 있을 때마다 이들은 격려와 교제를 나누어 주었다. 아마 이들이 없었다면 나는 혼자라는 공포감을 견디기 힘들었을 것이다.

하나님께서 어줍잖은 가장인 나에게 허락하신 아내 박서영과 자녀들인 박하겸, 박하율, 박하윤에게도 감사의 마음을 표현하고자 한다. 특히 막내인 하윤이에게는 미안한 마음과 더불어 감사하는 마음이 크다. 2008년 10월에 태어날 때 어간부터 여러 가지 일들과 고민들로 인해 경황이 없어서 처음 1년여의 시간 동안 하윤이를 충분히 안아주지 못했다. 그럼에도 불구하고 별로 칭얼대지도 않고 최대한 참아주었던 하윤이는 나에게는 하나님의 은밀한 은혜에 대한 또 하나의 증표였다. 나는 밤늦게 지친 심신으로 집에 와서 하윤이가 자는 모습을 볼 때, 삐죽 내민 그 이쁜 엉덩이를 보고 너무나도 큰 행복감을 느끼고는 했다. 짧은 시간에 서둘러 낸 이 책이 나의 능력이 허락하는 것보다 조금이나마 더 나은 책이 되었다면 하윤이의 이쁜 엉덩이가 상당한 기여를 했다고 생각한다. 물론 이 글을 보고 질투를 느낄지도 모를 큰 아들 하겸이와 딸 하율이의 재롱도 그에 못지 않게 기여를 했다는 점도 밝혀 두고자 한다. 최근 간만에 아이들을 한꺼번에 등에 태우고 사자놀이를 하려고 했다. 그러나 8살, 6살, 그리고 벌써 한국 나이로는 4살이 되어버린 세 아이들을 한꺼번에 등에 태우기에는 애들이 너무나 무거워졌다는 것을 느꼈다. 그동안 삶에 많은 우여곡절이 있었음에도 불구하고 하나님께서는 나와 가족의 삶을 보호해주셨고, 아이들이 별 탈 없이 이렇게 묵직하게 성장할 수 있도록 돌봐주셨다는 것을 새삼 느꼈다. “오늘 있다가 내일 아궁이에 던져지는 들풀도 하나님이 이렇게 입히시거든 하물며 너희일까보냐”는 말씀이 참이라는 것을 하나님은 내 삶을 통해 증명하셨다.

이 책을 이렇게 내고 보니 한 가지 일을 마쳤다는 생각이 드는 것이 아니라 내가 출애굽기와 관련하여 더 공부해야 할 것들이 무엇인가를 더 선명하게 볼 수 있게 되었다는 생각이 든다. 그래서 홀가분한 마음보다는 많은 숙제를 받아든 학생과 같은 생각이 든다. 앞으로 이 책을 바탕으로 더 열심히 연구하여 아주 체계적이고 깊이와 넓이를 갖춘 본격적인 출애굽기 주석을 내놓을 수 있기를 소망하고 기도한다.

이 머리말을 손질하고 있을 즈음 나는 은사이신 김정우 교수님께서 최근에 출판하신 시편 주석 제3권을 떠올린다. 한평생 좌우로 치우치지 않고 오직 학지로서의 길을 간 그 분의 주석을 읽으면서 쇠를 천 번을 접어 두드려 만든다는 일본 명검들이 떠올랐다. 그렇게 천 번을 접었기 때문에 그 검들의 날에는 접힌 무늬가 보인다는 것이다. 교수님의 주석에 담긴 무수한 참고문헌들, 그리고 공력이 하나하나 담긴 문장들 속에는 이런 무늬가 보인다. 그 주석을 보고 있자니 이 책이 부끄러워진다. 그러나 둔한 재주를 가지고 태어나서 어찌 한 번에 명검과 같은 책을 쓰기를 바라겠는가? 이 책이 징검다리가 되어서, 다음에 다시 출애굽기로 독자를 만날 때는 독자들이 내 책에서도 그런 명검의 무늬를 볼 수 있게 되기를 바란다. 그때까지 하나님께서 내게 주신 달란트에 부끄럽지 않은 노력을 할 것을 독자들에게 약속한다.

2014. 1.20

박철현

차례

1장
서론

서론

출애굽기는 "노역에서 예배로"(from servitude to service), 그리고 하나님의 "부재에서 임재로"(from absence to presence), "하나님에 대한 앎에서 하나님에 대한 섬김으로"(from knowing to serving)의 틀을 갖고 있다. 즉 출애굽기는 바로를 섬기는 것(출 1장)에서 시작해서 하나님을 섬기는 것(출 40장)으로 끝이 나며, 하나님의 손길이 거의 느껴지지 않는 암울함(출 1장)에서 시작해서 하나님의 임재가 충만하게 느껴지는 찬란함(출 40장)으로 끝을 맺는다. 또한 하나님을 알아가는 과정을 통해서 결국 하나님을 섬기는 것으로 끝을 맺는다. 그리고 이러한 과정 중에 출애굽의 이야기, 광야에서의 돌보심, 언약과 율법, 성막 건설 등의 다양한 이야기들이 풍부하게 담겨 있다. 이런 면에서 출애굽기는 신앙과 신학의 보고이다.

책 제목

출애굽기의 히브리어 제목은 **쉐모트**이다. 이것은 고대의 책들에 제목을 붙이는 전통(참고, 교황 칙서들은 현재까지도 이 전통을 따름)을 따라서 이 책의 첫 문장인 **엘레 쉐모트**(אלה שמות)에서 따온 것이다. **쉐모트**란 단어의 뜻은 "이름들"이다. 출애굽기 저자는 책의 서두인 1:1-5에서 창

46:8-27의 족보를 요약하고 있는데, 이 족보 본문이 바로 엘레 **쉐모트**란 문구로 시작된다. 불행히도 이 히브리어 제목은 이 책의 성격을 그다지 잘 반영하고 있는 것 같지는 않다.

현재의 성경 번역본들에서 표준적으로 사용되고 있는 제목인 "출애굽기"(Exodus)란 제목은 헬라어 역본인 칠십인경의 전통을 따른 것이다. 즉 헬라어 제목인 **엑소도스**(ἔξοδος)에서 파생된 것이다. 이 단어는 "나감"(going out)이라는 의미를 갖고 있다.

구약개론들은 이 제목이 출애굽기와 잘 어울린다는 주장을 많이 하는데 이 헬라어 제목이 히브리어 제목보다 나은 것은 사실이지만 여전히 이 책의 제목으로서는 그다지 적절한 것 같지는 않다. 출애굽기에서 출애굽에 대한 내용은 사실은 총 40장 중 오직 1-15장, 즉 1/3 정도에만 국한된다. 책의 나머지 2/3의 본문은 광야 여행(15:22-18:27), 시내산 언약(19:1-24:11), 성막 건설과 황금 송아지 사건(24:12-40:38) 등 전혀 다른 내용으로 채워져 있다. 그러므로 "출애굽기"란 제목은 독자들에게 책의 내용에 대한 아주 적절한 안내 표지는 되지 못하는 것 같다. 그렇지만 유구한 역사를 가진 전통을 하루 아침에 바꾸는 것은 쉽지 않기 때문에 편의상 그냥 이 제목을 따라 쓰고자 한다.

구약 내에서의 출애굽기의 위치

출애굽기는 모세오경의 두 번째 책이다. 그러나 나는 출애굽기야말로 오경과 구약의 진정한 시작이라고 생각한다. 물론 창세기도 굉장히 중요한 내용들을 많이 담고 있는 것은 사실이다. 하지만 내용적인 면을 고려해 볼 때 창세기는 오경의 나머지 네 책과는 확연하게 구분된다. 첫째, 등장인물의 측면에서 볼 때 출애굽기-신명기는 모세와 이스라엘 민족이 그 중심에 서 있다. 그러나 창세기는 태초부터 시작해서 야곱의 열두 아들까지의 이야기만을 다루고 있다. 둘째, 시간적인 측면에서도 마찬가지이다. 출애굽기-신명기는 이스라엘이 애굽에서 노예생활을 한 것으로부터 시작해서 출애굽 후 광야 생활을 한 시기를 다루고 있다. 이 중에서 출애굽의 배경을 다루고 있는 출애굽기 1-2장을 제외한 출애굽기 3장부터 신명기 끝까지의 내용이 취급하고 있는 시간은 약 40년 정도 밖에 안된다. 반면에 창세기는 태초부터 시작해서 요셉의 죽음까지의, 측정불가능하고 엄청나게 긴 시간을 다루고 있다. 그런데도 그 분량은 나머지 네 책을 합친 분량의 1/3 정도의 밖에 안된다. 셋째, 공간적인 측면에서도 고려해 볼 때 창세기는 이스라엘이 돌아가야 할 고향인 가나안 땅이 그 중심을 차지하고 있는 반면에 오경의 나머지 네 책은 그 땅으로 돌아가기 위한 여정이 골격을 이루고 있다. 마지막으로 주제에 있어서도 창세기는 하나님이 아브라함에게 주신 축복, 후손, 땅 등의 주제가 중심인 반면에 나머지 네 책은 주로 그 약속들을 성취해가는 과정을 다루고 있다. 특히 오경의 주제 중 가장 큰 부분을 차지하는 율법 부분들은 창세기에는 전혀 나오지 않는 반면에 나머지 네 책에서는 가장 핵심적인 부분들을 차지하고 있다. 이런 여러 가지 점들을 고려해 볼 때 창세기는 오경의 나머지 책들과 확실하게 구분된다. 그럼에도 불구하고 창세기는 이스라엘 민족이 어떻게 해서 태동되었으며, 애굽에서 어떤 큰 고통을 당하게 되었는지, 그리고 그들이 왜 이 책들 속에서 가나안 땅으로 가고자 하는 열정을 갖고 있는지에 대한 단서를 제공해준다는 면에서 오경의 이 나머지 책들의 서론 역할을 하고 있다고 할 수 있다.

출애굽기는 또한 오경의 나머지 부분과 구약 전체, 그리고 심지어는 신약을 이해하는데 있어서도 가장 중심적인 기둥이 되는 책들 중의 하나이다. 출애굽기의 중요한 내용들을 생각해 보면 이 점은 금방 자명해진다. 첫째, "출애굽"이라는 주제는 오경, 구약, 신약의 중심을 관통하는 가장 중요한 주제들 중의 하나이다. 심지어 출애굽기 내에서도 이 "출애굽"이라는 주제는 두드러진다. 십계명의 서론에서 하나님은 "나는 너를 애굽 땅, 종 되었던 집에서 인도하여 낸 네 하나님 여호와니라"고 선언하신다(출 20:2; 참고 6:7). 성막 신학(출 24;12-40:38)의 중심에도 출애굽이라는 주제가 들어 있다. "내가 이스라엘 자손 중에 거하여 그들의 하나님이 되리니 그들은 내가 그들의 하나님 여호와로서 그들 중에 거하려고 그들을 애굽 땅에서 인도하여 낸 줄을 알리라. 나는 그들의 하나님 여호와니라"(출 29:45-46). 레위기의 많은 계명들의 바탕에는 출애굽이라는 주제가 들어 있다(레 11:45; 22:33; 25:38,55; 26:45). 더 나아가 이사야서(40장 등, "새 출애굽")와 호세아서(11:1; 12:9; 13:4 등) 등의 많은 선지서들도 출애굽기의 주제들과 근본적으로 연결되어 있다. 마지막으로 신약에서의 예수 그리스도의 구원은 자주 출애굽 사건과 연결된다. 이런 점은 출애굽기의 다른 주제들인 광야에서의 돌보심, 율법, 성막 등의 경우에도 마찬가지이다. 출애굽기가 없는 성경은 불가능하다.

출애굽기의 구조 및 내용 개관

출애굽기는 다음과 같이 다섯 부분으로 나누는 것이 가장 설득력이 있는 것으로 보인다.

서론(1:1-7)
출애굽(1:8-15:21)
광야여정(15:22-18:27)
시내 산 언약(19:1-24:11)
성막 건설(24:12-40:38)

서론(1:1-7)은 나머지 네 개의 단원들에 비해서 극히 미미한 정도의 분량으로 이루어져 있다. 그러나 하나의 독자적인 단원으로 취급되어야 할 이유들을 많이 갖고 있다.

첫째, 시간적인 측면에서 1:1-7은 출애굽기의 나머지 부분들과 확연하게 차이가 난다. 우선 출애굽기의 거의 대부분을 차지하고 있는 3-40장은 모세가 소명을 받은 때로부터 시작해서 성막을 완성하기까지의 약 1년 정도의 기간을 다루고 있다(출 3-40장; 참고, 출 12:2; 40:2,17). 그리고 1:8-2:25의 기간도 정확히 알 수는 없지만 그렇게 긴 시간은 아니었을 것이다. 반면에 출애굽기 1:1-7은 야곱과 열 두 아들이 가족을 데리고 애굽에 이주한 때로부터 시작해서 1:8의 "요셉을 알지 못하는 새 왕"이 등장해서 이스라엘을 박해하기 전까지의 몇백 년의 시간을 포괄하고 있다. 이 짧은 단락의 시간의 길이가 책의 나머지 모든 부분의 시간의 길이보다 훨씬 더 긴 것이다. 이처럼 이 단락은 시간적인 측면에서 확연히 다른 단원들과 차이가 난다.

둘째, 등장인물의 측면에서도 확연한 차이가 난다. 3-40장에서 주인공은 모세와 이스라엘 백성들이다. 그리고 출애굽기 1:8-2:25의 경우에도 주인공은 이들과 가까운 세대의 사람들이다. 그러나 1:1-7에서는 야곱과 열두 아들로부터 시작해서 모세의 시대에 이르기 전까지의 수많은 세대가 그 중심을 차지하고 있다.

셋째, 주제적인 측면에서도 1:1-7은 이후의 본문들과 현격하게 차이가 난다. 이 단락은 야곱과 그의 열두 아들들이 어떻게 "생육하고 불어나 번성하고 매우 강하여 온 땅에 가득하게"(1:7) 되었는지에 초점을 기울이고 있다. 반면에 이어지는 본문들은 어떻게 이 이스라엘이 애굽에서 지독한 고통을 당하게 되었는지, 그리고 그 고통에서 하나님이 어떻게 이들을 구원해내셨는지에 대해 초점을 맞추고 있다.

이런 점들에 있어서 1:1-7은 이후의 본문들과 확연하게 구분된다. 따라서 이 단락은 그 분량이 상당히 적음에도 불구하고 독립적인 단원으로 다루어줄 필요가 있다.

두 번째 단원인 1:8-15:21과 세 번째 단원인 15:22-18:27도 역시 선명하게 구획선을 그릴 수가 있다. 첫째, 15:1-21은 두 번째 단원의 하나님의 구원 행위를 기념하는 두개의 노래(15:2-18; 15:21)를 담고 있는데, 이 노래들은 두 번째 단원과 세 번째 단원을 확연하게 나누어 준다.

둘째, 두 단원은 장소적인 측면과 주제적인 측면에서 구분이 된다. 두 번째 단원의 중심무대는 애굽이고, 세 번째 단원의 중심무대는 광야이다. 또 두 번째 단원의 중심주제는 애굽의 압제로부터의 구원이고, 세 번째 단원의 중심 주제는 광야에서의 하나님의 돌보심이다.

특히 시내 산 언약을 다루고 있는 네 번째 단원이 장소, 주제 등의 측면에서 볼 때 앞의 단원과 분리되어 있다는 것은 분명하다. 문제는 이 네 번째 단원과 다섯 번째 단원의 경계선이 어디인가 하는 점이다. 대부분의 주석서나 연구서들은 이 책이 주장하고 있는 것처럼 24:11에서 단원을 나누지 않고 24장의 끝인 24:18에서 문단을 나눈다. 그러나 이 두 단원 사이의 구분선을 24:11에서 그어야 할 선명한 이유들이 분명히 존재한다. 첫째, 이 두 단원은 이중의 인클루지오(inclusio)[1]를 통해서 서로 구분된다(19:7-8과 24:3-8; 24:15-18과 40:34-38). 둘째, 다섯 번째 단원의 시작점인 24:12에는 앞에서 전혀 나오지 않은 새로운 주제인 "돌판"이 등장함으로써 앞의 단원과의 확실한 구분점으로 작용한다. 이 돌판은 24:12-40:38 전체를 이어주는 역할을 한다. 이런 점들은 결코 24:12-18을 네 번째 단원에 포함시켜서는 안 된다는 것을 보여준다.[2]

1 인클루지오(inclusio)는 단원의 처음과 끝에 거의 동일한 문장이나 단락 등을 집어넣음으로써 그 단원의 시작과 끝을 나타내주는 문학적 기법을 가리킨다. 한국문학에서 쓰이는 용어로 말하자면 수미쌍괄식(首尾雙括式) 혹은 수미상관법에 해당된다.

2 이 문제에 대한 상세한 논의는 나중에 네 번째 단원의 시작 부분에서 하도록 하겠다.

WALKING THROUGH EXODUS

2장

출애굽기 1:1-7

출애굽기 1:1-7

구약의 책들 중에서 출애굽기는 아마 가장 독특한 서론을 가진 책들 중의 하나일 것이다. 위의 구조분석에서 살펴보았듯이 1:1-7은 비록 짧지만 당당하게 하나의 독자적인 단원으로서의 가치가 있다. 그 이유는 저자가 이 단원을 창세기와 출애굽기 사이의 가교(架橋)의 역할을 하도록 의도했기 때문인 것으로 보인다. 이러한 의도는 다음의 몇 가지 점을 살펴보면 잘 알수 있다. 첫째, 1:1-7은 창세기로부터 출애굽기로의 몇백 년의 시간을 건너뜀으로써 새 시대의 시작을 알린다. 창세기는 야곱과 요셉의 죽음 및 장례(창 50:1-26)를 끝으로 막을 내린다. 바로 어어지는 출애굽기 1:1-7은 그로부터 시작해서 몇백 년 후까지의 일을 다룬다. 둘째, 이 단원은 이 몇백 년의 시간 동안 야곱의 열두 아들과 그 부양가족들(1:1)이 하나의 큰 민족(1:7)으로 성장한 것을 언급한다. 이렇게해서 이 단원은 창세기와 출애굽기 사이의 몇백 년의 공백에 다리를 놓아주는 역할을 한다.

우리가 가진 성경 속에는 몇백 년 동안의 계시의 공백이 존재하는 경우가 딱 두 번 있다. 한번은 구약과 신약 사이에 이 몇백 년의 공백이 있다. 그리고 다른 한번은 이 출애굽기의 첫 단원이다. 여기에도 역시 신구약 사이의 공백과 비슷한 정도의 계시의 여백이 존재한다.

내레이터는 이 여백의 기간 동안에 일어난 일을 두 가지 언급한다(1:6-7). 첫째, 요셉 "시대의 사람은 모두 다 죽었"다. 둘째, 이스라엘 자손이 애굽 "온 땅에 가득하게 되었다".

이처럼 출애굽기의 내레이터는 무심하게 몇백 년의 기간을 건너뛰어 버리는 듯하다. 하지만 사실 내레이터는 이 기간을 결코 무의미한 시간으로 묘사하고 있지는 않다. 내레이터가 이 여백의 시간을 소중하게 여긴다는 것을 무엇으로 알 수 있는가? 이 단원의 곳곳에 미묘하면서도 정밀하고 힘있게 표현되어 있는 이런 점들을 살펴 보도록 하자.

첫째, 1절과 7절의 **브네 이스라엘**(בני ישראל)이라는 어구가 중요하다. 이 어구는 1절에서는 "이스라엘[의] 아들들"이라고 번역되어 있다. 그리고 7절에서는 "이스라엘 자손"이라고 번역되어 있다. 이처럼 한국어에서는 다르게 번역되었지만 히브리어 원어상으로는 이 두 어구는 완전히 동일하다. 히브리어 명사 **벤**(בן)의 복수형은 문맥에 따라서 "아들"을 의미할 수도 있고 "~ 민족" 혹은 "~ 나라"란 의미에서 "자손"을 의미할 수도 있기 때문이다.

이 동일한 어구를 가지고 내레이터는 1절에서는 "이스라엘, 즉 야곱의 아들들"이라는 뜻으로 사용하였다. 그리고 7절에서는 "이스라엘 민족"이라는 의미로 사용하였다. 이렇게 동일한 어구를 사용함으로써 내레이터는 이 짧은 단원 내에서 야곱의 아들들로 구성된 한 가족이 하나의 민족으로서의 이스라엘로 변모한 것을 나타낸다. 한 가족이 한 민족으로 변모되는 발전을 이루어냈다는 점에서 이 단원이 담고 있는 몇백 년의 시간의 틈은 결코 무의미한 공백은 아니었다.

둘째, 내레이터는 7절에서 "이스라엘 자손은 생육하고 불어나 번성하고 매우 강하여 온 땅에 가득하게 되었더라"고 선언하고 있다. 이 선언은 매우 중요하다. 왜냐하면 이것은 하나님께서 창세기 전체에 걸쳐서 지속적으로 약속하셨던 "생육과 번성"의 모든 축복들을 이스라엘이 이미 성취했다는 것을 의미하기 때문이다.

그러므로 이 단원이 비록 이 짧은 몇 절을 가지고 몇백 년이나 되는 시간의 공간을 뛰어넘고 있기는 하지만 이 기간은 결코 의미가 없는 허무한 기간은 결코 아니었다. 이 기간은 한 가족이 한 큰 민족으로 바뀌는 기간이었고, 이스라엘이 하나님의 창조 명령과 조상들의 모든 축복들을 성취하는 기간이었다. 즉 이 기간은 의미가 충만한 기간이었다.

이렇게 볼 때 이 기간은 아직 덜 그린 서양화의 빈 공간 같은 기간이 아니라 동양화의 의미있는 여백과 같은 기간이었다. 동양화에서는 여백이야말로 작품의 한 중요한 구성요소이다 심지어는 작품이 오직 여백의 미를 살리기 위해 그려지기도 한다. 이처럼 "여백"은 그림 중의 빈 공간이 아니라 그 자체가 의미가 있는, 전체의 한 부분이다. 이 의미있는 생략의 기간을 거치면서 이스라엘은 끊임없는 "번성"(7절)을 통해 우리가 보듯이 지면(地面, "온 땅", 7절)을 가득하게 채운다. 그리고 그 결과로 우리가 보고 있는 성경의 지면(紙面)을 채운다.

생략된 몇백 년의 기간은 하나님이 섭리하시는 기간이었고, 하나님의 뜻을 성취해 나가시는 기간이었다. 하나님이 이처럼 이 기간 동안 야곱의 자손들에게 특별한 섭리를 베푸셨다는 점을 사도행전의 저자는 이렇게 말해주고 있다. "아브라함에게 약속하신 때가 가까우매 이스라엘 백성이 애굽에서 번성하여 많아졌더니"(행 7:17). 여기에서 분명하게 언급되어 있듯이 이 여백의 시간은 그냥 흘러간 시간이 아니라 분명히 하나님께서 "아브라함에게 약속하신 때"를 향해 나아가는 방향성을 가진 시간이었다. 그리고 그 정해진 때가 되었을 때 이스라엘은 하나님의 계획을 따라 "번성하여 많아졌던" 것이다.

이처럼 이 짧은 단락은 굵직한 메시지를 독자들에게 던져준다. 겉으로 보기에는 무의미하고 쓸데 없는 빈 공백과 같은 시간이 아무리 길더라도 그것이 분명히 하나님의 목적을 가진 시간이면 결코 무의미하게 흘러가지 않는다. 그 시간은 분명히 "약속하신 때"를 갖고 있다. 그리고 그 "때"가 되면 모든 것은 달라지게 된다. 그러므로 하나님의 약속을 갖고 있는 자에게는 낙심이란 없다. 그가 채워나가는 매 순간은 목적과 성취란 집을 위해 쌓여나가는 벽돌과 같은 것이기 때문이다.

이제 앞에서 잠깐 살펴본 1:7을 좀 더 깊이 살펴보도록 하자. "이스라엘 자손은 생육하고, 불어나, 번성하고, 매우 강하여 온 땅에 가득하게 되었더라"란 구절을 읽으면서 성경을 좀 아는 독자들은 당연히 창세기 1:28의 지상명령을 떠올리게 될 것이다. 그리고 조금 더 잘 아는 독자는 노아 홍수 후에 하나님이 노아와 언약을 맺으면서 1:28의 축복의 명령을 다시 반복하고 있는 창세기 9:1도 떠올리게 될 것이다. 그러나 이 1:7의 의의는 단순히 이 정도가 아니다. 좀 더 유심히 이 구절과 창세기의 본문들을 비교해보면 이 구절은 사실 1:28; 9:1의 창조명령 뿐만 아니라 아브라함, 이삭, 야곱 등의 족장들에게 주었던 많은 축복들과도 치밀하게 연결되어 있다는 것을 알게 될 것이다. 그러므로 이 1:7은 창세기의 하나님의 명령과 축복들의 종합완결판 같은 것이다.

우선 창세기 1:28 및 9:1의 하나님의 지상 명령과 출애굽기 1:7을 비교해 보도록 하자.

출애굽기1:7	창세기 1:28 ; 9:1
생육하다(פרה)	생육하라(פרה)
불어나다(שרץ)	
번성하다(רבה)	번성하라(רבה)
심히 강하다(עצם במאד מאד)	
온 땅에 가득하다(מלא הארץ)	땅에 충만하라(מלא את־הארץ)

위의 도표에서 보듯이 출애굽기 1:7에서 "불어나다"와 "심히 강하다"를 제외한 나머지 명령은 창세기 1:28; 9:1에 나오는 것들과 정확하

게 상응한다. 하지만 여기에서 꼭 알아야 할 점은 이 창세기 1:28; 9:1의 지상명령의 처음 두 단어인 "생육하다"(**파라**, פרה)와 "번성하다"(**라바**, רבה)가 사실은 창세기 1-11장의 원역사 뿐만 아니라 아브라함으로부터 요셉까지의 족장들에게 주신 하나님의 축복 속에서도 계속해서 사용되고 있다는 점이다("생육하다"[**파라**, פרה] 창 1:22,28; 8:17; 9:1,7; 17:6,20; 26:22; 28:3; 35:11; 41:52; 47:27; 48:4; 49:22; "번성하다"[**라바**, רבה] 창 1:22,28; 8:17; 9:1,17; 16:10; 17:2,20; 22:17; 26:4; 28:3; 35:11; 47:27; 48:4).

위의 구절들의 목록을 잘 살펴보면 대부분의 경우 "생육하다"란 명령과 "번성하다"란 명령은 서로 쌍을 이루고 있다. 그리고 쌍으로 사용되지 않은 경우에도 문맥상 밀접하게 사용되고 있다(예, 17:2,6). 그러므로 이 두 명령은 사실은 하나의 명령과 마찬가지라고 이해하면 된다. 따라서 이 둘 중 어느 한 단어만 나오는 경우에도 결국은 나머지 하나가 함축되어 있는 것이나 마찬가지다.

이 두 단어와 관련하여 또 한 가지 중요한 점은 이 단어들이 족장 이야기(창 11:27-50:26)에서 사용될 때는 주로 아브라함과 관련하여 사용되고 있다는 점이다(16:10; 17:2,6,20; 22:17; 26:4,22[3]). 아브라함의 죽음 이후에 이 단어들이 사용되는 경우는 거의 대부분 아브라함에게 주어진 약속을 재확인할 때에 사용된다(26:4; 28:3; 35:11; 48:4 등). 여기에 예외가 되는 것은 요셉의 아들 에브라임의 이름에 **파라**를 사용한 경우와 야곱이 요셉에게 축복을 하면서 이 에브라임의 이름과 관련하여 **파라**를 가지고 언어유희를 할 때(41:52; 49:22) 뿐이다.

이런 면에서 볼 때 **파라**와 **라바**는 아브라함의 주제어라고 봐도 무방할 것이다. 이처럼 이 두 단어가 아브라함에게 사용되는 이유는 아마 아브라함이 원역사(1:1-11:26)와 족장 이야기(11:27-50:26)를 연결시켜

3 26:22은 26:4의 아브라함의 약속에 대한 하나님의 말씀에 비추어서 이삭이 자신의 희망을 이야기하고 있는 것으로 생각된다.

주는 연결고리의 역할을 하기 때문일 것이다. 그는 창세기 1:28과 9:1에 사용된 단어들을 가지고 축복을 받았으며, 그 축복을 후손들에게 물려주는 다리 역할을 한다.

이처럼 출애굽기 1:7은 창조명령과 아브라함에게 주어진 약속의 핵심어인 **파라**와 **라바**를 끌어다 사용하고 있다. 한 가지 중요한 차이점이라면 창세기는 이 단어들을 주로 축복과 명령의 맥락에서 사용하고 있는 반면에 출애굽기 1:7은 이것들을 성취의 선언으로 사용하고 있다는 점이다.[4] 이 점에서 볼 때 1:7은 창세기의 지상명령과 족장들에게 주신 생육과 번성의 축복이 이스라엘을 통해 성취된 것을 선포하고 있는 것이다.

"온 땅에 가득하게 되었더라"는 문장에 대해서는 나중에 가서 살펴보기로 하고 지금은 1:7의 단어들 중 창세기 1:28과 9:1에 나타나지 않은 단어들을 좀 더 살펴보기로 하자. 그 첫 번째 단어는 "불어나다"(**샤라쯔**, שרץ)란 단어이다. 이 단어는 창세기 9:1과 연결되어 있는 9:7의 명령 속에 나온다. 개역개정판은 이 단어를 "가득하다"라고 번역하고 있으며, 개역한글판은 "편만하다"라고 번역하고 있다. 이 단어는 사실 사람에게는 거의 쓰이지 않고 보통 개구리나 물고기 등의 동물에게만 사용된다(창 1:20,21; 7:21; 8:17; 출 7:28 등). 인간에게 사용된 경우는 출애굽기 1:7과 창세기 9:7뿐이다. 그러므로 출애굽기의 저자는 의도적으로 창세기 1:28과 9:1의 인간에게 주신 지상 명령뿐만 아니라 원래는 인간 이외의 다른 생물들에게 주신 번성의 명령 속에서 사용된 단어를

4 창 47:27은 이러한 구분에서 유일한 예외인 것으로 보인다. 이 구절 역시 **파라**와 **라바**가 이미 성취된 것으로 내레이터가 말하고 있기 때문이다. 그러나 맥락을 볼 때 이 구절은 야곱의 죽음 직전의 이스라엘의 상태를 묘사하고 있는 구절이다. 내레이터는 창세기의 이 중요한 인물의 죽음으로 창세기의 막을 내릴 준비를 하면서 아브라함부터 이어진 이 축복들이 그를 통해 성취되었음을 선포하고 있는 것이다. 이런 면에서 이 47:27은 창세기를 마무리하고 출애굽기, 그 중에서도 특히 출 1:7과 다리를 놓아주고 있는 것으로 이해할 수 있다.

인간에게 적용시키고 있는 9:7의 용례까지를 통합해서 이스라엘의 기하급수적인 팽창을 표현하고 있는 것이다. 이렇게 해서 출애굽기의 저자는 이스라엘의 번성이 창세기의 창조 명령의 풍성한 성취라는 신학적인 차원을 갖고 있다는 것을 기술하고 있다.

창세기 1:28과 9:1에는 나오지 않는 단어 중에서 출애굽기 1:7이 쓰고 있는 또 하나의 단어는 "강하다"(**아짬**, עצם)란 단어이다. 이 단어는 창세기 전체에서 단 한번 창 26:16에만 나온다. 거기에서 아비멜렉은 이삭에게 "네가 우리보다 크게 강성한즉 우리를 떠나라"고 말한 바가 있다. 그가 이런 말을 한 이유는 이삭이 너무 강력해지는 것이 그에게 부담스러웠기 때문이다. 그러므로 그의 말은 역설적으로 이삭이 하나님으로부터 축복을 받은 존재임을 확인해주고 있다. 출애굽기 저자는 이 단어 역시 창세기로부터 끌고 와서 이스라엘이 바로 이삭처럼 그런 축복을 누린 존재가 되었음을 나타내주고 있다. 이러한 단어 사용이 결코 우연이 아니라는 것은 이 단어가 출애굽기 1:7과 밀접하게 연결되어 있는 출애굽기 1:20에서도 사용되고 있다는 점이다. 거기에서 내레이터는 "그 백성은 번성하고(**라바**, רבה) 매우 강해지니라(**아짬**, עצם)"고 말하고 있는데, 이스라엘의 이러한 강해짐은 바로가 더욱 강력한 인종살해 정책을 시행하는 원인으로 작용한다(1:22). 강해진 이삭을 부담스러워했던 아비멜렉처럼 바로도 강해진 이스라엘을 부담스러워하게 된 것이다.

비록 1:7에는 나오지 않지만 한 가지 더 살펴 보아야 할 단어가 있다. 이 단어는 1:7과 밀접하게 연결되어 있는 출애굽기 1:12에 나오는 단어이다. 이 구절 역시 앞에서 본 1:20과 마찬가지로 이스라엘의 급속한 팽창을 언급하고 있다는 점에서 1:7과 밀접한 관련을 맺고 있다. "그러나 학대를 받을수록 더욱 번성하여(**라바**) 퍼져나가니(**파라쯔**, פרץ) 애굽 사람이 이스라엘 자손으로 말미암아 근심하여". 우선 **라바**라는 단어는 1:7과 연결되어 있다. 이 단어는 또한 **파라쯔**라는 동사와 함께 등장한다. 이 **파라쯔**는 창세기에서 야곱과 관련하여 주로 사용된 동사이다(창 28:14; 30:30,43). 앞에서 살펴본 **아짬**이라는 동사가 이삭과 관련하여 사용된 동사라면 **파라쯔**는 야곱의 주제어라고 할 수 있다.

이 **파라쯔**는 야곱이 도망 중에 벧엘에서 하나님을 처음으로 만나게 되었을 때 하나님께서 해주신 약속의 말씀 속에 처음으로 등장한다. 하나님은 "네 자손이 땅의 티끌같이 되어서 동서남북에 퍼져나갈지며(**파라쯔**)"라는 약속을 주셨다. 이 약속은 그의 할아버지 아브라함과 아버지 이삭에게는 주어지지 않은 새로운 말씀이었다.

이 단어는 30:30,43에서 다시 한 번 야곱과 관련하여 중요한 역할을 한다. 30:30에서 야곱은 라반이 부를 축적한 것이 자기 덕분임을 밝힐 때 이 단어를 사용한다. "내가 오기 전에는 외삼촌의 소유가 적더니 번성하여(**파라쯔**) 떼를 이루었으니". 그리고 30:43에서 내레이터는 야곱이 드디어 "매우 번창하게(**파라쯔**)" 되었다고 선언한다.[5]

이상의 내용들을 정리해볼 때 출애굽기 1:7과 그와 관련 구절들(1:12,20)은 원역사(창 1:1-11:26)와 아브라함, 이삭, 야곱에게 특화되어 사용된 축복과 약속의 용어들을 정교하게 빌려오고 있는 것으로 생각된다. 그리고 이렇게 함으로써 이 구절은 창세기의 축복과 약속들이 드디어 출애굽때에 이스라엘에게 성취되었음을 선포하고 있다.

지금까지의 관찰사항들을 고려해 볼 때 한 가지 아주 재미있는 질문이 제기된다. 그것은 1:7의 "온 땅에 가득하게 되었더라"는 표현에서 "온 땅"이 가리키는 것이 정확히 무엇인가 하는 것이다.

지금까지 학자들의 견해는 크게 둘로 나뉘는 듯하다. 어떤 학자들

5 창세기에서 **파라쯔**는 한 번 더 사용되는데, 그것은 유다가 다말을 통해서 얻은 쌍둥이 중 첫 번째 아이의 이름에 사용된다(38:29). 그 이유는 이 아이가 원래는 둘째가 되어야 했지만 자기 형이 될 아이를 밀치고 나왔기 때문이다. 그래서 산모가 "네가 어찌하여 터뜨리고 나오느냐(**파라쯔**)"라고 말하였고, 이에 기초하여 그 이름을 **페레쯔**(개역개정, 베레스)라고 지었다.

은 이 "온 땅"이 고센 땅을 가리키는 것이라고 생각한다. 스튜어트(Stuart) 등은 "여기에서의 '땅'은 이집트 전 지역이나 일반적인 땅을 가리키는 것이 아니라 고센 땅을 가리키는 것이 거의 확실하다"고 단언한다.[6] 반면 다른 학자들은 이 땅이 애굽 땅 전체를 가리키는 것이라고 생각한다.[7]

그러나 이러한 지리학적인 해석은 출애굽기 저자가 의도하는 바와 상치된다. 왜냐하면 이 저자는 이스라엘의 팽창을 신학적으로 창세기의 축복과 약속의 측면에서 조명하고 있기 때문이다. "온 땅에 가득하게 되었더라"는 표현은 창세기 1:27과 9:1에 사용된 의미로 이해되야만 한다. 이 두 절에서 "땅"은 분명히 어떤 지역에 국한된 개념이 아니라 창조된 세계로서의 땅을 가리킨다. 그러므로 출애굽기 1:7에서도 이 땅의 개념은 역사적이고 지리적인 의미에서의 땅이라기 보다는 신학적인 의미로서의 땅으로 이해되는 것이 더 타당할 것이다. 저자가 말하고 싶은 것은 이스라엘이 고센 땅이나 애굽 땅을 채울만큼 많아졌다는 것이 아니라 이들의 번성을 통해 창세기의 창조 명령 때부터 유유히 흘러내려온 하나님의 축복과 약속이 드디어 성취되었다는 것이다.

그러면 이러한 1:7의 신학적인 선언이 의미하는 바는 무엇인가? 첫째, 이 선언은 이어지는 출애굽기의 본문들의 사건들을 창조 신학적으로 읽게 만들어준다. 이스라엘은 창조 때부터 시작해서 아브라함을 통해 이스라엘의 조상들에게까지 이어진 창조 명령의 담지자들이다. 이들을 박해하고, 이들의 번성을 막으려드는 바로의 행위는 하나님의 창조 행위에 대한 도전이다. 바로는 단순히 이스라엘을 박해한 역사상의 한 이방 통치자가 아니라 하나님이 다스리시는 거룩한 역사에 도전한

6 Douglas K. Stuart, *Exodus* (NAC 2; Nashville: Broadman and Holman Publishers, 2006), 62 등.
7 C. Houtman, *Exodus*, vol. 1 (HCOT; Kampen: KOK Publishing House, 1993), 231 등.

자이다.[8]

둘째, 1:7이 강조하는 있는 성취는 창세기에 나오는 약속들 중 생육과 번성의 약속, 그리고 족장들에게 주어진 약속들 중 많은 후손의 약속과 연결되어 있다. 이 약속들이 성취되었다는 것은 하나님께서 아브라함에게 주신 약속들 중 남은 약속, 즉 땅의 약속의 성취가 멀지 않았음을 예고한다.[9]

이처럼 출애굽기 1:1-7의 짧은 단락은 출애굽기 내에서 하나의 독립된 단원이자 중요한 단원으로서의 역할을 충실히 하고 있다. 이런 면에서 이 단락은 하나의 "작은 거인"과 같은 존재라고 할 수 있다. 이 단락이 없었더라면 아마 출애굽기는 굉장히 많은 것을 잃었을 것이다.

이 단원의 기능을 정리하자면 다음과 같다. 첫째, 이 단원은 창세기와 출애굽기 사이의 다리 역할을 한다. 이 짧은 단원을 통해 내레이터는 야곱 가족이 몇백 년의 시간의 여백을 뛰어넘어 하나의 큰 민족으로성장하는 것을 묘사하고 있다. 둘째, 이 단원의 마지막 절인 7절은 창세기의 창조 명령, 그리고 이와 연결된 족장들의 중요한 축복들을 이스라엘이 성취했음을 신학적으로 선포하고 있다. 그리고 이런 창조 명령의 성취자인 이스라엘에 대적하는 바로를 하나님의 창조의 적으로 만들고 있다. 셋째, 이스라엘의 생육과 번성의 성취에 대한 선언은 창세기의 족장들에게 주어진 또 하나의 중요한 약속인 땅의 약속으로 독자들의 관심을 집중시키는 역할을 하고 있다. 이후로 출애굽기의 관심사는 어떻게 이스라엘이 애굽을 떠나 약속의 땅으로 가게 되었는가 하는 것에 집중하게 된다.

8 이처럼 바로의 행동을 창조 신학과 관련해서 해석하며, 반창조적 행위로 이해하는 것에 대해서는 프레다임, *출애굽기*, 61-63을 보라.

9 Durham, *Exodus*, 5.

WALKING THROUGH EXODUS

3장

출애굽기 1:8-15:21

출애굽기 1:8-15:21

위기와 불가항력적 은혜(1:8-2:25)

이스라엘에게 닥친 위기와 이 위기 속에서 베풀어지는 하나님의 은밀한 은혜를 다루고 있는 이 소단원은 출애굽기 3-4장의 모세의 소명에 대한 본문과 그 이후의 다른 본문들의 배경으로서의 역할을 하고 있다. 이 단락은 크게 다음의 몇 개로 나뉜다.

a. **구속사의 위기**(1:8-22)
b. **구속사의 희망: 영웅의 탄생**(2:1-10)
c. **영웅의 좌절**(2:11-22)
   1. 섯부른 구원의 시도(2:11-15전)
   2. 아, 게르솜(2:15후-22)
d. **진정한 구속사의 영웅의 등장**(2:23-25)

구속사의 위기(1:8-22)

이 단락은 크게는 이스라엘이 출애굽하게 된 배경적 상황을 서술하고 있으며, 작게는 모세의 탄생시의 상황을 제공해주고 있다. 우선 이스라엘이 바로의 폭정 아래서 겪은 고통과 강제노동은 하나님께서 이스라엘을 구원하게 하시는 직접적인 원인으로 작용하였다(2:23-25). 또한 이 억압의 상황은 하나님의 종 모세가 탄생하는 배경을 제공해준다(2:1-10).

창세기와 출애굽기의 다리 역할을 하고 있는 출애굽기 1:1-7을 제외하면 출애굽기의 진정한 시작이라고 할 수 있는 1:8에서 내레이터는 "요셉을 알지 못하는 새 왕이 일어나 애굽을 다스리더니"라고 말한다. 여기서 "요셉을 알지 못하는 새 왕"이라는 문구는 여러 가지 면에서 중요한 역할을 한다. 첫째, "새 왕"이라는 표현 자체가 지금까지의 상황에 대한 중대한 변화가 일어날 것임을 예고해준다. "새로운" 것이 항상 좋은 것은 아니다. 특히 창세기의 마지막 부분(47:27-50:26)과 출애굽기 1:1-7이 이스라엘이 누린 축복과 평화를 강조하고 있다는 점을 고려하면 1:8의 새로움은 불길한 느낌을 강하게 전달해준다.

둘째, 이러한 불길한 느낌을 더욱 두드러지게 해주는 것은 이 왕이 "요셉을 알지 못한다"는 점이다. 창세기의 마지막 부분에서 요셉이 어떻게 애굽을 큰 위기로부터 구해냈는지, 그리고 애굽이 요셉과 그의 가족을 얼마나 친절하게 대했는지를 잘 알고 있는 독자들에게 이 새로운 왕이 "요셉을 알지 못한다"는 것은 큰 문제가 될 수 밖에 없다는 생각이 들게 한다.

그러나 "요셉을 알지 못한다"는 표현은 단순히 여기에서만 그치는 것이 아니다. 이 구절에 사용된 가장 중요한 단어인 "알다"(**야다**, ידע)란 동사는 이어지는 본문들의 플롯을 이끌어나가는 역할을 한다. 출애굽기의 플롯은 1:8의 이 "요셉을 알지 못한다"는 표현에 의해서 방아쇠가 당겨진다. 이스라엘이 고통을 당하는 것은 바로 이 "알지 못함" 때문이다. 그러면 이 "알지 못함"으로 인해서 발생한 문제는 어떻게 해결될 수 있겠는가? 당연히 이 "알지 못함"의 문제가 해소되어야만 해결될 수 있다. 이런 면에서 2:25은 매우 중요하다. 이 구절을 개역개정판은 "하나님이 이스라엘 자손을 돌보셨고 하나님이 그들을 기억하셨더라"고 번역하고 있는데 아쉽게도 이 번역은 원문의 의도를 전혀 살려주지 못하고 있다. 원문을 축자적으로 번역하면 "하나님이 이스라엘 자손을 보셨고, 하나님이 아셨더라(**야다**)" 정도가 된다. 여기에서도 역시 "알다"라는 단어가 사용되고 있는 것이다. 애굽의 새 왕이 "알지" 못해서 발생한 문제는 하나님이 "알게" 됨으로써 해결되기 시작하는 것이다.

이처럼 "알지 못하다"와 "알다"가 충돌하면서 플롯을 진행시키는 또 한 군데의 본문은 출애굽기 5:2과 7:5이다. 모세가 바로에게 이스라엘 백성들을 보내달라고 말했을 때 바로는 "여호와가 누구이기에 내가 그의 소리를 듣고 이스라엘을 보내겠느냐? 나는 여호와를 알지 못하니 이스라엘을 보내지 아니하리라"고 말한다(5:2). 이에 대해서 하나님께서 주신 대답은 "내가 내 손을 애굽 위에 펴서 이스라엘 자손을 그 땅에서 인도하여 낼 때에야 애굽 사람이 나를 여호와인 줄 알리라"는 것이었다(7:5). 7:5의 하나님의 이 말씀이 중요한 것은 이어지는 열 재앙의 중심을 차지하고 있는 것이 바로 이 "알다"라는 단어이기 때문이다. 하나님은 열 재앙을 내리시는 내내 이 "알다"라는 단어를 사용하신다(7:5,17; 8:10,22; 9:14,29; 10:2,7; 11:7; 14:4,18). 이처럼 1:8의 "야곱을 알지 못하는 새 왕"이라는 문구는 플롯의 방아쇠를 당길 뿐만 아니라 플롯의 중심을 차지하는 "알다"라는 단어를 도입시키는 역할을 하고 있다.

이제 1:9-10을 보도록 하자. 이 두 절은 새 왕이 애굽 사람들에게 하는 말을 담고 있다. "그가 그 백성에게 이르되 '이 백성 이스라엘 자손이 우리보다 많고 강하도다. 자, 우리가 그들에게 대하여 지혜롭게 하자. 두렵건데 그들이 더 많게 되면 전쟁이 일어날 때에 우리의 대적과 합하여 우리와 싸우고 이 땅에서 나갈까 하노라' 하고".

그의 이 말 속에는 8절에서 그가 가졌던 문제들 즉, "새로움"과 "요셉을 알지 못하는 것"의 문제 외에도 또 하나의 문제가 드러나 있다. 그것은 그가 이스라엘의 수에 대해서 막연한 두려움을 갖고 있다는 것이다. 그는 "이 백성 이스라엘 자손이 우리보다 많다"고 말하고 있는데, 이에 대해서 정말 실제로 이스라엘 자손이 애굽 사람들보다 숫자가 많았을까 하고 질문하는 것은[10] 그의 말의 본질을 놓치는 것이다. 왜냐하면 그의 두려움은 통계에 근거한 두려움이 아니라 심리적인 두려움이기 때문이다.

여기에서 흥미로운 것은 그의 이런 식의 두려움은 성경에서 하나님의 백성의 대적자들에게서 반복적으로 발견되는 현상이라는 것이다. 일례로 우리는 애굽의 바로와 모압의 발락 사이의 유비(類比, analogy)를 찾아볼 수 있다. 민수기 22-24장에서 발락은 마치 제2의 바로처럼 묘사되어 있으며, 모압은 제2의 애굽처럼 묘사되어 있다(특히 민 22:3-6).[11] 첫째, 발락과 그의 백성들은 이스라엘 백성이 "많다"는 것 때문에 번민한다(민 22:3). 여기에서 "많다"는 단어는 출애굽기 1:9에서 이스라엘 백성에 대해서 바로가 말할 때 사용한 단어와 동일하다(**라브**, רב). 둘째, 모압이 이스라엘 자손 때문에 "번민하더라"(민 22:3)는 표현은 출애굽기 1:12에서 애굽 사람이 이스라엘 자손 때문에 "근심하더라"란 표현과 동일하다(**쿠쯔**, קוץ). 셋째, 모압 백성들과 발람이 자신들과 이스라엘을 비교하면서 그들이 "우리[원문, 나]보다 강하다"(민 22:6)고 표현한 것 역시 출애굽기 1:9에서 바로가 이스라엘을 "우리보다 강하다"란 표현한 것과 사실상 동일하다. 넷째, 애굽과 모압 모두 현실화되지 않은

10 예를 들어, Houtman 1993, 236.

11 이 통찰은 기본적으로 R. E. Friedman, *Commentary on the Torah* (New York: HarperSanFrancisco, 2001), 502으로부터 얻은 것이다. 이것을 발전시켜서 논의한 글은 목회와신학 편집부 편, *민수기 어떻게 설교할 것인가* (서울: 두란노아카데미, 2009), 315-351에 게재된 필자의 글, "야누스적인 인간 발람과 이스라엘의 운명(민 22-25장)" 중에서 319-320을 보라. 불행히도 이 글에는 각주들이 전부 누락되어 있는데 나의 책, *깨진 토기의 축복*에 이 글을 전재하면서 이 점을 수정하였다.

일에 대해서 막연한 두려움을 가지고 있다(출 1:10; 민 22:4). 다섯째, 출애굽기에서 이스라엘이 애굽을 해할 생각을 갖고 있었다는 증거는 본문상에 전혀 나타나지 않는다. 또한 민수기 22장의 이스라엘 역시 모압을 해하려고 들지 않았을 것으로 생각된다. 참고로 신명기 2:9은 "여호와께서 내게 이르시되 모압을 괴롭히지 말라. 그와 싸우지도 말라. 그 땅을 내가 네게 기업으로 주지 아니하리니 이는 내가 롯 자손에게 아르를 기업으로 주었음이라"고 말하고 있다.

그러나 불행히도 새 바로는 이스라엘에 대한 실체없는 두려움에 사로잡힌다. 그래서 이스라엘을 제거하기 위한 작업에 들어간다. 1장은 그가 단계적으로 다음과 같은 세 단계의 방법을 시행했음을 말해주고 있다.

첫 번째 방법은 은밀하고 우회적인 것이었다. 바로는 이것을 "지혜로운" 방법이라고 불렀다. 이 방법은 강도 높은 노동을 통해서 이스라엘의 생식 능력을 제한하는 것이었다. 하지만 이 방법은 오히려 역효과를 내고 만다. 12절은 "그러나 [이스라엘은] 학대를 받을수록 더욱 번성하여 퍼져나갔다"라고 말하고 있다. 바로가 은밀하게 시행한 작전은 실패로 돌아갔다. 애굽 사람들은 이스라엘 자손들로 말미암아 더욱 근심하게 되었다(12절).

첫 번째 방법의 실패로 인해 바로가 동원한 두 번째 방법 역시 여전히 교활하고 은근한 수단이었다. 그것은 "히브리 산파" 십브라와 부아를 동원하는 것이었다(15절). 간교한 통치자들이 흔히 그렇듯이 그는 가능하면 자기 손에 피를 안 묻히고 이 문제를 해결하고 싶었던 것 같다. 그의 입장에서 볼 때 히브리인들을 말살하는 일에 히브리인을 사용하는 것은 얼마나 은밀하면서도 통렬한 일인가?[12] 이런 점에서 볼 때 출애굽기 저자가 여기에서 굳이 "바로"라는 용어를 사용하지 않고 "애굽 왕"이라는 용어를 사용한 것은 이 "애굽 왕" 바로와 "히브리 산파”의 민족적 정체성의 대비를 더욱 강조해 주기 위한 것으로 보인다.

하지만 바로가 충분히 계산에 넣지 못한 문제는 이 “히브리 산파”들이 “애굽 왕”인 그보다 “하나님을 [더] 두려워” 했다는 점이다. 그 결과 바로는 이스라엘 백성이 “번성하고 매우 강해지는” 것을 다시 한 번 목도하게 되었다(20절).

주목할 점은 20-21절이 출애굽기 1-2장에서 하나님의 적극적인 개입의 시작을 알리는 2:23-25을 제외하고는 유일하게 하나님에 대해서 언급하고 있다는 점이다. 독자들이 꼭 유념해야 할 것은 이 두 구절이 하나님께서 본격적으로 움직이기 시작하셨다는 것을 알리고 있는 것이 아니라는 점이다. 출애굽기 저자의 서술 전략 속에서 하나님의 적극적인 개입의 시작은 2:23-25에서 하나님이 이스라엘을 “보시고 아시는” 다음부터이다. 1:20-21에서는 하나님은 단지 수동적으로 히브리 산파들의 용기와 수고에 보답하시는 것 뿐이다.

두 번의 은밀한 방법이 실패하자 바로는 드디어 세 번째 방법을 사용한다. 이 방법은 앞의 두 개의 방법과 달리 공개적이고 전면적이다. 교활한 통치자인 바로는 더 이상 자신의 정체를 숨길 수가 없었다. 이처럼 자신의 진짜 모습을 드러낸 그가 사용한 잔인한 방법은 히브리인의 모든 남자 아이를 무조건 죽이는 것이었다.

이스라엘의 구원자 모세가 탄생하게 된 배경은 바로 이런 절체절명의 상황이었다. 이스라엘은 과연 이 위기 속에서 살아남을 수 있을 것인가? 그리고 이 민족의 구원자가 될 남자 아이는 과연 태어날 수나 있을 것인가? 이런 상황 속에서 하나님께서 쓰실 수 있는 수단은 과연 어떤 것들이 될 것인가?

12 주석가들 중에는 이 여인들이 히브리인들이 아니라는 주장을 하기도 한다. 그러나 아주 간명하게 말해서 이런 주장은 애굽 사람들이 히브리인들을 부정하다고 여겼음을 말해주고 있는 창세기의 본문들과 충돌한다(창 43:32; 46:34). 문법적인 측면에서 이 문제를 논의하고 있는 것은 Stuart, *Exodus*, 74, n. 68을 보라.

하나님의 역사는 이처럼 가능성 제로의 상황 속에서 이루어진다. 온 세상을 완전한 무로부터 창조하신 하나님은 가능성 제로의 상황 속에서 구원을 창조해내신다. 하나님의 구원은 무로부터 시작된다. 가능성 제로의 상황 속에서 가능을 창조해내시는 분이 바로 하나님이시다.

참고로 모세가 탄생하게 되는 배경을 그리고 있는 1장의 상황은 마태복음 2장에서 예수 그리스도께서 탄생시에 겪은 경험과 상응한다는 것이다. 헤롯 역시 바로처럼 베들레헴과 그 모든 지경의 사내아이들을 전부 죽이라는 명령을 내렸다. 이처럼 출애굽기의 바로와 모압의 발락과 신약의 헤롯은 하나님의 대적자들의 연대를 형성한다. 하나님의 역사는 구속사의 진행을 막으려는 대적자들의 집요한 방해를 뚫고 성취된다.

구속사의 희망: 영웅의 탄생(2:1-10)과 아이러니의 승리

지금까지 출애굽기 1장은 거시적인 역사적 상황을 서술하였다. 1:1-7은 수백 년의 역사를 다뤘다. 그리고 1:8-22은 이 수백 년의 역사의 끝에서 이스라엘 민족 전체가 당하는 상황을 다뤘다. 이제 이 2장의 첫 단락은 아주 미시적인 상황을 다룬다. 이 단락은 한 남녀의 만남으로부터 시작된다.

2:1에서 내레이터는 막연하게 "레위 족속 중 한 사람이 가서 레위 여자에게 장가 들었더니"라고 말한다. 이와 관련해서 내레이터가 모세의 부모가 될 이 두 사람에 대해서 잘 모른다고 이해하는 것은 잘못이다. 출애굽기 6:14-25이 보여주듯이 내레이터는 모세의 족보와 관련된 정보를 아주 상세하게 파악하고 있다(참고, 민 26:59-60). 단지 그는 글의 흐름상 이 대목에서 두 사람에 대해 지나치게 상세한 정보를 제공해주는 것이 부적절하기 때문에 그렇게 하지 않을 뿐이다.

모세가 처음 태어났을 때 그가 자기 엄마에게 준 첫 인상은 "잘 생겼다" 는 것이었다. 여기에서 "잘 생겼다"는 표현에 사용된 히브리어 어휘는 **토브**(טוב)란 형용사이다. 이 단어는 창세기 1장에서 하나님께서 창조된 세상을 바라보실 때 받은 인상을 나타낼 때 사용된 어휘이다. "하나님이 보시기에 좋았더라(**히, 토브**)" (1:4, 10, 12, 18, 21, 25, 31). 여기에서 다시 한 번 출애굽기가 창세기의 본문과 연결되는 예를 볼 수 있다.

모세의 생김새는 그의 생존에 필수적인 요소였던 것으로 보인다. 이것은 바로의 반창조적인 음모를 저지하기 위한 하나님의 수단이었다. 출애굽기의 내레이터는 이 점을 표시하기 위해 일부러 창조 모티프를 끌어온다.

잘 생긴 자기 아들을 본 어머니는 이 아들을 세 달 동안 숨겼다. 아마 이 세 달이라는 기간은 이 무기력한 어머니가 아들의 탄생이 탄로 나지 않게 막아줄 수 있는 최대한의 기간이었을 것이다.

아들을 숨기는 것이 더 이상 불가능해졌을 때 어머니가 택한 두 번째 수단은 이 아들을 갈대 상자에 담아서 나일 강에 띄워 보내는 것이었다. 바로는 히브리 남자 아이를 죽이기 위에 나일 강에 던지라고 명령(1:22)했는데 모세의 어머니는 자기 아들의 생존 기간과 가능성을 조금이라도 더 늘릴 수 있는 기회를 얻기 위해 아이를 나일 강 위에 띄워 보낸다. 결과적으로 어머니의 이 시도를 통해서 아이가 생명의 구원을 얻었다는 점을 생각해 볼 때 죽음의 강 나일은 어머니의 사랑과 노력을 통해 생명의 강이 된다. 죽음의 문이라고 생각한 곳이 생명의 문이 된다. 하나님의 은혜는 이처럼 막다른 골목이라고 생각되는 곳에서 길이 열리는 기적과 같은 것이다.

어머니는 과연 신앙적인 동기에서 이런 선택을 한 것일까? 이에 대해서는 우리가 정확하게 말할 수가 없다. 구약성경의 몇몇 구절들은 이스라엘이 애굽에서 우상숭배를 했다는 것을 말하고 있다(수 24:14; 겔 20:7-8). **13** 그러나 출애굽기 3:13-18에서 하나님께서 말씀하시기를 "너는 가서 이스라엘의 장로들을 모으고 그들에게 이르기를 여호와 너희 조상의 하나님 곧 아브라함과 이삭과 야곱의 하나님이 내게 나타나 이르시되…하면 그들이 네 말을 들으리니"라고 하신 것을 보면 모세 이전의 이스라엘이 분명히 하나님에 대해서 정확히 알고 있었다는 것이 전제되어 있다. 그러므로 후대의 이스라엘처럼 이 당시의 이스라엘 역시 정통적인 신앙과 우상 숭배가 혼재되어 있었을 수도 있다고 본다. 따라서 모세의 어머니가 어느 정도의 신앙심을 가지고 이 일을 했는지는 알 수가 없다.

하지만 모세의 어머니의 이 시도가 모성애에서 나온 것임은 분명하다고 할 수 있다. 이 어머니는 자기가 데리고 있는다면 어차피 죽을 수밖에 없는 아들을 나일 강에 내어놓음으로써 자기보다 더 위에 있는 존재에게 그 운명을 맡겼다.

나는 예전에 『리더십의 그림자』라는 책에서 이 어머니와 가족들이 모세를 내다버린 것이 모세로 하여금 평생 동안 강박관념에 시달리게 만들었으며, 그의 리더십에 그림자를 드리웠다는 글을 읽은 적이 있다.[14] 이 글은 잘못된 해석이 얼마나 성경의 가르침을 왜곡시킬 수 있는지를 잘 보여준다.

모세의 어머니가 결코 모세를 무책임하고 매정하게 내다버린 것이 아니라는 점은 2:3이 잘 말해준다. "더 숨길 수 없게 되매 그를 위하여 갈대 상자를 가져다가 역청과 나무 진을 칠하고 아기를 거기 담아 나일 강 가 갈대 사이에 두고". 이 구절에서 보듯이 어머니는 모세를 그냥 강에 갖다 버린 것이 아니라 그의 안전을 위해서 아주 세밀하고 섬세한 준비과정을 거쳐 그를 나일 강에 내어놓았다는 것을 알 수가 있다. 그녀는 갈대 상자를 만들고, 그 상자에 물이 들어오지 못하도록 역

13 Greenberg, *Understanding Exodus*, 52.
14 게리 맥킨토시, 새뮤얼 리마, *리더십의 그림자* (서울: 두란노, 2002).

청과 나무 진을 칠하였다. 그리고 그 상자가 그냥 물길을 따라 무작정 흘러가지 않도록 "갈대 사이에" 두었다. 그녀가 이 장소를 주의깊고 섬세하게 골랐을 것이라는 점은 5절에서 바로의 딸이 상자를 발견한 곳 역시 "갈대 사이"라는 점이다.[15] 아마 이 장소는 모세의 어머니가 골랐던 그곳과 동일한 장소였을 것이다. 그 장소가 무척이나 안전하고 고정된 곳이었기 때문에 이 상자는 바로의 딸에 의해 발견되기 전까지 그곳에서 별탈없이 남아 있을 수 있었던 것으로 보인다.

모세 어머니의 이러한 조심스러움은 "두었다"라는 동사에서도 은밀하게 드러난다. 1:22에서 바로는 히브리인의 남자 아이가 태어나면 "그를 나일 강에 던지라"고 명령하였다. 그러나 모세의 어머니는 자기 아들을 던지지 않고 조심스럽게 고르고 고른 장소에 "둔다". 이처럼 "던지다"와 "두다"라는 단어의 차이는 그녀가 자기 아들을 위해서 마음을 쓰고 있다는 것을 은밀하면서도 부인할 수 없는 방식으로 드러내 준다. 그러므로 모세가 비록 버려질 수밖에 없는 순간에도 생모의 사랑을 듬뿍 받았다는 사실을 독자들은 놓쳐서는 안 된다.

다음 구절로 넘어가기 전에 "갈대 상자"라는 표현을 통해 출애굽기 내레이터가 창세기의 모티프를 다시 한 번 빌려 오고 있다는 점을 지적하고자 한다. "상자"라는 단어에 사용된 히브리어 **테바**(תבה)는 구약성경에서 오직 노아의 방주와 이 "상자"에만 사용되었다(창 6:14). 사르나(Sarna)는 이 상자와 방주의 연결은 그 안에 든 사람들의 무력함과 더불어 하나님의 보호를 강조해준다고 지적한다. 또한 이러한 연결을 통해서 이 모세의 탄생 이야기와 홍수 이야기를 연결시킴으로써 새 시대의 시작을 알리고 있다고 주장한다.[16] 또한 이러한 창세기와 출애굽기

15 이 점은 2009년 봄학기에 나의 수업을 들은 Th.M 성경주해과정 목사님 한 분이 지적하신 사항이다. 그분에게 감사를 드린다.

16 Nahum M. Sarna, *Exodus* (The JPS Torah Commentary; Philadelphia: The Jewish Publication Society, 1991), 9.

사이의 연결점들을 생각해 볼 때 바로의 인종 말살정책이 "반창조적"이라고 한다면 모세의 탄생은 그에 대한 하나님의 "창조적" 반격이라고 할 수 있을 것이다.

모세를 향해 사랑을 베푸는 것은 어머니만이 아니다. 4절은 모세의 누이가 자기 동생에게 어떤 일이 일어날지를 지켜보기 위해 "멀리" 서 있음을 알려준다. 여기에서 이 "멀리"라는 단어는 너무나도 흥미로운 단어이다. 왜냐하면 이 "멀리"라는 단어는 비록 물리적인 거리상으로는 멀지만 심리적인 거리는 아주 가까운 이율배반적인 경우를 표현해 주는 단어이기 때문이다.

나는 원래 이 단어에 대한 연구를 출애굽기 33:7의 회막에 대한 연구를 하면서 시작하게 되었다. 거기에서 내레이터는 "모세가 항상 장막을 취하여 진 밖에 쳐서 진과 멀리 떠나게 하고 회막이라 이름하니 여호와를 앙모하는 자는 다 진 바깥 회막으로 나아가며"라고 말하고 있다. 이처럼 "진 밖에 멀리" 떨어진 곳에 설치된 회막은 원래 하나님과 이스라엘 백성들 사이의 영적인 이혼을 나타낸 것이라고 칼빈 등의 주석가들은 해석하였다. 즉 32장의 황금송아지 사건을 통해 이스라엘이 우상숭배를 저지르자 하나님은 원래는 이스라엘 한 가운데에 있어야 할 회막을 모세로 하여금 진 밖 먼 곳에 치게 만드시고 이를 통해서 자신과 이스라엘간의 관계가 깨어진 것을 표현하고자 하셨다는 것이다.17

17 출 33:7-11에 대해서 어느 정도 연구를 한 학자들이나 목회자들은 이 회막이 성막과는 다른 것임을 지적하고자 할 것이다. 회막과 성막은 서로 다른 것이라는 이론이 학계와 성경해석사를 통해 볼 때 거의 만장일치적 견해이기 때문이다. 그러나 나는 박사학위 논문을 통해서 이 이론이 틀린 것이라는 점을 강력하게 논증하였다. 이에 대해서는 나의 논문, Chulhyun Park, "From Mount Sinai to the Tabernacle: A Reading of Exodus 24:12-40:38 as a Case of Intercalated Double Plot" (Ph.D. diss.; University of Gloucestershire, 2002), 257-267과 이것을 손질하여 한국어로 내어놓은 "출애굽기 33:7-11의 '회막' 기사에 대한 서사비평적인 해석: 몰시간적 기법(achrony)의 한 예로 읽기", *개혁신학* 18 (2005), 123-152를 참고하라. 중복이 되기는 하지만 독자의 편의를 위해 이것을 약간 수정하여 이 책의 부록에 옮겨 놓았다. 칼빈의 견해 및 그의 견해를 따르는 현대의 학자들의 견해, 즉 진 밖에 멀리

하지만 이 33:7에서 흥미로운 것은 이처럼 하나님과 이스라엘간의 이혼의 상징으로서의 역할을 하고 있는 "진 밖으로 멀리 떨어진 회막"은 사실 양자간의 뗄래야 뗄 수 없는 관계를 나타내고 있다는 점이다. 왜냐하면 이 7절의 마지막 부분이 밝히고 있듯이 "여호와를 앙모하는 자는 다 진 바깥 회막으로 나가며"라고 말하고 있고, 이어지는 8-11절의 내용 역시 하나님과 이스라엘간의 가까움을 나타내고 있기 때문이다.

이러한 점 때문에 나는 이 "멀리"란 단어가 물리적인 거리는 멀지만 심리적인 거리는 더 가까움을 나타내는 것이라고 확신한다.

특히 33:7-11에서의 "멀리"의 의미는 필자가 이해한 바가 맞다고 굳게 확신하였기 때문에 다시 한 번 이 단어의 용례들을 조사하였다. 그 결과 나는 최소한 두 곳에서 이 단어가 물리적인 먼 거리를 나타내기도 하지만 심리적으로는 더 가까운 거리를 표현하고 있음을 알게 되었다. 그 두 곳의 본문은 출애굽기 2:4과 창세기 21:16이다. 이 중 창세기 21:16을 개역개정판은 다음과 같이 번역하고 있다.

> [하갈이] 가로되 아이가 죽는 것을 차마 보지 못하겠다 하고 화살 한 바탕 거리 떨어져 마주 앉아 바라보며 소리 내어 우니.

여기에서 "화살 한 바탕 거리 떨어져"라는 어구는 "화살 한 바탕 거리만큼 *멀리* 떨어져"라고 번역해야 원문을 제대로 살린 것이 된다. 내레이터는 "멀리"란 단어를 "화살 한 바탕 거리만큼"이라는 *표현을 덧붙여* 부연설명하고 있는 것이다. 그러면 이 "화살 한 바탕 거리"만큼의 먼 거리는 도대체 얼마나 될까? 이에 대한 해설들을 찾아보던 중 알더스(Aalders)란 학자의 해석이 핵심을 찌르고 있는 것을 발견하였다.[18]

떨어진 회막이 영적인 이혼을 상징한다는 견해는 회막과 성막이 동일한 것이라고 간주하지 않는다면 완전히 무의미한 것이 되어버린다는 점을 지적하고자 한다.

그리고 나서 그녀는 자기 아들이 목말라 죽어가는 고통에 찬 모습을 보지 않으려고 약간의 거리를 물러났다. **그러나 그녀는 아주 멀리 가지 않았다. 단지 살 한 바탕쯤의 거리를 갔다. 그렇게 함으로써 그녀는 만약 자신이 자기 아들을 위해 할 수 있는 무엇인가가 있다면 도움을 주기에 충분할 만큼 가까이 있을 수 있었을 것이다** (사역).

그의 해석에 따르면 "화살 한 바탕 거리"는 눈 앞에서 아들의 죽음을 지켜보는 것을 견디지 못하는 어머니가 그 상황을 모면하고 싶어서 떨어지고자 하는 만큼의 물리적 거리이다. 그러나 또한 혹시 아들이 마지막 순간에 이르기까지 언제라도 어머니의 도움을 필요로 하면 바로 다가갈 수 있을 만큼의 가까운 심리적인 거리이다.

나는 창세기 21:16의 "멀리"에 대한 이 해석이 궁극적으로는 출애굽기 33:7, 그리고 현재 우리가 다루고 있는 본문인 출애굽기 2:4에도 적용된다고 생각한다. 모세의 누이가 갈대 상자에 담겨 있는 자기 동생을 지켜보기 위해 떨어져 있는 거리인 "멀리"라는 거리 역시 물리적으로는 멀지만 심리적으로 가까운 거리를 나타낸다. 그녀는 자기 동생의 정체가 자기로 인해 들통나지 않을 만큼 충분히 멀리 떨어져 있다. 그러나 만약 그에게 자기가 도와 줄 수 있는 무슨 일이 생긴다면 즉시 도움을 줄 수 있을 만큼 가까이 있다. 따라서 이 구절의 "멀리"라는 단어는 물리적 거리와 심리적 거리 사이의 기가 막힌 균형을 나타내주기 위해 선정된 어휘라고 할 수 있다. 이처럼 모세는 자기 어머니 뿐만 아니라 자기 누이로부터도 큰 사랑을 받았던 것이다.[19]

18 G. Ch. Aalders, *Genesis* (BSC, II: Grand Rapids: Regency Reference Library, 1981), 38.

19 흥미로운 점은 독일의 Einheitsübersetzung이란 성경번역본은 이 출 2:4의 "멀리"를 아예 "가까이"(in der Nähe)란 의미로 번역하고 있다는 점이다. 그러나 이 번역은 위에서 설명한 히브리어 본문의 미묘한 뉘앙스를 전혀 포착하지 못한 것이다. 이 본문에서의 히브리어 원문의 매력은 바로 "멀리"란 단어가 가진 이중적인 의미에 있기 때문이다.

이렇게 모세를 지켜보는 가운데 놀랍게도 바로의 딸이 목욕을 하러 나왔다가 갈대 상자를 발견한다. "바로의 딸이 목욕하러 나일 강으로 내려오고 시녀들은 나일 강 가를 거닐 때에 그가 갈대 사이의 상자를 보고 시녀를 보내어 가져다가". 하필 이때에 다른 누가 아니라 하나님의 강력한 대적자인 바로의 딸이 갈대 상자를 발견한다. 이제 모세의 운명은 어찌 될 것인가? 모세가 히브리인의 남자 아이인 것이 들통나는 순간 그의 목숨은 끊어져 죽고 말 것이다. 모세의 어머니의 정성은 결국 이 허무한 결말을 위한 것이었던가?

이 절체절명의 순간 하나님의 구원의 경륜은 다시 한 번 놀라운 방식으로 성취된다. 이 구절을 다시 자세히 들여다 보면 여기에는 간발의 차이로 구원이 주어지는 미묘한 요소가 있다. 그것은 두 번 언급되는 "시녀"란 말에 있다. 개역개정판은 이 두 번의 시녀를 전부 다 같은 단어로 언급하고 있지만 사실 히브리어로는 이 두 시녀는 서로 다른 단어로 되어 있다.[20] "시녀들은 나일 강 가를 거닐 때에"라는 문구에 사용된 시녀들이란 단어는 히브리어로 **나아로트**(נערת)라고 되어 있다. 그리고 두 번째의 시녀, 즉 "시녀를 보내어 가져다가"란 문구에 사용된 시녀는 **아마**(אמה)라고 되어 있다. 굳이 구분해서 번역을 하자면 첫 번째의 "시녀들"이라는 표현은 그냥 그대로 번역하면 될 것 같다. 하지만 두 번째의 "시녀"란 단어는 굳이 좀 더 좋은 한국어 표현을 찾아 보자면 "몸종" 정도가 될 것이다. 즉 첫 번째의 "시녀들"보다는 두 번째의 시녀인 "몸종"이 심리적으로 바로의 딸과 더 긴밀한 관계에 있는 것이다.

두 종류의 시녀와 바로의 딸 사이의 관계의 거리는 모세의 운명과 직결된다. 만약 첫 번째의 시녀들이 모세를 발견했다면 그의 운명은

20 Greenberg, *Understanding Exodus*, 40.

어찌 되었을까? 아마 이 시녀들은 히브리인의 남자 아이들을 죽이라는 바로의 명령을 시행하기에 바빴을 것이다. 그러나 다행히도 모세는 바로의 딸에 의해서 발견되었고, 그녀와 가장 가까운 거리에 있는 두 번째 부류의 시녀, 즉 그녀의 "몸종"에 의해서 물에서 건져졌다. "몸종"이라는 존재는 자신이 직접적으로 섬기는 주인의 명령에 의해서 움직이도록 프로그램되어 있다. 따라서 그녀는 자신의 직접적인 주인인 바로의 딸의 어떤 판단과 명령이 내려지기 전에는 모세를 어떻게 할 수가 없었을 것이다. 이처럼 "시녀들"과 ' 몸종"사이의 미묘한 차이가 모세의 운명을 갈림길에서 구해낸다.

모세의 운명이 얼마나 아슬아슬한 지경에 놓여 있었는가 하는 것은 6절에서 바로의 딸이 모세를 보는 순간 바로 히브리인의 아이라는 것을 파악하는 것을 통해서 알 수 있다. 원칙대로 하자면 히브리인 남자 아이인 모세는 그자리에서 죽었어야 했다. 그러나 다행히도 그녀는 모세에게 불쌍히 여기는 마음을 먼저 느꼈다.

4절에서 "멀리" 지켜보고 있던 모세의 누이가 재치있게 활약을 하는 것은 바로 이 순간이다. 그녀는 바로의 딸이 모세에게 연민을 느낌과 동시에 그의 히브리적 정체를 인식하는 순간, 머리 속에 다른 어떤 생각이 스며들기 전에 그 장면 속으로 뛰어들어와 "히브리 유모"를 구해주겠다고 제안한다. 바로의 딸은 그 제안을 받아들인다. 이처럼 모세는 기가 막힌 타이밍의 연속을 통해서 구원을 얻는다.

그러나 아무리 타이밍이 기가 막히다고 해도 바로의 딸의 성품이 연민과 자비로움을 갖추지 못했다면 모세는 결코 살아남지 못했을 것이다. 그녀의 성품은 다음의 몇 가지 점에서 드러난다. 첫째, 그녀는 잘 알지도 못하는 히브리 여자 아이가 갑자기 자기 앞으로 튀어와서 "히브리 유모"를 구해줄 것을 제안할 때 흔쾌히 받아들였다. 둘째, 바로의 딸은 모세가 히브리인 남자 아이라는 점을 파악하고도 자신이 아이를 보고 느낀 연민의 감정에 순응한다. 창세기 43:33-34에 의하면 애굽인들은 히브리인들에게 반감을 갖고 있었던 것으로 보인다. 이런 점에서 볼때 모세에 대한 그녀의 연민은 돋보인다. 그녀는 자기 아버지가 히브리인 남자 아이들과 관련하여 내린 칙령을 잘 알고 있었음에도 불구하고 그 아이를 살려준다. 넷째, 앞의 창세기 43:32-34의 내용을 고려할때 히브리인 아기를 애굽인 유모에게 맡기는 것은 여러 가지로 위험천만한 일이었을 것이다. 바로의 딸은 히브리 아이 모세를 히브리 유모에게 맡김으로써 이런 위험들을 미연에 방지하는 배려를 한다.

결과적으로 모세의 어머니는 자기 아들을 다시 돌려 받았다. 그녀는 자기 아들을 사랑했지만 자신의 능력으로는 더 이상 그 아이의 생명을 연장시키는 것이 불가능했기 때문에 그 아이를 갈대상자에 고이 넣어서 떠나보냈었다. 그러나 그 떠나보낸 아이가 그녀의 품으로 돌아왔다. 너무나도 극적인 일이다.

하지만 가장 극적인 것은 아직 남아 있다. 그것은 바로의 딸의 말이다. "이 아이를 데려다가 나를 위하여 젖을 먹이라. 내가 그 삯을 주리라"(9절). 그녀의 이 말을 통해서 지금까지 바로가 펼쳐왔던 모든 악한 책략은 완전히 와해됐다. 그는 히브리인들을 말살하기 위해 히브리 남자 아이들을 물에 던져 죽이라고 명령했다. 그러나 이 명령은 오히려 히브리인들의 구원자가 될 남자 아이가 살아남는 통로가 되었다. 게다가 이제 자기 딸의 결정으로 인해서 그는 자기의 원수가 될 이 남자 아이를 자기 돈을 들여가며 키우게 되었다.

이처럼 어떤 등장인물이 자신이 꾸민 음모의 희생양이 되는 것을 소위 "극적 아이러니"(dramatic irony)라고 부른다. 이 극적 아이러니의 실현을 통해 바로는 자기 가슴에 꽂힐 비수를 스스로 갈은 꼴이 되고 말았다.21

21 성경은 극적 아이러니로 가득 차 있다. 아마 가장 유명한 예는 에스더서의 하만의 예일 것이다. 아이러니는 성경에서 하나님의 주권을 나타내주는 가장 강력한 주제들 중의 하나라고 생각된다. 아이러니에

이 단락의 마지막을 장식하는 10절에서 아이의 어머니는 아이가 자라자 그 아이를 바로의 딸에게 데려간다. 바로의 딸은 아이를 자기 아들로 삼는다. 그리고는 그 아이의 이름을 모세라고 짓는다. 이어서 내레이터는 그 이름에 대해 "이는 내가 그를 물에서 건져내었음이라"는 설명을 덧붙인다.

이 이름의 기원과 내레이터의 해설의 타당성에 대해서는 많은 논란이 있어 왔다. 우선 그린버그(Greenberg)는 모세라는 이름은 "건지다"라는 의미를 가진 히브리어 동사 **마샤**(משה)의 칼(Qal) 분사 능동형이므로 "건져내는 자"라는 뜻을 갖게 되는데 본문 속에서는 건짐을 받은 것은 모세 자신이기 때문에 분사 수동형인 "**마수이**"가 대신 사용되었어야 한다고 지적했다.**22** 또 어떤 학자들은 모세란 이름이 히브리어에서 파생된 것이 아니라 원래 "…의 아들"을 의미하는 이집트어 단어에서 왔다고 본다. 고대 이집트의 프타모세(Ptahmose,"프타의 아들"), 투트모시스(Tuthmosis) 등의 이름이 이 단어를 사용해서 지어진 이름이다. 이처럼 이집트어로부터 모세란 이름이 파생되었다고 주장하는 학자들은 바로의 딸이 히브리어를 알았을 가능성이 희박하므로 이 이름이 이집트어로부터 파생되었을 가능성이 높다고 본다. 물론 이 두 번째 주장에 대해서는 즉각적인 반박거리들을 구약성경 내에서 찾아볼 수 있다. 일례로 우리는 바로 느고가 엘리야김을 여호야김으로, 느부갓네살이 맛다니야를 시드기야로 개명시킨 경우들을 생각해 볼 수 있다(왕

대한 일반적인 설명은 Ross Murfin and M. Ray Supryia, *The Bedford Glossary of Critical and Literary Terms* (Boston: Bedford Books, 1998), 176-183; M. H. Abrams, *A Glossary of Literary Terms* (7th Ed.; Fort Worth: Harcourt Brace College Publishers, 1999), 134-138을 보라. 그리고 구약성경에서의 아이러니에 대한 쉽고 재미있는 연구서로는 Edwin M. Good, *Irony in the Old Testament* (Sheffield: The Almond Press, 1981)을 보라. 또한 서사학의 여러 가지 요소들과 아이러니를 결합하여 다루고 있는 것은 Meir Sternberg, The Poetics of Biblical Narrative: *Ideological Literature and the Drama of Reading* (Bloomington: Indiana University Press, 1987)의 index에서 irony 항목들을 찾아보라.

22 Greenberg, *Understanding Exodus*, 43.

하 23:34; 24:17). 이 경우를 보면 외국의 통치자들이 유다의 왕들을 다른 히브리어 이름으로 개명시킨 경우들이다. 그러므로 바로의 딸 역시 히브리인들에게 자문을 구해서 모세에게 히브리 이름을 지어주었다고 보지 말란 법이 없다.[23]

구약성경의 이름들의 어원 및 의미에 대한 논의는 매우 복잡하다. 위의 견해들에 대해서 다음의 몇 가지 사항들을 정리해볼 수 있다. 우선 모세란 이름이 히브리어가 맞다면 바로의 딸은 원래는 수동형으로 써야 할 것을 부지불식간에 능동형으로 잘못 씀으로써 모세의 운명을 예견했다고 볼 수 있다. 그를 구원한 자가 그에게 "구원자"란 칭호를 부여해준 것이다.

만약 모세가 이집트어 이름인 경우 내레이터는 이집트식 이름을 의도적으로 히브리식으로 해석한 것이라고 볼 수 있다. 즉 이집트식 이름이 히브리어로는 아이의 운명을 예견하는 이름이 되는 또 하나의 통렬한 아이러니가 이 본문에 나타나 있는 것이다.[24] 이런 점들을 고려해 볼 때 결국은 어떤 식의 해석을 따르던 간에 모세란 이름이 구원자로서의 아이의 운명을 예견하고 있는 이름이라는 사실에는 변함이 없다.

이 단원을 끝내기 전에 한 가지 지적할 점은 1-2장에서 여자들의 활약이 두드러지게 나타난다는 점이다. 1장의 산파들, 그리고 2장의 모세의 어머니, 누이, 바로의 딸, 그리고 다음 단락에서 등장할 모세의 아내 십보라 등은 다 모세를 낳아주고 생존할 수 있게 해준 여인들이다. 한 영웅의 탄생을 그리는데 있어서 여인들의 존재만큼 적절한 존재들은 없을 것이다. 영웅의 등장은 단순히 어떤 한 사람의 수고만으로는 불가능한 것이다. 그리고 궁극적으로는 이 여인들의 뒤에서 섭리

23 이에 대한 자세한 논의 및 참고문헌들은 William H. C. Propp, *Exodus 1-18* (AB; New York: Doubleday, 1998), 152-153을 보라.

24 Sarna, *Exploring Exodus*, 33.

의 줄을 쥐고 계시는 하나님의 도우심이 없이는 불가능한 것이다.

영웅의 좌절(2:11-15절): 구속사의 좌절

영웅의 좌절

2:10에서 모세의 이름에 대한 언급을 한 이후에 내레이터는 다시 한 번 몇십년의 세월을 건너뛴다. 사도행전 7:23에 따르면 모세가 2:11에 다시 등장할 때의 나이는 40세이다. 이 정보와 더불어 출애굽기 7:7과 신명기 34:7을 종합해 볼 때 그의 인생은 세 부분으로 나뉜다. 그는 40세 때 미디안으로 도망친다. 하지만 80세 때 하나님의 부르심을 받는다. 그리고 120세에 죽음을 맞이한다.

모세는 바로의 딸에게 입양되기 전까지 자신을 길러주었던 친어머니의 영향 때문이었는지 몰라도 동족 히브리인들에게 많은 관심을 보여준다. 출애굽기 2:11은 "모세가 장성한 후에 한번은 자기 형제들에게 나가서 그들이 고되게 노동하는 것을 보더니"라고 말한다. 여기에서 중요한 표현은 "자기 형제들"이라는 표현과 "보더니"라는 표현이다.

우선 "자기 형제들"이라는 표현은 히브리인들에 대한 모세의 감정을 나타내주는 것일 수가 있다.[25] 그는 히브리인들과 자신의 정체성 사이에 동질성을 느끼고 있는 것이다. 그는 애굽의 왕자로서의 신분에도 불구하고 자신의 뿌리를 잊지 않았던 것이다.

"자기 형제들"이라는 표현이 그냥 내레이터가 모세의 출신 성분 때문에 선택한 표현이 아니라 모세의 감정을 나타내주는 것일 수 있다는 근거는 "보더니"라는 단어에 의해서 지지를 받는다. 이 "보더니"의 히브리어 원어는 그냥 단순히 **라아**(ראה)가 아니라 거기에 **브**(ב)라는 전치

25 성경 내러티브 속에서 등장인물의 칭호가 등장인물의 감정을 반영할 수 있다는 것에 대해서는 Shimon Bar-Efrat, *Narrative Art in the Bible* (JSOTS 70; Sheffield: Sheffield Academic Press, 1989), 36-41을 보라. 이 중에서 특히 37-39쪽의 밧세바의 칭호에 대한 분석은 지극히 매력적이다.

사가 추가된 것이다. 이처럼 전치사가 추가되면 라아는 그냥 단순히 "보다"라는 의미를 떠나서 관찰자의 관심과 감정 등이 개입되어 있는 것을 의미한다. 영어의 예를 들어 설명하자면 그냥 단순히 "보다"라는 의미는 "to see"라는 단어로 표현하지만 보는 주체의 관심과 집중을 요구할 때는 "to look at"이라는 표현을 쓰는 것과 비슷하다. 다른 사람의 관심을 자기가 집중해서 보고 있는 것으로 돌리고자 할 때 영어로는 그냥 "See it!"라고 하지 않고 "Look at it!"이라고 말한다. 이처럼 히브리어에서도 **라아 브**(ראה ב)라는 어구를 쓰는 것은 보는 주체의 관심과 감정이 함께 개입된다는 것을 나타낸다.

이처럼 모세가 자기의 출신성분을 인식하고 자신의 핏줄을 가진 히브리인들에게 뜨거운 감정을 가지고 있었다는 것은 굉장히 중요한 점이다. 이와 관련해서 기억나는 것은 "이집트 왕자"라는 디즈니 영화사의 애니메이션 영화이다. 이 영화에서 모세는 자신의 진짜 민족적 정체성을 전혀 모르고 있다가 어떤 계기로 그것을 깨닫게 되면서 깊은 번민에 빠진다. 그는 히브리인으로서의 자기 정체성을 부인하고 싶어 몸부림친다. 하지만 이것은 애니메이션의 각본을 쓴 사람의 잘못된 해석에 근거한 것일뿐 본문이 말해주고 있는 모세의 모습은 결코 아니다. 그는 자신의 출생의 비밀을 전혀 모르는 상태에서 이스라엘 백성의 고역을 바라본 것이 아니다. 그는 동족 이스라엘의 고난을 가슴속으로 체휼하면서 보고 있었다.

이런 면에서 모세는 지도자가 갖추어야 할 성품을 제대로 갖추고 있는 사람이었다. 자기가 이끌고 나갈 백성들의 아픔에 공감할 수 없는 자는 민족의 지도자가 될 자격이 없다. 그리고 이런 사람은 지도자가 되서도 안된다. 나는 지도력의 법칙 중 가장 중요한 것은 느끼지 않는 자는 이끌 수 없다는 것이라고 생각한다. 느끼지 못하는 자가 이끄는 자리에 서게 되면 거기에는 불행만이 있을 뿐이다. 왜냐하면 지도

자는 자의든 타의든간에 자기가 이끄는 자들의 운명에 영향을 미칠 수 밖에 없기 때문이다. 이런 면에서 모세를 지도자로 맞이하게 된 이스라엘 민족은 행복하다고 할 수 있을 것이다.

다시 본문으로 돌아가도록 하자. 그는 이처럼 자기 형제들을 보러 갔다가 한 애굽 사람이 히브리인을 때리고 있는 것을 보게 되었다. 그는 이 폭력을 행사한 애굽 사람을 쳐 죽였다. 애굽 사람이 히브리인을 "치고" 있다고 말할 때와 모세가 그 애굽 사람을 "쳐" 죽였다고 말할 때 내레이터가 모두 동일하게 "치다"(나가, נגע)라는 단어를 쓰고 있는 것에 기초해서 그린버그(Greenberg)는 애굽 사람이 히브리인을 죽일 정도로 심하게 치고 있었던 것이라고 주장한다. 그러므로 그는 모세가 애굽 사람을 쳐 죽인 것이 결코 과도한 보복이 아니었다고 생각한다.[26]

그레스만(Gressmann)은 2:11이하의 본문이 모세의 성품을 잘 보여준다고 지적한 바가 있다. 그는 우선 위에서 설명한 "치다"라는 단어가 모세의 정의감을 보여주고 있다고 생각한다. 모세는 결코 평범한 구타 사건을 빌미로 해서 끔직한 살인을 저지른 것이 아니었다는 것이다.[27] 그레스만은 이 본문에서 또한 모세가 애굽인을 쳐죽이기 전에 좌우를 먼저 살폈는데, 이것은 그의 신중한 태도를 보여준다고 생각한다. 그리고 모세가 다시 한 번 현장에 나갔다가 이번에는 히브리인들 간의 싸움을 목격하고 그 중 "잘못한 사람"에게 어찌하여 동포를 치느냐고 물은 적이 있는데 이것도 그의 정의감을 보여준다고 생각한다. 나는 이 짧은 본문이 그린버그의 말처럼 모세의 정의감, 신중성 등의 성품을 선명하게 드러내주는지에 대해서는 그다지 큰 확신이 가지 않는다.

26 Greenberg, *Understanding Exodus*, 45.

27 Hugo Gressmann, *Mose und seine Zeit: Ein Kommentar zu den Mose-Sagen* (FRLANT, 18; Göttingen: Vandenhoeck & Ruprecht, 1913), 18 n. 3.

그러나 모세의 이후의 삶을 볼 때 그가 이런 성품들을 갖추고 있었던 것만은 확실하다.

13절에서 모세의 책망을 들은 그 "잘못한 사람"은 오히려 모세에게 "네가 애굽 사람을 죽인 것처럼 나도 죽이려느냐"고 말하면서 그에게 대어든다. 이 말로 인해 모세는 자신이 애굽 사람을 죽인 일이 탄로난 것을 알고는 두려움에 떤다. 바로가 이 일로 인해 자기를 죽이려 들자 그는 바로의 낯을 피해 도망을 간다(2:15).

강의할 때마다 이 대목에서 꼭 받는 질문은 어떻게 고대 세계에서 왕자 정도의 신분을 가진 사람이 겨우 사람 하나 죽였다고 해서 도망을 해야 하느냐 하는 것이다. 그러나 고대 세계에서 왕들이 상당히 많은 아내들을 통해 많은 자식들을 낳았다는 점을 고려하면 이 문제에 대한 답은 간단하다. 비록 많은 자식들은 후계자의 문제를 확고하게해 줌으로써 왕국의 미래를 튼튼하게 해주는 것이지만 다른 한 편 왕위는 한 명에게만 전수되는 것이므로 많은 자식들은 서로 권력투쟁의 대상이 된다. 특히 모세 같이 이방인의 핏줄을 가진 사람은 왕위를 보장받기 보다는 제거의 대상이었을 가능성이 크다. 그런 상황에서 그가 이처럼 잘못을 저지른다면 그것은 제거될 수 있는 좋은 핑계거리가 되었을 것이다. 특히 이방인 모세가 좋은 지도자로서의 자질을 갖춘 것이 알려져 있었다면 더욱더 그랬을 것이다.**28** 이런 이유로 해서 그는 결국 자신의 불리한 혈통으로 인해 후계자 다툼에서 밀려날 수밖에 없었을 것이다.

자기 백성을 도와주고자 한 일로 비난을 받은 것은 장차 모세가 이스라엘의 지도자로서 활동하게 되면서 겪게 될 일들의 전주곡 역할을

28 이에 대한 정보는 제임스 L. 쿠걸, *고대 성경 해석가들이 본문 모세오경* (서울: 기독교문서선교회, 2003), 360을 보라. 쿠걸은 "모세가 도망한 것은 그가 히브리인을 구타하는 이집트인을 죽였기 때문이 아니라, 바로 왕의 시기심을 피하기 위함이었다"고 풀이하고 있다.

한다. 모세는 출애굽 당시로부터 시작해서 광야 생활 내내 이스라엘 백성들의 부당한 비난을 들어야만 했다.

이처럼 그의 도망으로 인하여 그의 어설픈 구원자 행세는 막을 내렸다. 이 사건이 보여주는 바는 그가 자기 백성을 향하여 연민의 마음을 갖고 있었으며, 도와주고 싶은 의욕도 충만했음을 보여준다. 하지만 현실적으로 그는 40년 전 갈대 상자에 담겨 나일강에 놓여진 그때처럼 무기력한 한 사람일 뿐이었다.

여기에서 우리는 모세의 때와 하나님의 때에 대해서 좀 생각해 볼 필요가 있다. 설교가들은 모세의 성급함이 실패의 원인이라고 지적하는 경우가 많다. 그러나 모세를 옹호하는 입장에서 볼 때 다음과 같은 점들을 지적할 수가 있다. 첫째, 아직 하나님을 제대로 만나지 못한 자가 어떻게 "하나님의 때"에 근거해서 행동할 수 있겠는가? 둘째, 본문에서 중요한 것은 모세가 성급했다는 것보다는 자신의 모든 기득권을 상실할 수 있는 위험에도 불구하고 자기 동족을 위해서 일하고자 했다는 점이 아니겠는가?

나는 하나님께서는 그 의욕을 중요하게 여기시는 분이시지, 아직 당신을 잘 알지도 못하는 자가 당신의 때를 기다리지 않은 것에 연연하시는 분은 아니라고 생각한다. 그러므로 이 본문이 정말 강조하고자 하는 바는 모세의 성급함에 대한 지적이 아니라 그가 정의감이나 신중성, 희생정신에 있어서 지도자로서의 자질을 충분히 갖추고 있음을 보여주고 있다고 생각한다.

결론적으로 말해 모세는 좌절에 부딪쳐다. 그러나 우리는 모세의 좌절을 하나님의 좌절이나 구속사의 좌절로 볼 필요가 없다. 하나님의 구속사는 모세의 좌절을 초월해서 흘러간다. 인간의 낙심으로 인해 시계가 멈춘 것처럼 보이는 때에도 하나님의 구속사의 시계는 멈추지 않는다.

우물가에서(2:15후-22)

애굽에서 도망을 친 모세는 미디안 땅에 이르러 한 우물에 도착한다. 그리고 이곳에서 자기 아내가 될 여인을 만나고, 장인 이드로의 집에서 살게 된다.

모세가 우물에서 아내 십보라를 만나 결혼에 이르게 되는 이야기는 우물가 이야기 타입신(type scene)을 따르고 있다(창 24장; 29장; 요 4장). "타입신"이라는 것은 에피소드에 담긴 사건들의 구성이 이미 정해진 정형화된 틀을 따라서 진행되는 것을 가리킨다.[29] 이 타입신이라는 내러티브 기법을 사용하여 내레이터가 얻는 효과는 "등장인물의 묘사, 플롯의 전개, 주제의 강조" 등이라고 할 수 있다.[30]

이 단락의 타입신은 모세의 미래의 운명을 강조하고 있는 듯하다. 2:17에서 개역개정판은 "모세가 일어나 그들을 도와서"라는 말을 하고 있는데 여기에서 "돕다"라는 번역은 별로 좋은 것 같지 않다. 원문은 **야사**(ישׁע)라는 단어를사용하고 있는데 이 단어의 히필형은 흔히 "구원하다"라는 의미로 사용된다. 또한 2:19에서 르우엘의 딸들은 모세의 이러한 구원을 아버지에게 묘사하면서 "한 애굽 사람이 우리를 목자들의 손에서 건져내고"라는 말하는데, 이때 "건져내다"라는 단어는 **나짤**(נצל)이다. 이 단어 역시 "구원하다"는 의미로 흔히 사용된다. 그러므로 이 우물가 타입신에서 두드러진 특징은 구원자로서의 모세의 모습을 두드러지게 강조하고 있는 것이다.[31]

29 타입신(type scene)이라는 개념을 성경에 최초로 도입한 것은 Robert Alter, The Art of Biblical Narrative (New York: Basic Books, 1981), 47-62이다. 그리고 이것을 창세기의 거짓말 이야기(창 12; 20; 26장)와 우물가 이야기에 적용시킨 것은 나의 책, *깨진 토기의 축복*의 제4장 "창 26:1-33: 내 손 안의 운명과 내 손 밖의 운명-타입신(Type Scene)과 등장인물의 성격"을 보라. 거기에 좀 더 많은 참고문헌과 더불어 상세한 해설을 제공해 놓았다.

30 타입신의 이러한 기능들에 대한 정리 및 해설은 David Rhoads, Joana Dewey, and Donald Michie, *Mark as Story* (2nd. ed.; Minneapolis: Fortress Press, 1999), 51을 참고한 것이다.

31 Alter, *The Art of Biblical Narrative*, 56-58.

르우엘의 딸들이 모세의 도움에 대해서 묘사할 때 그를 "한 애굽 사람"이라고 지칭한 것은 흥미롭다. 이것은 모세가 처음 갈대 상자 속에서 바로의 딸에게 발견되었을 때 그녀가 그를 보자마자 "히브리 사람의 아이"라고 말한 것과 대조된다(2:6). 모세는 히브리인들에게 연민을 가지기는 했지만 그의 겉모습은 어느새 애굽인이 되어 있었던 것이다. 그가 탄생한 때로부터 40년의 세월은 그를 히브리인의 모습에서 애굽인의 모습으로 바꿔놓았다. 이제 그가 다시 애굽인의 탈을 벗고 히브리인들의 구원자로 환골탈퇴하기까지는 40년의 세월이 더 걸린다.

타입신의 전형을 따라서 르우엘은 모세를 집으로 초대하며, 거기에서 모세는 그의 딸 십보라와 혼인을 맺는다. 그리고 아이를 낳아서 그 이름을 게르솜이라고 짓는다. 그 이름의 뜻은 "내가 타국에서 객이 되었음"이란 뜻이다. 어느 아버지가 아들의 이름을 "나그네"라고 짓고 싶을까? 그만큼 모세는 쓰라림을 안고 살았던 것 같다. 한 때 애굽의 왕자로서 세상의 모든 좋은 것을 누렸을 자신이 이제 양의 뒤꽁무니만 바라보고 살아야 하는 신세가 되었다(참고, 3:1). 올라간 자리가 높으면 높을수록 낮아진 자리는 더 비참해 보이는 법이다. 아마 게르솜이라는 이름 속에는 그의 이런 한탄이 담겨 있었으리라고 생각된다.

진정한 구속사적 영웅의 등장(2:23-25)

아들의 출산과 작명에 대한 언급 이후로 내레이터는 다시 한 번 40년의 기간을 건너뛴다. 출애굽기의 시작부터 지금까지 하나님은 결코 무대의 중심에 서지 않으셨다. 아니 숨어계셨다고 말하는 편이 나을 것이다. 그러나 성경의 독자들이 결코 잊어서는 안 될 것은 하나님과 역사와의 관계이다. 하나님은 역사의 중심 무대에서 숨어 있으시되 결코 활동하지 않으신 분은 아니다. 1:20-21에서 산파에게 은혜를 베푸신 이야기와 2:5의 두 종류의 시녀에 대한 분석에서 이미 어느 정도 살펴본 바와 같이 하나님은 숨어 있는 중에도 정작 필요한 일은 전부 다 해오셨다. 하나님은 인간의 눈에 띠지 않는 그 순간에도 역사의 경로가 당신의 의지 밖으로 이탈하는 것을 결코 허용하지 않으셨다.

사도행전 7:30은 "사십 년이 차매"라는 말로 모세의 이 40년의 세월의 경과를 묘사하고 있다. 여기에서 "차매"라는 표현에 사용된 헬라어는 **플레로오**(πληρόω)라는 단어의 수동태이다. 이 단어는 "[예언 등을 통해] 정해진 끝[혹은 목적]에 이르게 하다, 성취하다"의 의미로 자주 사용된다. 특히 "하나님의 예언이나 약속들을 성취하다"란 의미로 사용되는 경우가 많다.[32] 이 단어는 사전들이나 주석들이 흔히 해석하듯이 막연히 "시간이 경과하다"란 의미가 아니라 훨씬 더 의미가 충전되어 있는 단어라고 생각한다. 따라서 이 단어는 출애굽기 1-2장에서 하나님이 전혀 안 계시고 활동하지 않으신 것처럼 보이는 순간에도 하나님이 지속적으로 역사의 매 순간을 주관하고 계셨다는 것을 잘 나타내주고 있다.

이렇게 해서 드디어 40년의 세월을 지나 진정한 역사의 영웅이신 하나님께서 베일을 벗고 등장하신다. 모세가 한숨을 쉬면서 흘러보낸 40년의 세월의 틈을 뚫고 진정한 구원자이신 하나님께서 직접 움직이기 시작하신다.

23절은 "애굽 왕은 죽었고"라는 말로 시작한다. 어떤 학자는 사무엘상 16:1-3에 근거해서 하나님께서 모세로 하여금 불필요한 죽음을 당치 않게 하시기 위한 것이라고 해석한다.[33] 실제로 출애굽기 4:19에 하나님은 모세에게 "네 생명을 찾던 자가 다 죽었느니라"고 말씀하시면서 그를 안심시키신다. 그러나 이 때는 이미 모세가 하나님의 소명을 받아들인 다음이다. 바로의 죽음은 모세가 하나님의 부르심을 받아

32 이 단어의 이런 의미에 대해서는 Frederick William Danker, *A Greek-English Lexicon of the New Testament and Other Early Christian Literature* (3rd Ed.; Chicago and London: The University of Chicago Press, 2000)을 보라.

33 Greenberg, *Understanding Exodus*, 51.

들이는데 있어서 결정적인 요소가 된 것은 결코 아니었다. 그러므로 아마 그의 죽음에 대한 언급이 굳이 여기에서 나오는 이유는 옛 시대가 가고 새 시대가 올 것이라는 것을 알리는 종소리 같은 역할을 하기 때문이라고 생각한다.

24-25절은 하나님께서 이스라엘 백성의 고난을 보고 움직이기 시작하시는 것을 네 문장으로 표현하고 있다. 원문을 살리기 위해 사역을 해보면 다음과 같다:

> **하나님이 그 고통 소리를 들으시고**
> **하나님이 …그 언약을 기억하셨다.**
> **하나님이 이스라엘 자손을 보셨고**
> **하나님이 아셨다** (사역).

이 네 문장 모두에 "하나님"이란 주어가 분명히 명시되어 있다. 통상적인 히브리어 문장 속에서는 이처럼 주어가 동일한 경우 주어는 한 번만 표시된다. "하나님이 들으시고, 기억하시고, 보시고, 아셨다"는 식으로 말이다. 그러나 우리의 본문에서는 매 동사마다 "하나님"이란 주어가 반복된다. 이러한 독특한 표현양식을 통해서 내레이터는 "하나님"이 이제 "정말로" 움직이기 시작하셨다는 것을 표현하고 있다. 이 본문을 히브리어 문장을 살려서 읽으면 "하나님"이 "벌떡" 일어나서 역사 속으로 성큼성큼 들어오시는 느낌이 확 살아난다.

필자가 이 책의 기초가 될 글을 쓰던 당시 개역한글판 성경은 이 네 번의 하나님을 한번만 번역하였다. 다행히도 개역개정판 성경은 이 중대한 오류를 수정하여 하나님이란 단어를 네 번 다 충실하게 번역하였다. 성경의 번역자들이 본문의 수사법적인 요소에 대한 면밀한 이해와 고려를 갖고 있어야 한다는 것을 이 본문은 잘 보여준다.

이 24-25절에는 문법적으로 특이한 사항이 한 가지 더 있다. 그것은 앞의 세 문장에는 다 목적어가 있는데, 마지막 문장에만 목적어가 빠져 있다는 것이다. 사실 마지막 문장은 타동사에 목적어가 빠져 있기 때문에 완전한 문장이라고 할 수가 없다. 마지막 문장의 이런 문법적인 파격 때문에 성경번역사 및 해석사 속에서는 다양한 해결책들이 동원되었다. 예를 들어 개역한글판 성경은 25절의 두 문장을 하나로 뭉뚱그려 "[하나님이] 이스라엘 자손을 권념하셨더라"로 번역하였다. 개역개정판은 두 개의 문장의 틀은 유지하고 있지만 본문의 동사에 부연적인 의미를 추가하여 매끄럽게 보이려는 시도를 하였다. "하나님이 이스라엘 자손을 돌보셨고 하나님이 그들을 기억하셨더라". 너무 지나친 의역을 하는 경향이 있는 표준새번역은 "그들의 처지를 생각하셨다"라고 아예 풀어쓰기를 해버렸다.

고대의 아람어 역본인 탈굼 옹켈로스는 "하나님께서 그들을 구원하기로 결정하셨더라"고 부연해서 해석하였다.[34] 70인경은 마지막의 동사를 수동태로 처리하여 "[하나님이] 그들에게 알려졌더라"고 번역하였다.

그러나 나는 이 파격적인 문장 역시 24-25절의 다른 특징들과 마찬가지로 내레이터의 수사학적인 전략이라고 생각한다. 내레이터는 지금까지 자신의 내레이션을 집중해서 따라오던 청중들에게 의도적으로 목적어를 빠뜨린 이 불완전한 문장으로 이 단락을 마무리한다. "하나님이 아셨다". 독자들은 당연히 물을 수밖에 없다. "무엇을, 도대체 무엇을 아셨단 말인가?"

내레이터의 이런 수사학적인 장치를 고려할 때 3:1의 모세의 모습은 더욱더 의미있게 다가온다. 2:24-25에서 하나님이 고통받는 이스라엘 자손을 "보셨고, 아셨다"라고 할 때 당연히 독자들은 그 상황에 대

34 Greenberg, *Understanding Exodus*, 54.

한 하나님의 특단의 조치가 내려질 것을 기대할 것이다. 그러나 3장 서두의 모세의 모습은 어떤가? 그는 당대의 초강대국 애굽의 압제로부터 이스라엘을 구원해내기에는 너무나도 미약하다. 이런 식으로 해서 독자의 기대를 저버림으로써 내레이터는 엄청난 서스펜스를 창출해낸다. 어떤 이론가의 말을 빌려서 말하자면 이것이 바로 성경본문의 생존전략이다.[35] 성경본문은 이런 식으로 역동적으로 독자를 안달하게 만듦으로써 자신에게로 그들을 끌어들인다. 성경본문은 결코 수동적으로 독자의 관심을 받기를 기다리는 존재가 아니다. 독자의 관심을 지배하려 들고, 또 실제로 탁월한 기법들을 통해서 그렇게 하는 능동적인 존재이다.

출애굽기 3-4장 : 평범한 날의 비범한 사건

우리의 절망이 하나님의 절망은 아니다. 우리에게 낙심과 절망의 순간이 하나님에게는 변화와 능력의 순간일 수 있다. 우리가 끝이라고 생각하는 순간이 하나님에게는 시작의 순간일 수 있다. 꽃샘추위가 따스한 봄의 전령임을 안다면 누가 스러지는 겨울의 마지막 시샘을 두려워 하겠는가? 여명의 깊은 어둠이 밝아오는 아침의 빙거임을 안다면 누가 지나가는 밤의 마지막 질투를 두려워 하겠는가?

하나님의 구원의 시간은 모세가 "게르솜"이라고 탄식할 때(2:22), 이스라엘이 고역으로 인하여 부르짖을 때 찾아온다(2:22-25). 인간의 정신이 가장 어두운 때가 바로 하나님에게는 여명의 시간이다.

35 본문과 독자간의 상호작용에 대한 개괄적인 설명은 Shlomith Rimmon-Kenan, *Narrative Fiction: Contemporary Poetics* (London and New York: Routledge, 1983), 117-129을 보라. 이 중에서 특히 125-129쪽에 나오는 "자가 생존전략, 혹은 어떻게 본문은 독자로 하여금 읽기를 계속하도록 '유혹' 하는가" 하는 항목을 참고하도록 하라.

평범한 날의 비범한 사건(3:1-6)

앞의 2:23-25은 거창하게 하나님의 개입을 알리고 있다. 이와 대비해서 3:1이하의 내용은 허무하기 짝이 없다. 이 본문의 시작인 3:1은 "모세가 그 장인 미디안 제사장 이드로의 양무리를 치더니"라고 말하고 있다.

여기에서 "치더니"라는 동사의 히브리어는 반복적인 동작을 나타낸다. 본문은 모세가 이드로의 양무리를 치는 일이 그저 어쩌다 한번 해본 일이 아니라 항상 하고 있는 직업이라는 뉘앙스를 풍기고 있다. 이런 뉘앙스를 잘 살리기 위해 하우트만(Houtman)이란 주석가는 이 구절을 "모세가 자기 장인 이드로의 양 떼를 치는 목자가 되었다"고 번역하고 있다.36

앞에서도 이미 언급한 바와 같이 모세의 인생은 크게 세 시기로 구분된다(행 7:23,30; 출 7:7; 신 34:7 참조). 그는 40세에 애굽에서 도망을 쳤다. 그리고 이제 80세(3:1)에 하나님과 만남을 가지게 된다. 따라서 그는 미디안 양치기 생활을 40년 정도 했던 것으로 보인다. 내레이터는 3:1의 짧은 문장 속에 그의 이 40년 동안의 허무함과 회한을 진하게 드러낸다. 애굽의 왕자로서 인류 역사에 중요한 기여를 할 수 있었던 사람이 광야의 한갓 이름 모를 목동으로 삭아버린 세월의 한이 이 짧은 구절 속에 배어 있다.

이 3:1을 볼 때 "모세의 기도"란 표제가 붙은 시편 90:10이 생각난다. 거기에서 시인은 "우리의 년수가 칠십이요 강건하면 팔십이라도 그 년수의 자랑은 수고와 슬픔 뿐이요 신속히 가니 우리가 날아가나이다"라고 읊조린다.

이 싯구에서 느껴지는 것과 같은 감성이 3:1에 닮겨있다. 너무나도

36 Cornelius Houtman, *Exodus.* (vol. 1; HCOT; Kampen: KOK Publishing House, 1993), 332.

허무하게 성경 본문조차 뛰어 넘어버린 40년의 비애(pathos)가 이 짧은 구절에 담겨 있다. 그의 처음 40년을 원색의 계절이었다고 한다면 그의 두 번째 40년은 무채색의 계절이었다.

모세의 이런 처연한 처지를 나타내는 또 하나의 표현은 그가 "그 장인 이드로의 양무리"를 쳤다는 문구이다. 이것이 모세가 40년의 양치기 생활로 얻은 결과이다. 이 구절에는 양 떼의 소유주가 장인 이드로인 것으로 되어 있다. 모세의 지난 40년의 삶의 모든 노력은 하나도 그의 손아귀에 남아 있지 않다. 그는 단지 "장인 이드로의 양 떼"를 치는 목자일 뿐이다.

그러나 하나님의 역사는 모세가 그저 일상적인 버릇이라도 되는 냥 40년을 살아 온 모든 평범한 날 중의 어느 시기에 한 순간 불쑥 시작된다. 하나님의 역사는 꼭 초자연적인 현상이 난무하고, 번개와 천둥이 치고, 신비로운 기운이 휩싸인 가운데서 일어나는 것만은 아니다. 하나님께서 특별한 목적을 가지고 그런 식으로 역사하시는 경우(참고, 출 19:9)도 있기는 하지만 하나님의 역사는 평범이란 너울을 쓰고 이루어지기도 한다. 이제 막 모세에게 일어나려는 경우가 그러하다.

3:1-2은 두개의 인식론적인 차원을 담고 있다. 모세의 평범한 일상 속에서 일어나는 하나님의 비범한 일을 다루고 있는 3장의 처음 두 절은 이런 면에서 무척 흥미롭다. 평범과 비범이 충돌하는 것을 다루고 있는 이 두 구절이 담고 있는 두개의 인식론적인 차원은 하나는 모세의 것이고, 다른 하나는 전지적 내레이터의 것이다.

우선 모세가 인식하는 차원을 살펴보도록 하자. 그의 인식적 차원에서 보면, 그는 지난 40년 동안 해 왔던 것처럼 오늘도 양의 꼴을 찾아 양무리를 인도하고 있을 뿐이다. 그러나 이 구절에는 또 하나의 인식적 차원, 즉 전지적 내레이터(그리고 전지성을 가진 하나님)의 인식의 차원이 들어 있다. 이 내레이터의 입장에서 보면 이 날은 완전히 다른 날이다. 그의 시각에서 보면 이 날은 모세가 항상 하듯이 양 떼를 모는 그런 날이 아니고 그가 "하나님의 산" 호렙에 이르는 날이다.

역사비평학자들은 모세가 간 산이 "하나님의 산 호렙"이라고 되어 있는 것에 근거해서 이 산이 원래 성지(聖地)였다는 주장을 하곤 했다. 구약성경 전체를 살펴볼 때 여기에서 처음으로 언급되는 이 산이 원래부터 "하나님의 산"이라고 알려진 성지가 아니라면 어떻게 이렇게 첫 등장 때부터 "하나님의 산"이라고 불려지겠느냐 하는 것이 그들의 논리이다. 이에 대한 상세한 반박은 이 책의 첫 번째 부록에 실린 "출애굽기로 보는 하나님과 시내 산의 관계: 선천적인가, 후천적인가"라는 제목의 나의 논문을 꼭 읽어보기를 바란다.

호렙이 원래부터 하나의 성지였다는 해석은 3:1에 반영된 두개의 상이한 인식의 차원을 제대로 이해하지 못해서 생긴 잘못된 해석일 뿐이다. 모세의 인식의 차원에서 보면 모세는 이 산을 "하나님의 산"으로 인식하지 못했다. 그에게는 자기가 간 산은 그냥 "호렙"이라는 이름의 산일 뿐이었다. 그가 이처럼 이 산을 어떤 특별한 성지로 인식하지 못했다는 점은 2절 이하를 보면 알 수 있다. 그는 거기에서 성지순례자로서 경배 의식이나 제사를 드리거나 하는 태도를 전혀 취하지 않았다. 그는 또한 하나님을 거기서 만나게 되리라는 예상조차도 아예 하지 못했던 것으로 보인다.

이 산이 "하나님의 산"이라고 불리게 된 것은 이 산이 원래부터 성지로서의 지위를 갖추고 있었다는 선험적(a priori)인 이유 때문이 아니다. 이 산이 이렇게 불리게 된 것은 3장에서의 모세의 체험과 출애굽기 19장 이하에서 이 산에서 발생한 하나님의 계시 등의 후험적인(a posteriori)인 사건들 때문이다.[37] 우리의 본문에서 "하나님의 산"이란

37 Sarna, *Exodus*, 38-39.

호렙 산의 별칭은 이 산이 가진 이전의 역사와는 아무런 상관이 없다. 이 별칭은 나중에 일어난 일들 때문에 주어진 것일 뿐이다. 전지적 시점의 내레이터는 이 산이 출애굽기의 나중의 사건들을 통해서 갖게 될 특별한 중요성을 반영하여 여기에서 이 산에 이런 별칭을 부여해주고 있는 것이다.

그러나 갑작스러운 이 "하나님의 산"이란 문구는 3:1에서 어떤 파장을 일으킨다. 특히 독자들에게 그러하다. 독자들은 내러티브 속의 등장인물들이 누리지 못하는 특권을 내레이터로부터 부여받는 경우가 많다. 독자들은 등장인물들이 모르는 정보를 내레이터로부터 이처럼 추가적으로 부여받는 경우들이 종종 있다. 이 3:1의 경우에도 등장인물인 모세는 이 산이 앞으로 특별한 성지가 될 산인 것을 전혀 깨닫지 못하고 이 산을 그냥 "호렙"으로만 인식한다. 반면에 독자들은 이 산이 아주 특별한 산, 즉 "하나님의 산"이 될 것이라는 정보를 내레이터로부터 전달받는다.

그러나 내레이터가 독자들에게 주는 이런 특권은 단지 특권이기만 한 것이 아니다. 이 특권을 내레이터가 부여하는 것은 독자를 컨트롤하기 위한 수단이기도 하다. 왜냐하면 독자는 등장인물이 전혀 알지 못하는 정보를 받음으로써 등장인물과는 다른 시각으로 본문의 다음 순간을 기다리게 되기 때문이다.

3:1-2과 관련하여 "하나님의 산"이란 정보가 갖는 효과는 이것이다. 2:23-25에서 고통에 찬 이스라엘의 부르짖음을 듣고 드디어 하나님이 활동하시기로 작정하신 것을 본 독자들은 1절 전반절에서 내레이터가 생뚱맞게 모세의 양치는 일을 언급하는 것을 보고 어리둥절해 했을 것이다. 그들은 하나님이 다시 커튼 속으로 사라지시는 것이 아닐까 하는 의문을 가지게 되었을 것이다. 그러나 "하나님의 산"이란 단어는 뭔가 일이 일어날 것이라는 기대감을 불러 일으킨다. 역사의 경로를

영원히 바꾸어 놓을 무엇인가의 꿈틀거림이 "하나님의 산"이란 표현을 통해서 전달된다.

"하나님의 산"이란 표현은 모세라는 인간의 시각과 그 인간을 만나고자 하시는 하나님의 시각을 나누어 놓는다. 모세라는 인간의 시각 속에서 볼 때 그는 전혀 색다를 것이 없는 또 하나의 하루를 양치기로 살기 위해 호렙이란 산에 이른다. 그러나 하나님의 시각에서 이 날은 무척이나 특별한 날이다. 이 날은 이스라엘의 처지를 돌아보신 하나님이 그들을 구원하기 위해서 벌떡 일어나시는 날이다. 곧 인간 대리자를 불러 세우시는 날이요 역사가 완전히 달라지는 날이다.

이러한 이중적인 인식의 차원, 이중적인 시점은 3:2에서도 역시 계속된다. 3:1에서 모세가 다가오는 것을 보고 떨기 나무 불꽃 속에서 "여호와의 사자"가 나타난다. 이것은 내레이터의 전지적 시점이다. 그러나 모세는 이것을 보지 못한다. 그의 인간적 시점에서 보이는 것은 단지 "떨기나무에 불이 붙었으나 사라지지 아니" 하는 현상 뿐이다.

모세의 이 제한된 시점으로 볼 때는 떨기 나무 불꽃은 신기한 현상, 곧 "큰 광경"에 불과하다. 그러기에 그는 왜 떨기 나무가 불타 없어지지 않는지를 살펴 보고자 한다(3:3). 아직 모세는 이 "큰 광경" 뒤에 하나님이 숨어 계심을 알지 못한다. 그러나 그의 호기심만으로도 하나님의 사역은 성공을 향해 가고 있다. 무의식적이나마 그가 하나님 존전으로 나아가고 있기 때문이다.

그러면 하나님은 왜 계시의 수단으로 불타는 떨기나무를 사용한 것일까? 이 질문은 역사상의 수많은 해석자들이 던진 질문이다. 그리고 이에 대해서 그들은 불붙어 있지만 타지는 않는 떨기나무가 이스라엘을 상징한다고 보았다. 하나님은 애굽이 아무리 박해해도 이스라엘을 멸망시킬 수 없다는 것을 모세에게 보여주기 위해서 이 상징을 택하셨다는 것이다.[38] 또한 미드라쉬 라바(Midrash Rabba) 2:5은 하나님께서 떨기나무 불꽃 속에서 나타나신 것은 당신이 자신을 이스라엘과 동일시하고 계심을 보여주기 위한 것이라고 풀이한다.[39]

> "하나님이 모세에게 말씀하셨다. '너는 이스라엘이 고난 중에 있는 것처럼 나도 고난 중에 있는 것을 알지 못하느냐? 내가 너에게 말하고 있는 이 장소, 즉 떨기 나무를 통해서 내가 그들의 고난에 동참하고 있다는 것을 깨달으라".

그러나 이런 인기 많은 해석에 대한 강력한 반박은 본문이 불타는 떨기나무와 이스라엘을 연결시키는데 전혀 관심이 없다는 점이다. 그러므로 이 해석은 반셈족주의(anti-Semitism)로 인해 항상 고난을 겪어온 유대교 주석가들의 독자반응비평적인 해석이라고 이해하는 편이 더 타당할 것이다. 그들은 비록 고난을 경험하고 있지만 희망의 불은 아직 꺼지지 않고 있다고 생각했기 때문이다.

이 본문과 관련하여 주석가들의 관심을 항상 끌어왔던 또 한 가지 사항은 떨기나무와 시내 산의 관계다. 떨기나무는 히브리어로 **쓰네**(סנה)라고 한다. 이것이 **시내**(סיני) 산과 발음이 비슷하다는 것에 근거해서 이 3장의 사건을 출애굽기 19장 이하의 시내 산 사건과 연결시키고자 하는 해석은 항상 인기가 있었다.[40] 그러나 이 견해 역시 근거가 별로 없는 듯하다.[41] 왜냐하면 최소한 이 본문은 시내 산과의 언어적 연결에 전혀 관심이 없는 것 같기 때문이다. 그렇지 않다면 내레이터가 왜 굳이 "시내 산" 대신에 "호렙 산"이라는 이름을 택했겠는가?

38 Nehama Leibowitz, *New Studies in Shemot: Exodus* (Jerusalem: Eliner Library, 1976), 54.

39 Göran Larsson, *Bound for Freedom: The Book of Exodus in Jewish and Christian Traditions* (Peabody, MA: Hendrickson Publishers, 1999), 28.

40 예를 들어, Sarna, *Exploring Exodus*, 39.

41 Houtman, *Exodus* (vol. 1), 339.

사실 이 단락에서는 불이 떨기나무보다 더 중요한 것으로 보인다. 이 불과 관련하여 다음과 같은 점들을 고려해보도록 하자. 우선 불은 구약성경 전체를 통하여 하나님의 임재의 상징 중 가장 두드러진 것들 중의 하나이다. 우선 창세기 15:17에서 하나님은 아브라함에게 "타는 횃불"로 나타나셨다. 그리고 출애굽기와 광야 사건들 전체를 통하여 하나님은 "불기둥" 혹은 "불"로 자주 임재하셨다(출 13:21-22; 40:36-38; 19; 민 9:15-16; 14:14; 신 1:33; 4:24; 9:3; 시 78:14). 그리고 에스겔 역시 하늘 전차를 타신 하나님의 이상 속에서 하나님의 임재를 불의 형상으로 묘사하고 있다(겔 1:4,13,27). 마지막으로 신명기 4:11-12은 하나님을 불 가운데서 말하시는 분으로 직접 언급하고 있다.

그러면 하나님은 왜 자신을 불과 자주 연결시키셨을까? 이에 대해서 학자들은 불이 하나님의 속성을 잘 나타내준다고 본다. 그린버그(Greenberg)는 불이야 말로 하나님의 속성을 몇 가지 점에서 가장 잘 나타내 준다고 주장한다.**42** 첫째, 하나님은 스스로를 "질투라 이름"(34:14; 참고 20:5)할 정도로 강렬한 성격을 가지고 계시며, 당신의 진노의 감정을 자주 불로 표현하시기 때문이다(렘 4:4; 시 79:5; 습 3:8). 둘째, "하나님은 소멸하는 불"이라는 표현에서 볼 수 있듯이 불의 파괴적인 힘은 하나님의 위험한 거룩성(dangerous holiness)의 좋은 유비(類比, analogy)가 된다는 것이다(신 4:24; 9:3).**43**

특히 하나님의 이 "위험한 거룩성"이라는 표현은 하나님을 이해하는데 있어서 아주 중요하다. 우리와 함께 하고 싶어하시는 하나님은 두리뭉실한 성격을 가지신 분, 이래도 좋고 저래도 좋은 성격을 가지신 분이 아니라 거룩성을 가지신 분이다. 이 거룩함은 함께 하는 자들

42 Greenberg, *Understanding Exodus*, 71.

43 후자의 구절의 개역개정판 성경의 번역은 "맹렬한 불"이라고 되어 있는데, 히브리어로는 4:24과 동일한 표현을 쓰고 있다.

에게 필연적으로 위험성을 내포하고 있다. 아론의 아들 나답과 아비후(10:1-2)와 웃사(삼하 6:6-8)의 경우에서 볼 수 있듯이 하나님의 거룩하심이 침범을 당할 때 하나님의 임재는 위험한 임재가 된다.[44]

하나님께서 이 "하나님의 산"에 불로 임재하신 것과 관련하여 다음과 같은 추가적 고려점들을 생각해 볼 수 있다. 첫째, 이것은 출애굽기 3장이 19-24장과 밀접한 관계가 있음을 보여주고 있다. 다시 말해 3장에서의 모세의 개인 경험은 이스라엘 전체가 이 산에서 하게 될 경험의 전조가 된다. 둘째, 하나님께서 출애굽기 19장의 장엄한 임재 대신 작은 불을 통해서 모세에게 임재하신 것은 하나님의 섬세한 배려를 보여준다.[45] 하나님은 모세가 감당할 정도의 첫 만남을 마련하셨던 것이다. 열 재앙과 광야에서의 기적들을 통해서 하나님에 대한 충분한 경험을 미리 가졌던 출애굽기 19장의 이스라엘과 달리 하나님에 대한 아무런 경험도 없었던 모세에게 하나님이 19장의 여러 가지 엄청난 신현 현상과 함께 등장하셨다면 모세는 그것을 감당하지 못했을 것이다. 하나님은 현재 수준에서 모세가 딱 감당할 수 있을 만큼의 임재의 방식을 사용하셨다고 할 수 있다.

3:4에서 하나님은 모세의 이름을 두 번 부르신다. 이처럼 두 번 이름을 부르는 것은 상황의 긴박성을 나타내는 경우가 많다. 예를 들어, 창세기 22장에서 아브라함이 이삭을 제물로 바치기 위해 칼을 치켜들었을 때에 하나님의 사자는 하늘에서 두 번 아브라함을 부른다(창 22:11). 출애굽기 3:4에서 하나님이 이처럼 모세를 긴박하게 두 번 부르

44 하나님의 임재와 그 위험한 거룩성 사이의 미묘한 긴장은 나중에 성막 이야기와 황금송아지 이야기의 연결을 통하여 표현된다. 이에 대해서는 목회와신학 편집부, *출애굽기 어떻게 설교할 것인가* (서울: 두란노아카데미, 2009)의 119-127 쪽에 나오는 나의 글 "성막의 의미와 그 현대적 의의"와 373-403 쪽에 나오는 나의 글 "시내 산의 은혜언약: 출애굽기 32-34 주해와 적용"을 보라. 요약해서 말하자면 성막은 기본적으로 하나님의 임재(출 25:8)의 상징이다. 그러나 이스라엘이 죄가 있을 때 그 성막을 통해 임마누엘 하시는 하나님은 이스라엘에게는 위험한 분이 된다(출 32-34장).

45 Greenberg, *Understanding Exodus*, 70-71.

신 것은 아마 그가 하나님이 임하신 거룩한 장소를 아무 것도 모르고 침범하려는 데서 비롯되었을 것이다. 참고로 출애굽기 19:12-13,21-24 등은 이스라엘이 하나님의 거룩한 영역을 침범할 경우 죽임을 당하게 될 것임을 여러 번에 걸쳐서 경고하고 있다.

모세를 두 번 급히 부르신 후에 하나님은 이어서 모세에게 신발을 벗으라고 명령하신다(3:5). 이렇게 명령하는 이유는 고대 근동에서 신발을 신고 성스러운 장소에 들어가는 것이 불경한 일로 여겨졌기 때문일 것이다. 일례로 애굽에서는 왕에게 나아갈 때 신발을 벗었다. 이에 근거하여 사르나(Sarna)는 성경의 제사장의 옷에 대한 규례 속에 신발이 언급되어 있지 않다는 점을 이와 연결시킨다.[46] 모세가 신발을 벗으라는 명령을 받은 것은 바로 이런 이유 때문일 것이다.

이어서 하나님은 자신을 "네 조상의 하나님"이라고 밝히신다. 여기에서 "조상"이란 단어는 히브리어로 **아브**(אָב), 즉 "아버지"란 단어의 단수이다. 그러므로 단순하게 직역하면 "네 조상의 하나님"은 "네 아버지의 하나님"이 된다. 이 표현은 3:15의 "너희 조상의 하나님"과 차이가 난다. 3:15에서는 단수 **아브** 대신에 복수인 **아보트**를 쓰고 있다. 즉 이것은 "네 아버지들, 즉 조상들의 하나님"이라고 번역될 수 있다. 그러므로 3:15과 3:6은 "아버지"란 단어를 복수로 쓰느냐, 단수로 쓰느냐에 따라서 그 의미가 차이가 난다.

물론 3:6의 **아브**를 주석가들은 대체적으로 집합적인 의미(a collective sense)로 이해한다.[47] 이 "네 아버지의 하나님"이란 표현이 "아브라함의 하나님, 이삭의 하나님, 야곱의 하나님"이란 표현과 동격 관계에 있으므로 이 해석은 어느 정도 정당성이 있다. 그러나 3:6과 3:15의 단수

46 Sarna, *Exploring Exodus*, 39-40.

47 Cohen, A.(ed.), *The Soncino Chumash: The Five Books of Moses with Haphtaroth* (London: The Soncino Press, 1947), 397 등이 그러하다.

와 복수의 대비 또한 무시할 수 없는 요소이다. 그린버그(Greenberg)는 조심스럽고 유보적인 태도를 취하면서도 미드라쉬의 해석들에 근거해서 한 가지 재미있는 해석을 제시한다.48 그는 3:6에서 하나님은 "네 조상의 하나님"이란 뜻으로 말씀하신 것이 아니라 "바로 네 아비 아므람의 하나님"이란 취지로 말씀하셨다는 것이다. 앞에서 하나님께서는 자신과 접촉한 경험이 없는 모세의 수준에 맞추어서 일부러 작은 불 속에서 나타나셨다고 했는데, 이러한 모세에 대한 배려의 연장선상에서 하나님께서 모세와의 접촉점을 만들기 위해 그의 아버지 아므람의 목소리를 흉내내서 그에게 말씀하셨다는 것이다. 이 해석에 대한 근거로 그는 사무엘상 3:4 이하를 예로 든다. 거기에서 하나님이 사무엘을 부르셨을 때 사무엘은 엘리 제사장이 자기를 부른다고 생각하고 그에게로 간다. 이런 일이 세 번 있은 후에야 엘리는 그것이 하나님의 목소리임을 깨닫고 사무엘에게 다시 한 번 이런 일이 있으면 "여호와여 말씀하옵소서. 주의 종이 듣겠나이다"라고 대답하게 지시한다. 애초에 하나님이 부르시는 목소리를 사무엘이 엘리의 목소리로 착각한 이유는 하나님이 처음으로 사무엘에게 계시를 하시면서 그에게 친숙한 목소리, 즉 엘리의 목소리를 흉내내어 그를 부르셨기 때문이라고 유대교의 옛 주석가들은 해석한다. 따라서 그린버그는 이 출애굽기 3:6에서도 하나님은 이와 비슷한 접근방식을 사용하고 있다고 본다.

그린버그의 이 해석이 어느 정도의 타당성을 갖고 있는지는 판단하기가 쉽지 않다. 그러나 이 해석은 3장에서 하나님이 출애굽기 19장과 같은 장엄하고 압도적인 형태로 임재하지 않으시고, 대신 모세가 수용할 수 있는 수준에 맞추어서 일부러 떨기나무의 불을 통해 임재하신 점과 잘 상응하는 것 같다. 이 해석을 받아들일 경우 하나님은 히브리

48 Greenberg, *Understanding Exodus*, 72-73.

어상으로 단수, 복수가 가진 유동성을 활용해서 중의법적으로 말씀하시고 있는 것인지도 모르겠다. 즉 하나님은 최초로 모세에게 자신을 소개할 때는 "나는 네 아버지의 하나님"이라고 소개하시고 나서, 일단 접촉점이 마련된 다음에는 곧 "아버지"란 히브리어 단어가 가진 중의법적인 의미를 사용해서 "네 조상의 하나님"으로서 자신을 밝히시고 있는 것일 수가 있다.

그러나 이 단수, 복수에 대한 해석의 문제보다 더 중요한 문제는 "네 조상의 하나님…아브라함의 하나님, 이삭의 하나님, 야곱의 하나님"이란 표현이다(3:6). 하나님은 "네 조상의 하나님"을 부연설명 하시면서 각 족장의 이름과 더불어 "하나님"을 세번에 걸쳐서 반복하시는데, 이것은 하나님이 세대를 관통하여 일관성과 통일성을 가지신 분임을 강조해주는 것이다.49 지금 모세 앞에서 말씀하시는 하나님, 즉 모세의 가족의 하나님은 몇백 년 전에 아브라함, 이삭, 야곱에게 말씀하셨던 분이시라는 것이다. 그분은 몇백 년 전에 이들에게 은혜를 베푸신 것처럼 이제 모세와 그의 세대에게도 동일하게 역사하실 것이다.

3:6의 하반절은 하나님의 이런 말씀에 대한 모세의 반응을 서술하고 있다. 지금까지 자신이 초월적인 존재, 곧 하나님을 만나고 있다는 것을 파악하지 못했던 모세는 이 말씀을 듣고서야 비로소 자신이 처한 상황을 파악을 하게 된다. 그러자 그는 급히 얼굴을 가린다. 3:1부터 계속되어 온 하나님과 모세의 인식상의 차이는 이렇게 해서 드디어 일치를 본다. 이제 드디어 모세 자신에게도 이 날은 더 이상 평범한 날이 아니라 비범한 날이 되었다. 이제 드디어 양치기 모세는 하나님의 부름을 받은, 선택된 지도자가 되었다.

이러한 변화는 무척이나 극적이다. 그러나 사실 고대 근동의 문헌

49 테렌스 E. 프레다임, *출애굽기* (현대성서주석, 서울: 한국장로교출판사, 2001), 105.

들과 성경을 통해 보면 양치기와 지도자는 밀접한 관계가 있다. 예를 들어, 시편 78:70-72의 다윗에 대한 시를 보도록 하자.

> "또 그 종 다윗을 택하시되 양의 우리에서 취하시며,
> 젖 양을 지키는 중에서 저희를 이끄사
> 그 백성인 야곱, 그 기업인 이스라엘을 기르게 하셨더니
> 이에 저가 그 마음의 성실함으로 기르고
> 그 손의 공교함으로 지도하였더라"(78:70-72).

여기에서 4행의 "기르다"는 표현은 "목자로서 양을 치다"는 의미이다. 양치는 일과 백성을 통치하는 일 사이에는 "시적인 상응성"(poetic fitness)이 존재한다. 이 때문에 미드라쉬는 모세가 양치기 시절에 양을 잘 돌봄으로써 미래의 지도자가 될 자질을 보여주었다는 주장을 하였다.**50** 이런 시각에서 보면 모세의 양치기 생활도 너무 비관적으로 볼 것만은 아닌 듯하다. 이것도 그의 지도자 수업의 일환이었던 것이다.

다음 단락으로 넘어가기 전에 참고로 한 가지만 더 지적하도록 하자. 흥미롭게도 시편은 양치기 모세와 양치기 다윗, 그리고 양치기 여호와를 연결시키고 있다. 이 점은 77-80편의 시를 통해서 명백히 드러난다. 우선 77편의 마지막 절인 20절은 "주의 백성을 양 떼 같이 모세와 아론의 손으로 인도하셨나이다"라고 말함으로써 그들을 양치기에 비유하고 있다. 방금 위에서 본 바와 같이 이 77편의 다음에 이어지는 78편의 마지막 세 절은 다윗을 양치기에 비유하였다. 그 다음 두 편의 시인 79편과 80편은 여호와 하나님을 양치기로 묘사하고 있다. 79:13의 "우리는 주의 백성이요 주의 목장의 양이니"(79:13)라는 구절과 80:1

50 Greenberg *Understanding Exodus*, 67-68.

의 "요셉을 양 떼 같이 인도하시는 이스라엘의 목자여"가 그것이다.

이런 점들을 고려해 볼 때 모세는 비록 자신의 지난 40년의 모습을 허무한 나그네로 이해했을지 모르지만 하나님의 시각에서는 그를 좋은 지도자로 훈련시키기 위한 수업이었을지도 모른다. 그러므로 이 본문이 오늘날 우리에게 주는 교훈은 자신이 어떤 곳에 처해 있든지 자신을 그곳에 위치하게 하신 하나님의 뜻을 이해하도록 노력해야 한다는 것이다. 우리가 진정으로 하나님을 기억하고 하나님의 뜻을 따르고자 한다면 우리에게 무의미한 시간과 장소는 없다. 모든 것은 하나님의 수업일 뿐이다.

하나님의 출사표(3:7-10)

모세에게 자신의 존재를 인식시킨 하나님은 이제부터 당신께서 모세를 통해 하실 일을 천명하신다. 하나님의 출사표는 크게 7-8절과 9-10절의 두 부분으로 나뉘는데, 이 두 부분은 그 내용이 거의 같다. 7,9절은 이스라엘의 고난에 대한 하나님의 인식을 담고 있고, 8,10절은 그에 대한 하나님의 조치를 담고 있다.

우선 7,9절의 말씀은 2:23-25을 연상시킨다. 차이점이 있다면 2:23-25은 내레이터의 객관적인 서술인 반면에 3:7은 하나님의 주관적인 반응을 담고 있다는 점이다. 이 점은 다음의 두 가지 점에서 선명하게 드러난다. 첫째, 하나님이 이스라엘의 고통을 보고 느끼시는 반응은 "정녕히"라는 표현에 반영되어있다(히브리어로는 "보다"라는 동사의 부정사 절대형이 사용됨). "정녕히 보았다"(**라오 라이티**, ראה ראיתי)는 표현은 하나님께서 자기 백성의 고통을 목도하고 눈이 부릅뜨시는 것 같은 느낌을 준다. 하나님은 자기 백성의 고통을 제3자의 입장에서 보신 것이 아니라 스스로 체휼하듯이 보신 것이다. 눈을 부릅뜨고 마음판에 새기듯이 생생하게 목격하신 것이다. 둘째, "내 백성"이란 표현 역시 하나님의 주관적인 반응을 반영해준다. 구약성경에서 하나님이 이스라엘을 "내 백성"이라고 부르는 것은 이번이 처음이다. 이 "내 백성"이란 용어는 출애굽기 전체를 통하여서 아주 중요하다(5:1; 7:4,16; 8:1,20-23; 9:1,13,17; 10:3).

이스라엘의 고통에 대한 하나님의 이러한 인식은 단순히 인식의 차원에 머무르는 것이 아니라 하나님의 행동을 촉발한다. 8절은 하나님의 구원사역을 1인칭으로 서술하고 있다. 10절에서는 하나님은 자신의 구원사역의 대리인으로 모세를 보내실 것을 선언하신다. 비평학자들은 하나님이 직접 구원을 하시겠다고 하는 8절과 모세를 대리자로 보내시겠다는 10절이 서로 모순된다고 지적한다.[51] 그러나 이런 시각은 너무나도 편협하다. 사실 성경 전체를 통하여 나타나는 하나님의 사역이란 것이 대개 이러하다. 하나님은 언제나 자신의 구원 사역을 위해 인간 대리자를 세우신다.

이처럼 하나님의 직접적인 역사와 인간 대리자를 사용하신다는 두 가지 언급은 출애굽기 전체를 통하여 흐르는 중요한 주제 중의 하나이다. 이처럼 이스라엘의 구원을 위해 사역을 하는 주체가 하나님과 모세 둘이기 때문에 이스라엘은 이 둘을 향한 이중적인 신뢰를 보여주어야 한다. 출애굽기 14:31과 19:9 등은 이 두 가지 문제를 직접 건드리고 있다. 이스라엘은 하나님을 믿듯이 그 종 모세를 믿어야 할 필요가 있었다.

하나님의 출사표에 나타난 사항 중 한 가지 더 지적하고 넘어가야 할 사항이 있다. 그것은 하나님의 구원이 "'어떤 것으로부터(from)'의 성격을 가질뿐만 아니라 또한 '어떤 것을 향한(to)' 것이기도 하다"는

51 예를 들어, Martin Noth, *Exodus: A Commentary* (OTL; Philadelphia: The Westminster Press, 1962), 40-42; J. P. Hyatt, *Exodus* (NCBC; Grand Rapids: Eerdmans, 1971), 73-43; Propp, *Exodus*, 193-195 등을 보라.

52 프레다임, *출애굽기*, 108.

점이다.52 구원은 빈 공간을 향한 단순한 해방이 아니다. 만약 그렇다면 구원은 실존주의에서 말하는 "투기"나 다름 없을 것이며, 해방은 "불안"(Angst)의 토대가 될 뿐이다. 하나님은 이스라엘을 이런 막연한 열린 공간이 아닌 "아름답고 광대한 땅, 젖과 꿀이 흐르는 땅"으로 데리고 가고자 하신다. 이 아름답고 좋은 땅으로의 인도는 아브라함에게 주신 약속(창 15:18-19)의 완성일뿐만 아니라 새 창조를 위한 토대이기도 하다. 이스라엘은 "주의 동산"(창 13:10)과 같은 이 곳에서 하나님의 역사를 새롭게 쓸 사명을 갖게 될 것이다.

모세가 어느날 하루 동안에 경험한 사건은 그의 삶을 영원히 바꾸어 놓는다. 애굽 왕자에서 어느 광야 미디안 부족의 양치기가 되었던 모세는 이 사건을 통해서 이스라엘 백성의 양치기이자 지도자로 거듭난다. 광야의 보잘것 없는 떨기나무에 붙은 불이 그의 삶을 완전히 바꾸어 놓는다. 아무리 평범한 것일지라도 하나님의 임재는 모든 것을 뒤흔드는 능력을 갖고 있다. 평범한 떨기나무 하나가 하나님의 임재로 인해 모세의 삶을 바꾸었듯이, 평범한 모세 역시 하나님의 임재로 인해 인류의 역사에 깊은 족적을 남기는 자로 탈바꿈하게 된다.

그러므로 하나님의 모든 성도는 평범 속의 비범을 볼 줄 알아야 한다. 모든 것을 바꾸시는 하나님의 임재의 능력과, 놀라운 새 역사를 일으키시는 하나님의 창조 능력을 믿는 맘으로 우리의 평범을 사랑해야 한다. 평범은 비범의 숨겨진 모습일 수 있기 때문이다.

종에 대한 인내(3:11-4:17)

바로 앞에서 살펴본 3:7-10의 하나님의 출사표는 하나님과 모세 사이의 아주 긴 대화(3:11-4:17)의 출발점이 된다. 이 대화는 성경 전체를 통하여 하나님과 인간 사이의 대화 중에 가장 긴 것이다. 이 긴 대화의 구조는 다음과 같이 정리해 볼 수 있다.

3:11 모세의 질문 ("내가 누구이기에")

3:12 하나님의 응답("내가 정녕 너와 함께 있으리라." 증표 제시)

3:13 모세의 질문(하나님의 정체?)

3:14 하나님의 응답(나는 스스로 있는 자)

3:15-22 하나님의 응답

3:15 (나는 조상의 하나님) (14절의 확장)

3:16-17은 3:7-10의 반복

3:18-22 출애굽까지의 세부적인 계획 지시

3:18 장로들과 함께 바로를 만남

3:19-20 바로의 강팍과 하나님의 징계

3:21-22 이스라엘이 풍부한 것을 갖고 나갈 것임

4:1 모세의 질문 (내 말의 신뢰성을 무엇으로 이스라엘이 인정할까?)

4:2-9 하나님의 응답: 세 가지 표징

뱀

문둥병

물이 피가 됨

4:10 모세의 응답(입이 뻣뻣하고 혀가 둔한 자)

4:11-12 하나님의 응답(내가 입의 창조주. 네 입과 함께 하리라)

4:13 모세의 마지막 거부(보낼만한 자를 보내소서)

4:14-17 하나님의 응답(아론의 동행을 허락)

이 구조에서 보듯이 이 대화는 모세의 질문이나 의사표현에 하나님의 대답이 맞물리는 식으로 구성되어 있다. 이 대화의 흐름이 상당히 논리적이라는 것을 인식하는 학자들은 별로 없는 듯하다. 그러나 내용의 흐름을 볼 때 이 대화는 치밀한 논리적 흐름을 갖고 있다.

우선 이 긴 대화의 발단은 3:7-10에서 하나님께서 이스라엘을 출애굽 시키는데 있어서 자기를 대리자로 임명하셨다는 소리를 들은 모세가 거기에 대해서 의문을 제기하는 것으로부터 시작된다. "내가 누구이기에 바로에게 가며 이스라엘 자손을 애굽에서 인도하여 내리이까" (3:11). 모세의 이 의문에서 방점은 "내가 누구이기에"라는 것에 있다. 모세는 자신이 그럴 자격이 있는 사람이 아니라는 점을 이 의문문 속에 담아내고 있는 것이다.

그에 대한 하나님의 대답은 "내가 반드시 너와 함께 있으리라. 네가 그 백성을 애굽에서 인도하여 낸 후에 너희가 이 산에서 하나님을 섬기리니 이것이 내가 너를 보낸 증거니라"라고 대답하신다. 하나님의 대답에서 나타난 방점은 "내가 반드시 너와 함께 있으리라"에 있다. 즉 모세가 "내가 누구이기에" 그런 일을 맡아야 하느냐고 말한 것에 대해서 하나님은 "네가 누구인지는" 중요하지 않으며, 중요한 것은 "내가 너와 함께 한다"는 점이라고 대답하신다. 그리고 그의 사역이 하나님의 함께 하심에 의한 것이라는 증거로 "너희가 이 산에서 하나님을 섬기게" 될 것이라고 대답하신다. 여기에서 "내가 너와 함께 하리라" (**에흐예 임마크**, אהיה עמך)에 사용된 히브리어 동사는 "~이다, 있다"라는 의미를 가진, 즉 영어의 be 동사에 해당하는 **하야**(היה) 동사이다. 이 동사는 3:14에서 여호와 혹은 **야웨**라는 이름[53]의 기초가 되는 **에흐예 아쉐**

53 사실 여호와란 발음은 옳은 발음이 아니다. 이 발음은 구약에서 여호와의 이름으로 사용된 사문자어(四文字語, Tetragrammaton)의 자음에 "주님"이라는 의미를 가진 **아도나이**란 단어의 모음을 갖다 붙인 것이다. 사문자어의 원래 발음이 어떤 것이었는지에 대해서는 학자들이 여전히 논의를 하고 있으며, **야웨**(Yahweh)라는 이름은 그 중에 가장 가능성이 높은 것으로 많은 학자들이 간주하고 있는 것이다. 그러나 여전히 확실한 것은 아니다. 그렇기 때문에 서구의 학자들은 Yahweh 대신에 그냥 히브리어의 자음만 영어 철자로 옮겨서 YHWH라고 표기하기도 한다. 그러나 한국의 대부분의 교회에서 표준으로 사용하고 있는 개역개정판 성경이 이 사문자어를 "여호와"로 표기하고 있기 때문에 앞에서 지적한 내용을 독자들이 이해하고 있다는 전제에서 이 책에서는 특별한 경우가 아닌 한 "여호와"란 표기를 계속해서 사용하고자 한다. 독자들은 내가 이 "여호와"란 표기를 학술적으로 맞는 표기로 이해하고 있지는 않다는 점을 알아주었으면 한다. 굳이 말하자면 나는 영어로 글을 쓰는 경우에는 YHWH로 쓰고 읽을 때는 Yahweh로 읽는게 현재로서는 가장 좋은 선택이라고 생각한다. 그러나 불행히도 한국어로 된 글에서는 YHWH란 표기를 선택하기란 좀 곤란한 듯하다.

르 에흐예(개역개정판, "나는 스스로 있는 자이니라"라고 번역)라는 표현과 연결된다.

이처럼 하나님이 이 사역에서 중요한 것은 "네가 아니라 바로 나다"라고 대답하시자 모세는 이번에는 "내가 이스라엘 자손에게 가서 이르기를 너희의 조상의 하나님이 나를 너희에게 보내셨다 하면 그들이 내게 묻기를 그의 이름이 무엇이냐 하리니 내가 무엇이라고 그들에게 말하리이까"라고 질문한다. 모세의 질문을 풀어서 말하자면 "내가 중요한 것이 아니라 당신이 중요한 것이라면 당신은 도대체 누구시냐"라는 것이다. 다시 말해 11절의 질문이 모세의 자기정체성에 대한 질문이었다면 이 13절의 질문은 하나님의 정체성에 대한 질문이다.

이에 대해 하나님은 "나는 스스로 있는 자이니라(**에흐예 아쉐르 에흐예**, אהיה אשר אהיה)…너는 이스라엘 자손에게 이같이 이르기를 스스로 있는 자(**에흐예**)가 나를 너희에게 보내셨다 하라"(개역개정판)고 대답하신다. 하나님이 자신의 정체를 설명하는 말로 주신 **에흐예 아쉐르 에흐예**가 무슨 의미인지에 대해서는 엄청나게 방대한 문헌들이 존재한다.[54] "나는 스스로 있는 자니라"라는 번역은 이 난해한 문장에 대한 하나의 편의적인 해석일 뿐이다.

어떤 학자들은 이 문장이 당신의 이름을 밝히는 것에 대한 거부를 나타낸다고 주장한다. 고대 근동에서는 이름을 아는 것은 곧 그 이름을 가진 존재에 대한 통제를 의미하는 것으로 이해했기 때문이다. 그러나 프레다임(Fretheim)이 잘 지적했듯이 이런 해석은 문맥상, 그리고 구약의 용도상 별로 설득력이 없는 것 같다.[55] 문맥상 3:14에서 하나

54 이에 대한 간편하면서도 좋은 개관은 T. Fretheim, "Yahweh", in Willem A. VanGemeren (ed.), *New International Dictionary of Old Testament Theology and Exegesis* (Grand Rapids: Zondervan, 1997), 4: 1295-1300; D. W. Baker, "God, Names of", in T. Desmond Alexander and David W. Baker, *Dictionary of the Old Tesatment: Pentateuch* (Downers Grove: InterVarsity Press, 2003), 359-368; 빅터 해밀턴, *오경개론* (고양: 크리스챤다이제스트, 2007), 185-188 등과 거기에 언급된 참고문헌들을 보라.

님은 모세에게 어떤 보장을 해주셔야 하는 상황이다. 그런데 이 문장이 이름을 밝히기를 거부하는 의미에서 주어졌다고 보면 하나님과 모세의 대화는 진행되기가 어려웠을 것이다. 또한 이어지는 3:15-17에서 하나님은 이 이름을 이스라엘의 조상들의 이름과 동격으로 사용하시고, 또 구원에 대한 보장과 더불어 사용하시고 있다. 그러므로 이 이름은 긍정적인 의미를 갖고 있는 것으로 이해하는 것이 좋은 듯하다. 이 점은 **에흐예**란 표현을 "~와 함께"란 표현과 함께 사용하고 있는 현재의 대화 본문 속의 3:12; 4:12,15 등을 통해서도 확인된다. 이에 따라 프레다임은 이 이름이 스스로에 대한 하나님의 신실성을 나타낸다고 주장한다. 이처럼 하나님은 스스로에게 신의를 지니신 분이기 때문에 이스라엘은 하나님의 변덕이나 임의성을 두려워하지 않아도 된다. 여호와 하나님은 신뢰를 할 수 있는 분이다.

3:14의 하나님의 이름에 대한 계시는 15-22절의 하나님의 아주 긴 말씀으로 이어진다. 우선 15절은 **에흐예 아쉐르 에흐예**와 관련된 여호와라는 하나님이 "곧 아브라함의 하나님, 이삭의 하나님, 야곱의 하나님"임을 밝힌다. 그리고 16-17절은 모세가 이스라엘의 장로들을 모아 놓고 그들에게 하나님이 이스라엘의 고난을 보았으며, 이제 그들을 애굽에서 이끌어내어 젖과 꿀이 흐르는 땅으로 데려갈 것이라고 천명하도록 지시하신다. 이 16-17절의 말씀은 3:7-10의 말씀과 상응한다. 모세가 자신의 사명과 관련하여 들은 말씀을 이제 그는 이스라엘에게 전하도록 명령을 받은 것이다.

18-22절에서 하나님은 모세가 하나님의 사역을 받아들일 때 어떤 과정을 통해서 그 사역이 완수될지를 상세하게 말씀해주신다. 우선 18절 전반절에서 하나님은 장로들이 모세의 말을 순종할 것이라고 말

55 Fretheim, "Yahweh", 4: 1296.

씀하신다. 그리고 18절 후반절에서 하나님은 모세가 이들과 함께 애굽 왕에게 가서 어떤 식으로 말할 것인지에 대해서 구체적인 가르침을 주신다. 여기에서 하나님이 바로 대신 "애굽 왕"이라는 표현을 쓰신 것은 바로 이어 나오는 "히브리 사람의 하나님 여호와"라는 표현과 대비시키기 위한 것으로 보인다. 앞으로 당분간 하나님은 철저히 히브리인의 하나님으로서 그 대적자인 애굽왕을 처리하실 것이다. 하나님의 이 지시를 모세는 나중에 5:3에서 실행한다.

이어지는 19-20절에서 하나님은 모세가 하나님의 명령대로 수행한다고 해서 그의 사역이 고속도로를 달리는 것처럼 무조건 순탄할 것이라고 결코 말씀하지 않으셨다는 점을 주목해야 한다. 애굽 왕은 하나님이 "강한 손으로 치기 전에는" 모세의 말을 들으려 하지 않을 것이다. 그는 하나님이 "손을 들어 애굽 중에 여러 가지 이적으로 그 나라를 친 후에야" 이스라엘을 보내줄 것이다.

이처럼 하나님은 모세에게 사명을 주시면서 그에게 무작정 장밋빛 희망만을 주신 것은 결코 아니었다. 하나님은 그가 감당해야할 어려움도 분명하게 그에게 주지시켜 주셨다. 그러나 애굽 왕 바로의 반발이 모세와 이스라엘에게 무의미하기만 한 것은 결코 아니었다. 21-22절이 밝히고 있듯이 그의 저항과 그에 대한 하나님의 강력한 대처의 결과로 이스라엘 사람들은 자신들의 종살이의 값을 받아내게 된다.

13-22절의 대화를 정리해보도록 하자. 모세는 13절에서 12절의 하나님의 대답에 대해 질문을 던지면서 "나와 함께 해주시겠다는 당신은 누구십니까"라는 취지의 질문을 던졌다. 이에 대해서 하나님은 "나는 **에흐예 아쉐르 에흐예**니라"라는 대답과 더불어 모세가 해야 할 사역의 총체적인 그림을 제공해주셨다. 이 사역에서 모세가 할 일은 그저 하나님의 말씀대로 행하기만 하면 되는 것이었다. 그가 무기를 들고 싸워야 할 필요도 없고, 자기의 능력으로 마술을 부려야 하는 것도

아니었다. 그는 그저 바로에게 가서 하나님의 말씀만 전하면 나머지 모든 것은 하나님께서 알아서 하실 것이었다.

그러자 4:1에서 모세는 "그러나 그들이 나를 믿지 아니하며 내 말을 듣지 아니하고 이르기를 여호와께서 네게 나타나지 아니하셨다 하리이다"라고 말한다. 모세는 자신의 정체성과 하나님의 정체성의 문제를 핑계 삼아 하나님의 부르심을 피하려다가 실패하자 이번에는 하나님의 말씀을 이스라엘 백성들에게 전할 때의 신뢰성의 문제를 제기한다.

이에 대한 응답으로 하나님은 4:2-9에서 세 가지 이적, 즉 지팡이가 뱀이 되는 이적, 손에 문둥병이 걸렸다 다시 낫는 이적, 그리고 하수의 물이 피가 되는 이적을 행사하도록 권능을 주신다. 이 이적들은 5절에서 하나님께서 말씀하셨듯이 이스라엘 백성들이 "그들의 조상의 하나님, 곧 아브라함의 하나님, 이삭의 하나님, 야곱의 하나님 여호와가 네게 나타난 줄을 믿게 하려 함"이었다. 즉 모세의 말의 신뢰성을 하나님께서는 모세에게 보여준 이적들을 통해서 증명하시는 것이다.

이처럼 다시 한 번 자신의 소명을 회피하는 것을 실패하자 모세는 이번에는 자신의 자격의 문제를 제기한다. 그는 자신이 "본래 말을 잘 하지 못하는 자니이다"라고 핑계를 댄다(4:10). 그는 자신과 하나님의 정체성에 대해서도 이해하겠고, 하나님이 주신 이적도 인정할 수 있지만 정작 자신이 그 일에 합당한 능력, 즉 말을 잘 하는 능력을 갖고 있지 못하다는 점을 지적한다. 오랫동안 주석가들은 모세의 이 말의 진실성에 대해서 논구를 하였다. 그러나 모세의 이 말은 그냥 그의 핑계 정도로 이해하는 것이 가장 적합한 듯하다. 왜냐하면 최소한 성경 본문 내에서 이 본문 이후로 모세의 말하는 능력에 대해서 의문을 제기할만한 요소는 전혀 발견되지 않기 때문이다. 오히려 그는 많은 순간 너무나도 놀라운 언변을 발휘한다. 출애굽기 32-34장의 황금 송아지 사건에 대한 중보기도를 할 때 이 점은 특히 두드러진다. 이런 점에서 볼 때 사도행전 7:22의 내용이 진실에 가깝다고 생각된다. "모세가 애굽 사람의 모든 지혜를 배워 그의 말과 하는 일이 능하더라".

모세가 이처럼 핑계를 대자 하나님은 다시 한 번 이것도 문제가 되지 않는다는 것을 이야기하신다. "누가 사람의 입을 지었느냐 누가 말 못하는 자나 못 듣는 자나 눈 밝은 자나 맹인이 되게 하였느냐 나 여호와가 아니냐"라고 말씀하신다(11절). 그리고는 이어서 "이제 가라 내가 네 입과 함께 있어서 할 말을 가르치리라"(12절). 다시 한 번 모세가 어떤 사람인지는 문제가 되지 않는다. 중요한 것은 "내가 네 입과 함께 있는" 것이다. 여기에 "있다"란 동사는 앞에서 이미 살펴본 바와 같이 다시 한 번 **에흐예**이다. 즉 하나님이 누구신가, 그리고 하나님이 모세와 함께 하시는가 하는 것이 중요하지 모세가 어떤 사람인가 하는 것이 중요한 것이 아니다.

하나님의 이런 보장을 받았다면 당신은 어떻게 하겠는가? 놀랍게도 모세는 다시 한 번 하나님의 소명을 받아들이기를 거부한다. "오 주여 보낼만한 자를 보내소서"(13절).[56] 이 해석하기 까탈스러운 말을 통해서 모세가 하고 싶은 말은 결국 "당신이 보내고 싶은 사람 아무나 사자로 보내시라"(Send whatever messenger you like)는 말인 것으로 보인다. 그의 이 말은 사실 지금까지의 하나님과 모세 사이의 대화의 흐름의 핵심을 찌르는 것이다. 왜냐하면 지금까지 모세의 이의제기에 대해 하나님께서 하신 대답을 풀어서 옮기자면 "네가 중요한 것이 아니라 내가 중요한 것이다. 너는 그냥 가기만 하면 된다. 그러면 나머지는 내가 다 알아서 해주마"라는 것이다. 모세는 다시 한 번 이 점을 파고든다. "내가 중요한 것이 아니라 당신이 중요한 것이라면, 그래서 내가 말 잘하고 못

56 이 한글 번역은 그냥 잠정적인 것일 뿐이다. 히브리어 원문은 구약의 다른 곳에서는 확인되지 않은 생략법적 구문으로, 좀 막연하다. 아마 모세는 하나님의 강력한 요청에 계속해서 거부의사를 나타내는 것이 결코 편하지는 않았을 것이다. 따라서 이렇게 얼버무리는 식으로 말했을 것이다. 이 구문에 대한 간략한 해설은 Propp, *Exodus* 1-18, 212; Stuart, *Exodus*, 136 등을 참조하라.

하는 것마저도 문제가 될 것이 없다면 왜 굳이 저여야 합니까? 저랑 이렇게 실랑이 하실 것 없이 그냥 가고 싶어하는 사람을 보내십시오".

그러자 하나님은 드디어 분노를 발하신다(14절). 하지만 그럼에도 불구하고 하나님은 여전히 자기 종 모세에게 자비를 베푸신다. 첫째, 하나님은 모세에게 그의 형 아론을 대변자로 허락하신다. 이 아론에 대해서 하나님은 "그가 말 잘 하는 것을 내가 아노라"고 말씀하신다. 그러나 사실 오경 전체를 통해서 아론이 독자적으로 무슨 말을 하는 경우는 거의 없다. 그는 거의 항상 모세와 함께 있으며, 모세가 시키는 말을 할 뿐이다. 대변자로서 그가 필요한 것은 결코 아니었다. 둘째, 하나님은 "내가 네 입과 그의 입에 함께 있어서 너희들이 행할 일을 가르치리라"고 말씀하신다(15절). 여기에서 "함께 있어서"란 어구에 다시 한 번 **에흐예**가 사용되고 있다. 셋째, 아론이 모세의 입을 대신함에 있어서 "너는 그에게 하나님 같이 되리라"고 말씀해주신다. 하나님의 이 말씀은 결코 빈 말이 아니었다. 실제로 모세를 하나님처럼 보이게 하겠다는 주제는 출애굽기 7:1에도 다시 한 번 반복된다. 그리고 출애굽기 14:31에서는 출애굽의 큰 구원을 보고 "백성이 여호와를 경외하며 여호와와 그의 종 모세를 믿었더라"는 언급이 나온다. 이스라엘의 이런 반응은 결국 하나님의 지속적인 의도의 결과임이 19:9를 통해서 확인된다. "내가 빽빽한 구름 가운데서 네게 임함은 내가 너와 말하는 것을 백성들이 듣게 하며 또한 너를 영영히 믿게 하려 함이니라". 하나님은 이스라엘 백성들이 모세를 믿도록 하겠다고 말씀하시고 있다. 넷째, 하나님은 모세가 지금까지 들고 다니던 지팡이를 가지고 이적을 행하라고 말씀하신다. 이 지팡이는 모세가 방금 전에 뱀이 되는 이적을 체험했던 그 지팡이다(4:2-4). 이것을 모세에게 허락하심으로써 하나님은 그와 함께 하실 것을 다시 한 번 그에게 확인시켜준다.[57]

57 고대 근동에서의 지팡이의 중요성에 대해서는 Stuart, *Exodus*, 138-142의 상세한 연구를 참고하라.

하나님의 이 마지막 말씀(14-17절)에 대한 모세의 대답은 본문에 나와 있지 않다. 그러나 이어지는 4:18-20에서 모세가 하나님의 말씀대로 애굽으로 가는 것을 볼 때 모세는 더 이상 하나님의 소명을 거부할 명분을 찾지 못했던 것 같다.

"하나님의 지팡이" (4:20)

앞에서 살펴본 마지막 말씀을 통해 모세에게 사역의 동반자로 아론을 허락하시고, 모세에게 하나님의 함께 하심과 이적의 권능을 확인시켜주는 지팡이까지 허락하시자 모세는 드디어 하나님의 부르심을 받아들인다.

20절은 애굽을 향해 가는 모세의 모습을 그리면서 한 가지 중요한 것을 언급한다. "모세가 하나님의 지팡이를 손에 잡았더라". 사실 이 지팡이는 모세가 들고 다녔던 그 자신의 지팡이였다(참고, 4:2). 그러나 이제 하나님의 소명을 받아들여서 사역지로 향하는 그의 모습을 그리면서 내레이터는 이것을 "하나님의 지팡이"라고 부르고 있다. 유대교 해석자들은 이 표현 속에서 이 지팡이가 원래 하나님의 것이었는데 아담부터 계속 전수되어 모세에게 이르렀다는 전승이 있었다고 한다. 그들은 이 전승은 어쩌면 오경 자체의 연대보다 더 오래되었을 것이라고 생각한다.[58] 70인경은 4:20을 "모세가 하나님으로부터 자기 손에 받은 지팡이"라고 번역하는데, 이 번역은 이런 전승을 반영하고 있는 것으로 보인다. 그러나 히브리어 본문은 이런 유대교의 전승들이 들어설 여지를 남기지 않는다.

내러티브 기법상 이 표현은 모세의 달라진 신분을 나타내기 위한 것으로 생각된다. 모세의 지팡이는 그가 하나님을 만나기 전에는 그냥

58 Umberto Cassuto, *A Commentary on the Book of Exodus* (Jerusalem: The Magnes Press, 1967), 51-52. 기타 유대교 내의 여러 가지 해석들에 대한 자세한 정보는 Sarna, *Exodus*, 23을 보라.

그의 지팡이였을 뿐이었다. 그러나 하나님을 만나고 나서 그것은 이적을 보여주는 것이 되었다. 마찬가지로 모세 역시 하나님의 소명을 받아들이기 전에는 그냥 미디안의 한 양치기였을 뿐이었다. 그러나 하나님을 만난 후 그는 자기 형과 애굽 왕 바로, 그리고 사람들 앞에서 마치 하나님과 같은 존재가 되었다(4:16; 7:1; 14:31; 19:9; 참고 11:3).

이처럼 "하나님의 지팡이"라는 표현이 소명을 받아들인 이후에 모세의 달라진 정체성을 나타내기 위한 것이라는 점은 내레이터가 오경 내에서 다시는 이 지팡이를 이런 칭호로 언급하고 있지 않다는 점을 통해서도 분명히 드러난다. 비록 17:9에서 이 칭호가 다시 한 번 언급되지만 그것은 모세가 출애굽 이후 처음으로 이방인과의 전쟁을 치르는 이스라엘과 여호수아를 격려하기 위해 의도적으로 이 칭호를 사용할 때 뿐이다. 그 외에 이 칭호는 4:20에서 그의 달라진 정체성을 나타내기 위해 사용될 때를 제외하고는 더 이상 사용될 필요가 없었던 것이다.

이처럼 이 지팡이가 다시는 이런 칭호로 내레이터에 의해 사용되지 않았다는 점은 이 지팡이가 결코 유대교 전승 등에서 말하고자 하는 것처럼 특별한 마술적인 힘을 갖고 있지 않았다는 것을 보여준다. 이 지팡이는 그냥 흔한 지팡이들 중의 하나에 불과할 뿐이었다. 이 지팡이가 이적을 일으키는 경우는 오직 하나님께서 이 지팡이를 그런 용도로 쓰시고자 할 때 뿐이었다. 그 외에는 이 지팡이는 그냥 나무로 된 하나의 지팡이일 뿐이었다.

이 점은 모세에게도 마찬가지이고, 하나님의 사역을 하는 모든 사람들에게도 마찬가지이다. 우리가 하나님의 사람이 되어 사역을 하는 것은 오직 하나님께서 그렇게 하도록 우리를 지명하고 사용하실 때 뿐이다. 하나님께서 사용하시지 않으면 우리는 그냥 이 땅의 많은 다른 사람들과 같이 연약한 인간일 뿐이다.

따라서 우리는 결코 하나님의 권능을 자기 자신의 권능으로 착각해서는 안 된다. 자신의 사역 속에 나타나는 하나님의 권능을 자기의 권능으로 착각하는 그 순간부터 그 사람의 사역은 하나님의 사역이 아니라 하나님의 대적자의 사역이 된다. 지팡이가 결코 교만할 수가 없듯이 하나님에 의해 쓰임을 받는 자들도 결코 교만해서는 안 된다.

하나님의 공격(4:24-26)[59]

모세가 애굽으로 돌아가는 도중에 겪은 사건을 기술하고 있는 이 문단은 아마 구약에서 가장 난해한 본문들 중의 하나일 것이다. 이 본문에 대해서 고금의 많은 주석가들은 해결책을 시도해왔다, 그럼에도 불구하고 본문의 여러 가지 사항들에 대한 정확한 이해 및 해결은 아직 더 많은 연구를 기다리고 있는 듯하다. 아주 최근에 이르러서야 학자들은 이 본문의 체계적인 이해와 관련하여 몇 가지 진전을 이루는데. 여기에서는 이런 점들을 간략하게 언급하고자 한다.

이 본문의 문제에 대한 이해와 해결을 위해서는 먼저 이 본문의 원문을 정확히 파악할 필요가 있다. 이를 위해서 나는 이 본문의 사역을 제공하고자 한다.

> 24 중도에 야경하는 곳에서 여호와께서 그를 만나서 죽이려고 하셨다. 25 그러자 십보라가 부싯돌을 들어서 그녀의 아들의 양피를 잘라 그의 발 아래에 던졌다 (혹은, "갖다댔다"). 그리고 그녀는 "당신은 내게 있어서 피남편입니다"라고 말했다. 26 그러자 그가 그를 놓아주었다. 그 때 그녀는 할례를 인하여 "피남편"(피 친척?)이라고 말했다.

59 이 본문에 대한 최근의 분석 및 참고문헌들은 Stuart, *Exodus*, 152-156을 보라.

이 사역에서 보듯이 본문에 언급된 고유명사는 오직 여호와[60]와 십보라 뿐이다. 그 외의 나머지 사항들은 극히 모호하기 그지 없다. 이 짧은 본문이 야기시키는 무수한 의문사항들을 정리하면 다음과 같다.[61]

1. 여호와께서 죽이려고 하신 "그"는 누구인가?
2. 이 본문에서 "할례"의 기능은 정확히 무엇인가, 왜 할례가 여호와의 공격을 멈추게 했는가?
3. "피남편"이라는 말은 무슨 의미인가?
4. 십보라가 이 말을 한 대상은 누구인가? 즉, 그녀가 "당신"이라고 부르는 대상은 누구인가?
5. 왜 모세가 아닌 십보라가 할례를 행했는가?
6. 십보라의 할례의 대상은 누구인가?
7. 양피를 갖다댄 "발"은 문자 그대로의 의미인가, 아니면 성기를 가리키는 완곡어법적인 표현인가?
8. 십보라는 누구의 발에 양피를 갖다댄 것인가?
9. 이 본문이 문맥상 가진 기능은 무엇인가?

이 질문 사항들 중 어떤 것들은 최근의 연구결과에 따라 문맥을 고려할 때 어느 정도 대답을 찾아볼 수 있는 것도 있고, 어떤 것들은 본문이 가진 모호성으로 인해 영원히 베일 속에 남겨 두어야 하는 것도

60 70인경이나 탈굼은 "여호와" 대신에 "주의 사자"라는 표현을 사용하고 있다. Stuart, *Exodus*, 152은 "주의 사자"란 독법이 원래의 독법일 가능성이 있다고 주장한다. 그러나 맛소라 본문의 "여호와"가 원래의 독법이라고 이해하는 것이 더 적절해 보인다. "주의 사자"란 독법은 3-4장의 문맥에서 지금까지 모세를 대리자로 부르신 여호와께서 왜 갑자기 그를 공격하시려 드는지를 이해할 수 없었던 번역자들이 이 난점을 제거하고자 한 의도에서 나온 것일 가능성이 높다.

61 이 의문사항들은 김이곤, *출애굽기의 신학* (서울: 한국신학연구소, 1992), 82의 질문 목록을 참고해서 수정한 것이다. 그는 이 목록을 1987년 United Bible Societies가 주최한 번역자 워크샵에서 발표된 미발행 논문인 N. D. Osborn, "Circumspection about Circumcision in Exodus 4,24-26"을 참고해서 작성한 것이라고 밝히고 있다.

있다. 그러나 그 어떤 해석이 됐든간에 오직 정경 본문에 가능한 한 철저히 기초하는 것이 좋다는 원칙을 지켜야만 제대로 된 해석이 될 수 있을 것이다.

불행히도 역사비평학자들은 본문이 가진 모호성과 난해성이 크면 클수록 더욱 필요한 이러한 겸손한 태도를 취하지 않았던 것 같다. 그들은 이 본문이 현재의 문맥과의 관계가 느슨하다는 점을 최대한 부각시켰다.그리고 이 본문을 자신들의 고삐 풀린 상상력의 희생물로 만들었다.

이러한 비평학계의 주장들을 간략하게 제공하자면 다음과 같다.[62] 어떤 학자들(Kosmala, Morgenstern, Schmid 등)은 이 본문이 원래는 고대의 겐 족속 혹은 미디안 족속의 전승[63]으로써 모세와 전혀 상관이 없는 본문이라고 주장했다. 어떤 학자들(Gressmann, Meyer 등)은 모세를 공격한 것은 여호와가 아니라 사막 여행 중의 나그네들을 덮치는 악마였는데, 나중에 악마 대신에 여호와가 공격한 것으로 전승이 바뀌었다고 생각한다. 어떤 이들(Auerbach, Beer, Beltz 등)은 이 본문의 이야기가 출애굽기의 이 대목에 들어서게 된 이유는 할례 의식이 어떻게 해서 처음으로 시작되었는가 하는 것을 기원론(an etiology)적으로 설명해주고, 게르솜의 할례를 모든 미래의 아이들의 할례의 모범으로 만들기 위한 것이라고 주장했다. 이 견해를 조금 수정한 해석자(Buber, Gunkel 등)들은 이 본문의 이야기가 할례 의식의 변화, 즉 원래는 결혼 전야에 행해지던 할례 의식이 어떻게 어린 아이에게 행해지던 의식으로 바뀌었는가 하는 것을 설명해주는 기원론을 담고 있다는 견해를 피력했다. 그러나 기원론적인 견해들에 대해서 챠일즈(Childs) 등의 더 최근의 학자들은

62 이 정리는 Stuart, *Exodus*, 151 n. 112를 빌려온 것이다.

63 비평학계의 견해들 중에 소위 "겐 족 가설"(the Kenite Hypothesis)이라는 것이 있다. 이 가설은 여호와의 종교가 겐 족속으로부터 파생되었다고 보는 것이다. 이에 대한 자세한 설명은 Baruch Halpern, "Kenites", *The Anchor Bible Dictionary* (New York: Doubleday, 1992), 4: 17-22을 보라.

이 이야기를 이스라엘의 일반적 할례의식에 대한 기원론으로 보기에는 이 이야기가 너무나도 모세와 십보라 및 그의 가족들과 밀접하게 연결되어 있다는 점을 지적하였다.

여호와의 공격 대상이 누구였는가 하는 것에 대해서도 모세라는 설, 맏아들 게르솜이라는 설, 그리고 심지어는 출애굽기 내에서 아직까지 그 탄생이나 이름에 대한 언급조차 나오지 않은 둘째 아들 엘리에셀이라는 설까지 아주 다양한 해설들이 제기되었다.

이 본문이 제기하는 모든 문제들을 다 해결하는 것은 현재로서는 불가능하다. 그럼에도 불구하고 이 본문을 그나마 적절하게 이해하는 방법은 정경적 본문에 기초해서 다음의 몇 가지 사항을 염두에 두는 것이다. 첫째, 이 본문에는 "할례"라는 요소가 두드러진다. 비평학자들의 대체적인 사고방식과는 달리 창세기 17장의 할례 언약에 대한 규례들은 이 본문을 설명하는데 도움이 된다. 예를 들어 창세기 17:9-14는 이렇게 말하고 있다:

> 그런즉 너는 내 언약을 지키고 네 후손도 대대로 지키라. 너희 중 남자는 다 할례를 받으라. 이것이 나와 너희와 너희 후손 사이에 지킬 내 언약이니라….할례를 받지 아니한 남자 곧 그 포피를 베지 아니한 자는 백성 중에서 끊어지리니 그가 내 언약을 배반하였음이라.

이처럼 아브라함의 자손들에게 할례의 규례를 지킬 것과 그것을 준수하지 않을 때의 벌에 대한 언급은 출애굽기 4:24-26을 이해하는데 있어서 중요한 단서를 제공해주는 것으로 보인다.

둘째, 이 본문의 바로 앞에 나오는 문단의 내용은 이 본문과 상응점이 있는 것으로 보인다. 4:21-23에서 하나님은 모세에게 다시 한 번 그의 사명을 주지시키면서 나중에 열 번째 재앙이 될 바로의 장자의 죽

음에 대한 언급을 하신다. 특히 22-23절의 내용은 우리가 다루는 본문과 관련하여 볼 때 매우 중요하다:

> 너는 바로에게 이르기를 여호와의 말씀에 이스라엘은 내 아들 내 장자라. 내가 네게 이르기를 내 아들을 보내 주어 나를 섬기게 하라 하여도 네가 보내 주기를 거절하니 내가 네 아들 네 장자를 죽이리라 하셨다 하라 하시니라.

만약 4:24에서 하나님이 죽이려고 하신 "그"가 개역개정판의 번역과 달리 모세가 아니라 그의 장자 게르솜이라고 할 경우 하나님의 이 말씀은 4:24-26의 내용과 현저한 상응성을 띠게 된다.

셋째, 출애굽기 2-4장에서 모세가 겪는 경험들은 나중에 이스라엘 백성들이 집단적으로 하게 될 경험들과 상응한다. 즉 모세가 아기 때 물에서 건짐을 받은 것은 이스라엘 백성들이 홍해에서 구원을 얻은 것과 상응한다. 그가 십보라를 처음으로 만나는 우물가 이야기(2:16-22)는 그를 구원자로 부각시킨다. 17절과 19절은 "구원하다", "구출하다"는 의미를 가진 **야샤**(ישע), **나짤**(נצל)의 히필형(Hiphil)을 사용하고 있다.[64] 이것은 나중에 그가 이스라엘 백성 전체를 구원하는 것과 상응한다. 3장에서 그가 불꽃 가운데서 임재하신 하나님을 만난 사건은 나중에 이스라엘 백성 전체가 시내 산에서 불 가운데 임재하신 하나님을 만난 것과 상응한다.[65]

이런 점들을 고려해 볼 때 창세기 17장은 하나님께서 모세를 공격하신 표면적인 이유를 제공해주고 있는 것으로 보인다. 출애굽기의 본

64 개역개정판은 "도와", "건져내고"로 번역하고 있다.

65 특히 3:2와 24:17이 "불"(애쉬, אשׁ)과 "삼키다"(아칼, אכל)란 단어를 공유하고 있다는 점은 매우 인상적이다. "삼키다"란 동사를 개역개정판은 각각 "사라지다", "맹렬하다"로 다르게 번역하고 있다.

문 내에서 명시적으로 언급되어 있지는 않지만 모세는 어떤 이유에서인지는 몰라도 이 때까지 자기 아들 혹은 아들들의 할례를 행하지 않았던 것으로 보인다. 그것은 할례 언약의 위반이었다.

그러나 이 점보다 더 중요한 것은 이 사건이 열 번째 재앙 및 유월절 사건과 관련된 연결점들이다.[66] 위에서 본 것처럼 이 사건이 발생하기 바로 직전에 하나님은 이스라엘의 일로 인하여 바로의 장자를 죽일 것을 언급하셨다. 그러나 열 번째 재앙 및 유월절 사건과의 연관성은 이것만이 아니다. 25절에서 십보라는 자기 아들의 양피를 베어서 누군가의 발 아래에 갖다대었다. 여기에서 "갖다대다"란 동사는 **나가**(נגע)의 히필형(Hiphil)을 쓰고 있다. 그런데 출애굽기 내에서 이 단어가 이 형으로 사용되는 유일한 다른 경우가 바로 12:22이다. 이 후자의 구절은 첫 유월절에 양을 잡아 그 피를 우슬초 묶음에 적셔서 문 인방과 좌우 설주에 "뿌리라(נגע)"고 명령하고 있다. 여기 본문에 사용된 동사 "뿌리다"는 "갖다대다"는 동사와 동의어이다. 이렇게 해서 문에 바른 피를 보시고 여호와께서는 그 집을 넘어가시고 멸하는 자가 그 집을 공격하지 않게 하시겠다고 말씀하셨다(12:23). 물론 단 두 번 나오는 동사의 상응성만 가지고 양 본문의 연결성을 말하는 것은 부적절할 수도 있다. 그러나 이 양 본문에서 이 두 단어가 모두 피와 연결되어 있다는 점, 그리고 피묻은 사물을 "갖다대는" 행위를 통해서 하나님의 공격을 피할 수 있게 되었다는 점 등을 함께 고려하면 중요한 단서가 된다. 이 외에도 유월절 참여의 자격으로 할례의 여부가 언급된다는 점(12:43-49) 역시 이 두 본문 사이의 연결성을 증거해준다.

이처럼 이 본문과 열 번째 재앙 및 유월절 본문과의 연관성을 고려

66 여기에서 제시된 해석은 Mark G. Brett, *Biblical Criticism in Crisis? The Impact of the Canonical Approach on Old Testament Studies* (Cambridge: Cambridge University Press, 1991), 48-52의 탁월한 설명에 나의 관찰사항들을 추가한 것이다.

해 볼 때 이 본문 역시 출애굽기 2-4장의 모세의 다른 경험들과 마찬가지로 그의 개인적인 경험이 나중에 이스라엘이 겪게 될 민족적 경험과 상응하는 경우라고 할 수 있을 것이다. 나중에 열 번째 재앙 때 이스라엘 백성이 여호와의 공격에 노출될 것처럼 모세의 장자(혹은 모세 자신) 역시 하나님의 공격을 받았다.[67] 또한 유월절 양의 피를 문 인방과 설주에 바르는(즉, "갖다대는") 것을 통해 이스라엘 백성이 하나님의 공격을 받지 않게 된 것처럼 4:24-26에서도 할례의 피가 묻은 양피를 "갖다대는" 행위를 통해 하나님의 공격이 멈춤을 보여준다. 그러므로 모세가 겪은 이 4:24-26의 사건은 출애굽기 2-4장의 다른 사건들과 마찬가지로 이스라엘이 앞으로 경험할 미래의 사건을 모세가 개인적으로 먼저 경험하는 예들 중의 하나로 이해하는 것이 가장 적절해 보인다.

마지막으로 "피남편"이라는 희귀한 표현에 대해서 살펴보도록 하자. 우선 한 가지 짚고 넘어가야 할 점은 개역개정판에서 "남편"이라고 번역된 **하탄**(חתן)이란 단어의 의미이다. 지금까지의 대부분의 해석자들은 이 단어가 그냥 남편이 아니라 바로 막 결혼한 "신랑"(bridegroom)을 의미하는 것으로 이해했다. 따라서 많은 비평학자들은 이 본문의 사건이 결혼 첫 날 밤에 할례를 받던 관습과 관련되어 있다고 주장하곤 했었다. 그러나 스튜어트가 잘 지적한 바와 같이 이 단어는 꼭 "신랑"이라는 의미를 갖고 있는 것은 아니다. 이 단어는 문맥에 따라서는 영어의 "in-law"라는 표현처럼 결혼으로 맺어진 친척관계(참고, 왕하 8:27)를 나타낼 수가 있다. 그러므로 십보라가 "당신은 내게 있어서 피남편입니다"라고 말했을 때 이 "피남편"은 본문의 이 장면에 등장하는 그 어떤 남성 등장인물도 가능하다. 정확히 이 "피남편"이 가리키는 그가 누구인지, 즉 모세인지 그의 장자 게르솜인지는 알 수

67 이 해석은 여호와께서 공격하신 "그"가 위에서 살펴본 문맥적인 정보들을 통해서 볼 때 모세의 장자 게르솜인 것으로 이해하는 것이 가장 좋다는 판단에 따른 것이다.

가 없지만 26절의 내레이터의 해설을 볼 때 십보라는 자신이 행한 할례를 통하여 그 사람이 자기에게 이 피의 의식을 통해 맺어진 관계임을 선언하고 있는 것으로 보인다. 이렇게 볼 때 그녀의 할례의 행위 및 그에 뒤이은 선언은 할례를 유월절 참여자의 자격조건으로 언급하고 있는 출애굽기 12:43-49와 연결해서 보는 것이 좋을 듯하다. 이 본문은 이방인들도 할례를 거치면 아무 차별없이 유월절 참여자가 될 수 있음을 말해주고 있다.[68] 이렇게 볼 때 아마 4:24-26의 본문의 목적 중의 하나는 이방인인 십보라가 여인이기 때문에 그녀 자신이 할례를 받을 필요는 없었지만 이 본문의 사건 속에서 여호와의 공격을 멈추게 하기 위해 아들의 할례를 행하는 적극적인 행동과 말을 통해서 자신 역시 여호와의 종교 속으로 편입됨을 선언하고 있는 것으로 생각된다.[69]

드러냄의 플롯(Plot of Revelation)으로 출애굽기 5–15장을 이해하기

4:27-31에서 모세가 자기의 대변인이 될 아론을 만나고 애굽에 이르러 백성들에게 하나님의 말씀을 전하고 이적을 보이자 이스라엘 백성들은 하나님께 감사와 경배를 드린다. "백성이 믿으며 여호와께서 이스라엘 자손을 찾으시고 그들의 고난을 살피셨다 함을 듣고 머리 숙여 경배하였더라"(31절).

5장부터는 본격적으로 하나님의 구원과 출애굽 사건이 시작된다.

68 Brett, *Biblical Criticism in Crisis*, 51-52.

69 한정된 지면 속에서 이 복잡다단한 본문에 대한 모든 것을 다 논의할 수 없기 때문에 이쯤에서 논의를 멈추도록 하겠다. 그러나 아직까지 학자들이 이 본문을 연구하면서 충분히 살펴보지 않은 점 하나를 지적하고 넘어가겠다. 그것은 이 본문과 창 32장의 야곱의 얍복강 사건과의 관계이다. 특히 32-33장은 야곱이 신적 존재와 얍복에서 만난 다음에 자기 형 에서를 만나는 것으로 내용이 구성되어 있는데 이러한 구성은 이 4:24-26에서 모세가 여호와를 만난 이후에 그 다음 본문인 4:27에서 자기 형 아론을 만나는 것과 상응한다. 이 본문들 모두에서 "만나다"라는 단어는 파가쉬(פגש)를 사용하고 있다(창 32:18; 33:8; 출 4:24, 27). 오경 전체에서 이 동사는 오직 이 네 곳에서만 사용되고 있다. 이러한 점은 4:24-26과 야곱의 경험 사이의 연결성이 분명하게 존재함을 보여주고 있는 것으로 보인다. 그러나 아직까지 이 가능성은 학계에서 충분하게 검토되지는 못했다.

이 대목에서 우리는 이 출애굽의 이야기를 좀 새롭게 이해할 필요가 있다는 점을 지적하고자 한다. 이전까지 독자들은 출애굽기 5-15를 주로 구원이라는 주제에만 초점을 맞추어서 이해해 왔다.[70] 그러나 과연 이것만이 이 장들의 중심 주제인가 하는 점에 대해서 심각하게 생각할 필요가 있다. 나는 어쩌면 하나님의 구원이라는 주제보다 더 중요한 주제는 하나님이 누구신가 하는 주제가 아닌가 하는 생각을 한다.

이 점을 논의하기 전에 나는 내러티브 연구에서 플롯을 분류할 때 소위 "해결적 플롯"(plot of resolution)이라는 것과 "드러냄의 플롯"(plot of revelation)이라는 것이 있다는 점을 이야기하고자 한다.[71]

"해결적 플롯"이라는 것은 우리가 흔히 플롯이라는 단어를 생각할 때 떠올리는 종류의 플롯이다. 이런 종류의 플롯이 나타나는 대표적인 경우는 추리소설이다. 이런 소설은 그 시작부분에 어떤 끔찍하고 난해한 사건이 발생한다. 주인공인 탐정은 범행 현장에 남겨진 단서들을 가지고 이 사건의 범인을 찾아나가기 시작한다. 그리고 대부분 마지막에 가서 범인이 밝혀지고 나면 사건은 해결되고 소설은 끝이 난다. 이처럼 해결적 플롯에서는 내러티브 초두에 해결해야 할 일이 발생하고 이것을 해결해나가는 것이 플롯의 중심을 차지한다.

반면 "드러냄의 플롯"은 사건의 해결이 플롯의 중심이 되기 보다는 어떤 진실, 즉 어떤 상황이나 사람이나 공동체의 감추어진 진실을 드러내는데 더 초점이 맞추어진 플롯을 가리킨다. 예를 들어, 현진건의

70 물론 좀 더 본문의 범위를 확장하여 1-15장을 현재의 논의와 관련하여 볼 수도 있다. 그러나 5-15장이 현재의 논의와 좀 더 밀접하게 연결된다.

71 플롯의 분류에 대한 전반적인 개관은 Gerald Prince, *Dictionary of Narratology* (Lincoln and London: University of Nebraska Press, 1987), 72-73을 보라. 해결적 플롯과 계시적 플롯의 분류에 대해서는 Seymore Chatman, *Story and Discourse: Narrative Structure in Fiction and Film* (Ithaca, NY: Cornell University, 1978), 48; Jean Louis Ska, "*Our Fathers Have Told Us*": *Introduction to the Analysis of Hebrew Narrative* (Rome: Editrice Pontificio Istituto Biblico, 1990), 18;Daniel Marguerat and Yvan Bourquin, *How to Read Bible Stories* (London: SCM Press, 1999), 56-57을 보라.

"술 권하는 사회" 같은 작품을 생각해보자. 이 소설에서 처음과 끝 부분에서 상황이 달라지는 것은 거의 아무 것도 없다. 그러므로 이 소설을 해결적 플롯의 시각에서 보면 허무하기 짝이 없다. 하지만 이 소설이 말하고자 했던 것은 술먹는 남편의 변화나 그런 남편을 바라보는 아내의 변화가 아니다. 이 소설이 의도하고자 했던 것은 남편이 술을 먹을 수 밖에 없도록 만드는 "술 권하는 사회"에 대한 폭로이다. 이 소설을 이처럼 "드러냄의 플롯"이라는 시각에서 보게 되면 이 소설은 매우 의미심장하고 독자의 관심을 사로잡는 소설로 변모한다.

"해결적 플롯"과 "드러냄의 플롯"을 이해하는데 있어서 한 가지 꼭 기억해야 할 점은 이 두 플롯이 상호배타적인(mutually exclusive) 것이 아니라는 점이다. 다시 말해 한 내러티브는 해결적 플롯인 동시에 드러냄의 플롯일 수가 있다는 것이다.

나는 출애굽기 5-15장이 꼭 해결적 플롯으로만 읽힐 수 있는 것이 아니라 드러냄의 플롯으로도 읽힐 수 있다는 점을 지적하고자 한다. 출애굽기의 이 장들은 꼭 이스라엘이 애굽과 바로의 압제에서 구원을 받는다는 해결적 플롯의 관점에서 읽혀야만 하는 것이 아니라 이 구원의 과정을 통해 드러나는 하나님이 과연 어떤 분이신가 하는 드러냄의 플롯의 관점에서 읽힐 수도 있는 것이다.[72]

이처럼 출애굽기 5-15장을 드러냄의 플롯으로 읽는데 있어서 가장 중요한 것은 "알다"(**야다**, ידע)라는 단어이다(5:2; 6:7; 7:5,17; 8:10,22; 9:14,29; 10:2,7; 11:7; 14:4,18).[73] 그 중에서도 특히 5:2은 매우 중요하다. 5:1에서

72 이 주제와 관련한 연구는 거의 전무한 듯하다. 내가 아는 한 Lyle Eslinger, "Freedom or Knowledge?: Perspective and Purpose in the Exodus Narrative (Exodus 1-15)", **JSOT** 52 (1991), 43-60 정도가 거의 유일한 것으로 보인다.

73 **야다**라는 단어는 아주 흔한 단어이기 때문에 당연히 해당 본문에 사용된 모든 **야다**란 동사가 다 드러냄의 플롯과 관련된 것은 아니다. 예를 들어, 출 5-15장의 본문 중에서 9:30; 10:26은 드러냄의 플롯과 전혀 상관이 없다. 그리고 아마 6:3도 이 주제와 큰 연결은 없는 듯 하다. 그러나 이 마지막 구절에 대해서 어떤 확정적인 주장을 하기 위해서는 좀 더 많은 연구가 필요해 보인다. 왜냐하면 이 구절에 나

모세와 아론이 그에게 가서 "이스라엘의 하나님 여호와께서 이렇게 말씀하시기를 내 백성을 보내라. 그러면 그들이 광야에서 내 앞에 절기를 지킬 것이니라 하셨나이다"라고 말했을 때 바로는 5:2에서 "여호와가 누구이기에 내가 그의 목소리를 듣고 이스라엘을 보내겠느냐 나는 여호와를 알지 못하니 이스라엘을 보내지 아니하리라"고 말했다.

바로가 한 이 말의 중요성은 이스라엘의 구원이 여호와에 대한 바로의 인식과 밀접하게 연결되어 있다는 점이다. 바로가 이스라엘을 보내주지 않는 이유는 그가 여호와를 모르기 때문이다. 그가 만약 여호와께서 어떤 분이신지 알았다면 그는 결코 자신을 죽음으로 몰고간 게임을 여호와와 하려고 들지 않았을 것이다. 불행히도 그는 자신이 여호와를 알지 못한다는 사실과 이스라엘의 구원을 연계시켜 고집을 부림으로써 여호와의 정체에 대한 드러냄의 플롯의 방아쇠 역할을 한다. 왜냐하면 그가 알지 못해서 발생한 일은 그가 알게 됨으로 해서 해결될 것이기 때문이다.

이처럼 5:2에서 방아쇠가 당겨진 드러냄의 플롯은 "알다"라는 단어를 통해 5-15장의 내러티브의 흐름을 촘촘하게 엮어나간다. 이 장들 속에 나타난 이 단어는 다음과 같이 총 네 가지 드러냄의 주제와 관련하여 사용되고 있다.

첫째, 이 단어는 "여호와인줄 알게 되리라" 등의 문구와 관련하여 사용되고 있다. 이스라엘을 구원하시고자 하시는 분은 여호와 하나님

오는 "나의 이름을 여호와로는 그들에게 알리지 아니하였고"라는 구절의 정확한 번역이 어떤 것인지에 대해서는 커다란 논쟁이 있기 때문이다. 이 구절은 문서설주의자들이 오경의 문서를 나누는데 중요한 근거가 되었다. 하지만 이제는 이에 대한 강력한 반박들도 만만치 않다. 이 구절과 관련된 복잡한 학술적인 논의 및 반박은 Duane Garrett, *Rethinking Genesis: The Sources and Authorship of the First Book of the Pentateuch* (Grand Rapids: Baker Book House, 1991), 18-22를 보라. 이처럼 9:30; 10:26, 그리고 6:3 등이 드러냄의 플롯과 별 상관이 없는 것으로 보이기는 하지만 그럼에도 불구하고 이 단어가 출 5-15 장에서 총 16번 나오는 가운데서 13번이나 이 플롯과 강력하게 연결되어 있다는 점은 출애굽기 저자의 의도가 어떤 것인지를 분명하게 보여준다.

이신데, 여호와가 어떤 분이신 줄 알아야 하는 사람들은 애굽 사람들, 바로, 이스라엘 등이다.

애굽 사람들은 하나님이 여호와인 줄 알게 될 것이다(7:5; 14:4,18). 7:5은 이렇게 말하고 있다. "내가 내 손을 애굽 위에 펴서 이스라엘 자손을 그 땅에서 인도하여 낼 때에야 애굽 사람이 나를 여호와인줄 알리라". 사실 애굽 사람들이 여호와가 어떤 분이신 줄을 깨닫는 가장 좋은 방법은 하나님의 능력을 경험하기 전에 깨닫는 것이다. 그러나 불행히도 이 구절에서 하나님께서 말씀하고 있듯이 애굽 사람들은 "내가 내 손을 애굽 위에 펴서 이스라엘 자손을 그 땅에서 인도하여 낼 때에야" 비로소 여호와가 어떤 분이신 줄을 깨닫게 될 것이다. 이처럼 하나님이 애굽 위에 "강한 손으로 치기 전에는" 결코 여호와를 깨닫지 못하리라는 점은 3:19-20; 6:1; 13:3 등에도 언급되어 있다.

"여호와인줄 알게 되리라"는 문구는 애굽 사람들 중에서 구체적으로 바로 자신에게도 적용되고 있다(7:17; 8:10,22; 9:14). 그는 나일 강의 물이 피로 변하는 재앙, 즉 열 재앙 중 첫 번째 재앙을 통하여 여호와의 권능이 나타나야만 비로소 모세의 하나님이 "여호와인줄을 알게 될 것이다"(7:17). 그는 또한 "우리 하나님 여호와와 같은 이가 없는 줄을" 알게 될 것이고(8:10), "나는 세상 중의 여호와인 줄을" 알게 될 것이며, "내가 세상 중의 여호와인 줄을 네가" 알게 될 것이다(8:22). 또한 "온 천하에 나와 같은 자가 없음을 네가 알게" 될 것이다(9:14).

여호와가 누구신지 체험하고 알게 되는 대상은 단지 이스라엘의 적에게만 국한되어 있지 않다. 이스라엘 사람들 역시 하나님이 누구신지를 알아야 한다(10:2). 이들이 이처럼 하나님에 대해서 알아야 하는 목적은 "내가 애굽에서 행한 일들 곧 내가 그들 가운데에서 행한 표징을 네 아들과 네 자손의 귀에 전하기" 위함이다(10:2). 따라서 이스라엘의 후손들 역시 이 하나님에 대해서 알아야 한다.

출애굽기 5-15장의 드러냄의 플롯이 드러내는 두 번째 중요한 진실은 "세상이 여호와께 속해" 있다는 사실이다(9:29). 출애굽기와 구약은 이스라엘의 민족신에 국한된 이야기를 하고 있는 것이 아니라 온 세상의 주인, 온 세상의 주권자, 온 세상의 통치자에 대한 이야기를 하고 있다. 따라서 출애굽기 19:5에서 하나님께서 "세계가 다 내게 속하였나니"라고 선언하셨을 때 이 선언은 갑작스러운 것이 아니었다.

하나님은 출애굽 과정에서 베푸신 열 가지 재앙을 통해 이미 온 세상이 자신의 것이며, 하나님만이 이 세상의 진정하고 유일한 주권자임을 보이셨다.

드러냄의 플롯의 세 번째 사항은 "애굽이 망한 줄을" 드러내는 것이다. 온 세상의 통치자가 하나님이라고 할 때 이 하나님의 의지에 반하는 행동을 하는 자들의 운명은 확정되어 있는 것이나 마찬가지이다. 그들이 이 점을 깨닫게 되는 것은 단지 시간의 문제일 뿐이다.

드러냄의 플롯의 네 번째 사항은 "여호와께서 애굽 사람과 이스라엘 사람 사이를 구별"한다는 사실이다(11:7). 하나님께서 이처럼 구별하는 하나님이라는 사실은 이미 8:23에서도 언급된 바가 있다. "내가 내 백성과 네 백성 사이를 구별하리니". 애굽 사람과 이스라엘 사람 사이의 구별은 곧 "내 백성과 네 백성 사이의 구별"인 것이다. 이스라엘이 하나님의 구원을 받는 것은 이스라엘이 "내 백성"이기 때문이다. 그리고 애굽이 하나님의 심판의 대상이 되는 것은 이들이 바로에게 속한 "네 백성"이기 때문이다. 이러한 "내 백성과 네 백성" 사이의 구별은 나중에 출애굽기 32-34장에서 아주 중요하게 작용한다. 이 세 장의 이야기 속에서 이스라엘이 황금 송아지 우상을 제작하고 경배함으로써 하나님의 백성, 즉 "내 백성"으로서의 지위를 상실하고 "네 백성"(32:7)이 되었을 때 그들은 5-15장의 "네 백성" 애굽과 마찬가지로 하나님의 공격의 대상이 된다.

"알다"라는 동사와 관련된 이런 구절들을 살펴 볼 때 출애굽기 5-15장에서의 하나님의 행동들은 단순히 이스라엘을 구원해내기 위한 목적 뿐만 아니라 하나님 자신을 드러내기 위한 목적도 갖고 있었음이 분명하다. 이 드러냄의 플롯이 해결적 플롯 못지 않게 중요한 이유는 하나님을 바로 아는 것이 후손들의 교육에 영향을 미치기 때문이다(10:2). 이스라엘은 자신들의 체험을 통해 하나님에 대해 알게 된 것을 후대에 계속 전해야 한다.

이처럼 출애굽기 5-15장은 단순히 해결적 플롯으로만 읽는 것이 아니라 드러냄의 플롯이라는 관점을 병행해서 읽을 때에야 비로소 본문의 의미가 훨씬 더 생생하게 살아나게 된다. 이것은 셜록 홈즈가 주인공으로 등장하는 추리소설에서 사건의 해결 과정을 추적해나가는 해결적 플롯이 셜록 홈즈라는 초인적 지능을 가진 인간에 대한 드러냄의 플롯과 뗄래야 뗄 수 없는 밀접한 관계를 맺고 있는 것과 마찬가지이다. 오직 셜록 홈즈에 대한 드러냄의 플롯이 내러티브 속에 성공적으로 구축될 때에만 그가 풀어내는 해결적 플롯은 독자들에게 설득력과 힘을 발휘할 수 있게 된다. 이와 마찬가지로 출애굽기 본문에서도 온 세상의 주권자로서의 하나님에 대한 드러냄의 플롯이 독자들에게 각인될 때에야 그 하나님께서 베푸시는 구원에 대한 해결적 플롯이 설득력을 발휘하게 된다. 이처럼 이스라엘의 구원에 대한 해결적 플롯은 그 해결의 과정을 주관하시는 여호와 하나님에 대한 드러냄의 플롯과 밀접하게 연결되어 있다.

드러냄의 플롯과 출애굽기

앞에서 나는 드러냄의 플롯으로 출애굽기 5-15장을 이해하는 것에 대해서 논의를 했다. 이처럼 드러냄의 플롯의 관점에서 보게 될 때 출애굽기 1-15장의 뼈대를 구성하는 구절들이 새롭게 들어오게 된다. 이 구절들은 1:8; 2:23-25; 4:31; 6:9; 12:26-27; 14:31; 15:1-21 등이다. 이 중에서 몇몇 구절들에 대해서는 이미 앞에서 언급한 적들이 있지만 다시 한 번 살펴보도록 하자.

출애굽기 1:8은 출애굽기의 모든 내용의 방아쇠를 당기는 구절이다. "요셉을 알지 못하는 새 왕"의 등장은 이스라엘이 고난에 빠지는 계기가 된다. 이것을 통해 1-2장에서 이스라엘은 감당하기 힘든 고초를 당하게 되며, 민족 전체가 멸망당할 위험에 빠지게 된다. 하지만 이런 고난은 2:23-25에서 여호와 하나님께서 그들의 "고통 소리를 들으시고…아셨다"(사역)는 내레이터의 선언을 통해서 해결의 길로 들어서게 된다. 해결의 첫 번째 단계로서 하나님은 3-4장에서 모세를 대리자로 세우신다. 모세는 애굽으로 돌아가 하나님의 구원의 메시지를 전하며, 이에 대한 이스라엘 백성들의 반응을 4:31에서 다음과 같이 서술한다. "백성이 믿으며 여호와께서 이스라엘 자손을 찾으시고 그들의 고난을 살피셨다 함을 듣고 머리 숙여 경배하였더라".

하지만 백성들의 이런 반응은 5장에서 바로의 저항에 부딪친다. 그리고 바로가 노동의 강도를 높이자 이스라엘 백성들은 모세가 전한 하나님의 구원의 소식을 거부하게 된다. "모세가 이와 같이 이스라엘 자손에게 전하나 그들이 마음의 상함과 가혹한 노역으로 말미암아 모세의 말을 듣지 아니하였더라"(6:9).

백성들의 이런 거부는 열 재앙을 통해 드러난 하나님의 권능과 의지를 목도하면서 서서히 바뀌게 된다. 결국 그들의 마음 상태는 처음에 하나님의 구원의 메시지를 들었던 때인 4:31의 상태로 돌아간다. "이후에 너희의 자녀가 묻기를 이 예식이 무슨 뜻이냐 하거든 너희는 이르기를 이는 여호와의 유월절 제사라 여호와께서 애굽 사람에게 재앙을 내리실 때에 애굽에 있는 이스라엘 자손의 집을 넘으사 우리의 집을 구원하셨느니라 하라 하매 백성이 머리 숙여 경배하니라"(12:26-

27). 특히 "백성이 머리 숙여 경배하니라"는 문구는 4:31과 거의 완전히 동일하다는 점에 주목하길 바란다.

이런 백성들의 태도는 뒤에서는 바로가 추격해오고 앞에서는 홍해가 가로막고 있는 14장의 상황 속에서 다시 한 번 흔들린다. 그러나 그들은 홍해물이 갈라지는 기적을 통해 놀라운 경험을 하게 된다. 자신들은 구원을 받은 반면에 애굽의 바로는 그 속에 빠져죽게 된 것이다. 이 경험에 대한 그들의 반응을 14:31은 다음과 같이 서술하고 있다. "이스라엘이 여호와께서 애굽 사람들에게 행하신 그 큰 능력을 보았으므로 백성이 여호와를 경외하며 여호와와 그 종 모세를 믿었더라".

이어지는 출애굽기 15:1-21[74]은 14:31이 말한 바와 같이 "여호와께서…행하신 그 큰 능력"에 대한 최종적인 반응을 담고 있다. 이스라엘이 5-15장 혹은 1-15장의 드러냄의 플롯을 통해 깨닫게 된 하나님이 어떤 분이신지 밝히는 내용이 이 본문의 처음 세 절(1-3절)에 잘 나타나 있다. "내가 여호와를 찬송하리니 그는 높고 영화로우심이요. 말과 그 탄자를 바다에 던지셨음이로다. 여호와는 나의 힘이요 노래시며 나의 구원이시로다. 그는 나의 하나님이시니 내가 그를 찬송할 것이요 내 아버지의 하나님이시니 내가 그를 높이리로다. 여호와는 용사시니 여호와는 그의 이름이시로다". 이 구절들이 말하듯이 여호와는 "높고 영화로우신" 분이시고, "나의 힘이요 노래요 구원이시며", "용사이신" 분이시다. 이 시를 반영하고 있는 이사야서 12장의 노래에서 볼 수 있듯이 이 노래는 이스라엘의 전 역사를 통해, 그리고 구속사의 모든 시대를 통해 여호와 하나님의 구원을 체험한 자들이 항상 부를 노래이다. "보라 하나님은 나의 구원이시라. 내가 신뢰하고 두려움이 없으리니

74 이 본문은 1-18절의 "바다의 노래"(the Song of the Sea)와 21절의 "미리암의 노래"(the Song of Miriam)으로 이루어져 있다. 비록 비평학자들간에는 이 두 노래 사이의 역사 및 관계에 대해서 복잡한 논의들이 많지만 우리가 갖고 있는 정경적 본문에서는 "미리암의 노래"는 "바다의 노래"의 첫 소절과 인칭상의 차이를 제외하고는 본질적으로 동일하다.

주 여호와는 나의 힘이시며 나의 노래시며 나의 구원이심이라. 그러므로 너희가 기쁨으로 구원의 우물들에서 물을 길으리로다"(사 12:2-3).

이처럼 출애굽기 1-15장의 모든 내용은 드러냄의 플롯을 통하여 밀접하게 연결되어 있다. 그러나 드러냄의 플롯이 출애굽기의 첫 1/3의 분량에 해당하는 이 장들 속에서만 나타난다고 생각하면 안 된다. 출애굽기 16:6,12; 18:11 등이 보여주듯이 여호와를 아는 것에 대한 주제는 출애굽기 15:22-18:27의 광야 이야기들 속에서도 계속된다.

그리고 이처럼 여호와를 아는 것은 19:1-24:11에서 이스라엘이 하나님과 공식적인 언약 관계에 들어가는 토대가 된다. 하나님은 시내 산 언약을 체결할 것을 이스라엘에게 제안하시기 전에 먼저 그들이 1-18장의 경험을 통해 깨달은 하나님에 대한 내용을 정리하여 언급하신다. "내가 애굽 사람에게 어떻게 행하였음과 내가 어떻게 독수리 날개로 너희를 업어 내게로 인도하였음을 너희가 보았느니라. 세계가 다 내게 속하였나니"(19:4-5a). 하나님에 대한 이런 체험이 있었기 때문에 이스라엘은 하나님께서 언약 맺기를 제안하셨을 때 "일제히 응답하여 이르되 여호와께서 명령하신 대로 우리가 다 행하리이다"라고 말함으로써 화답한다(19:8). 출애굽기의 앞의 장들 속에서 그들이 체험한 하나님은 그들로 하여금 기꺼이 하나님과 더 깊은 관계에 들어가기를 원하게 만들었던 것이다. 그러므로 시내 산 언약의 토대가 되는 것은 1-18장의 드러냄의 플롯을 통한 이스라엘의 하나님 경험이라고 할 수 있다.

그러나 19:1-24:11의 시내 산 언약은 단순히 앞의 장들의 하나님 경험의 결과이기만 한 것은 아니다. 이것은 또한 새로운 하나님 경험의 출발점이기도 하다. 20:20에서 모세가 잘 요약하고 있듯이 이 새로운 하나님 경험은 경외의 대상으로서의 하나님에 대한 경험이다.[75] 이전

75 출 20:20을 가지고 출 19-40장 전체를 설명하려는 시도는 부록 4의 나의 글 "두려워 말고 두려워하라"를 보라.

까지 드러냄의 플롯이 보여준 하나님은 구원자로서의 하나님이다. 하지만 이스라엘이 진정으로 하나님과 더 깊은 관계에 들어가기 위해서는 하나님의 또 다른 측면, 즉 경외해야 할 대상으로서의 하나님에 대한 깨달음이 필수적이다. 시내 산 언약은 이 새로운 하나님에 대한 내용을 담고 있다.

24:12-40:38의 성막 건설은 이스라엘의 하나님 경험의 최고봉이라고 할 수 있다. 우선 이 성막 건설은 이스라엘의 하나님 체험의 결과물인 19:1-24:11의 시내 산 언약의 논리적 결과물이다. 마치 사랑하는 두 사람이 사랑의 경험에 기초하여 결혼식을 치루었을 때 그 결과로 신방을 꾸미고 함께 살게 되듯이 성막 역시 영적 결혼식을 맺은 하나님과 이스라엘이 함께 사는 것을 상징해주는 역할을 한다. 성막 본문의 핵심 구절들 중의 하나인 25:8은 이렇게 말하고 있다. “내가 그들 중에 거할 성소를 그들이 나를 위하여 짓되”. 또한 29:45-46은 출애굽기 1-18장의 하나님 경험을 포함하여 다음과 같이 좀 더 자세하게 하나님과 이스라엘의 성막을 통한 동거를 이야기하고 있다:

> 내가 이스라엘 자손 중에 거하여 그들의 하나님이 되리니 그들은 내가 그들의 하나님 여호와로서 그들 중에 거하려고 그들을 애굽 땅에서 인도하여 낸 줄을 알리라. 나는 그들의 하나님 여호와니라.

이와 더불어 24:12-40:38은 지금까지의 출애굽기 본문 내에서 드러냄의 플롯을 통해서 드러난 하나님의 성품을 넘어서는 좀 더 깊은 영역에 대해서 다루고 있다. 그것은 우리에게 다가오셔서 우리와 함께 거하기를 원하시는 “다가갈 수 있는 하나님”(the approachable God)과 너무 거룩하시기 때문에 인간이 도저히 “다가갈 수 없는 하나님”(the unapproachable God) 사이의 변증법적 관계이다. 이 변증법적인 관계는

1-18장의 구원자 하나님과 19:1-24:11의 경외의 대상으로의 하나님이라는 주제를 통해서 이미 어느 정도는 드러난 바가 있다. 성막 본문은 이 두 가지 하나님 체험을 하나로 묶어주고 있다. 그러므로 이 심오한 주제에 대해서는 해당 본문을 다룰 때 더 상세하게 다룰 것이다.

정리하자면 출애굽기 1-15장의 드러냄의 플롯은 15:22-18:27의 광야 이야기를 통해서 계속 이어지며, 시내 산 언약 체결(19:1-24:11)이라는 결과를 낳는다. 또한 언약 체결은 성막 본문을 통하여 하나님과 이스라엘의 거룩한 동거에 이르게 된다(24:12-40:38). 이처럼 드러냄의 플롯은 출애굽기 전체에 영향을 미치고 있다.

드러냄의 플롯과 열 가지 재앙에 대한 이해

출애굽기 5-15장을 드러냄의 플롯으로 이해하는 것은 열 재앙의 신학에 대해 새로운 시각을 제공해준다. 현재까지 열 재앙을 복음주의적으로 어떻게 이해하느냐 하는 것에 대해서는 크게 두 가지 시각이 존재한다. 첫 번째 시각은 "자연주의적 시각"이다. 두 번째는 열 재앙을 "신들의 전쟁"이라는 관점으로 보는 시각이다.[76] 그러나 나는 제3의 대안으로서 "드러냄의 플롯"이 열 재앙에 대한 가장 적절한 시각을 제공해준다고 생각한다.

그럼 먼저 기존 견해들의 장단점을 살펴보도록 하겠다. 그리고 나서 드러냄의 플롯이라는 시각이 가장 적절함을 제시하도록 하겠다.

자연주의적 연구

자연주의적인 연구는 열 가지 재앙 본문의 역사성을 인정하되 이것을 자연현상으로 이해하려는 시도이다. 이 주장을 하는 학자들 중에서

76 이 두 가지 견해에 대한 간략한 정리 및 평가는 John D. Currid, *Ancient Egypt and the Old Testament* (Grand Rapids: Baker Books, 1997), 104-120을 보라.

도 특히 호르트(Hort)란 학자는 좀 더 과감한 주장을 하였다. 그는 각 재앙들이 인과론적으로 서로 연결되어 출애굽기 본문상의 재앙의 순서대로 발생했다고 보았다.77

그에 따르면 재앙들은 과도한 강우로 인해서 나일 강이 비정상적으로 심하게 범람하는 것으로부터 시작된다고 한다. 이처럼 극도로 높은 수위의 물결로 인해 아비시니아와 에디오피와 고원의 특색인 밝고 붉은 빛의 토양과 편모충이라고 불리는 붉은 빛의 미생물들이 씻겨 내려오게 되는데 이 토양과 미생물들이야말로 나일 강을 붉고 탁하게 변하도록 만드는 주범이라고 한다. 이 때문에 고기들이 죽게 되는데 이것이 첫 번째 재앙이라는 것이다. 죽은 고기 떼는 개구리로 하여금 강변을 떠나게 만드는데 이것이 둘째 재앙이라는 것이다. 첫 번째 재앙의 토양과 미생물들은 개구리가 바칠루스 안트라치키스라는 병원균에 감염되게 만드는데 이것이 갑작스러운 개구리의 죽음의 원인이라고 본다.

세 번째와 네 번째 재앙은 모기와 스토목시스 갈치트란스 파리일 가능성이 있다고 본다. 모기와 파리는 나일강의 홍수가 물러가고 난 뒤에 고인 물웅덩이 속에서 자유스럽게 부화된다.

가축들에게 죽음을 가져온 다섯 번째 재앙은 탄저열 때문인 것으로 본다. 이 병은 오염되어 죽은 개구리가 그 원인이 될 수 있다. 인간과 가축에 독종이 나는 여섯 번째 재앙은 피부 탄저병인데 이 병은 주로 넷째 재앙의 파리 떼에게 물렸을 때 전염된다.

이 맘 때쯤에 내린 우박과 뇌우, 즉 일곱 번째 재앙은 삼과 보리를 망쳐 놓는다 그러나 밀과 나맥은 메뚜기 떼(여덟 번째 재앙)를 위해 남겨진다. 엄청난 수의 메뚜기 떼가 출몰하게 되는 이유는 처음에 홍수를 야기시킨 아비시니아 고원의 비 때문일 가능성이 높다.

77 Greta Hort, "The Plagues of Egypt", *ZAW* 69 (1957), 84-103; *ZAW* 70 (1958), 48-59.

마지막의 짙은 어둠, 즉 아홉 번째 재앙은 특별히 강도가 센 "밤신"(bamsin) 때문에 발생했을 것으로 본다. 이 밤신은 2월말로부터 시작해서 3월 초까지 남쪽으로부터 와서 이집트를 강타하는 "모래 폭풍"을 가리키는 명칭이다. 이 폭풍은 2-3일 정도 계속 되는데 이 폭풍은 홍수의 결과로 범람한 나일강 물에 의해 운반된 진흙더미에서 발생한 두꺼운 층의 미세한 붉은 먼지들에 의해서 훨씬 더 악화되었을 것이다.

이 설을 따르는 사람들의 주장에 의하면 열 가지 재앙에 있어서 기적적인 요소는 이런 자연적 재해가 발생했다는 사실 자체가 아니라 이런 재해가 특별히 엄청나게 강하게 나타났다는 사실이다. 즉 재해 자체가 이적이 아니라 이 재해의 어마어마한 강도와 규모가 이적이라는 것이다.

그러나 이 설은 몇 가지 중대한 문제점들을 가지고 있다. 첫째, 이 이적들을 설명하는데 있어서 굳이 자연주의적인 설명이 필요한가 하는 점이다. 이 이적들을 자연주의적으로 설명하려는 시도는 신약의 예수 그리스도의 치유의 기적이나 물 위를 걸은 기적을 모두 자연주의적으로 설명하려는 것과 같다. 이적은 초자연적이기 때문에 이적인 것이다. 이 이적들이 초자연적인 것이라는 점은 애굽의 마술사들이 "이는 하나님의 권능이니이다"라고 말한 것에서도 분명하게 드러난다(8:19).

둘째, 각 재앙들 사이에는 인과관계론적인 설명만으로는 해결이 안 되는 요소들이 많다. 예를 들어, 두 번째 재앙의 경우를 신중히 살펴볼 때 본문은 개구리가 갑자기 죽게 된 것이 병원균에 의한 감염때문이라고 말하지 않는다. 본문이 말하고 있는 바에 따르면 모세는 바로에게 언제 개구리 떼가 사라지기를 원하는지 물었다(8:9). 그리고 바로가 그 시기를 정하자 모세는 그 시기를 결정한 것은 바로 그 자신임을 명확히 한다. "왕의 말씀대로 하여 왕에게 우리 하나님 여호와와 같은 이가 없는 줄을 알게 하리니"(8:10). 실제로 개구리들은 바로가 정한 그때에 다 죽었다. 따라서 성경본문이 말하고 있는 바는 이 개구리들이 병원균 때문에 죽은 것이 아니라 하나님의 이적에 의해서 죽게 된 것임을 바로 자신과 독자들이 오해할 수 없는 방식으로 분명하게 밝히고 있다. 이처럼 열 재앙에 대한 출애굽기의 본문은 결코 인과론에 바탕을 둔 자연주의적 해석으로는 설명이 되지 않는다는 것을 분명히 밝혀주고 있다.

신들의 전쟁

자연주의적인 해석보다 더 성경본문에 충실한 해석은 열 재앙을 "신들의 전쟁"이라는 관점에서 보는 것이다. 즉 열 재앙은 여호와 하나님이 애굽의 신들을 치시는 과정이었다고 보는 것이다.

이 해석이 지닌 장점은 성경 본문상의 몇몇 지지 구절들을 통해 어느정도 타탕성을 찾은 수 있다는 점이다. 출애굽기 12:12은 "내가 그 밤에 애굽 땅에 두루 다니며 사람이나 짐승을 막론하고 애굽 땅에 있는 모든 처음 난 것을 다 치고 애굽의 모든 신을 내가 심판하리라"고 말함으로써 열 번째 재앙이 "애굽의 모든 신"에 대한 심판과 관련이 있음을 말해주고 있다(참고, 민 33:4). 또한 출애굽기 18:11은 "이제 내가 알았도다 여호와는 모든 신보다 크시므로 이스라엘에 교만하게 행하는 그들을 이기셨도다"고 말하고 있다.

이런 본문들에 기초하여 이 견해를 지지하는 학자들은 한 발 더 나아가서 열 재앙과 신들의 관계에 대한 도표를 제시하기도 하였다.[78]

78 이 도표는 Currid, *Ancient Egypt and the Old Testament*, 104-120의 내용을 정리한 것이다. 이런 유의 도표는 존 헤나, 드웨인 린지, *출애굽기, 레위기* (서울: 도서출판 두란노, 1989), 48; 차준희, *출애굽기 다시보기* (서울: 프리칭아카데미, 2004), 80-123; Philip GrahamRyken, *Exodus* (Preaching the Word Series; Wheaton: Crossway Books, 2005), 203-334 등의 거의 대부분들의 주석들이나 연구서들에서 자주 채용되고 있다.

재앙	관련된 애굽 신들
1. 나일강의 물이 피로 변함	하피(Hapi), 나일 강의 신 기타 물고기 신들(Hat-mehit 등)?
2. 개구리	헤켓(Hekhet), 개구리 머리를 한 여신
3. 이	케프레르(Kheprer)
4. 파리	케프레르(Kheprer)
5. 생축의 죽음	아피스(Apis), 황소신, 다산의 상징
	황소는 애굽의 큰 신들인 프타(Ptah)와 레(Re)와 여신 이시스(Isis)와 하토르(Hathor) 등의 현신이기도 함
6. 독종	세크메트(Sekhmet) 아몬-레(Amon-Re)
7. 우박	누트(Nut), 하늘의 여신 슈(Shu), 하늘을 떠받치는 신 테프누트(Tefnut), 습기의 여신
8. 메뚜기	세네헴(Senehem)
9. 흑암	아몬-레(Amon-Re), 태양신
10. 장자의 죽음	바로의 장자

위에서 열 번째 재앙은 애굽의 모든 사람과 가축의 장자, 그리고 바로의 장자의 죽음과 관련이 있다. 열 재앙을 애굽의 신들에 대한 여호와의 공격이라고 해석하는 학자들은 바로 역시 애굽의 신앙 속에서 신으로 간주되었다는 점을 지적한다. 그는 애굽 종교의 최고 신인 레(Re)의 아들이자 현신으로 간주되었으며, 호루스(Horus) 신 자신으로 간주되었다. 그러므로 바로의 뒤를 이어 바로가 될 장자에 대한 공격은 곧 신에 대한 공격이 된다.

이 해석은 장단점을 다 갖고 있는 듯하다. 우선 장점을 말한다면 출애굽기 9:14이 말하고 있듯이 "내가 이번에는 모든 재앙을 너와 네 신하와 네 백성에게 내려 온 천하에 나와 같은 자가 없음을" 알게하는 것 곧 바로와 애굽 사람들이 깨닫게 하는데 있어서 가장 좋은 방법 중의 하나는 그들의 숭배의 대상이었던 신들을 치는 것이었을 것이다. 여호와가 자기들의 신들을 벌하는 모습을 볼 때 바로와 애굽 사람들은 당연히 여호와가 이들보다 더 큰 신이라는 논리적 결론을 내릴 수밖에 없었을 것이다.

그러나 이 해석이 가지는 결정적인 단점은 위의 성경구절들 중 재앙과 신들의 전쟁 개념을 명시적으로 연결시키고 있는 12:12와 민수기 33:4은 오직 열 번째 재앙과만 연결되어 있다는 점이다. 정말 이 재앙들이 애굽의 신들에 대한 공격이었다면 왜 출애굽기 본문은 이 점을 좀 더 명시적으로 제시하지 않았을까 하는 의문이 든다.

또한 비록 학자들이 열 재앙의 각 재앙을 애굽의 이런저런 신들과 연결시키려고 애를 썼지만 그 각 경우가 다 출애굽기 본문이 의도하고 있는 것인지가 분명하지 않다 위의 도표에서 제시된 커리드(Currid)의 견해를 다른 자료들에서 구할 수 있는 도표와 비교해보면 이 점이 확연히 드러난다. 결국 이 도표들은 학자들의 호기심에서 파생된 가상적인 시도들일 뿐에 지나지 않는다.

새 관점: 드러냄의 플롯

위에서 지적한 난점들을 고려해 볼 때 지금까지 제시된 견해들은 수용하기가 곤란한 듯하다. 나는 열 재앙을 본문에 근거해서 설명할 수있는 유일한 대안은 위에서 이미 살펴본 바와 같이 드러냄의 플롯으로 보는 시각이라고 생각한다. 이 재앙들은 바로와 애굽에게는 여호와 하나님이 온 땅의 유일한 주권자임을 보여주는 역할을 했고, 이스라엘에게는 신앙의 증거가 되는 역할을 했다.

재앙의 결과

이처럼 드러냄의 플롯의 입장에서 볼 때 열 재앙을 통해서 파생된 결과들을 살펴보면 다음과 같다.

(1) 11:3은 "여호와께서 그 백성으로 애굽 사람의 은혜를 받게 하셨고 또 그 사람 모세는 애굽 땅에 있는 바로의 신하와 백성의 눈에 아주 위대하게 보였더라"고 말하고 있다. 5:2에서 바로는 "나는 여호와를 알지 못하니 이스라엘을 보내지 아니하리라"고 말한 바가 있다. 바로는 여호와에 대한 인식과 이스라엘의 운명을 서로 결부시키고 있다. 이제 바로와 애굽 사람들은 열 재앙을 통해 여호와를 뼈저리게 체험하고나자 이스라엘에 대한 시각을 바꿀 수밖에 없었다. 그들은 더 이상 이스라엘을 함부로 대할 수가 없었다. 또한 그들은 하나님의 대리자인 모세를 자신들이 감당할 수 없을 만큼 큰 존재로 인식하게 되었다. "아주 위대하다"라는 표현은 원문을 직역하며 "매우 크다"로 해석할 수 있는데 이것은 이집트 벽화의 그림들을 떠올리게 만든다. 이 벽화들은 각 사람이나 신을 그 중요성이나 권위에 따라 다른 크기로 그린다. 신은 인간보다 아주 크게 그리며, 인간들 중에서도 왕은 신하와 백성들보다 크게 그린다. 이런 벽화 전통을 고려할 때 모세가 "바로의 신화와 백성의 눈에 매우 크게 보였다"는 말은 곧 모세가 그들보다 훨씬 더 권위있는 존재, 어쩌면 신과 같은 존재로 보였다는 의미일 수가 있다. 하나님은 "내가 너를 바로에게 *신같이* 되게 하였은즉"이라고 말씀하셨다(출 7:1). 열 재앙의 과정을 통해 모세는 바로와 애굽 사람들에게 큰 존재 혹은 신과 같은 존재로 인식 되게 되었다.

(2) 이 드러냄의 플롯의 결과 하나님을 향한 이스라엘 백성의 마음이 회복된다. 앞에서도 살펴본 적이 있는 출애굽기 12:27은 "여호와께서 애굽 사람을 치실 때에 애굽에 있는 이스라엘 자손의 집을 넘으사 우리의 집을 구원하셨느니라…하매 백성이 머리 숙여 경배하니라"고

말하고 있다. 이스라엘을 구원하시기 위해 열 재앙을 내리시는 과정에서 드러난 하나님의 권능은 이스라엘의 경배를 이끌어낸다.

(3) 열 재앙은 하나님의 예언들이 성취되는 결과를 가져온다. 창세기 15:14에서 하나님은 아브라함에게 "그들이 섬기는 나라를 내가 징벌할지며 그 후에 네 자손이 큰 재물을 이끌고 나오리라"고 말씀하셨다. 또 출애굽기 3:21-22에서는 "내가 애굽 사람으로 이 백성에게 은혜를 입히게 할지라. 너희가 나갈 때에 빈손으로 가지 아니하리니 여인들은 모두 그 이웃 사람과 및 자기 집에 거류하는 여인에게 은 패물과 금 패물과 의복을 구하여 너희의 자녀를 꾸미라. 너희는 애굽 사람들의 물품을 취하리라"고 말씀하셨다. 이런 하나님의 말씀은 출애굽기 12:35-36에서 성취된다. 즉 하나님은 애굽 사람들로하여금 이스라엘 사람들이 "구하는 대로 주게" 만드셨다. 이처럼 애굽 사람들이 이스라엘 사람들의 요구를 들어주게 된 이유는 당연히 열 재앙을 통해서 하나님의 권능을 뼈저리게 체험했기 때문이다.

(4) 열 재앙의 드러냄의 플롯을 통해 나타난 마지막의 가장 중요한 결과는 당연히 출애굽이다. 출애굽이 이뤄짐으로써 5:2에서 바로가 "나는 여호와를 알지 못하니 이스라엘을 보내지 아니하리라"고 함으로써 촉발되었던 모든 문제가 해결되었다. 이제 그가 하나님을 제대로 알게 되자 그는 이스라엘을 내보낸다.

바로의 강퍅함은 하나님의 예정된 섭리인가, 아니면 그 자신이 스스로 엮은 올가미인가?

5-15장의 중심을 차지하고 있는 열 가지 재앙의 이야기를 읽을 때 떠올리게 되는 중요한 질문은 바로의 완악함에 대한 것이다.[79] 열 재

79 개역개정판의 "완악"이라는 표현을 개역한글판은 "강퍅"으로 번역했는데 이 표현이 더 나은 것 같다. 완악은 어의론적으로 좀 안 맞는 것으로 생각된다. 그러나 이 책에서는 개역개정판을 사용하는 독자들을 위해 편의상 "완악"이라는 번역을 유지하기로 한다.

앙을 경험하는 내내 바로는 완강하게 버티는데 그가 그렇게 하는 이유에 대해서 출애굽기 내에서 하나님은 두 가지 상반된 이유를 제시하시고 있다.

우선 출애굽기 3:19-20에서 하나님은 이렇게 말씀하신다:

> 내가 아노니 강한 손으로 치기 전에는 애굽 왕이 너희가 가도록 허락하지 아니하다가 내가 내 손을 들어 애굽 중에 여러 가지 이적으로 그 나라를 친 후에야 그가 너희를 보내리라.

이 본문에 따르면 바로는 자신의 의지로 하나님의 명령을 거부하고 버티는 것으로 보인다.

반면 4:21; 7:3-4에서는 하나님은 이렇게 말씀하신다:

> 네가 애굽으로 돌아가거든 내가 네 손에 준 이적을 바로 앞에서 다 행하라. 그러나 내가 그의 마음을 완악하게 한즉 그가 백성을 보내 주지 아니하리니 내가 바로의 마음을 완악하게 하고 내 표징과 내 이적을 애굽 땅에서 많이 행할 것이나 바로가 너희의 말을 듣지 아니할 터인즉 내가 내 손을 애굽에 뻗쳐 여러 큰 심판을 내리고 내 군대, 내 백성 이스라엘 자손을 그 땅에서 인도하여 낼지라.

이 본문에 따르면 바로의 마음을 완악하게 하시는 분은 하나님이시다.

과연 바로는 자신 스스로의 의지로 하나님 앞에서 완악하게 행동하는 것인가, 아니면 그는 마음을 돌이키고 싶어도 하나님께서 그렇게 하도록 허용해주지 않으시니까 어쩔 수 없이 계속 완악하게 행동할 수밖에 없는 것인가? 이 질문이 중요한 것은 만약 바로가 원치 않아도 할 수 없이 하나님의 강요에 의해서 완악하게 행동한 것이라면 그 누구도 그를 비난할 수 없기 때문이다. 그리고 그의 완악에 대해서 하나님이 벌을 하시면 하나님의 정당성이 의문시될 수 있다.

궁극적으로 이 문제는 아마 조직신학적인 측면에서 예정이냐 자유의지냐 하는 문제로 해결해야 할 것이다. 그러나 본문을 자세히 들여다 볼 때 우리는 주석학적인 측면에서 상당히 흥미로운 점들을 찾아볼 수 있다. 이를 위해서 출애굽기 본문상의 자료들을 자세히 들여다 볼 필요가 있다.

출애굽기 4-40장에는 바로의 완악함을 나타내는 표현이 총 열아홉 번 나온다. 그리고 이 완악함을 나타내는데 사용된 히브리어 단어는 총 세 개이다. 이것을 정리해보면 다음과 같다.[80]

1. **하자크**(חזק): 4:21; 7:13, 22; 8:15, 19; 9:12, 35; 10:20, 27; 11:10; 14:4, 8, 17[81](13번)
2. **카샤**(קשה): 7:3; 13:15(2번)
3. **카베드**(כבד): 7:14; 8:15, 32; 9:7, 34; 10:1(6번)[82]

이 단어들의 주어가 무엇인가에 따라서 다시 분류해 보면 다음과 같다:

1. 하나님이 주어인 경우(4:21; 7:3; 9:12; 10:1, 20, 27; 11:10; 14:4, 8; 14:17)

80 이 자료는 기본적으로 해밀턴, *오경개론*, 208-218을 참고했다.

81 14:17에 등장하는 어휘를 살펴보면 해밀턴, *오경개론*, 211의 자료는 잘못되어 있다. 이 절에 **카베드**가 나오는 것은 분명한 사실이지만 이 단어가 "완악하다"는 의미로 사용되지 않았다. 대신 이러한 구절에서 **하자크**가 이 의미로 사용되고 있다.

82 개역개정판은 기본적으로 **하자크**와 **카샤**는 "완악"으로, **카베드**는 "완강"으로 번역했다. 그러나 **카베드**가 나오는 9:34; 14:17에서는 "완강" 대신에 "완악"으로 번역했다. 반면 개역개정판보다 앞선개역한글판은 **하자크**와 **카샤**는 "강퍅"으로, **카베드**는 "완악"으로 번역함으로서 일관성을 보여 주었다. 개역개정판이 많은 교회에서 표준적인 성경으로 사용된다는 점을 생각하면 이런 잘못은 속히 수정되어야 할 것이다.

(11번)

2. 바로가 주어인 경우(8:15, 32; 9:34; 13:15) (4번)

3. 바로의 마음이 주어인 경우(7:13, 14, 22; 8:19; 9:7, 35[바로와 그 신하들]) (5번)

즉, 바로의 완악함의 주체는 바로 자신 혹은 바로의 마음인 경우도 있고, 하나님인 경우도 있다. 바로 혹은 바로의 마음이 주어인 경우는 총 9번이고, 하나님이 주어인 경우는 총 11번이다.

이제 이런 자료들을 바탕으로 해서 3:19-20과 4:21; 7:3-4 사이의 모순되게 보이는 주장이 실제로 이후의 내러티브 속에서 어떻게 구현되고 있는지를 살펴보면 아주 흥미로운 점들이 떠오르기 시작한다. 우선 다음의 두 가지 점을 염두에 둘 필요가 있다.

첫째, 완악함에 대한 내용이 본격적으로 시작되는 출애굽기 7:13,14,22에서 바로의 완악함 혹은 완강함을 나타내는 단어의 주어는 "바로의 마음"이다. 그리고 사용된 동사는 소위 "상태 동사"(the stative verb)란 것이다. 이 "상태 동사"는 주어의 본질이나 성격이나 성품, 혹은 상태 등을 나타내는 역할을 한다. 그러므로 이 구절들은 기본적으로 바로가 어떤 마음가짐을 가진 사람이었는지를 나타낸다. 그는 기본적으로 마음이 완악한 사람이었다.

둘째, 비록 하나님께서는 바로의 마음을 완강케 하시겠다는 뜻을 처음부터 밝히기는 하셨지만(4:21; 7:3) 정작 그의 마음을 그렇게 하기 시작하신 것은 여섯 번째 재앙(9:8-12)이후부터이다. 그 전까지는 하나님은 바로가 자기 마음대로 하도록 놔두셨다.

이러한 두 가지 점을 염두에 두면서 해당 본문들을 순서대로 자세하게 살펴보도록 하자.

(1) 두 번째 재앙 본문(8:8-15)에 따르면 바로는 스스로 자기 마음을

완강하게 함으로써 마음을 돌이킬 수 있는 기회를 흘려 보내버린다. 이 본문에 따르면 모세는 바로가 첫 번째 재앙 때에 이스라엘 백성을 보내주겠다고 약속했다가 재앙이 물러간 후에 딴 소리를 하는 것을 이미 경험했기 때문에 이번에는 그가 아예 딴 소리를 하지 못하게 하려고 조치를 취한다. 그 조치는 두 번째 재앙인 개구리 재앙이 그치게 될 시기를 그 자신이 정하게 하는 것이었다(9-10절). 이렇게 함으로써 모세는 이 재앙이 단순히 우연히 일어난 것이 아니라 하나님의 계획과 권능에 의한 것임을 보여주고자 하였다. 하나님은 모세의 이런 뜻을 받아들이셔서 그의 "말대로" 해주셨다(13절). 하지만 바로는 모세의 생각과는 달리 이번에도 "숨을 쉴 수 있게 됨을 보았을 때에 그의 마음을 완강하게 하여 그의 말을 듣지 아니하였다"(15절). 이 본문에서 분명하게 밝히고 있는 바와 같이 마음을 완강하게 하는 주체는 바로 자신이다. 그는 자신이 정한 시간에 재앙이 물러가는 것을 통해서 이 일이 하나님에 의해 이뤄지고 있는 것임을 확실하게 체험하고도 자신의 고집을 꺾지 않았다.

(2) 세 번째 재앙 본문(8:16-19)에서 바로는 자신의 완악함을 버려야 할 이유를 다시 한 번 발견하였지만 역시 자신의 고집을 버리지 않는다. 세 번째 재앙이 중요한 것은 이 재앙은 애굽의 요술사들이 따라하지 못한 첫 번째 재앙이었다는 점이다. 이들은 지팡이가 뱀이 되는 이적(7:8-13)과 첫 번째와 두 번째 재앙의 경우에는 나름대로 흉내를 내었다. 하지만 티끌이 이가 되는 세 번째 재앙의 경우에는 더 이상 따라할 수가 없었다. 대신 이 요술사들은 "이는 하나님의 권능이니이다"라고 고백을 하였다. 이처럼 바로는 자기 편 사람들이 재앙을 하나님의 능력의 표출로 인정하는데도 불구하고 계속 완악한 상태로 요지부동이었다. 그는 다시 한 번 자신의 마음을 돌이킬 수 있는 확실한 기회를 흘려보냈다.

(3) 네 번째 재앙 본문(8:20-32)도 역시 마찬가지다. 이 재앙은 애굽과 이스라엘 백성의 구분이 시작된 재앙이었다. 하나님은 이것을 통해서 다시 한 번 이 재앙들이 하나님의 완벽한 통제하에 있는 것임을 바로에게 보여주고자 하셨다(21-24절). 아마 바로는 이러한 구분이 실제로 이루어져서 재앙이 이스라엘과 애굽 사이에 차별적으로 임하는 것을 보고 진정으로 충격을 받은 것 같다. 왜냐하면 그는 "너희는 나를 위하여 간구하라"고 요청하고 있기 때문이다. 그러나 이번에도 역시 그는 재앙이 물러가자 자신의 완악함을 거두려하지 않았다.

(4) 다섯 번째 재앙 본문(9:1-7)에서 하나님은 이스라엘 사람과 애굽 사람만 구분하신 것이 아니라 이스라엘의 가축과 애굽의 가축 사이에도 구분을 하신다. 바로는 이 일에 대해서 자신이 직접 사람을 보내 조사를 한 결과 애굽의 모든 가축은 죽은 반면에 이스라엘의 가축은 하나도 죽지 않은 것을 확인했다(6-7절). 그러나 자신 스스로 결행한 정탐의 결과에도 불구하고 그는 자신의 완강함을 버리려고 하지 않았다.

(5) 드디어 여섯 번째 재앙 본문(9:8-12)부터 하나님께서 바로의 마음을 완강하게 하신다. "그러나 여호와께서 바로의 마음을 완악하게 하셨으므로 그들을 듣지 아니하였으니 여호와께서 모세에게 말씀하심과 같더라"(9:12). 이 구절은 7:22의 구절과 확연한 대비를 이룬다. "바로의 마음이 완강하여 그들을 듣지 아니하니 여호와의 말씀과 같더라". 7:22을 보면 바로는 그 자체가 완강한 사람이었다. 그는 그런 완강함으로 지금까지 고집을 피워왔다. 하나님께서 그의 마음을 완악하게 하시겠다는 말씀은 4:21; 7:3,4에 이미 언급되어 있지만 실제로 그렇게 하시는 것은 오직 이 9:12에 이르러서야 처음으로 시작된다. 그 전까지는 바로는 스스로의 본성을 따라, 스스로의 결정으로 자신의 마음을 완악하게 해왔다. 그러므로 우리가 너무 예정과 자유의지의 관계에 대한 복잡한 조직신학적 틀을 강요하지 않아도 본문의 흐름은 확연

히 이해가 된다. 바로는 완악한 본성을 갖고 있기는 했지만 자신의 마음을 돌이킬 수 있는 기회를 여러 번 가졌다. 그리고 그 기회들 속에서 그는 충분히 하나님의 능력에 대해서 경험을 했다. 그러므로 자신이 계속 고집을 피운 사실에 대하여 핑계를 댈 수가 없다. 즉 하나님이 어떤 분이신지를 잘 몰랐기 때문이라는 핑계를 댈 자격이 없다. 그는 지속적으로 자신의 마음을 스스로 더욱 완악하게 만들어 왔다. 이처럼 그가 자신의 완악함에서 스스로 돌이킬 생각과 의지가 없음을 계속해서 보여준 후에야 하나님은 드디어 그의 마음을 통제하기 시작하신다.

(6) 일곱 번째 재앙 본문(9:13-35)에서 하나님은 좀 더 공격적으로 나오신다. 9:14에서 하나님은 선포하시기를 "내가 이번에는 모든 재앙을 **네 마음과** 네 신하와 네 백성에게 내려 너로 온 천하에 나와 같은 자가 없음을 알게 하리라". 여기에 "네 마음과"를 번역하면서 개역개정판은 "너와"로 번역하고, 대신 난하주에는 히브리어 원문을 직역할 경우 "네 마음과"라고 번역할 수 있다는 것을 밝혀 놓았다. 하지만 나는 바로의 완악함이라는 주제를 담고 있는 모든 구절들을 고려할 때 히브리어 원문을 따라서 "네 마음"이라고 번역하는 것이 저자의 의도를 더 충실하게 반영한다고 생각한다. 왜냐하면 우리가 살펴 보고 있는 "완악함"과 관련된 단어들은 출애굽기 13:15[83]과 14:17[84]을 제외하고는 전부 "바로의 마음" 혹은 "그[즉, 바로]의 마음"이라는 단어와의 연결 속에서 사용되고 있기 때문이다.

"바로의 마음"이라는 어구에 대한 이런 본문상의 증거를 고려해 볼

83 13:15에는 아예 마음이라는 단어가 사용되지 않았다. 그러나 문맥상 "그의 마음"이라는 표현이 들어가야 한다고 생각하는 주석가들도 있고(Propp, *Exodus 1-18*, 427), 히브리어 구문상 그렇게 볼 수 없다고 주장하는 학자들도 있다(A. H. McNeile, *The Book of Exodus* [Westminster Commentaries; London: Methuen, 1908], 80). 그러나 Propp가 결론적으로 지적한 바와 같이 어떤 견해를 따르든지간에 이 구절이 바로의 "완악함"이라는 주제와 연결되어 있는 것만은 분명하다.

84 14:17에는 "바로의 마음" 대신에 "애굽 사람들의 마음"이라는 표현이 사용되고 있다.

때 9:14에서 하나님이 "모든 재앙을 네 마음에" 내리겠다고 말씀하시는 것은 의미심장하다. 지금까지 바로는 자신의 마음의 본성을 따라, 혹은 자신의 의지로 완악한 태도를 취해 왔다. 이제 하나님은 그의 마음 자체를 공격 대상으로 삼으신다. 그리고 이제는 그를 세우신 목적이 "나의 능력을 네게 보이고 내 이름이 온 천하에 전파되게 하려 함"이라고 말씀하신다(9:16). 그는 이제는 더 이상 반성과 회개의 대상이 아니라 하나님의 능력의 광고판이자 전도용 간증거리에 지나지 않게 된다.

그러나 하나님께서 이처럼 문을 완전히 닫으신 것처럼 보이는 중에도 여전히 뒷문을 열어놓으시는 경우는 얼마든지 찾아볼 수 있다.[85] 이 일곱 번째 재앙에서도 하나님은 바로에게 충분히 자신의 완악함을 반성할 기회를 주시는 것 같다. 그 기회는 그를 심하게 때리는 불방망이와 몽둥이와 같은 모습으로 임한다. 하나님께서는 그에게 우박의 재앙을 내리시는데 그것에 대해서 9:24은 "우박이 내림과 불덩이가 우박에 섞여 내림이 심히 맹렬하니 나라가 생긴 그 때로부터 애굽 온 땅에 그와 같은 일이 없었더라"고 말하고 있다. 애굽의 역사 이래로 전혀 경험하지 못했던 엄청난 재앙이 임하자 바로는 굴복을 한다. 심지어 그는 자신이 죄를 지었으며, 악한 자임을 고백하기까지 한다. "바로가 사람을 보내 모세와 아론을 불러 그들에게 이르되 이번은 **내가 범죄하였노라**. 여호와는 의로우시고 **나와 나의 백성은 악하도다**"(9:27).

하지만 하나님을 대적하는 것에 대한 이런 고백에도 불구하고 이 재앙 본문의 마지막 두 절은 충격적이다. "바로가 비와 우박과 우렛소리가 그친 것을 보고 **다시 범죄하여 마음을 완악하게 하니 그와 그의 신하가 똑 같더라**. 바로의 마음이 완악하여 이스라엘 자손을 내보내지

85 나중에 살펴볼 출 32-34장의 황금 송아지 사건은 바로 이런 경우를 극적으로 보여준다. 또한 욜 2:12-18 역시 완전히 끝장이 났다고 생각되는 순간에도 언제나 진정한 회개를 통해서 하나님의 긍휼의 문이 다시 열릴 수 있음을 보여준다.

아니하였으니 여호와께서 모세에게 말씀하심과 같더라"(9:34-35). 이 구절에서 중요한 점은 앞의 여섯 번째 재앙에서부터 드디어 하나님께서 그를 완악하게 하기를 시작하였고, 또 여기에서 그의 마음에 재앙을 내리시겠다고 말씀하셨음에도 불구하고 여전히 이 재앙에서 결국 마음을 완악하게 한 주체는 바로 그 자신이었다는 것이다. 그는 이 재앙 본문에서 자신의 죄를 자기 입으로 고백하기까지 했으면서도 결국 다시 한 번 마음을 돌이킬 기회를 흘려보낸다. 그의 완악함과 관련된 구절들 속에서 그 자신이나 그의 마음이 주어가 되는 경우는 본문 9:34-35이 마지막이다.[86] 그는 자신의 완악함을 되돌릴 수 있었던 이 마지막 기회를 결국 자신의 자유의지로 흘려 보내고 만 것 이다.

다음 재앙 본문으로 넘어가기 전에 이 재앙 본문과 관련하여 한 가지 지적할 점이 있다. 그것은 이 본문 전에는 완악과 관련된 어휘들이 모두 항상 바로나 바로의 마음과만 연결되어 있다는 것이다. 그러나 이 본문에서는 이 주제를 바로 자신에게 뿐만 아니라 그의 신하들에게도 연결시키고 있다. 9:34은 "다시 범죄하여 마음을 완악하게 하니 **그와 그의 신하가** 똑 같더라"고 말하고 있다. 이 신하에 대한 언급은 다음에 나오는 여덟 번째 재앙에서 중요한 역할을 한다는 점을 유념할 필요가 있다.

(7) 10:1-20의 여덟 번째 재앙에서부터는 바로가 스스로 자기의 마음을 완악하게 했다는 언급은 나오지 않는다. 오직 하나님께서 그의 마음을 완악하게 하실 뿐이다. 이 재앙 본문이 시작되는 10:1-2에서

86 물론 13:15에 다시 한 번 바로가 주어로 사용되고 있기는 하다. 그러나 앞에서도 지적한 바와 같이 이 구절의 "완악하다"란 단어를 어떻게 이해해야 하는지 대해서는 논란의 여지가 있다. 또한 이 구절은 열 재앙에 대한 내레이터의 사건 서술 과정에서 나오는 구절이 아니라 이 열 재앙 및 유월절에 대해 이스라엘이 후세에 전할 신앙고백문(13:11-16)의 일부로서 열 재앙을 갈무리하고 있는 구절이다. 그러므로 이 13:15은 내러티브의 시간의 흐름상 9:34-35와는 아무런 순서적 관계를 갖고 있지 않다고 할 수 있다.

하나님께서 모세에게 주시는 말씀은 여러 가지로 중요하다.

> 바로에게로 들어가라. 내가 그의 마음과 그들의 신하들의 마음을 완강하게 함은 나의 표징을 그들 중에 보이기 위함이며 내가 애굽에서 행한 일들 곧 내가 그들 가운데에서 행한 표징을 네 아들과 네 자손의 귀에 전하기 위함이니라. 너희는 내가 여호와인줄 알리라.

첫째, 10:1의 "내가 그의 마음과 그들의 신하들의 마음을 완강하게 함은"이라는 표현은 9:34의 "다시 범죄하여 마음을 완악하게 하니 그와 그의 신하가 꼭 같더라"는 구절과 연결되어 있다. 9:34에서는 마음을 완악하게 한 것은 바로와 그의 신하들이었다. 그러나 10:1은 하나님께서 그들의 마음을 완악하게 하셨다고 말씀하고 있다. 그러므로 우리는 바로 이 지점이 진정한 의미에서 바로가 자신을 자유의지적으로 완악하게 하는 것과 하나님께서 주권적으로 그를 완악하게 하시는 것 사이의 접점이자 교차점인 것을 알 수 있다. 9:12부터 이 지점까지는 비록 하나님께서 여러 차례 주권적으로 완악하게 하시겠다고 선언했음에도 불구하고 바로의 자유의지적인 완악함이 공존했다. 하지만 이 지점 이후로는 더 이상 바로의 자유의지적인 완악함은 존재하지 않는다.

둘째, 이스라엘이 "여호와를 알게 되리라"는 말씀은 여기에서 처음 나온다. 지금까지는 하나님께서 여호와이심을 알아야 되는 대상은 바로나 애굽 사람들이었다. 그러나 이제는 이스라엘이 그 대상이 된다. 특히 당대의 이스라엘뿐만 아니라 "네 아들과 네 자손"들도 그 대상이 된다. 이와 관련하여 중요한 단어는 "표징"(오트, אות)이라는 단어이다. 이 단어는 출애굽기에서 총 16번 사용된다(출 3:12; 4:8(x2), 9, 17, 28, 30; 7:3; 8:19; 10:1,2; 12:13; 13:9, 16; 31:13, 17). 이 중에서 7:3과 8:19를 제외하고는 이 단어는 전부 이스라엘과 관련하여 사용되었다. 이 단어가 10:1-

2에 사용된 것을 볼 때 이제 하나님의 관심사는 더 이상 바로의 완악함이 아니라 이 바로의 완악함을 통해 이스라엘에게 보여질 표징이며, 그에 대한 이스라엘의 반응과 깨달음이다. 바로의 회심에 대한 관심은 이제 부차적인 것으로 밀려나게 되었다.

이런 목적하에 내려지는 하나님의 재앙은 10:6에서 바로에게 주어진 말씀 속에서 "이는 네 아버지와 네 조상이 이 땅에 있었던 그 날로부터 오늘날까지 보지 못하였던 것이리라"로 표현되어 있다. 또 10:14에는 "그 피해가 심하니…전에도 없었고 그 후에도 없을 것이라"고 표현되어 있다. 이런 묘사는 바로 앞의 일곱 번째 재앙에 대한 묘사(9:24)보다 더 강력하다.

이런 재앙을 보고 바로의 신하들은 "어느 때까지 이 사람이 우리의 함정이 되리이까? 그 사람들을 보내어 그들의 하나님 여호와를 섬기게 하소서. 왕은 아직도 애굽이 망한 줄을 알지 못하시나이까"라고 말한다. 이 신하들은 앞의 재앙에서는 바로와 같이 마음을 완악하게 했었다. 그러나 이제 그들은 드디어 바로와 다른 노선을 걷기 시작한다. 바로의 완악함은 이렇게 해서 마지막 동지를 상실한다.

너무나도 강력한 재앙이 임하자 바로는 10:16-17에서 다시 한 번 자신이 죄를 지었음을 언급한다.

> **내가** 너희의 하나님 여호와와 너희에게 **죄를 지었으니** 바라건대 이번만 나의 죄를 용서하고 너희의 하나님 여호와께 구하여 이 죽음만은 내게서 떠나게 하라.

언뜻 보기에는 이 언급은 9:27과 비슷해 보인다. 그러나 재앙의 정도에 있어서 이 번 재앙에 대한 묘사가 앞의 재앙에 대한 묘사보다 더 강력하게 표현되어 있듯이 바로의 죄의 고백 역시 훨씬 더 구체적이고 강하다. 9:27에서는 바로는 그냥 "이번은 내가 범죄하였도다"라고 막연하게 언급한다. 그러나 10:16-17에서는 그는 자신이 죄를 지은 대상이 여호와 하나님과 모세와 아론, 혹은 이스라엘 전체임을 구체적으로 밝힌다. 그리고 한번만 더 용서해줄 것을 "바라건대", "이번만" 등의 강조어구 등을 써서 표현한다. 특히 그는 "이번만"이라는 표현을 써서 정말 딱 한번만 더 봐달라는 부탁을 하고 있는 것이다. 또한 그는 현재 자신이 당하고 있는 이 재앙을 "이 죽음"이라고 표현함으로써 자신이 얼마나 큰 고통 중에 있는가를 표현한다. 이처럼 그의 간구는 간절하기 그지 없다. 하지만 이 재앙 본문의 마지막 절인 10:20이 간결하게 언급하고 있듯이 그에게는 더 이상의 자유의지란 남아 있지 않다. "여호와께서 바로의 마음을 완악하게 하셨으므로 이스라엘 자손을 보내지 아니하였더라". 이제 그는 덫에 걸린 쥐와 같은 꼴이 되어서 더 이상 진정으로 회개할 자유도 갖지 못하게 되었다.

(8) 이어지는 본문들에서 바로는 마치 멈출 수 없는 비탈길을 내려가는 것처럼 보인다. 아홉 번째 재앙 본문(10:21-29)에서 그는 더 이상 자신의 죄에 대한 고백을 하지 않는다. 오히려 모세와의 대화 중에 모세가 자신의 말을 듣지 않자 "너는 나를 떠나가고 스스로 삼가 다시 내 얼굴을 보지 말라. 네가 내 얼굴을 보는 날에는 죽으리라"(10:28)고 말한 것에서 볼 수 있듯이 오히려 더욱 강경한 태도를 취한다. 이어지는 열 번째 재앙 본문(11:1-13:16)에서도 그는 하나님께서 그의 마음을 완악하게 하심으로 자기 마음을 돌이키지 못한다. 결국 그는 하나님께서 그를 마지막으로 완악하게 하심으로써(14:4) 죽음을 맞이하게 된다(14:23, 27, 28).

이제 위에서 살펴본 관찰들을 바탕으로 하여 출애굽기에 나타난 바로의 완악함이라는 주제에 대해서 간략하게 정리하고자 한다. 출애굽기 3:19-20과 4:21; 7:3-4은 바로의 완악함이 그의 개인적인 잘못인가,

아니면 하나님의 강제에 의해 어쩔 수 없이 그가 그렇게 할 수 밖에 없었던 것인가 하는 문제를 던져준다. 이 문제를 조직신학적인 표현으로 바꾼다면 그의 완악함은 그의 자유의지에 의한 것인가, 아니면 하나님의 예정에 의한 것인가 하는 문제로 바뀔 수 있다. 물론 이 책이 조직신학적인 책도 아니고 나 역시 조직신학자가 아니기 때문에 나는 이 문제에 대해서 조직신학적인 답변을 하고 싶은 생각이 전혀 없다는 것을 처음부터 분명하게 밝혔다. 대신 나는 이 완악함이라는 주제를 본문의 흐름 속에서 살펴보는 것이 이 문제를 가장 정확히 해석할 수 있다고 생각하여 분석해 보았다. 그 결과 다음과 같은 관찰사항들이 드러났다.

첫째, 이 완악함이라는 주제는 내러티브의 진행 과정에서 대략적으로 세 단계로 나타난다. 처음에는 바로 자신의 기본적인 마음상태를 나타내는 경우가 많다(7:13, 14, 22; 8:19; 9:7, 35). 그 다음 단계에는 바로가 능동적으로 자기의 마음을 완악하게 한다는 표현들이 등장한다(8:15, 32; 9:34; 13:15). 마지막 단계에는 하나님께서 그의 마음을 완악하게 만드신다는 표현들이 주로 사용된다(9:12; 10:1, 20, 27; 11:10; 14:4, 8; 14:17).[87]

둘째, 바로는 각 재앙을 경험할 때마다 자신의 완악함을 돌이킬 기회를 많이 가졌다. 최소한 하나님께서는 여섯 번째 재앙까지는 그의 마음을 완악하게 하지 않으셨다. 심지어 이 여섯 번째 재앙에서 하나님께서 그의 마음을 완악하게 하신 이후에도 그는 몇 번의 기회를 더 가졌다. 그러나 그는 그 모든 기회들을 다 흘려보냈다.

셋째, 하나님께서 그의 마음을 주관하기 시작하신 것은 오직 그 자신이 이 기회들을 다 흘려보낸 후였다. 하나님께서 그의 마음을 처음부터 주관하셔서 그가 어쩔수 없이 완악하게 된 것이 아니다. 하나님

87 Propp, *Exodus* 1-18, 353 역시 이와 거의 동일한 관찰을 제시하고 있다.

은 그가 더 이상 돌이킬 수 없는 지점까지 스스로 간 다음에야 비로소 그의 마음을 통제하기 시작했다.

이런 점들을 고려해 볼 때 우리는 비록 예정과 자유의지의 관계에 대한 심오하고 복잡한 사항들을 다 파악할 수는 없지만 최소한 현상학적으로는 바로가 충분히 많은 기회를 가졌다고 할 수 있을 것이다. 구약성경에서는 하나님의 심판과 구원의 문제에 있어서 결코 운명론적 결정론적인 태도를 취하고 있지 않다. 이와 관련하여 예레미야 18:7-10의 메시지는 아주 중요하다.

> 내가 어느 민족이나 국가를 뽑거나 부수거나 멸하려 할 때에
> 만일 내가 말한 그 민족이 그의 악에서 돌이키면
> 내가 그에게 내리기로 생각하였던 재앙에 대하여 뜻을 돌이키겠고
> 내가 어느 민족이나 국가를 건설하거나 심으려 할 때에
> 만일 그들이 나 보기에 악한 것을 행하여 내 목소리를 청종하지 아니하면
> 내가 그에게 유익하게 하리라고 한 복에 대하여 뜻을 돌이키리라.

이 구절이 분명하게 보여주고 있듯이 심판과 구원에 대한 하나님의 결정은 완고한 강철벽처럼 각 사람의 운명을 막아서고 있는 것이 아니다. 그것은 하나님의 메시지에 대해서 각 사람이 어떻게 반응하느냐하는 것에 따라서 유동적으로 적용되는 것이다.[88]

그러므로 궁극적으로 우리는 우리의 생사화복에 대한 하나님의 뜻과 의지에 대하여 항의할 수가 없다. 하나님과 우리의 관계는 열린 문이지 결코 막힌 벽은 아니라는 점을 기억하는 것이 중요하다. 항상 하나님 앞에서 부드러운 마음과 겸손한 목을 가지고 그분의 뜻에 자신의

88 이 구절에 대한 해석은 T. E. Fretheim, "The Repentance of God: A Study of Jer. 18:7-10", *HAR* 11 (1987), 81-92를 보라.

뜻과 의지를 굴복하는 것이 중요하다. 그런 자에게 하나님의 구원은 언제나 열려 있다. 그러나 완고한 자는 굳이 하나님께서 손을 쓰지 않으셔도 어차피 자신의 완고함 때문에 스스로 자기 운명을 파멸시키는 결과를 낳는다.

유월절

출애굽기 11:1-13:16의 유월절 본문에 대한 해석은 필자가 이전에 목회와 신학에 발표한 글을 독자가 살펴보는 것이 가장 나을 것이라고 생각된다. 이 글은 이 책의 부록 2번에 들어가 있다. 거기에 모든 중요한 내용들이 상세하고 선명하게 제시되어 있으므로 그것을 읽기를 바란다.

여기에서는 오직 한 가지 점만을 지적하고 넘어가도록 하겠다. 이 본문 중 12:21-28은 피의 중요성을 강조하고 있는데, 그 중에서 특히 12:23을 살펴보도록 하자.

> 여호와께서 애굽 사람들에게 재앙을 내리려고 지나가실 때에 문 인방과 좌우 문설주의 **피를 보시면** 여호와께서 그 문을 넘으시고 멸하는 자에게 너희 집에 들어가서 너희를 치지 못하게 하실 것임이니라.

이 구절에서 "**피를 보시면** 여호와께서 그 문을 넘으시고 멸하는 자에게 너희 집에 들어가서 너희를 치지 못하게 하실 것임이니라"고 되어 있는데 왜 굳이 하나님은 이렇게 피를 바르게 하시는가? 피가 없으면 하나님은 이스라엘을 구원하시지 못하는가?

이 구절이 말하는 바는 하나님이 이스라엘의 집을 모르시기에 하나님께서 실수하시지 않도록 표시를 해줘야 한다는 의미가 결코 아닌 것은 분명하다. 이 구절과 성격이 비슷한 사건은 민수기 21:4-9의 놋뱀 사건이다. 이 사건에서도 하나님은 그냥 놋뱀이 없이도 이스라엘을 구원하실 수가 있었다. 그러나 하나님은 놋뱀을 반드시 쳐다보는 자가 구원을 받도록 하셨다. 여기에서 중요한 것은 하나님의 구원은 하나님의 뜻을 따르는 자에게만 열려 있다는 것이다. 하나님의 궁극적인 구원은 놋뱀 자체에 있는 것이 아니라 놋뱀을 쳐다보라는 하나님의 명령을 순종하는 것에 있는 것이다. 비록 하나님께서 이스라엘을 구원하는 수단으로 놋뱀을 준비하셨더라도 그 놋뱀을 바라보라는 하나님의 명령을 듣지 않으면 아무 소용이 없다. 후대에 히스기야가 이 놋뱀을 부수고 느후스단, 곧 "놋조각"이라고 조롱하는 이름을 붙인 것은 바로 이 점을 정확히 파악했기 때문이었다(왕하 18:4). 이와 마찬가지로 이 유월절 본문에서도 하나님은 피를 통한 구원을 준비하기는 하셨지만 결국은 그의 말씀대로 이 피를 문설주에 바르는 자만을 구원하시기로 작정하셨다. 구원은 하나님의 말씀대로 순종하는 것에 달려있다. 하나님은 구원을 준비하시나 그 구원은 오직 그 구원에 대한 하나님의 뜻과 방식을 신앙으로 받아들이는 자에게만 임한다.

요셉의 뼈, 불기둥과 구름기둥(13:17-22)

이 본문에서 반드시 집고 넘어가야 할 중요한 사항은 19절의 "요셉의 뼈"이다. 창세기 50:25에서 요셉은 죽기 전에 이스라엘 백성들에게 "하나님이 반드시 당신들을 돌보시리니 당신들은 여기서 내 뼈를[사역] 메고 올라가겠다 하라"고 약속할 것을 요구한 적이 있다.[89] 출애굽

89 개역개정판은 에쩸(עצם)이란 히브리어 단어를 불필요하게 각 본문마다 다르게 번역하고 있다. 신학적으로 중요한 이런 단어들은 굳이 Martin Buber and Franz Rosenzweig, *Scripture and Translation* (Bloomington: Indiana University Press, 1994)에 제시된 번역이론을 제시하지 않더라도 특별한 이유가 없는 한 최대한 동일하게 번역하는게 좋은 것 같다. 특히 이것은 개역개정판이 대부분의 한국교회들에서 표준적인 성경으로 사용되고 있다는 점을 고려할 때 더욱 그러하다. 이들의 번역이론을 적용하여 구약성경을 번역하려는 흥미로운 시도 및 이 둘의 번역이론에 대한 개괄적인 정리는 Everett Fox, *The Five Books of Moses* (London: The Harvill Press, 1995) 및 그 서론인 "Translator' s Preface"를 보라.

기 13:19에서 모세는 이 약속을 지키기 위해 "요셉의 유골"을 수습하여 가지고 간다. 불행히도 모세는 그 자신이 가나안에 입성할 수 없게 됨으로 인해서 요셉의 뼈를 조상들의 묘지에 묻어줄 수가 없었다. 그가 남긴 이 과업은 가나안을 정복한 이스라엘의 임무로 남겨졌다. 그들은 이 뼈를 야곱이 세겜에서 산 땅에 장사지낸다(수 24:32). 이렇게 해서 "요셉의 뼈"란 주제는 창세기 12:7; 13:14-17; 15:18-21 등에서 하나님께서 아브라함에게 주신 약속의 신실성과 성취를 나타내는 상징으로 작용한다. 그의 뼈가 조상의 땅에 묻히게 됨으로써 드디어 하나님의 약속은 완전히 실현되는 것이다.

"내가 영광을 얻으리니": 마지막 결전(14:1-31)

유월절 사건을 통하여 "애굽 땅에서 모든 처음 난 것 곧 왕위에 앉은 바로의 장자로부터 옥에 갇힌 사람의 장자까지와 가축의 처음 난 것"이 다 죽는 엄청난 일이 발생하자 바로와 애굽 사람들은 서둘러서 이스라엘을 내보낸다. 그러나 정작 이들이 나가고 나자 바로와 그의 신하들은 다시 한 번 돌변하여 그들을 잡아들이고자 한다(5절). 그들이 이렇게 된 이유는 4절에서 하나님께서 밝히시고 있다. "내가 바로의 마음을 완악하게 한즉 바로가 그들의 뒤를 따르리니 내가 그와 그의 온 군대로 말미암아 영광을 얻어 애굽 사람들이 나를 여호와인 줄 알게 하리라". 이제 마지막으로 한 번 더 하나님은 바로의 마음을 완악하게 하실 것이다. 그 결과 하나님은 영광을 얻게 될 것이다. 반면 애굽 사람들은 여호와를 뼈저리게 "알게" 될 것이다. 그리고 불행히도 그들은 이 마지막 경험과 더불어 죽음을 맞이하게 될 것이다(17-18,27-30절).

하나님의 이런 계획을 알지 못하는 바로는 자신이 동원할 수 있는 최고의 군사력으로 이스라엘 백성들을 추격해 온다. 홍해가 앞을 가로

막고 뒤에서는 바로가 자기들을 잡으러 오는 이 기막힌 상황 속에서 이스라엘 백성들은 공황상태에 빠진다(9-10절). 이 때 이들이 보여주는 반응은 크게 두 가지다. 첫째, 이들은 "심히 두려워하여 여호와께 부르짖는다"(10절). 둘째, 이들은 모세에게 한탄한다. "그들이 또 모세에게 이르되 애굽에 매장지가 없어서 당신이 우리를 이끌어 내어 이 광야에서 죽게 하느냐 어찌하여 당신이 우리를 애굽에서 이끌어 내어 우리에게 이같이 하느냐 우리가 애굽에서 당신에게 이른 말이 이것이 아니냐 이르기를 우리를 내버려 두라 우리가 애굽 사람을 섬길 것이라 하지 아니하더냐 애굽 사람을 섬기는 것이 광야에서 죽는 것보다 낫겠노라"(11-12절). 여기에서 한 가지 유념할 것은 이들이 모세를 향해 퍼부은 이러한 불신의 한탄이 나중에 광야에서 생활할 때 이스라엘이 반복적으로 그에게 내뱉는 한탄과 거의 비슷하다는 것이다. 힘든 상황에 처할 때마다 출애굽한 것을 후회하면서 모세에게 불평을 해대는 것은 광야 시기에 이들이 보여준 전형적인 모습이다(참고, 출 16:3; 민 11:4-6; 14:2-3; 20:2-5; 21:4-5). 믿음이 없는 그들은 이런 모습을 이미 이 때부터 보여주기 시작한다.

이들의 반응에 대해서 모세는 네 개의 명령으로 대응한다(13-14절). 그것은 "두려워하지 말라", "가만히 서 있으라", "보라", "가만히 있으라"는 것이다. 우선 히브리어 원문상으로 보면 앞의 세 개의 명령은 연속적으로 쏟아진다. 이 세 명령은 사람의 정신을 구성하는 지정의(知情意)와 관련되어 있는 것으로 보인다. 우선 첫 번째 명령인 "두려워 말라"는 명령은 감정과 관련된다. 그는 패닉 상태에 빠져 있는 백성들에게 감정을 추스릴 것을 요구한다. 그리고 두 번째 명령인 "가만히 서있으라"는 명령을 통해 그는 백성들이 의지를 가지고 그 상황에서 당당하고 의연한 태도를 취할 것을 요구한다. 마지막으로 세 번째 명령인 "보라"는 명령을 통해 그는 현재 닥친 이 상황이 과연 어떤 것인지, 또 어떻게 될 것인지를 지식적으로 파악하라고 요구한다.

이 "보라"는 세 번째 명령은 이스라엘이 앞의 두 개의 명령대로 두려워하지 말고 왜 의연하게 처신해야 하며, 또 그래야만 하는지에 대해서 그 근거들을 제공해준다. 이스라엘이 보게 될 것은 "오늘 너희를 위하여 행하시는 구원"이다(13절). 하나님의 이 구원행위의 결과로 이스라엘은 애굽 사람들을 영원히 다시 보지 않게 될 것이다. 그 일을 위해 여호와께서 이제 싸우실 것이다(14절).

이렇게 모세는 이스라엘이 이러한 갑작스러운 상황 속에서도 두려워함이 없이 처신해야할 근거를 제시한 후에 네 번째 명령이자 마지막 명령을 통해 "가만히 있으라"고 요구한다.

이어지는 15-20절은 이 상황에 대한 하나님의 반응을 담고 있다. 우선 15-18절에서 하나님은 말씀을 통해 당신께서 하실 일을 설명해주신다. 그리고 19-20절에서는 직접적인 조치를 통해 당신께서 하실 일을 하신다.

우선 15-18절을 살펴보도록 하자. 하나님은 모세에게 지팡이를 들고 손을 바다 위로 내밀어 물이 갈라지게 하라고 명령하신다. 그러면 "이스라엘 자손이 바다 가운데서 마른 땅으로 행하게" 될 것이다(16절). 하나님은 이스라엘에게 물이 빠진 질퍽한 개펄이나 물이 찰랑거리는 곳을 지나가게 하시는 것이 아니라 바다 한 가운데에서 "마른 땅"을 밟고 지나가게 하실 것이다.**90** 현대의 대부분의 주석가들은 이 "마른 땅"이라는 단어를 그냥 무시하고 넘어가는 경향이 있다. 그러나

90 카수토(Cassuto)는 통상적으로 이스라엘이 출애굽시 건넜을 것으로 학자들이 생각하는 수에즈 운하 근처의 지역에서 나폴레옹이 겪었던 일을 들려준다(*Exodus*, 167-168). 나폴레옹과 그의 군대가 썰물 때 맨 땅으로 통과했던 곳이 바로 몇 시간 후에는 물이 가득 찬 곳이 되었다고 한다. 그리고 이런 일은 현재에도 계속되고 있다고 한다. 물론 카수토는 성경 본문이 이 "마른 땅"이 이적에 의한 것임을 강조하고 있기 때문에 이것을 무작정 자연현상으로 설명하는 것은 옳지 않다는 것을 인정한다. 그럼에도 불구하고 그는 여전히 본문에서 하나님이 그 지역의 지리적 현상을 좀 더 이적적으로 활용하셨을 수도 있다는 것을 주장한다.

이 단어가 홍해의 기적에서 아주 중요하다는 사실은 이 단어가 14장에서 여러 번 반복되고 있다는 점을 통해서 분명하게 파악할수 있다 (16,22,29). 심지어 이 단어는 15장의 "바다의 노래" 중에서도 역시 언급되고 있다. (15:19). 이처럼 이 단어가 출애굽기에 사용된 다섯 번 중 총 네 번이 바로 이 사건을 나타내기 위해 사용되고 있다는 점은 아주 인상적이다.[91] 아마 이 단어가 이처럼 중요하게 취급되고 있는 이유는 이것이 홍해 사건의 기적적인 특징을 가장 잘 대변해주고 있기 때문인 것으로 보인다. 이 "마른 땅"의 경험은 하나님께서 이스라엘을 위해 일하실 때 그냥 적당히 하신 것이 아니라 아주 철저하고 잊을 수 없는 방식으로 하셨다는 것을 극명하게 보여준다.[92]

이 "마른 땅"을 통해서 하나님은 길이 없는 곳에서 길을 만들어내시는 분임을 보여주신다. 이스라엘 백성들과 같은 상황에 처할 때 많은 사람들은 자신을 가로막고 있는 바다를 앞에 두고 절망할 것이다. 그러나 하나님은 "바다 한 가운데 마른 땅"을 만들어 길을 내실 수 있는 분이시다. 그러므로 하나님이 어떤 분이신지를 정확하게 알고 체험한 사람, 즉 출애굽기 1-15장의 본문이 계속해서 강조하고 반복하고 있는 "내가 여호와인줄 알리라"는 말씀과 같이 여호와 하나님이 어떤 분이신지를 파악한 사람은 언제나 망망한 바다 가운데에서도 "마른 땅"을 볼 수 있을 것이다. 하나님은 이 기적을 통해서 이스라엘에게 자신의 전능한 능력을 가르쳐 주고자 하신다.

"마른 땅"이 가진 또 하나의 중요성은 이것이 이스라엘 백성과 애굽 사람들에게 각각 다른 방식으로 작용한다는 것이다. 이스라엘 백성들에게 이 "마른 땅"은 구원을 주시는 하나님의 방편이다. 이 것을 건넘

91 나머지 한 번은 출 4:9에서 사용되고 있다.

92 "마른 땅"의 이적이 이처럼 잊을 수 없는 사건이었다는 점은 수 4:22-23에서 다시 한 번 이 이적이 일어났을 때 일어난다. 특히 하나님께서 요단강 땅을 말리신 것에 대한 언급은 출 14장의 경우보다 훨씬 더 두드러지게 강조되고 있다.

으로써 그들은 노예의 땅을 완전히 벗어나게 된다. 그러나 애굽 사람들에게 이 "마른 땅"은 멸망의 미끼로 작용한다. 스튜어트는 추격해오는 애굽의 주력 병력인 병거와 마병들에게 질척거리는 젖은 땅은 결코 마음 내키는 길이 아니었을 것이라는 점을 지적한다.[93] 그러므로 땅이 마른 것은 상당히 중요하다. 그들은 마른 땅을 믿고 홍해 속으로 뛰어들었다가 다 죽음에 이르게 된다. 이처럼 "마른 땅"의 기적은 하나님의 백성과 그 대적에게 각기 다른 방식으로 작용한다.

"마른 땅"에 대한 언급에 이어서 하나님은 다시 한 번 "완악"이라는 주제를 꺼내신다. 하나님은 마지막으로 다시 한 번 더 바로를 "완악하게" 하실 것이다. 그러나 앞의 이 주제에 대한 본문들과 달리 이 번에는 "바로"뿐만 아니라 "애굽 사람들의 마음"도 역시 완악하게 하실 것이다. 그들은 열 재앙 등을 통해서 하나님의 능력을 충분히 체험했으면서도 바로를 따라서 이곳까지 왔다. 바로가 자신의 완악함을 끝내 고수하다가 결국은 그 완악함의 희생자가 된 것처럼 이제는 바로를 따라온 모든 애굽 사람들도 다 같은 처지가 되었다. 이처럼 이미 완악함을 보인 이들을 하나님은 도구로 사용하셔서 영광을 얻고, 또 당신이 어떤 분이신지를 드러내고자 하신다(17-18절).

이어지는 19-20절에서 하나님은 "하나님의 사자"와 "구름 기둥"을 뒤로 옮기셔서 실질적으로 이스라엘에 대한 구원을 시작하신다. 구름 기둥이 애굽 진과 이스라엘 진 사이에 위치함으로써 "저쪽에는 구름과 흑암이 있고 이쪽에는 밤이 밝으므로 밤새도록 저쪽이 이쪽에 가까이 못하는" 기적이 발생한다. 애굽 군대는 병거와 마병을 동원했지만 어린 아이와 여자 등의 비전투 병력이 잔뜩 끼여 있는 이스라엘 백성을 따라 잡지 못한다. 하나님의 이적은 이처럼 인간의 상상력을 초월

93 Stuart, *Exodus*, 339. 그는 여기서 A. F. Rainey, "Zertal's Woeful Linguistics", *BAR* 28/5 (2002), 8-12를 참고한다.

하는 방식으로 일어난다.

하나님의 사자와 구름 기둥이 애굽 군대의 전진을 막고 있는 사이에 모세가 바다 위로 손을 내밀자 하나님은 "큰 동풍"을 "밤새도록" 불게하셔서 바닷물을 갈라지게 만드신다(21절). 22-29절에서 하나님의 말씀대로 이스라엘은 "마른 땅"(21,29절)**94**을 건너고 애굽 군대는 그들을 따라 이 "마른 땅"으로 들어왔다가 갈라진 물이 다시 그들 머리 위로 덮치자 다 죽게 된다. 이 와중에 하나님은 애굽 사람들을 계속 "어지럽게 하시며 그들의 병거 바퀴를 벗겨서 달리기가 어렵게 하시는" 일을 하셨다(24-25절). 이런 모습을 보고 애굽 사람들은 "우리가 도망하자 여호와가 그들을 위하여 싸워 애굽 사람을 치는도다"라고 외친다(25절). 여호와께서 이스라엘을 위해 싸우신다는 것은 이미 모세가 14절에서 이스라엘을 격려하면서 했던 말이다. 애굽 사람들은 죽어가면서 이 점을 증언한다.**95**

이런 놀라운 경험을 통해 이스라엘은 하나님의 큰 구원을 경험한다(30절). 그리고 이 경험은 내러티브상으로 볼 때 1:8-15:21 본문의 마지막 구절인 14:31로 이어진다(15:1-21은 도입부나 결말부를 제외하고는 시로 되어 있음을 유념하라). 이 구절은 이렇게 말하고 있다. "이스라엘이 여호와께서 애굽 사람들에게 행하신 그 큰 능력을 보았으므로 백성이 여호와를 경외하며 여호와와 그의 종 모세를 믿었더라". 하나님의 "큰 능력"에 대한 체험은 두 가지 결과를 가져온다. 첫째, 이스라엘은 "여호와를 경외"하게 된다. 여기에서 한 가지 알아야 할 것은 "두려워하다"라고 번역된 단어(**야레**, ירא)가 히브리어상으로는 "경외하다"란 의미로도 사용될 수 있다는 점이다. 14:10에서 이스라엘 백성들은 자신들을 추

94 29절은 "마른 땅"을 "육지"로 번역하고 있다.

95 하나님께서 자기 사람과 백성에게 은혜를 베푸는 것에 대해서 이방인이 증언을 하는 것은 오경의 중요한 주제들 중의 하나이다. 예를들어, 창 21:22-23; 26:28-29; 30:27; 39:3-6,21-23; 41:37-41; 출 18:9-12 등을 보라.

격해 오는 바로의 군대를 보고 "두려워하였다". 모세는 그런 그들에게 "두려워하지 말라"고 명령하였다. 이제 이스라엘 백성들은 하나님께서 자신들의 두려움의 대상이었던 바로와 그 군대를 멸하시는 것을 보고 하나님을 두려워하게 된다. 즉 "경외하게" 된다. 체험을 통해 이스라엘은 자신들이 진정으로 두려워해야 할 분이 누구이신지를 깨달았다. 구약성경이 말하는 메시지의 핵심은 곧 "마땅히 두려워해야 할 자를 두려워하라"는 것이다(눅 12:5).

하나님의 "큰 능력"에 대한 체험이 낳은 두 번째 결과는 이스라엘이 "여호와와 그 종 모세를 믿게 되었다"는 것이다. 여호와를 믿는 것은 당연한 결과이다. 그러나 모세를 믿게 되었다는 말은 자못 충격적으로 받아들여질 수 있다. 하지만 이 진술이 그냥 지나가는 말이 결코 아니라는 점은 출애굽기 19:9를 통해서 분명하게 드러난다. "여호와께서 모세에게 이르시되 내가 빽빽한 구름 가운데서 네게 임함은 내가 너와 말하는 것을 백성들이 듣게 하며 또한 너를 영영히 믿게 하려 함이니라". 이 구절에서도 하나님은 백성들이 모세를 영영히 믿게 하시고자 한다는 말씀을 하고 있다.

물론 이 말은 모세가 신적인 의미에서 신앙의 대상이 된다는 것을 의미하는 것이 아님은 자명하다. 왜냐하면 바로 뒤에 이어지는 출애굽기 20:2-17의 십계명의 첫 계명이 "너는 나 외에는 다른 신을 네게 두지 말라"고 말씀하고 있기 때문이다. 그러므로 백성들이 모세를 믿게 되었다는 말은 그만큼 모세의 권위를 인정하게 되었다는 의미일 것이다. 그리고 출애굽기 19:9의 하나님의 말씀의 의미도 바로 이것일 것이다. 이렇게 볼 때 14:31의 결과는 1:8-15:31의 한 중요한 흐름을 마무리짓는 역할을 한다. 하나님은 모세에게 소명을 주실 때 "너는 그[즉, 아론]에게 하나님 같이 되리라"는 말씀을 주신 적이 있다(4:16). 모세가 바로의 고집 때문에 고생할 때 다시 한 번 하나님은 "내가 너를 바로에게 신 같이 되게 하리라"고 말씀하신 바가 있다(7:1). 하나님께서 모세를 통해 열 재앙을 내리시자 "그 사람 모세는 애굽 땅에 있는 바로의 신하와 백성의 눈에 아주 위대하게" 보였다. 14:31은 이런 본문들의 연장선에 있으며, 또 그 클라이막스의 역할을 하고 있다. 하나님은 모세를 부르시고, 그에게 확신을 주시면서 하셨던 말씀들을 충실히 이행하신다. 이처럼 하나님은 당신이 하시는 일을 통하여 당신만 영광을 누리는 것이 아니라 당신의 종들도 역시 함께 영광을 누리도록 배려하신다.

이어지는 15장은 두 개의 노래로 구성되어 있다. 즉 "바다의 노래"(15:1-18)와 "미리암의 노래"(15:19-21, 노래 자체는 21절에 있음)이다. 사실 이 두 노래는 하나이다. 15:21은 15:1과 인칭 등의 사소한 차이를 빼놓고는 거의 동일하다.[96] 이것은 아마 15:1-18의 "바다의 노래"를 미리암이 이어 받아서 부른 것으로 이해하는 것이 가장 적절해 보인다. 그녀의 노래가 앞의 노래의 첫 소절을 언급하고 있다는 것은 그녀가 단지 이 첫 소절만을 따라불렀다는 것을 나타내는 것이 아니라 이 노래 전체를 따라 불렀다는 의미이다.[97]

이 노래는 마치 베에토벤의 합창 교향곡에서 합창 부분이 하는 역할과 같은 역할을 하고 있다. 베에토벤은 자신의 이 마지막 교향곡을 작곡하면서 클라이막스를 어떻게 처리할 것인지를 많이 고민했다고 한다. 그러다 결국은 하나님이 창조하신 가장 위대한 악기는 사람의 목소리라고 생각해서 합창곡을 클라이막스에 사용했다고 한다. 이처럼 출애굽기는 지금까지는 내러티브 형태로 진행하다가 하나님의 큰 권능에 대한 체험을 하고난 후 클라이막스에 이른 지금 그것을 더 이

96 학자들 중에는 "미리암의 노래"가 원전이고, "바다의 노래"가 이것에 바탕으로한 후대의 노래라고 주장하는 사람들도 있다. 이에 대한 최근의 연구들에 대한 참고문헌은 Stuart, *Exodus*, 363 n. 116을 보라.

97 Stuart, *Exodus*, 363-364.

상 통상적인 내러티브로 처리하지 못하고 시로 처리한다. 내레이터는 이스라엘의 하나님의 크신 능력을 산문으로는 도저히 표현할 수가 없었던 것이다.

지금까지 이스라엘은 무수한 하나님의 능력을 경험했지만 이것보다 더 깊은 인상을 느낀적은 없었던 것 같다. 왜냐하면 이 시에 나오는 많은 문구들이 구약성경의 다른 많은 운문체 글들 속에 무수히 반복되고 있기 때문이다. 특히 이사야서 12장의 "우물의 노래"는 이 시와의 깊은 관련성을 보여준다.

4장

출애굽기 15:22-18:33

출애굽기 15:22-18:33

새로운 시작

앞의 1:8-15:21의 단원은 다음의 몇 가지 측면에서 확실한 종결을 보여준다. 첫째, 우선 14:31의 이스라엘의 믿음에 대한 언급과 15:1-21의 노래는 1:8 이후로 진행된 모든 일들에 대한 적절한 결말을 보여준다. 둘째, 등장인물적인 측면에서 볼 때 바로와 애굽 사람들은 더 이상 내러티브 속에 등장하지 않는다. 셋째, 장소 역시 이제는 더 이상 애굽이 무대가 아니다. 넷째, 새로운 단원의 시작인 15:22의 "삼일 길" 역시 앞 단원인 1:8-15:21의 끝을 알리는 표현일 수가 있다. 이 "삼일 길"이라는 표현이 이스라엘이 시내 산에서의 일들을 끝내고 다시 광야로 들어가는 것을 알리는 민수기 10:33에도 언급되어 있다. 아마 "삼일 길"이라는 표현은 한 시기의 끝을 알리는 표현인 것 같다.

그러나 이처럼 앞 단원의 종결을 확실하게 나타내주는 요소들이 있다고 해서 이 앞 단원이 15:22-18:33의 새 단원과 완전히 분리되어 있다고 생각해서는 안 된다. 첫째, 새 단원 속에는 앞 단원과의 연결을 보여 주는 여러가지 요소들이 나온다. 동일한 표현들이 양자를 묶어주는데[98] 그 중에서 가장 중요한 것은 앞에서 이미 자세히 살펴 보았던 "알다"(야다, ידע)라는 단어이다. 이 단어는 앞 단원에서 가장 중요한 단어들 중의 하나였음이 분명하다. 그런데 이 단어는 출애굽기 16:6,12에서 동일한 방식으로 사용된다. "내가 여호와 너희 하나님인 줄 알리라"(16:12). 그리고 출애굽기 18:11의 이드로의 증언 속에 나오는 "알다"란 단어 역시 같은 방식으로 사용되고 있는 것으로 보인다. 이러한 점은 이 단어가 앞 단원과 이 새 단원을 열결하는 중요한 고리의 역할을 하고 있음을 보여준다.

둘째, 출애굽기 13:17-22, 그 중에서도 특히 마지막 두 절(21-22절)은 하나님께서 광야에서 불기둥과 구름기둥을 통해 이스라엘을 보호하고 인도하신 것에 대해서 언급하고 있는데 이 점은 광야 시기의 내러티브의 가장 중요한 특징들 중의 하나이다. 특히 13:21-22의 두 절은 반복적인 상황을 나타내는 동사 형태(frequentative)를 사용하고 있는데 이것은 이 두 절의 내용이 13장의 문맥 속의 상황을 묘사하고 있는 것이 아니라 광야 시기의 이스라엘 백성들의 일반적인 상황을 묘사하고 있다는 점에서 시간상으로 앞 단원의 문맥을 훨씬 넘어서고 있다. 그러므로 이 문단 역시 두 단원을 확고하게 연결시켜 준다. 이런 점들을 통해서 볼 때 이 새 단원은 앞 단원과는 등장인물, 장소, 플롯의 흐름 등에서 단절을 보여주면서도 또한 앞 단원의 주제나 내용들을 이어받고 있다는 것을 알 수 있다.

모세오경의 광야 사건의 구조 및 이해

모세오경에서 광야 사건에 대한 내용은 크게 두 부분으로 나뉘어져 있다. 즉 시내 산 이전 부분(출 15:22-18:27)과 시내 산 이후 부분(민 11-36장)이 그것이다. 이 두 부분은 여러 가지 면에서 서로 상응하면서도 다

98 해밀턴, *오경개론*, 231-232; 프레다임, *출애굽기*, 277-278은 여러 가지 공통적인 어휘들을 제시하고 있다. 예를 들어, 7:24에서 "애굽 사람들이 [피가 된] 나일 강 물을 마실 수 없으므로"란 표현이 나오는데 15:23에도 "[이스라엘이] 마라의 쓴 물을 마시지 못하겠으므로"라는 표현이 나온다.

른 모습들을 보여준다. 따라서 이 점에 대해서 이해가 필요하다.

모세오경의 광야 시대 사건들의 구조

오경의 광야 사건에 대한 본문들을 그림으로 그려보면 다음과 같이 시내 산 본문(출 19장-민 10장)을 중심으로 해서 확연하게 두 부분으로 나뉜다.

모세오경의 광야 사건의 구조

이 두 부분을 편의상 각각 광야 시대 제1기와 광야 시대 제2기로 나누도록 하겠다. 이 두 광야 사건 본문은 다음 표에서 보는 것과 같이 여러 가지 비슷한 에피소드들을 담고 있다.[99]

이 도표가 보여주고 있는 점들을 정리해보면 다음과 같다.

(1) 이 도표의 맨 왼쪽 란의 제목들이 보여주듯이 광야 시대 제1기와 제2기의 사건들은 어떤 정해진 주제를 따라 선별된 것으로 보인

99 광야 시대에 일어난 이 두 시기의 유사점들과 차이점들에 대한 최근의 연구들에 가장 커다란 통찰력을 제공해준 것은 B. S. Childs, *The Book of Exodus*, 254-264이다. 또한 더 최근의 Marvin Sweeney, "The Wilderness Traditions of the Pentateuch: A Reassessment of Their Function and Intent in Relation to Exodus. 32-34", Society of Biblical Literature Seminar Papers (1989), 290-299는 Childs의 견해를 새롭게 발전시키려고 하는 좋은 시도를 담고 있다.

	광야 시대 제1기 (출애굽기)	광야 시대 제2기 (민수기)
첫 사건	마라의 쓴 물(→엘림) (물) (출 15:22-27)	다베라("불사름" 이라는 의미) (불: "여호와의 불")[100] (민 11:1-3)
식량	만나(와 메추라기[101]) 사건(16장)	메추라기 사건(11:4-35)
물	맛사 또는 므리바 사건(르비딤) (17:1-7) 이름의 해설: "그가 그 곳 이름을 맛사(מסה) 또는 므리바(מריבה)라 불렀으니 이는 이스라엘 자손이 다투었음(**립**, ריב)이요 또는 그들이 여호와를 시험하여(נסה) 이르기를 여호와께서 우리 중에 계신가 안 계신가 하였음이더라"	므리바(가데스) (20:1-13) 이름의 해설: "이스라엘 자손이 여호와와 다투었으므로(**립**, ריב) 이를 므리바(מריבה) 물이라 하니라"
전쟁	아말렉(17:8-16).	아말렉(과 가나안인) (14:39-45) 참고: 호르마(민 21:1-3에서 복수함)
행정제도	천부장, 백부장, 오십부장, 십부장(18:13-27) 18:18 "이 일이 네게 너무 중함이라. 네가 혼자할 수 없으리라"	70장로 임명(메추라기 사건과 연계) 민 11:14 "[이 일이] 심히 중하여 나 혼자는 이 모든 백성을 감당할 수 없나이다"

다.[102] 즉 이 본문들 속에서 내레이터는 광야 시기 40년의 전 과정을 연대기적으로 기록하려고 했던 것이 아니라 몇 가지 주제에 맞추어서

100 이 첫 사건들이 각각 물과 불을 중심주제로 하고 있다는 점이 흥미롭다.

101 출 16장이 만나 사건만을 언급하고 있는 것이 아니라 메추라기 사건도 함께 언급하고 있다는 점은 16:3, 8, 12-13 등에 의해서 분명하게 드러나 있다. 하지만 출 16장과 민 11장의 메추라기 사건 사이의 시간적 관계가 과연 어떤 것이었는 지에 대해 의문을 야기시킨다. 왜냐하면 민 11:4-9은 이스라엘이 이때까지 만나만 먹고 고기는 먹지 못했다고 말하고 있기 때문이다. 이 문제에 대한 해결의 시도는 Cassuto, *Exodus*, 186-200; Sarna, *Exodus*, 88 등을 보라.

102 Waldemar Janzen, *Exodus* (Believers Church Bible Commentary; Waterloo, Ontrario: Herald Press, 2000), 200-201도 역시 이와 비슷한 점을 지적한다. 그는 출애굽기의 광야 사건들이 신학적인 동기에서 파생된 배열순서를 갖고 있다고 주장한다.

대표적인 사건들을 뽑아서 배열하고 있는 것으로 보인다. 이 점은 이 도표에 해당하는 사건들 외에도 다른 많은 사건들을 기록하고 있는 광야 시대 제2기의 본문과 달리 아주 특정한 주제들에 대해서 말해주고 있는 광야 시대 제1기 본문의 경우에는 더욱 그러한 것 같다.

(2) 이 도표가 보여주듯이 각 기의 첫 사건들은 패러다임적인 성격을 갖고 있다. 광야 시대 제1기의 첫 본문은 "물"이라는 주제를 중심으로 해서 이스라엘의 경험을 이야기하고 있고, 제2기의 첫 본문은 "불"이라는 주제를 중심으로 해서 이스라엘의 경험을 이야기하고 있다. 또한 제1기의 첫 본문은 그 결말이 엘림에서 풍부한 물을 얻게 됨으로써 긍정적으로 끝나는 것과 달리 제2기의 첫 본문은 하나님의 진노에 의해 "여호와의 불"로 심판을 받는 부정적인 내용으로 채워져 있다. 이러한 이 두 첫 사건의 분위기는 두 광야 시대 본문의 성격을 미리 암시해주고 있는 것 같다.

(3) 위 도표의 마지막 행에 나오는 에피소드들, 즉 행정제도에 대한 에피소드들은 각종 율법의 거의 대부분을 담고 있는 시내 산 본문(출 19장-민 10장)을 앞뒤로 감싸고 있다는 점이 아주 흥미롭다. 위 도표에 나오는 에피소드들 중 이 에피소드만큼 시내 산 본문의 시작과 끝을 알리는 역할을 하기에 적합한 에피소드들은 아마도 없을 것이다. 이런 점들을 종합해 볼 때 출애굽기와 민수기의 광야 시기의 사건들은 단순히 연대기적으로 배열된 것이 아니라 어떤 목적에 따라 선별적으로 배열된 것으로 생각된다.

광야 시대 사건들의 특징들

출애굽기와 민수기에 나오는 광야 시대의 사건들의 특징을 정리해 보면 다음과 같다. 일부 내용들은 위에서 언급한 점들과 중복이 되기도 한다.

(1) 이 사건들은 광야 생활 중 겪을 수 있는 대표적인 사건들을 나열하고 있다. 따라서 이 사건들은 배열에 있어서 시간적인 순서보다는 주제적인 요소가 더 중요한 것으로 보인다.

(2) 시내 산 본문 양 쪽의 광야 사건들은 기본적으로 다음과 같은 공통적인 패턴을 갖고 있는 경우가 많다.

1. 문제의 발생
2. 이스라엘 백성들의 부르짖음
3. 모세의 중재 혹은 기도
4. 하나님의 구원 응답

광야 시대 제1기의 사건들은 예외없이 이 패턴을 따르고 있다. 그러나 광야 시대 제2기의 사건들에는 여기에 한 가지 중요한 요소가 추가된다. 그것은 "하나님의 징벌"이라는 요소이다. 물론 제1기에도 하나님의 꾸지람이 아주 없는 것은 아니지만 하나님의 실제적인 징벌은 나오지 않는다. 그러나 제2기의 사건들 속에서는 항상 하나님의 징벌이라는 요소가 들어가 있다.

이처럼 "하나님의 징벌"이란 요소의 유무는 광야 시대 제1기와 제2기를 나누는 가장 커다란 특징이 된다. 그러면 왜 이렇게 두 시기의 사건들은 뚜렷한 차이를 갖고 있는가? 이에 대해서 많은 학자들은 언약관계의 유무가 이러한 차이를 만들어낸다고 주장한다.[103] 광야 시대 제1기에는 아직 언약관계가 맺어지지 않았고 율법들도 아직 주어지지 않았기 때문에 하나님께서 그냥 놔두신 것이고 제2기에는 이런 것들이 있었기 때문에 그것들에 근거해서 이들을 벌했다는 것이다.

하지만 만약 정말 언약관계의 유무가 이러한 차이를 만들어낸다고

103 예를 들어, 해밀턴, *오경개론*, 238 등을 참고하라.

한다면 우리는 하나님과 언약을 맺은 것이 무엇이 유익하느냐는 질문을 던질 수밖에 없을 것이다. 언약과 율법이 없기 때문에 자비를 누릴 수 있다고 한다면 그 편이 차라리 더 낫지 않겠는가? 따라서 나는 광야 시대의 각 시기에 하나님께서 이스라엘을 상대하는 방식이 달라진 이유를 언약에서 찾아서는 안 된다고 생각한다.

그러면 무엇이 양 시대의 이스라엘의 불평에 대한 하나님의 대응 방식의 차이를 만들어내는 것일까? 그것은 이스라엘이 하나님에 대해서 경험한 깊이의 정도에 있어서의 차이라고 나는 생각한다. 광야 시대 제1기에서는 이스라엘은 아직 하나님에 대한 체험이 적다. 물론 이들이 출애굽기 1:8-15:21에서 하나님의 권능을 여러 번 체험하기는 했다. 그러나 이러한 경험은 아직 하나님의 여러 측면들 중의 한 측면일 뿐이다. 이들은 대적자의 손아귀로부터 자신들을 구원해내는, 구원자로서의 하나님만을 체험했다. 아직 하나님을 알게 된 지가 얼마 안 되는, 신앙적으로 갓난 아이와 같은 이들이 광야 생활 중의 먹을 것이나 마실 것 등의 어려움 때문에 하나님께 칭얼댄다고 해서 금방 벌을 하신다면 하나님의 진노는 정당성을 확보하기가 어려울 것이다. 이런 점 때문에 아마 하나님은 이스라엘이 인내심이 없는 것을 꾸지람하시면서도 이들을 벌하시지는 않은 것 같다. 그러나 광야 시대 제2기의 경우에는 사정이 완전히 틀리다. 이 때쯤에는 이스라엘은 이미 광야 시대 제1기를 통해서 하나님의 다른 측면, 즉 자신들을 돌보시는 보호자로서의 하나님에 대해서도 놀라운 경험들을 하였다. 그리고 이런 경험들을 바탕으로 해서 하나님과 언약도 맺었다. 또한 하나님의 함께 하심의 상징인 성막도 건설하였다. 각종 제사 제도와 더불어 하나님의 백성으로 살아가는 방법들을 다루고 있는 세세한 율법들도 받았다. 시간적으로도 광야시대 제2기가 시작될 때쯤에는 이미 1년이 넘는 시간동안 하나님의 여모습들을 경험해왔다(참고, 민 10:11). 좀 더 정확히 말하자면 광야 시대 제2기는 출애굽 제2년째 되는 해부터 제40년째 되는 해까지의 기간을 다루고 있다. 그러므로 이들은 이제 하나님과의 관계에서 더 이상 어린 아이들이 아니라 다 자란 청년과 같은 자들이다. 그런데도 불구하고 이들은 불행히도 하나님을 처음 만났을 때와 같은 갓난 아이 같은 모습을 계속 보여주고 있다. 그러므로 이 시기에는 이들이 당연히 하나님의 징벌을 당할만한 처지가 되었던 것이다. 이처럼 광야 시대 제1기와 제2기의 이스라엘에 대한 하나님의 대처 방식의 차이는 하나님에 대한 지식과 경험의 정도의 차이로 이해하는 것이 더 적절해 보인다. 이스라엘은 하나님과의 관계가 깊어짐에 따라서 신앙적으로 더 깊어지고 자랐어야 함에도 불구하고 그렇지 못했던 것이다.

(3) 시내 산 이전의 광야 사건들 속에서는 진정한 의미에서의 하나님과 이스라엘 사이의 갈등은 존재하지 않은 것 같다. 광야여행 중의 하나님과 이스라엘간의 진정한 갈등은 오직 민수기 13-14장의 정탐군 사건 이후에 발생한다. 이 사건을 통해서 하나님은 이스라엘을 속히 가나안으로 인도해가시려던 계획을 바꾸고 그 세대가 다 죽기까지 40년을 기다리신다. 이 사건 시작까지는 광야 생활은 오직 1년 남짓만 하도록 계획되어 있었다. 이 1년여의 기간이 40년으로 확정된 것은 오직 정탐꾼 사건 속에서의 이스라엘의 불순종 때문이었다. 그럼에도 불구하고 오경의 내용에 익숙한 독자들은 40년이라는 긴 광야 생활의 개념을 이 출애굽기의 광야 사건들을 읽을 때에도 투영하는 경향이 있다. 이것은 매우 잘못된 것이다. 민수기 13-14장의 사건이 없었더라면 이스라엘의 광야 생활은 아주 짧은 것이 되었을 것이라는 점을 염두에 두고 이 사건들을 읽어야 한다.

(4) 광야 시대 제1기의 사건들과 제2기의 사건들의 또 하나의 중요한 차이점은 전자의 경우 이스라엘은 정말 갈급한 필요에 의해 하나님께 부르짖는다는 것이다. 반면 후자의 경우에는 이스라엘은 상황상 절

대적으로 필요한 것이 아닌 것들까지도 자꾸 요구한다. 이 점은 각각 출애굽기의 만나 사건과 민수기의 메추라기 사건에서 이스라엘 백성들이 불평한 내용을 비교해보면 확연하게 드러난다. 출애굽기 16:2-3에서 이스라엘은 광야에 정말 먹을 것이 없었기 때문에 "온 회중이 주려 죽게 하는도다"라고 불평하였다. 비록 불평의 방식이나 표현이 잘못되었기는 하지만 이스라엘은 정말 식량의 측면에서 심각한 상태에 봉착했다. 반면에 민수기 11:4-5에서는 이스라엘은 "만나 외에는 보이는 것이 아무것도 없도다"라고 말하면서 고기를 먹게 해달라고 요구한다. 바로 앞의 항목에서 언급한 바와 같이 민수기 11장의 상황만 해도 하나님께서는 이스라엘을 광야에서 40년 동안 방황하게 만드실 생각이 없으셨다. 그들은 이제 곧 가나안 땅으로 들어가도록 되어 있었다. 그 짧은 기간 동안만 견디면 그들은 곧 가나안 땅의 풍성하고 다양한 음식들을 즐기게 될 것이었다. 게다가 하나님은 그들이 배고프지 않도록 계속해서 만나를 식량으로 공급하고 계셨다. 그런 상황에서 그들은 광야라는 일시적이고 특수한 상황을 고려하지 않고 마치 밥상 앞에서 매번 반찬투정을 하는 아이처럼 하나님께 꼭 필요하지도 않은 것에 대해서계속 불평을 해대고 있는 것이다.

광야 사건의 중요한 어휘들 및 해설

광야 시대의 사건들의 가장 큰 특징은 이스라엘 백성의 투덜거림 혹은 불평(murmuring)이다. 이 때문에 학자들은 광야 시대의 이런 특징을 소위 "불평 모티프"(the murmuring motif)라고 부른다. 이 모티브의 중심적인 단어들은 다음과 같은 것들이 있다.[104]

104 이 모티프에 대한 선구자적이고 체계적인 연구는 G. W. Coats, *Rebellion in the Wilderness: The Murmuring Motif in the Wilderness Traditions of the Old Testament* (Nashville: Abingdon Press, 1968)이다.

(1) **룬**(לון): "투덜거리다, 불평하다"(to murmur, complain). 이 단어는 여호수아서 9:18을 제외하고는 오직 광야 이야기들에서만 등장한다(출 15:24; 16:2,7-8; 17:3; 민 14:2, 27[x2], 29, 36; 16:11; 17:6, 20). 이 동사는 주로 니팔형(Niphal)이나 히필형(Hiphil)으로 쓰인다. 또 이 단어와 전치사 **알**(על)의 결합은 이 단어의 의미를 더욱 특화시킨다.

이 단어는 단순히 일상적인 의미에서의 "불평하다" 정도의 의미만을 내포하고 있는 것이 아니라 하나님에 대한 반역의 의미를 담고 있는 것으로 보인다. 이 점은 백성들의 불평에 대한 응답으로 모세가 하는 말을 통해서 확인할 수 있다. "다만 여호와를 거역하지는 말라"(민 14:9; 참고 민 17:10). 여기에서 "거역하다"라고 번역된 동사는 "반역하다"라는 의미를 가진 **마라드**(מרד, "to rise in revolt, rebel")이다. 민수기 17:10에서는 룬에서 파생된 명사가 "반역하다"라는 의미를 가진 동사 **마라**(מרה, "to be rebellious")에서 파생된 명사와 상응하고 있다.[105] 비록 이 두 단어는 앞의 **룬**(לון)과 평행구 속에서 사용되고 있는 것은 아니지만 문맥상 같은 이야기 속의 동일 사건들을 지칭하고 있다.

(2) **야아드**(יעד, 니팔형, "[정해진 장소에] 모이다"[to meet at an appointed place], 민 14:35; 16:11; 27:3)와 **카할**(קהל, 앞 단어와 비슷, 니팔형 혹은 히필형, 출 32:1; 민 16:3,19; 17:7; 20:2; 렘 26:9). 이 단어들도 광야의 불평 사건들과 관련된 경우가 많다. 이 단어들이 사용된 용례를 살펴보면 대부분은 불평을 위해 이스라엘 백성들이 모여드는 것을 나타낼때 사용된다.

(3) **딥베르**(דבר의 피엘형, "말하다")란 동사와 전치사 **브**(ב)가 결합된 어구도 때로는 불평 사건들과 연결되어 있다(민 21:5,7; 시 78:19).

한 가지 꼭 기억할 점은 이런 단어들이 쓰일 때 그 대상은 모세와 아론이거나 여호와 하나님이다. 그러나 궁극적으로는 이 양자 사이의 구분은 의미가 없다. 출애굽기 16:8이 밝히고 있듯이 모세와 아론은 결

105 Coats, *Rebellion in the Wilderness*, 24.

국은 하나님의 대리자로서 하나님을 대신하고 있기 때문이다. "우리가 누구냐? 너희의 원망은 우리를 향하여 함이 아니요 여호와를 향하여 함이로다".

(4) 광야 사건과 관련하여 또 하나의 중요한 단어는 "시험하다"(**나사**, נסה)란 단어이다(창 22:1[하나님께서 아브라함을 시험함]; 출 15:25; 16:4; 17:2,7; 20:20; 민 14:22; 신 4:34; 6:16; 8:2,16; 13:4; 28:56; 33:8; 삿 2:22; 3:1, 4; 6:39; 삼 17:39; 왕 10:1; 대하 9:1; 32:31; 욥 4:2; 시 26:2; 78:18,41,56; 95:9; 106:14; 전 2:1; 7:23; 사 7:12; 단 1:12,14).

이 중에서 오경의 광야 사건과 관련된 본문들 속에서 나오는 이 동사를 그 주어를 중심으로 해서 분류해보면 다음과 같다.

1. 하나님이 주어인 경우: 출애굽기 15:25; 16:4; 20:20; [신 4:34, 애굽과 관련]; 신명기 8:2,16; 33:8[레위 시험].
2. 이스라엘이 주어인 경우: 출애굽기 17:2,7; 민수기 14:22 "이같이 나를 열 번이나 시험하고"; 6:16[x2].

이 중 이 단어가 출애굽기에 나오는 경우들만 살펴보면 총 다섯 번이다(출 15:25; 16:4; 17:2,7; 20:20). 세 번은 하나님이 이스라엘을 시험하고(15:25; 16:4; 20:20), 두 번은 이스라엘이 하나님을 시험한다(17:2,7).

신명기 8장은 하나님이 이스라엘을 시험하신다는 주제와 관련하여 중요한 메시지들을 담고 있다. 우선 3절은 하나님이 이스라엘을 "낮추시고 주리게" 하시면서도 또한 만나를 먹이신 이유는 "사람이 떡으로만 사는 것이 아니요 여호와의 입에서 나오는 모든 말씀으로 사는 줄을 네가 알게 하려 하심이니라"고 말하고 있다. 이스라엘은 먹는 것을 통한 하나님의 이런 시험을 통하여 자신들을 생존하게 하시는 분이 누구인지, 의존하고 의뢰해야 할 분이 누구인지를 깨달아야 했다.[106]

이어지는 4절은 이스라엘이 광야에서 먹을 것과 만나로 하나님의 시험을 받는 "이 40년 동안 네 의복이 헤어지지 아니하였고 네 발이 부르트지 아니하였느니라"고 말씀하신다. 이것은 하나님께서 비록 이스라엘을 시험하기는 하시지만 그 시험 이외의 것에서는 특별한 섭리로 그들을 보호하셨다는 것을 보여준다. 이 점이 중요한 것은 하나님이 이스라엘을 시험하실 때 결코 다면적으로 철저하게, 그들이 견딜 수 없을 만큼 고난을 주신 것이 아니라는 점이다. 하나님은 비록 그들에게 어떤 가르침을 주기 위해 특정한 것에서는 그들을 시험하셨지만 그 이외의 것들에서는 철저히 그들을 보호하셨다. 그러므로 이스라엘이 정말 신앙의 눈으로 이 시험을 바라볼 수 있었다면 그들은 자신들이 당하는 어려움이 아니라 그 어려움을 감싸고 있는 하나님의 특별한 은총을 볼 수 있었을 것이다. 불행하게도 그들은 그렇게 하지 못했다. 이것이 바로 그들의 실패의 원인이었다. 이 실패는 오직 새 이스라엘이자 신정한 이스라엘이신 예수 그리스도께서 광야에서 시험을 통과하심으로써만 교정될 수 있었다(마 4:1-11).

5절은 시험을 받는 이스라엘이 알아야할 하나님의 마음에 대해서 이야기하고 있다. 우선 개역개정판의 이 구절의 번역을 살펴보도록 하자. "너는 사람이 그 아들을 징계함 같이 네 하나님 여호와께서 너를 징계하는 줄 마음에 생각하고". 불행하게도 이 개역개정판 번역은 본문의 어조를 잘 전달해주지 못하고 있는 것으로 생각된다. 우선 히브리어상으로 가장 처음에 나오는 표현은 한글로는 제일 마지막에 나오는 "마음에 생각하고"이다. 이것의 원문을 직역하면 "마음 속에서 알다"(**붸야다타 르바베카 וידעת לבבך**) 정도가 될 것이다. 이것은 아마 "마음 속

106 참고로 신약에서 예수께서 광야에서 비슷한 방식으로 제자들과 자신을 따르는 무리를 먹이신 이야기가 두 번 나온다(막 6:30-44; 8:1-10). 그럼에도 불구하고 제자들이 떡의 문제에 사로잡혀 있자 "너희가 어찌 떡이 없음으로 의논하느냐? 아직도 알지 못하고 깨닫지 못하느냐"(막 8:14-21)고 말씀하신다.

으로 깊이 깨달으라" 혹은 "마음 속으로 깊이 깨닫고 있으라" 정도가 적절한 의역이 될 것이다. 또한 "징계하다"란 단어는 "가르치다"로 번역하는 것이 더 나은 것으로 보인다.[107] 그러므로 다시 번역해 보면 "너는 사람이 그 아들을 가르치는 것 같이 네 하나님 여호와께서 너를 가르치는 줄 마음에 깊이 깨달으라" 정도가 될 것이다. 이 구절은 하나님께서 이스라엘을 시험하실 때 아버지의 마음으로 그렇게 하신 것을 말해준다. 아버지로서의 하나님은 이스라엘의 한계와 능력을 아신다. 그렇기 때문에 하나님은 그들을 시험하시면서도 직접적인 시험 이외의 것들에서는 초자연적으로 보호해주셨다. 마찬가지로 하나님은 직접적으로 시험하는 사항 그 자체에 있어서도 그들이 견딜 수 없을 때까지 시험하시지 않으셨을 것이다. 그러므로 이스라엘이 아버지의 마음을 잘 파악하고 있는 선한 아들이었다면 그들의 모습은 현재 우리가 오경에서 보고 있는 그런 모습은 결코 아니었을 것이다.

이것은 오늘날 우리가 하나님의 시험을 어떤 마음으로 바라보아야 하는지에 대해서 중요한 교훈을 준다. 그분은 우리의 선한 아버지시요 우리의 능력과 한계와 성품을 아시는 분이시다. 우리가 할 일은 완벽한 이스라엘이었던 예수 그리스도의 발자취를 따라 이 선하신 아버지를 신뢰하고 의지하는 것이다(마 7:10-11).

마지막으로 16절은 하나님의 시험의 목적이 무엇인지를 말해준다. 그것은 "마침내 네게 복을 주기" 위한 것이다. 우리가 선한 아버지에게 다른 무엇을 생각할 수 있겠는가? 하나님이 주시는 시험의 목적은 궁극적으로는 선한 것이고 또 복된 것이다. 현실의 삶을 살아나가면서 하나님을 믿는 우리가 반드시 깨달아야 할 점은 바로 이 신명기 8장이 말해주는 시험의 신학이다.

107 Koehler, Ludwig and Walter Baumgartner, *The Hebrew and Aramaic Lexicon of the Old Testament* (Leiden: Brill, 2000).

물과 치료자(15:22-27)

이 에피소드의 의의

이 에피소드는 광야 사건 제1기의 첫 번째 사건으로서 뒤에 나오는 모든 사건들에 대한 패러다임적인 성격을 갖고 있다. 앞에서도 말한 바와 같이 이 에피소드에는 비록 이스라엘의 불평에 대한 하나님의 꾸지람이 나오기는 하지만 불평의 해결은 아주 긍정적으로 이루어진다.

내용분석

물과 이스라엘의 체험

어떤 학자들은 이 첫 번째 광야사건을 열 재앙 중의 첫 번째 재앙과 연결시킨다. 7:24의 "그들이 하수 물을 마실 수 없었다"라는 표현은 15:23의 "그들이 물이 써서 마시지 못하겠으므로"라는 표현과 히브리어 본문상으로 볼 때 상당히 유사하다.[108] 특히 프레다임은 이 에피소드 외에도 출애굽기 15:22-18:33의 다른 몇몇 에피소드들도 열 재앙과 연결시키는데 이런 연결이 보여주는 신학적인 의미에 대해서 다음과 같이 설명한다.

> 우리는 앞서 재앙 이야기에서 창조세계의 질서가 어떻게 이집트 사람들의 반창조적인 정책에 의해 좋지 않은 쪽으로 영향을 받게 되었는가를 살핀 바가 있다. 그러나 광야 이야기에서는 그와는 정반대의 일들이 발생한다. 자연계의 질서가 새로운 생명을 가능하게 하는 쪽으로 나아가는 것이 그러하다. 하나님의 우주적인 승리는 창조질서에 긍정적으로 작용한다.

108 해밀턴, *오경개론*, 231; 프레다임, *출애굽기*, 277.

즉, 열 재앙의 이야기는 애굽 사람들의 반창조적인 태도를 통해서 어떻게 하나님의 창조세계가 부정적인 방향으로 나아가게 되었는지를 말해주고 있다면 이제는 그 역작용이 일어나고 있다는 것이다.

이처럼 긍정적인 방향으로의 움직임은 특히 물이라는 요소를 가지고 이 에피소드를 살펴볼 때 더욱 두드러진다. 첫 절인 22절에서 처음 이스라엘이 광야에 들어섰을 때 그들은 물을 얻지 못한 채 사흘길을 여행해야 했다. 23-26절에서 그들이 마라라는 곳에 도착했을 때 드디어 물을 찾아내기는 했지만 그 물은 쓴 물이어서 마실 수가 없었다. 이때 하나님의 도우심을 통해서 그 물이 단 물로 변하는 기적이 일어난다. 마지막 절인 27절에서 이스라엘이 엘림이라는 곳에 이르렀을 때 그곳에 "물 샘 열둘과 종려나무 일흔 그루"가 있는 것을 발견한다. "물 샘 열둘"은 아마 아주 풍부한 물을 의미할 것이다. 그러므로 물과 관련해서 이스라엘은 광야여행이 진행되는 동안 "물이 없음→ 있어도 먹을 수 없음→ 하나님의 도우심으로 먹을 수 있게 됨→ 아주 풍부한 물"이라는 점진적이고도 긍정적인 경험을 하였다. 이것을 도표화해보면 다음과 같다.

	장소	물
22절	수르	광야없음
23-26절	마라	쓴 물 ➜ 단물
27절	엘림	풍부한 물 물샘: 12 종려나무: 70

출애굽기의 저자가 광야 시대 제1기를 이처럼 하나님에 대해 이스라엘이 가진 아주 희망적이고 긍정적인 경험을 담은 에피소드로 시작

한 것은 광야 시대의 제1기 이스라엘의 하나님 경험의 패러다임을 제공해주기 위한 것으로 보인다. 제1기의 광야 사건들 속에서 이스라엘은 비록 꾸지람을 받는 경우들도 있기는 했지만 궁극적으로는 하나님의 은혜와 돌보심을 주로 체험했다. 제1기 사건들의 이런 분위기를 이 첫 번째 에피소드는 패러다임적으로 미리 보여주고 있다.

15:22-27 뒤이어 나오는 광야시대 제1기의 사건들이 하나님 경험에 대한 이스라엘의 긍정적인 것들을 나열하고 있다는 점은 그 이후의 본문들의 내용에 비추어 볼 때 아주 중요한 역할을 한다. 이스라엘은 장차 시내 산에서 하나님과 언약을 맺을 것이고 성막을 통해 하나님과 함께 거처하게 될 것이다. 만약 이스라엘이 이 광야시대 제1기에서 경험한 하나님이 오직 무섭기만 한 하나님이었다면 어찌 기꺼이 언약을 맺으려고 하겠으며, 함께 거처할 생각을 하겠는가? 19장 이후의 하나님과 이스라엘 사이의 언약은 오직 제1기의 긍정적인 하나님 경험을 바탕으로 할때에만 제대로 이해될수 있다.

15:22-27의 이 사건이 이러한 패러다임적인 성격을 갖고 있다는 점은 특히 27절의 "물 샘 열둘과 종려나무 일흔 그루"라는 표현에서 두드러진다. "12"라는 숫자와 "70"이라는 숫자는 상징성이 아주 풍부한 숫자들이다. 12는 당연히 이스라엘 열두 지파를 의미하고, 70은 아마 이스라엘의 장로들의 숫자와 연관이 있을 것이다(민 11:16).[109] 그러므로 이 표현은 환유법적으로 이스라엘 백성들 전체를 나타내는 것이다. 이스라엘이 이 곳에서 누리는 풍부한 물은 하나님께서 그들에게 베풀

109 이 숫자는 원래 정확히 말하면 72이다. 즉 열두 지파의 각 지파마다 6명씩 선출하면 그 숫자는 72가 된다. 따라서 70이라는 숫자는 그냥 편리하게 1의 자리의 숫자를 빼고 말하는 것이다. 이 점은 민 11:24-26절의 내용을 보면 좀 더 확실해진다. 거기에서 분명히 70명의 장로들이 이미 모여서 모세의 영을 나누어 가졌는데 엘닷과 메닷이라는 자는 그 자리에 오지 않았다. 이 둘을 합치면 실제 선발인원은 72명이 된다. 그러므로 70장로의 수는 사실은 72명인데 그냥 편의상 70장로라고 부르는 것임을 알 수 있다. 이 점은 70인경의 번역과정에 나타난 전설에서도 잘 드러난다. 그 전설에 따르면 구약성경을 헬라어로 번역하기 위해 각 지파마다 6명을 선발한다. 따라서 번역자의 총 수는 72명이다. 그런데 그 결과물을 부를 때 우리는 그냥 70인경이라고 부른다.

어주신 풍성한 은혜를 상징한다.[110]

이 에피소드가 지닌 이런 풍부한 상징성을 생각할 때 이것과 요한복음에서의 예수 그리스도의 첫 번째 이적인 가나의 혼인 잔치에서 일어난 에피소드를 연관시키지 않을 수 없다. 물론 이 두 에피소드의 모든 요소들이 완벽하게 상응하는 것은 아니지만 다음과 같은 점들의 상응관계가 무척이나 흥미로운 것은 사실이다. 이 혼인 잔치는 "사흘째 되던 날"이라는 문구로 시작된다(요 2:1). 이것은 출애굽기 15:22의 "사흘 길"과 상응한다. 예수께서 잔치에 도착했을 때 마침 포도주가 떨어진다(요 2:3). 이것은 수르 광야에서 물이 없던 것과 상응한다(출 15:22). 마리아의 요청과 하인들을 향한 지시를 통해 예수는 결례를 위해 사용하던 항아리에 물을 채우게 하고 이것으로 포도주를 만드신다. 결례의 물은 잔치에 오는 사람들의 손과 발을 씻도록 준비한 물이다. 이런 물을 담는 항아리의 물이 포도주가 된 것은 마라 사건에서 쓴 물이 단 물이 된 것과 상응한다. 마지막으로 중요한 것은 이렇게 해서 만들어진 포도주의 양이다. 요한복음 2:6의 "두 세 통 드는 돌항아리 여섯"이 담을 수 있는 양은 약 500-750 리터 정도가 된다고 한다.[111] 예수께서는 한 혼인잔치에 다 소비할 수도 없는 엄청난 양의 포도주를 만드신 것이다. 요한복음의 이 에피소드는 이것이 예수께서 베푸신 "이 처음 표적을 갈릴리 가나에서 행하여 그의 영광을 나타내시매 제자들이 그를 믿으니라"고 마무리짓고 있다. 여기에서 "처음 표적"이라는 표현은 출애굽기 광야 사건의 이 첫 번째 사건과 다시 한 번 연결을 보여주는 것 같다.

110 Alan Cole, *Exodus* (TOTC; Leicester: IVP, 1973), 129-130은 이 숫자가 상징적인 것이 아니라 역사적 사실 그대로의 숫자를 반영한 것이라고 주장한다. 그러나 역사적인 숫자와 상징적인 숫자는 굳이 서로 충돌하는 것으로 볼 필요는 없다. 이 숫자들은 동시에 역사적이고 상징적일 수 있는 것이다.

111 D. A. Carson, *The Gospel According to John* (Leicester: Inter-Varsity Press, 1991), 173.

시험과 말씀 순종(25-26절)

"물"이라는 상징적인 주제와 더불어 이 에피소드에서 중요한 또 하나의 주제는 시험과 말씀 순종이다(25-26절). 하나님은 이스라엘을 시험하신다. "여호와께서…그들을 시험하실새"(**나사**, נסה) (25절). 그 이유는 아브라함에게 했던 것과 마찬가지로 이스라엘이 직접적인 행동을 통해서 하나님의 말씀에 순종함을 보여주기 전까지는 하나님은 그들의 순종함을 온전히 인정하지 않으신다는 것이다.[112]

이스라엘이 순종하면 하나님은 "애굽 사람에게 내린 모든 질병 중 하나도 너희에게 내리지 아니하리니"라고 말씀하신다. "애굽 사람에게 내린 질병"이라는 주제는 출애굽기 23:25; 신명기 7:12-15(말씀 준수, 음식, 애굽의 악질이 연결); 28:27, 60 등에도 언급되어 있다. 이스라엘은 순종을 통해 자신들이 애굽에서 보았던 안 좋은 경험들과 결별할 수 있다. 반대로 그들이 하나님의 말씀과 계명을 준수하지 않으면 하나님은 애굽의 모든 질병(신 28:27,60)을 그들에게 주실 것이며, 그들은 치료받지 못할 것이다.

궁극적으로 하나님은 병과 치료의 주관자이시다(신 32:29). 즉 하나님은 생사화복의 주관자이시다. 인간이 하나님 안에서 풍성함을 누릴 수 있는 유일한 길은 하나님께 순종하는 것뿐이다.

식량의 공급자(16장)

출애굽기의 두 번째 광야 에피소드는 16장의 만나 이야기이다. 이 이야기 역시 앞의 에피소드와 마찬가지로 시험(**나사**, נסה)이란 주제와 연결되어 있다. 이스라엘이 먹을 것을 가지고 불평하는 것(16:2-3)에 대한 응답으로 하나님은 "양식을 비 같이" 내려주기는 하겠지만 이것을 통해 "그들이 내 율법을 준행하나 아니하나 내가 시험하리라"고 말씀

112 프레다임, *출애굽기*, 282.

하신다(16:4-5). 그 시험은 평일에는 만나를 하루치 이상 거둬들이지 말고 육 일째 되는 날에는 안식일 것까지 이틀치를 거두라는 것이었다. 이처럼 이 사건 역시 앞의 마라 사건과 마찬가지로 말씀 준수와 시험이라는 주제가 연결되어 있다.

이렇게 볼 때 만나는 단순히 하나님이 제공해주신 음식이 아니라 하나님의 시험이기도 하다. 이 시험에서 중요한 것은 이스라엘이 하나님의 가르침(**토라**, תורה), 곧 하나님의 목소리에 절대적으로 순종해야 한다는 것이다(16:20,28). 이스라엘은 매일의 삶 속에서 어느 정도의 만나를 바라고 거둬들여야 하는지에 대해서 하나님의 지시를 따라야 한다. 하나님이 하루치의 만나를 거두기를 명령하시면 하루치를 거두고, 이틀치를 거두기를 명하시면 이틀치를 거두어야 한다(16:17-18, 27-30). 무엇보다 하나님의 명령을 따라 사는 삶이야 말로 행복의 지름길임을 이 시험은 가르쳐 준다.

특히 광야 40년 동안 만나를 공급한 사건(16:35)은 주기도문(마 6:11)과 산상수훈(마 6:25,34) 속에도 반영되어 있다. 예수께서는 우리로 하여금 "일용할 양식"을 구하도록 하셨지 "많은 양식"을 구하도록 하시지 않으셨다. 우리의 삶이 매일 만나를 내려주시는 하나님의 신실함에 달려 있음을 깨닫고 그 하나님을 절대 의존하며 살아야 한다. 따라서 예수님의 다음과 같은 가르침들은 주기도문의 "일용한 양식"에 대한 가르침으로부터 자연스럽게 파생된 것이다.

> 그러므로 내가 너희에게 이르노니 목숨을 위하여 무엇을 먹을까 무엇을 마실까 몸을 위하여 무엇을 입을까 염려하지 말라. 목숨이 음식보다 중하지 아니하며 몸이 의복보다 중하지 아니하냐(마 6:25).

> 그런즉 너희는 먼저 그의 나라와 그의 의를 구하라. 그리하면 이 모든

것을 너희에게 더하시리라. 그러므로 내일 일을 위하여 염려하지 말라. 내일 일은 내일이 염려할 것이요 한 날의 괴로움은 그 날로 족하니라(마 6:33-34).

이스라엘의 동반자(17:1-7)

이 본문 역시 "시험"(나사, נסה)이라는 주제와 연결되어 있다(17:2,7). 차이점이라면 이 본문에서는 하나님이 이스라엘을 시험하는 것이 아니라 이스라엘이 하나님을 시험한다. 이스라엘이 이처럼 하나님을 시험하는 이유는 7절에 언급되어 있다. "이는 이스라엘 자손이 다투었음이요 또는 그들이 여호와를 시험하여(나사) 이르기를 여호와께서 우리 중에 계신가 안 계신가 하였더라". 이스라엘은 하나님께서 자신들과 함께 하시면서 자신들을 돌보는가 아닌가 하는 것을 가지고 하나님을 시험하고 있는 것이다.

하나님을 시험하는 이스라엘에게 어떤 문제가 있는지 파악하려면 17:1-3을 들여다 보면 알 수 있다. 17:1에서 이스라엘은 "여호와의 명령대로 신 광야를 떠나...르비딤에 장막을 쳤으나" 거기에는 물이 없었다. 이에 백성들은 물을 가지고 모세와 다툼을 하면서 그를 도발한다. 이에 대해 모세는 "너희가 어찌하여 여호와를 시험하느냐"고 반문한다. 모세는 하나님의 명령을 따라 움직인 여행을 통해서 살아계신 하나님의 능력을 수없이 경험하고서도 물이 없다고 불평하는 것은 곧 하나님에 대한 시험이라는 점을 지적한다. 특히 7절을 보면 이스라엘이 물을 가지고 불평하는 근본 원인을 찾을 수 있는데 그것은 과연 하나님이 자신들과 함께 하는가 라는 점이다. 이들은 물의 문제를 하나님의 함께하심의 문제와 결부시키고 있다.

이 사건이 중요한 이유는 이스라엘이 이미 물과 관련해서 하나님의 인도하심과 은혜를 체험한 바가 있기 때문이다(15:22-27). 그리고 그들은 자신들에게 계속적으로 매일 만나를 통해 은혜를 베풀고 계시는 하나님에 대해서도 체험하고 있기 때문이다. 그런데도 불구하고 그들은 당장 물이 없는 상황에 부딪치자 하나님의 함께 하심을 불신하고 시험을 한다.

예수께서 받으신 시험 중 두 번째 시험은 하나님의 능력과 존재를 불신하도록 만드는 것이었다. 이 시험에 대해 예수께서는 신명기 6:16의 "너희가 맛사에서 시험한 것 같이 너희의 하나님 여호와를 시험하지 말고"란 말씀을 인용하면서 마귀의 유혹을 물리치신다(마 4:7). 이 말씀을 통해서 예수께서 말씀하시고자 하는 바는 하나님께서 자기에게 어떻게 해주시는가 하는 것을 통하여 하나님의 존재 여부를 확인하려고 드는 것은 하나님을 하수인의 위치에 놓는다는 것이다.[113] 이것은 단순히 불순종하는 것일 뿐만 아니라 참람하기까지 한 것이다. 하나님은 우리의 하수인이 아니다. 하나님은 믿는 자가 요청을 하면 반드시 그것을 따라야만 하는 분이 아니다. 하나님과 믿는 자 사이에서 누가 주인이고 누가 종인지를 정확히 파악하는 것이 신앙의 기본이다. 이처럼 이 사건은 중요한 신학적 메시지를 갖고 있기 때문에 이후에 이스라엘이 하나님을 시험한 모든 행동의 전형이 된다(신 6:16; 시 78;18, 41, 56; 81:7; 95:9).

아말렉과의 전쟁(17:8-16)

이 사건은 앞뒤의 사건을 연결하는 다리가 된다. 우선 맛사 사건과는 지팡이를 통해서 연결된다(17:5,9). 그리고 18장의 사건들과 비교해 보면 모세 역시 도움을 받아야 한다는 사실을 통해 연결된다. 이 사건에서 모세는 여호수아와 아론과 훌의 도움을 통해 하나님의 명령을 성취한다. 마찬가지로 18:13-27에 따르면 모세는 홀로 이스라엘의 모든

113 프레다임, *출애굽기*, 297-298.

것을 짊어지지 못한다. 그는 자신을 도와주는 사람들이 필요하다.

이방인을 통한 하나님의 역사(18:1-12)

이 이야기에서 핵심은 이드로의 증언이다(9-11절). 그의 증언은 다음과 같은 몇 가지 점에서 중요하다. 첫째, 하나님이 당신의 백성을 복주고 돌보신다는 것을 이방인의 증언을 통해서 확인하는 것은 모세오경의 특징적인 사항들 중의 하나이다(창 21:22; 23:6; 26:28; 39:2-3, 21-23; 41:39-40). 이제 그는 이스라엘이 정말 하나님의 큰 구원과 광야에서의 인도하심을 받았음을 확증해주는 역할을 감당한다.

둘째, 그의 이러한 증언은 18:8의 모세의 말과 더불어 다음 장에서 시작되는 언약의 토대가 되는 역할을 한다. 19:4에서 하나님은 "내가 애굽 사람에게 어떻게 행하였음과 내가 어떻게 독수리 날개로 너희를 업어 내게로 인도하였음을 너희가 보았느니라"고 말씀하셨는데, 내레이터는 18장에서 이드로라는 이방인의 입을 통해 하나님의 이러한 진술이 진실임을 미리 확인시켜 주고 있다.

셋째, 그의 이 증언, 그리고 그가 여호와 하나님 앞에 "번제물과 희생제물들"을 드리고 모세 및 장로들과 더불어 "하나님 앞에서 떡을 먹은" 것은 그가 이어지는 본문인 18:13-27에서 이스라엘의 행정 시스템에 대해서 조언을 주는 것을 정당화시켜 준다.

이스라엘의 관리제도(18:13-27)

이 본문은 모세 역시 다른 이들의 도움을 받아야 한다는 것을 말한다. 모세가 손수 이스라엘 전체의 재판장 역할을 하는 것을 보고 이드로는 "네가 하는 것이 옳지 못하도다. 너와 또 너와 함께 한 이 백성이 필경 기력이 쇠하리니 이 일이 네게 너무 중함이라. 네가 혼자 할 수 없으리라"고 지적한다(18:18절). 그리고 이어서 합당한 사람들을 뽑아

"천부장, 백부장, 오십부장, 십부장"을 삼아서 이들로 하여금 각각 직급에 맞춰서 백성들을 재판하게 하고 그들이 감당할 수 없는 판결은 모세가 하도록 조언을 한다. 이렇게 해서 광야에서 이스라엘의 행정 시스템이 만들어진다.

이 본문의 이야기는 모세가 홀로 하나님의 백성의 통치자가 될 수는 없다는 것을 보여준다. 하나님의 나라는 법과 제도와 예전이 필요하다. 이제 이어지는 시내 산 본문들(출 19장-민 10장)은 이에 대해 많은 자료들을 제공해 준다. 이런 점에서 18:13-27이 민수기 11장과 맞물리는 것은 흥미롭다. 민수기 11:14에서 모세는 고기를 달라고 불평하는 이스라엘 백성들 때문에 하나님에게 한탄하기를 "책임이 심히 중하여 나 혼자는 이 모든 백성을 감당할 수 없나이다"라고 말한다. 이 구문에 대하여 히브리어 본문을 비교해 보면 인칭의 문제를 제외하고는 위에서 언급한 18:18의 이드로의 말과 거의 동일하다. 모세가 이스라엘 백성을 다스리는 일을 혼자 감당할 수 없다는 내용이 시내 산 본문의 앞과 뒤를 감싸고 있다.

광야 시기의 정리

광야 사건에 대한 기억

광야 사건에 대한 기억은 이스라엘의 뇌리에 깊은 인상을 남겼던 것 같다. 출애굽기 이후의 구약의 본문들은 이 시기에 대한 많은 언급들을 하고 있다. 특히 시편과 선지서들이 이 시기를 많이 회상하고 있다(시편: 78:14-41, 52-53; 81:7; 95:8-11; 105:37-42; 106:13-27; 렘 2:2-6; 겔 20:20-26; 호 2:14-15; 13:4-5; 암 2:10; 5:25 등). 특히 "새 출애굽기"(the New Exodus)란 주제를 중요하게 제시하는 이사야서는 광야 시기의 여러 가지 주제들을 발전시키고 있다. 예를 들어, 광야에 길을 내는 것(사 40:3-5; 42:16; 43:19; 참고, 11:16; 35:8-10), 음식과 물을 제공해주신 것(사 41:17-20; 43:19-21;

49:10; 48:21[바위에서 물을 내심]), 그리고 출애굽기의 경험을 초월하여 광야가 놀라운 변신을 하게 되는 것(사 49:9-11; 55:13; 참고, 35:6-7) 등이 그것이다.

광야에 대한 두 관점

광야에 대해서 구약성경이 언급하는 것들은 크게 두 가지 관점으로 분류해 볼 수 있다. 그것은 긍정적 관점과 부정적 관점이다.

긍정적 관점

긍정적인 관점에서 광야를 보는 시각에 따르면 비옥한 애굽은 하나님의 긴 부재의 장소였다면 척박한 광야는 오히려 하나님의 계속적인 돌보심과 계시가 있었던 장소이다. 이 관점 속에서 보면 광야는 하나님의 신부로서 이스라엘이 하나님께 가까움과 신실함을 보인 곳으로 그려진다(렘 2:2; 참고, 호 2:15).

부정적 관점

부정적인 관점에서의 광야는 이스라엘의 반항과 반역의 장소로 기억된다. 시편 78편은 이렇게 말하고 있다.

> 그들은 계속해서 하나님께 범죄하여
> 메마른 땅에서 지존자를 배반하였도다.
> 그들이 그들의 탐욕대로 음식을 구하여
> 그들의 심중에 하나님을 시험하였으며
> 그뿐 아니라 하나님을 대적하여 말하기를
> 하나님이 광야에서 식탁을 베푸실 수 있으랴.
> 보라 그가 반석을 쳐서 물을 내시니 시내가 넘쳤으나

그가 능히 떡도 주시며
자기 백성을 위하여 고기도 예비하시랴 하였도다.
…
그들이 광야에서 그에게 반항하며
사막에서 그를 슬프시게 함이 몇 번인가
그들이 돌이켜 하나님을 거듭거듭 시험하며
이스라엘의 거룩하신 이를 노엽게 하였도다(17-20, 40-41).

광야에 대한 이런 부정적인 관점은 신약의 히브리서 3:7-11; 4:3-11 등에서도 찾을 수 있다.

종합

앞에서도 살펴 본 바가 있는 신명기 8장은 광야의 신학과 관련하여 중요한 사항들을 정리해준다. 궁극적으로 광야는 이스라엘이 하나님의 아들로서 시험과 가르침을 받은 장소였다. "너는 사람이 그 아들을 가르치는 것 같이 네 하나님 여호와께서 너를 가르치는 줄 마음에 깊이 깨달으라"(사역)(8:5). 그러므로 이스라엘이 이 광야에서 시험을 받으면서 기억해야 할 것은 하나님께서 마실 것과 먹을 것으로 그들을 시험하시는 중에도 그들을 초자연적인 은총으로 보호하시고 계셨다는 점이다(8:4). 그리고 이런 점들을 통하여 그들은 궁극적으로는 자신들이 "떡이 아닌 하나님의 말씀"으로 살아간다는 사실(8:3)과 시험의 목적은 "마침내 복을 주려 하심"(8:16)이라는 것을 깨닫는 것이었다.

모세가 신명기 8장에서 광야의 시험 이야기를 길게 하는 궁극적인 목적은 19-20절에 들어 있다. 즉 광야 시절을 지내는 동안 이스라엘에게 궁극적으로 중요한 것은 하나님의 인도와 보호하심을 깨닫고 그 하나님에게 절대 순종하는 것이었다. 이처럼 약속의 땅에서도 중요한 것은 바로 하나님의 인도하심을 받아들이고 그분에게 절대 순종하는 자세가 필요함을 보여준다(8:19-20).

신앙인에게 있어서 가장 중요한 것은 그가 처한 환경(장소)이 아니라 믿음이다. 척박한 광야든지 비옥한 약속의 땅이든지 간에 결국은 장소가 나와 하나님 사이의 관계를 결정짓는 것은 아니다. 어느 곳에 처하든지 하나님께서 원하시는 것은 우리의 전적인 신뢰이다. 즉 우리들이 "떡이 아니라 하나님의 말씀"으로 산다는 것을 깨닫는 것이다. 이런 면에서 광야의 신학은 우리 성도들에게 신앙인으로서의 삶의 방식에 커다란 영적인 교훈을 준다. "내 영혼이 은총 입어"란 찬송가의 한 소절처럼 "궁궐이나 초막이나 내 주 예수 계신 곳이 그 어디나 하늘 나라"라는 마음가짐을 가지는 것이 진정으로 성도가 취할 태도이다. 자신의 처지나 환경에 따라 하나님에 대한 태도가 달라지는 것은 온전한 신앙이 아니다.

5장

출애굽기 19:1-24:11

출애굽기 19:1-24:11

출애굽기 19–40장의 이중구조

출 19-40장은 19:1-24:11과 24:12-40:38의 두 부분으로 나뉜다. 그 근거는 다음의 세 가지다:

출애굽기 19 - 40장의 이중 인클루지오(inclusio)
출애굽기 24:12 - 40:38의 새로운 문학적 맥(thread)
출애굽기 24:11과 24:12 사이의 시간의 틈(ellipsis)

출애굽기 19- 40장의 이중 인클루지오

이중 인클루지오(aXa′bYb′)는 출애굽기 19-40장의 가장 두드러진 문학적 특징들 중의 하나이다. 이 이중 인클루지오가 19-40장을 19:1-24:11과 24:12-40:38로 나눈다.

우선 출애굽기 19:3-8(9)과 24:1-11이 19:1-24:11을 감싼다. 특히 19:7-8과 24:3,7은 명백한 언어적 유사성을 보여준다:

출애굽기 19:7,8	출애굽기 24:3,7
모세가 와서	모세가 와서
백성의 장로들을 불렀다.	백성에게 말했다.
그리고 그들 앞에 두었다.	
이 모든 말씀을	**여호와의 모든 말씀들과**
여호와께서 명령하신	모든 율례들을
그러자 백성이 일제히 응답하여	**그러자 백성이 한 목소리로 응답하여**
말했다.	**말했다.**
여호와께서 말씀하신 대로	**여호와께서 말씀하신 모든 말씀들을**
우리가 다 행할 것입니다.	**우리가 다 행할 것입니다.**

양 본문은 위의 도표의 언어적인 상응성만 있는 것이 아니라 주제적인 면에서도 서로 연결되어 있다. 출애굽기 19:5-6에서 하나님은 "너희가 내 말을 잘 듣고 내 언약을 지키면…너희가 내게 대하여 **제사장 나라**가 되며 거룩한 백성이 되리라"고 말씀하셨다. 그런데 인클루지오를 형성하고 있는 24:1-11은 이스라엘이 실제로 마치 제사장들처럼 행동하는 모습을 그리고 있다. 이스라엘의 젊은이들은 제사장처럼 제사를 집행한다(24:5). 모세는 제사에 사용된 제물의 피를 가지고 반은 제단에 뿌리고 나머지 피는 백성들에게 뿌린다(24:7-8). 그리고 이스라엘의 장로들은 하나님을 보고 먹고 마신다(24:11). 이들의 이런 모습은 제사장 위임식 때의 모습과 비슷하다(출 29:20-21,44; 레 8:23-24, 30).[114]

114 Eberhard Ruprecht, "Exodus 24,9-11 als Beispiel lebendiger Erzähltradition aus der Zeit des babylonischen Exils", in Rainer Albertz (et. al.), *Werden und Wirken des Alten Testaments: Festschrift für Claus Westermann zum 70 Geburstag* (Göttingen: Vandenhoeck & Ruprecht, 1980), 164-168; Erhard Blum, *Studien zur Komposition des Pentateuch* (BZAW 189; Berlin: Walter de Gruyter, 1990), 51-52; Eckart Otto, "Die nachpriesterschriftliche Pentateuchredaktion im Buch Exodus," in Marc Vervenne (ed.), *Studies in the Book of Exodus: Redaction-Reception-Interpretation* (BETL 126; Leuven: University Press, 1996), 78-80.

하나님은 이스라엘이 하나님과 언약을 맺고 하나님의 모든 명령들을 지키겠다는 서약만으로도 그들이 마치 제사장 나라가 된 것처럼 의식을 치르게 하신다. 이처럼 19:1-24:11의 처음과 마지막 본문은 서로 상응함으로써 이 단원의 시작과 끝을 표시해준다.

출애굽기 24:12-40:38 단원의 처음과 끝을 형성하고 있는 24:12-18과 40:34-38의 인클루지오 역시 선명하게 눈에 띈다. 특히 24:15b-18a와 40:34-35 간의 유사성은 앞의 경우보다 더욱 두드러진다:

24:15b-18a (16b-17는 제외)	40:34-35
그리고 구름이 그 산을 **덮고** **여호와의 영광이** 시내 산 위에 **머물렀다.**	**그리고 구름이** 회막을 **덮고** **여호와의 영광이** 성막을 채웠다.
모세가 구름 속으로 들어갔다.	**모세가** 회막에 들어갈 수 없었다.
	왜냐하면 **구름이 그 위에 머물렀고** **여호와의 영광**이 성막을 채웠기 때문이다.

왼쪽 문단에서는 구름이 산을 덮으며, 오른쪽 문단에서는 구름이 성막을 덮고 머무른다(24:15; 40:34). 또한 왼쪽 문단에서는 여호와의 영광(**크보드 아도나이**, כבוד־יהוה)이 시내 산 위에 머무르며, 두 번째 문단에서는 성막에 머무르고 채운다(24:16; 40:34). 두 본문 사이의 언어적 유사성은 분명하다.

물론 양 문단 사이에는 현저한 차이도 존재한다. 출애굽기 24:12-18에서는 모세가 구름 속으로 들어가지만 40:34-35에서는 모세는 회막에 들어가지 못한다. 두 본문 사이의 현저한 유사성은 이 유일한 차이를 선명하게 부각시켜 준다. 이 점은 나중에 살펴보도록 하겠다.

출애굽기의 새로운 문학적 맥(Thread)

출애굽기 24:12-40:38은 "돌판"이라는 전혀 새로운 주제 혹은 맥(thread)을 담고 있다.[115] 이 주제는 여기에서 처음으로 등장하는데, 황금 송아지 이야기(24:12-14; 32-34장)와 성막 이야기(24:15-18; 25:1-31:18; 35-40장)의 아주 중요한 요소가 된다.[116] 이런 점에서 볼 때 이 "돌판"이라는 주제는 19:1-24:11과 24:12-40:38을 나누어주는 중요한 역할을 한다.

출애굽기 24:12의 생략

출애굽기 24:11과 24:12에는 시간상의 공백이 있다. 24:9-11을 보면 모세와 아론, 나답과 아비후, 그리고 장로들은 시내 산 위에서 하나님을 만나고 식사를 한다. 24:9-11의 내용 중 그 어디에도 이들이 산에서 내려왔다는 언급은 없다. 그러나 24:12-14에서 하나님께서 모세에게 다시 산으로 올라오라고 명령하는 것을 보면 모세는 분명히 산 아래로 다시 내려가 있는 상태임이 분명하다. 이런 추론이 맞다고 할 때 24:11과 24:12 사이에는 모세가 산을 내려오는 것에 대한 언급이 생략되어 있다. 시간의 공백이 있는 것이다. 물론 이러한 시간의 공백이 그 자체로 본문의 구조를 나누는 증거가 되지는 않는다. 그러나 위에서 언급한 다른 중요한 요소들과 결합할 때는 이것도 역시 저자가 본문의 구조를 형성하는데 있어서 활용한 하나의 요소일 수가 있다.

결론적으로 말해 위에 언급한 이런 요소들은 출애굽기 19-40장이 크게 두 부분, 즉 19:1-24:11과 24:12-40:38로 나뉘어 있다는 것을 보여준다. 이제 이런 구조분석을 바탕으로 먼저 19:1-24:11의 본문을 살펴보도록 하자.

115 Sarna, *Exodus*, 153.

116 이 두 이야기에 대한 이런 본문 구분은 임의적인 것이다. 사실 이 두 이야기는 서로 불가분리의 관계로 얽혀있다. 이 점은 나중에 이 두 이야기를 직접 다룰 때 좀 더 상세하게 언급하기로 하겠다.

출애굽기 19:1-24:11의 구조

출애굽기 19:1-24:11은 다음과 같이 다섯 부분으로 구성되어 있다.

A. 언약의 준비(19:1-25)

B. 십계명(20:1-17)

X. 하나님의 임재에 대한 이스라엘의 반응(20:18-21)

B′. 언약의 책(20:22-23:33)

A′. 언약의 체결(24:1-11)

여기에서 B-B′의 본문은 시내 산에서 언약을 맺으면서 주어진 율법으로 구성되어 있다. 나머지 A-A′, X 부분은 내러티브로 이루어져 있다. 장르만으로도 구조가 자연스럽게 나뉜다.[117]

출애굽기 19:1-25의 언약과 거룩

언약(19:1-9)

1절에 따르면 이스라엘은 출애굽한 후 세 번째 달 1일에 시내 광야에 도착한다. 그리고 3절에서 하나님은 시내 산 위로 모세를 부르신다. 이것은 3:12에 이미 언급된 사항이다.

> 내가 반드시 너와 함께 있으리라. 네가 그 백성을 애굽에서 인도하여 낸 후에 **너희가 이 산에서 하나님을 섬기리니** 이것이 내가 너를 보낸 증거니라.

이 3:12은 다음과 같은 점들에 있어서 중요하다. 첫째, 이 산에서 이

117 이 단원에 대한 해설은 여기에 쓴 것 외에도 부록 4의 "두려워 말고 두려워하라: 출애굽기 19-40장의 해설"을 보라. 이것은 성서유니온이 간행하는 매일성경 2009년 5,6월호에서 출애굽기 19-40장의 간략한 해설을 위해 쓴 것이다. 여기에서 진행하는 내용은 이 글과의 중복을 최대한 피하고자 했다는 점을 유념하고 꼭 이 글을 읽어보기를 바란다.

스라엘이 여호와 하나님을 섬기는 것은 모세가 받은 소명의 가장 확실한 증거가 된다. 둘째, 3:12에서 하나님은 모세와 함께 하시겠다는 임마누엘의 약속을 주셨다. 이제 이 산에서 이스라엘이 하나님과 언약을 맺고 성막을 건설하면 모세 개인에게 주신 임마누엘의 약속은 이스라엘 전체를 향한 임마누엘의 약속으로 승화될 것이다(출 29:45-46).

4-6절에서 하나님은 이스라엘과 언약을 맺을 것을 제안하신다. 하나님의 이 말씀은 크게 다음의 세 가지로 구성되어 있다.

1. 지금까지 하나님이 베푸신 은혜, 즉 출애굽과 광야에서의 구원이 언급되고 있다(4절).
2. 하나님의 말씀과 언약에 충실할 것에 대한 촉구가 들어 있다(5a절)
3. 언약 준수에 대한 하나님의 약속이 주어진다. 이스라엘은 하나님의 보물, 선택된 백성, 제사장 나라, 거룩한 민족이 될 것이다(5b-6절).

여기에서 중요한 것은 언약과 구원의 관계이다. 이스라엘이 구원을 받은 것은 이들이 언약을 잘 지켰기 때문이 결코 아니다. 이들은 언약을 맺기 전에 이미 구원을 받았다. 언약은 그 다음이다. 그러나 그때문에 언약에 대한 준수가 무시되는 것은 결코 아니다. 언약 준수는 5b-6절이 말해주듯이 더 깊은 관계로 들어가는 조건이다. 비록 언약은 구원을 받은 후에 맺어졌지만 언약의 말씀들을 잘 지키고 순종하는 것은 이스라엘이 "하나님의 보물, 선택된 백성, 제사장 나라, 거룩한 민족"이 되게 해줄 것이다. 이처럼 언약 준수는 구원의 조건이 아니라 구원을 통해서 맺어진 하나님과의 언약 관계를 유지하고 발전시키기 위한 조건이다.

또 한 가지 중요한 것은 "하나님의 보물, 선택된 백성, 제사장 나라, 거룩한 민족"이라는 사명에서 "제사장 나라, 거룩한 민족"이라는 문구가 주는 의미이다. 이 두 문구는 이스라엘이 "하나님의 보물, 선택된 백성"이 되는 것이 결코 그들만을 위한 것이 아님을 보여준다. 오히려 이스라엘의 사명은 하나님과 세상의 중계자가 되는 것이었다.[118] 이 점은 이스라엘 내에서 제사장의 역할과 비교한 다음의 그림을 보면 선명하게 이해가 된다.

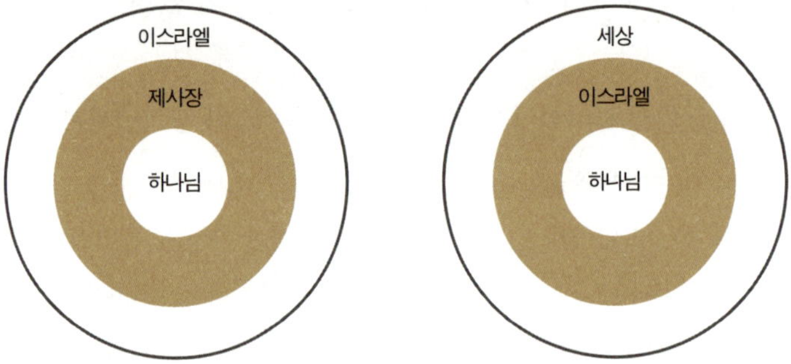

이 그림에서 보듯이 이스라엘 내에서 제사장은 하나님과 이스라엘 백성들 사이에 관계의 다리를 놓아주는 역할을 한다. 마찬가지로 하나님께서 이스라엘을 "제사장 나라"로 세우셨을 때 그것이 의미하는 것은 이스라엘이 하나님과 세상 사이에 관계의 다리를 놓아주는 역할을 하는 것이었다. 하나님께서 이스라엘을 선택하신 것은 결코 그 자체가 목적이 아니었다. 그 선택은 궁극적으로는 온 세상을 향한 것이었다. 이런 점에서 19:5-6의 말씀은 아브라함에게 주신 창세기 12:1-3의 소명의 말씀과 상응한다. 특히 "너는 복이 될지라…땅의 모든 족속이 너로 말미암아 복을 얻을 것이라"는 말씀은 하나님께서 아브라함을 부르신 궁극적인 목적이 그가 하나님을 섬기는 자가 되는 것이 아니라

118 Hamilton, *Exodus*, 423 역시 같은 지적을 하고 있다. 또한 그가 이 지적과 더불어 제공해주고 있는 좀 더 많은 참고문헌들을 참고하도록 하라.

그를 통해서 "땅의 모든 족속"이 복을 얻게 되는 것임을 보여준다. 19:5-6에서도 마찬가지로 온 세상의 주께서 이스라엘을 "제사장 나라"로 선택하신 궁극적인 목적은 이스라엘 자신이 거룩하게 되는 것이 아니라 이스라엘을 통하여 온 세상이 거룩하게 되는 것이다.

이런 말씀들을 가지고 하나님은 이스라엘과 언약을 맺을 것을 제안하셨다. 이 제안을 받았을 때 이스라엘의 반응은 어떠했을까? 신약 이후의 그리스도인들은 구약의 율법에 대해서 거부감을 갖고 있는 경우가 많다. 그러므로 율법을 준수하는 것을 조건으로 언약을 맺는 것에 대해서 당연히 이스라엘이 싫어했을 것으로 생각하는 경향이 있다.

그러나 7-8절에서의 이스라엘은 결코 그렇지 않았다. 이들은 하나님의 언약을 받아들이고 준수할 것을 적극적으로, 그리고 이구동성으로 약속하였다. 그들이 그렇게 흔쾌히 하나님과 언약 맺기를 동의한 이유는 아마 하나님께서 그들에게 그동안 많은 은혜를 베푸신 것 때문이었을 것이다. 4절에서 하나님께서 "내가 애굽 사람에게 어떻게 행하였음과 내가 어떻게 독수리 날개로 너희를 업어 내게로 인도하였음을 너희가 보았으니라"고 하신 것, 즉 하나님께서 자신들에게 구원을 베푸신 것과 광야에서 놀라운 능력으로 그들을 보호하신 것을 그들은 익히 경험하였다. 그러므로 신약 이후의 우리들과 달리 최소한 이 출애굽 당시의 이스라엘 백성들에게 있어서는 하나님과의 언약 체결은 환영할 일이었지 결코 마지 못해 동의한 것이 아니었다.

9절에서 모세는 이스라엘 백성들의 이런 적극적인 대답을 하나님께 보고한다. 이 보고를 들은 하나님은 다시 한 번 모세를 향한 배려를 표현하신다. "내가 빽빽한 구름 가운데서 네게 임함은 내가 너와 말하는 것을 백성들이 듣게 하며 또한 너를 영영히 믿게 하려 함이니라". 모세에 대한 하나님의 이런 배려의 마음은 나중에 황금 송아지 사건(32-34장)의 해결에 있어서 아주 중요한 토대가 된다.

언약식과 거룩(19:10-25)

이 단락은 언약 당사자인 하나님과 이스라엘이 시내 산에서 만나기까지의 장면을 담고 있다. 이 본문은 이스라엘이 하나님을 만나기 위해 준비하는 것에 대해 많은 지면을 할애하고 있는데, 여기에서 가장 많이 사용되고 있는 표현들은 "성결하게 하다", "옷을 빨다", "경계를 정하다", "침범하지 말라", "죽임을 당하다", "셋째 날" 등이다.

이 표현들은 비록 이스라엘이 하나님과 언약을 맺는 관계에 있다고 해도 무작정 하나님께 함부로 다가갈 수 있는 것은 아니었다는 사실을 극명하게 보여주고 있다. 하나님은 이스라엘과 관계를 맺기 위해 다가오신다. 그러나 그렇다고 해서 이스라엘이 함부로 하나님께 다가갈 수 있는 것은 아니다. 이스라엘이 하나님의 면전에 나아가 그분과 만날 때에는 항상 다음의 사항들을 유념해야만 한다.

첫째, 인간이 하나님 앞에 서기 위해서는 거룩함을 갖추어야만 한다. 거룩함이 없이 하나님을 만나는 것은 죽음에 이르는 치명성을 갖는다(참고, 레10:1-2; 사 6장).

둘째, 인간은 하나님께서 정하신 방식으로만 하나님을 만날 수가 있다. 이 본문의 경우에 하나님은 이스라엘을 "셋째 날"에 만나기로 하셨다. 24:15-18에서는 하나님은 모세를 "일곱째 날"에 만나셨다. 하지만 40:34-35에서는 모세는 하나님의 영광이 충만한 성막에 들어갈 수가 없었다. 이처럼 하나님을 만나는 것은 쉽지 않으며, 반드시 하나님이 정하시는 때와 방식을 따라야 하는 것임을 알아야 한다.

셋째, 거룩함을 갖추고 하나님께서 정하신 때에 하나님을 만나는 것이 허락된 경우에도 인간이 하나님께 다가가는 데에는 여전히 한계가 있다. 19:12의 "그 경계를 침범하지 말지니 산을 침범하는 자는 반드시 죽임을 당할 것이라"는 말씀은 이것을 잘 보여주고 있다. 이처럼 이스라엘 백성이 비록 하나님과 언약 관계에 있고, 또 하나님께서 그들과 함께 하기를 원하신다고 해도 여전히 하나님과 이스라엘 사이에는 건널 수 없는 간극이 존재한다. 이 점은 나중에 임마누엘의 상징인 성막이 완성되어 진 한 가운데에 위치해 있을 때에도 정당한 절차나 사유 없이 이 성막으로 다가가는 자들은 다 죽임을 당하게 될 것이라는 많은 금지명령들을 통해서 분명하게 드러난다(민 1:51; 3:10,38). 민수기 1:53에 따르면 이스라엘이 광야에서 진을 칠 때 레위인들은 성막 주변에 배치되었다. 이들이 하는 역할은 일반 백성들이 성막의 영역을 침범함으로써 하나님의 진노를 촉발시키는 것을 미연에 방지하는 것이었다.

이러한 점들을 고려할 때 우리는 히브리서 4:14-16; 7:24-28; 10:19-20 등의 구절들을 다시 한 번 깊이 생각해 보아야 한다. 특히 히브리서 10:19-20은 "그러므로 형제들아 우리가 예수의 피를 힘입어 성소에 들어갈 담력을 얻었나니 그 길은 우리를 위하여 휘장 가운데로 열어 놓으신 새로운 살 길이요 휘장은 곧 그의 육체니라"고 말한다. 이는 종말의 시대를 살아가는 우리가 구약의 이스라엘과는 달리 하나님의 임재의 처소인 성소 안으로 들어갈 새 길을 얻었다는 것을 말해주고 있다. 그러나 반드시 유념해야 할 것은 예수 그리스도의 속죄 사역을 통하여 우리가 하나님께 직접 나아갈 길을 얻었다고 해서 결코 하나님의 면전으로 가는 무사통과용 프리패스를 받은 것은 결코 아니라는 것이다. 왜냐하면 이어지는 구절들은 이 속죄함을 받은 자가 갖추어야 할 모습들에 대해서 다음과 같이 분명하게 말해주고 있기 때문이다.

> 또 하나님의 집 다스리는 큰 제사장이 계시매 우리가 마음에 뿌림을 받아 악한 양심으로부터 벗어나고 몸은 맑은 물로 씻음을 받았으니 참 마음과 온전한 믿음으로 하나님께 나아가자…서로 돌아보아 사랑과 선행을 격려하며…우리가 진리를 아는 지식을 받은 후 짐짓 죄를 범한즉

다시 속죄하는 제사가 없고 오직 무서운 마음으로 심판을 기다리는 것과 대적하는 자를 태울 맹렬한 불만 있으리라….하물며 하나님의 아들을 짓밟고 자기를 거룩하게 한 언약의 피를 부정한 것으로 여기고 은혜의 성령을 욕되게 하는 자가 당연히 받을 형벌은 얼마나 더 무겁겠느냐. 너희는 생각하라(히 10:21-22,24-25,26-27,29).

이 구절이 분명하게 말해주고 있듯이 하나님 앞으로 가기 위해서는 신약에서도 구약과 마찬가지로 "마음에 뿌림을 받아 악한 양심으로부터 벗어나고 몸은 맑은 물로 씻음을" 받아야만 한다. 물론 구약은 좀 더 육적인 의식을 통해 이러한 정결이 이루어지고, 신약은 예수 그리스도의 피를 통한 좀 더 영적인 의식을 통해 이러한 정결이 이루어진다. 그러나 하나님 앞으로 나아가기 위해 씻고 정결하게 함을 갖추어야 한다는 점에 있어서는 결국 신구약이 동일하다.

또한 구약과 달리 예수의 피를 통하여 하나님의 존전으로 직접 나아갈 수 있는 큰 특권을 얻은 신약의 성도들에게는 더 큰 책임이 따른다. 왜냐하면 구약의 속죄제의 경우에는 지속적으로 반복되는 절차를 따라 계속해서 속죄함을 받을 수가 있지만 신약의 예수 그리스도의 피를 통한 제사는 단 한 번으로 완전하게 드려진 제사라서 "다시 속죄하는 제사가 없다"고 말하고 있기 때문이다. 또한 예수의 피를 통해서 구원함을 얻은 자가 다시 죄를 짓는 것은 "하나님의 아들을 짓밟고 자기를 거룩하게 한 언약의 피를 부정한 것으로 여기는" 것으로 간주된다. 히브리서의 이 말씀은 얼마나 두렵고 떨리는 말씀인가?

그러므로 신약의 예수 그리스도를 통해서 우리가 하나님 앞에서 얻은 담대함을 지나치게 강조하는 와중에 그 특권에 동반되는 막중한 거룩의 의무를 결코 축소해서는 안 된다. 더 큰 권한에는 항상 더 큰 책임이 따르는 법이다. 마찬가지로 더 큰 은혜에도 항상 더 큰 감사와 반성과 철저한 회개가 요구되는 법이다. 이처럼 신약에서도 하나님의 존전으로 나아가는데 있어서는 위에서 말한 유의사항들이 근본적으로 변하지 않았다는 것을 반드시 기억해야 한다.

19:9-25의 본문과 관련하여 또 한 가지 고려해야 할점은 시내 산과 성막이 삼중구조를 띠고 있다는 점에서 서로 상응성이 있다는 것이다.**119** 이 점은 출애굽기 19-40장의 내용들을 이해하는데 있어서 핵심적인 사항들 중의 하나이기 때문에 꼭 기억해둘 필요가 있다. 성막이 지성소, 성소, 뜰의 삼중구조로 이루어져 있듯이 시내 산 역시 "산 꼭대기"(19:20), "산 기슭"(19:17), 그리고 이 "꼭대기"와 "기슭" 사이의 영역, 이렇게 세 개의 영역으로 나뉘어 있다. 이중에서 성막의 지성소처럼 가장 거룩한 곳인 산 위에는 오직 모세만 올라갈 수 있었던 것으로 보인다(24:15-18). 그리고 성막의 뜰에 해당하는 "산 기슭"은 이스라엘 백성들이 다가갈 수 있는 한계점이었다(19:12,17,23 등). 마지막으로 중간 지역은 하나님께서 특별히 허락하신 일부 사람들, 즉 아론, 나답과 아비후, 이스라엘 장로들, 그리고 여호수아 등이 한정된 시간 동안만 다가갈 수 있었던 것으로 보인다(19:24; 24:1,9-11,13; 32:17-18). 이렇게 시내 산과 성막의 유사성을 고려해 볼 때 시내 산은 성막이 아직 건설되기 전에 예비적인 성소로서의 역할을 하는 곳이었음을 알 수 있다.

19장과 관련하여 살펴볼 마지막 사항은 소위 "신현현상"(神顯現象, theophany)이라는 것이다. 19:16-19에 언급된 현상들, 즉 "우레와 번개와 빽빽한 구름", "나팔 소리", "연기", "불" "진동" 등은 하나님께서 임재하실 때 흔히 나타나는 현상들이다(레 9:23-24; 나 1:4-6; 합 3:3-15 등).

119 Jacob Milgrom, *Studies in Levitical Terminology, I: The Encroacher and the Levite, The Term ʿAboda* (Berkeley: University of California Press, 1970), 44-46; *Leviticus 1-16: A New Translation with Introduction and Commentary* (AB 3; New York: Doubleday, 1991), 134-43; Sarna *Exodus*, 105; *Exploring Exodus*, 203; Mary Douglas, *Leviticus as Literature* (Oxford: Oxford University Press, 1999), 59-63.

한 가지 주목할 점은 이러한 신현현상이 항상 똑같은 방식으로 일어나는 것이 아니라는 것이다. 출애굽기 3:1-5과 출애굽기 19장의 신현현상들을 비교해보라. 이 19장에서는 하나님의 위엄을 보이는 것이 중요하기 때문에 하나님은 이런 강력한 신현현상을 동반하는 가운데 등장하신다. 반면 3장에서는 하나님에 대해서 잘 모르는 모세를 유인하시기 위해 하나님은 떨기나무에 붙은 작은 불 속에서 나타나신다. 이처럼 신현현상은 하나님의 무대장치와 같은 효과를 갖고 있다.

십계명(20:1–17)[120]

앞의 19:9-25에서 하나님은 시내 산 꼭대기에 임하시고 이스라엘 백성들은 산 기슭에 자리를 잡는다. 시내 산 언약을 통해서 하나님께서 주신 율법의 첫 번째 자리를 차지하고 있는 20:1-17의 십계명은 이런 상태에서 주어진다. 즉 이스라엘 백성들이 다 모여 있는 가운데 하나님께서 직접 그들의 귀에 들려 주신다(참고, 출 20:18-19; 신 5:4,22). 간혹 십계명이 왜 구약의 다른 율법들보다 더 높은 권위를 가져야 하는가 하는 것에 대해 의문을 표시하는 학자들이 있다. 하지만 문맥상으로 볼 때 십계명의 권위와 관련하여 다음의 두 가지 점은 자명해보인 첫째, 십계명은 시내 산 언약의 첫 번째 자리를 차지하고 있는 율법이다. 둘째, 십계명은 하나님께서 중계자인 모세를 통하지 않고 이스라엘 백성들 전체의 귀에 직접 들려주신 유일한 율법이다. 하나님께서 이처럼 직접 십계명을 들려주시자 이스라엘 백성들은 모세를 통해 간접적으로 율법을 주시기를 간청한다(20:18-19). 그 결과 이후의 율법들은 다 모세를 통하여 이스라엘에게 주어진다. 이처럼 십계명은 구약의 모든 율법들 중에서 독자적인 특성을 갖고 있다. 그리고 이 독자적인 특성은

120 빅터 해밀턴, *오경개론*, 252-261은 십계명을 삶에 적용하고자 할 때나 설교 등을 하고자 할 때 좋은 통찰들을 제공해주고 있다.

곧 십계명의 권위와 직결되는 것으로 보인다.

십계명의 히브리어 원어를 직역하면 "열 개의 말씀들"(**아세레트 핫드바림**, עֲשֶׂרֶת הַדְּבָרִים)이라는 뜻이다. 이 용어는 20장에서는 사용되지 않았으며, 출애굽기 34:28에 처음으로 등장한다.[121]

십계명의 핵심은 결국 관계에 대한 것이다. 이 점은 예수께서 십계명을 요약해서 말씀하실 때 하나님 사랑과 이웃 사랑이라는 두 계명으로 요약하신 것에서도 찾아볼 수 있다(마 22:37-40). 이 두 사랑의 계명은 각각 하나님과의 관계에 대한 계명(1-4계명)과 사람과의 관계에 대한 계명(5-10계명)으로 나뉜다. 십계명은 하나님과 인간에 대한 사랑의 요구이다.

이처럼 십계명이 사랑의 관계에 대한 요구라는 점은 십계명의 본문 자체 내에서도 역시 찾아볼 수 있다. 20:5-6에서 하나님은 "나 네 하나님 여호와는 질투하는 하나님인즉 나를 미워하는 자의 죄를 갚되 아버지로부터 아들에게로 삼사 대까지 이르게 하거니와 나를 사랑하고 내 계명을 지키는 자에게는 천 대까지 은혜를 베푸느니라"고 말씀하시고 있다. 하나님과의 관계는 사랑과 미움이라는 두 가지 상반된 감정으로 정리되고 있다.

십계명은 사랑에 대한 요구로 이루어져 있는데, 이 사랑은 앞에서 이미 본 것처럼 이스라엘을 자유케 하시는 하나님의 구원에 기초한다(20:20). 이 구원은 십계명의 기초가 될 뿐만 아니라 하나님의 모든 율법적 요구의 기초가 된다(레 11:44-45; 22:31-33; 25:38,55; 26:44-45).

이러한 하나님의 요구는 또한 이스라엘이 자신들을 구원하신 하나님의 성품을 닮아가라는 요구로 이어진다. 레위기 20:26은 이렇게 말하고 있다.

121 구약성경에 "열 개의 말들"이라는 용어는 총 세 번 나오는데, 나머지 두 번은 신 4:13; 10:4에 나온다.

너희는 나에게 거룩할지어다. 이는 나 여호와가 거룩하고 내가 또 너희를 나의 소유로 삼으려고 너희를 만민 중에서 구별하였음이니라.[122]

이 구절은 명령과 두 개의 이유절로 이루어져 있다. 우선 명령은 맨 처음에 나오는 "너희는 나에게 거룩할지어다"이다. 그리고 이 명령에 대한 첫 번째 이유절은 "나 여호와가 거룩하기" 때문이라는 것이다. 두 번째 이유절은 "내가 너희를 나의 소유로 삼으려고 너희를 만민 중에서 구별했기" 때문이라는 것이다. 이러한 거룩에의 요구는 시내 산 언약을 이스라엘에게 제안하시면서 하나님께서 말씀하신 19:5-6과 상응한다. "너희는 모든 민족 중에서 내 소유가 되겠고 너희가 내게 대하여 제사장 나라가 되며 거룩한 백성이 되리라".

이러한 거룩에 대한 요구는 또한 이스라엘이 생명을 얻는 방편이기도 하다. 레위기 18:5은 "너희는 내 규례와 법도를 지키라. 사람이 이를 행하면 그로 말미암아 살리라"라고 말씀하고 있다. 이 구절이 분명하게 말해주듯이 원래 십계명, 그리고 모든 율법은 이스라엘을 죽이기 위한 것도 아니고 불편하게 하는 것도 아니다. 오히려 이스라엘로 하여금 생명을 얻게 해주는 방편이다.

십계명은 또한 이스라엘에게 자유와 구원을 주시는 하나님과 관계된 것이다. 십계명의 서론인 20:2은 이스라엘에게 십계명을 주시는 하나님이 바로 출애굽의 하나님임을 천명하고 있다.[123] 이처럼 이스라엘에게 율법을 주시는 하나님이 곧 자유와 구원을 주신 하나님이라는 점은 다른 율법 본문들 속에서도 지속적으로 강조되고 있다(레 11:44-45; 22:31-33; 25:38, 55; 26:44-45 등).

이런 점에서 볼 때 십계명의 이 서론은 요한복음 8:31-32의 예수 그

122 또한 레 19:2; 20:7-8; 21:7-8 등도 참고하라.

123 Sarna, *Exploring Exodus*, 3은 하나님의 구속이 윤리의 토대가 된다는 점을 지적하고 있다.

리스도의 말씀과 잘 연결된다.

> 너희가 내 말에 거하면 참으로 내 제자가 되고 진리를 알지니 진리가 너희를 자유롭게 하리라.

예수 그리스도는 죄에서 우리를 자유케 하셨다. 그러나 이 자유는 모든 것으로부터 해방, 무조건적인 방종을 의미하는 것이 아니다. 자유를 얻은 자가 진정으로 자유를 누리는 방법은 "내 말에 거하는" 것이다. 진정한 자유는 하나님과의 바른 관계속으로 들어가는 것이다. 오직 그것만이 진정한 자유를 가능하게 한다. 이런 면에서 십계명은 진정한 의미에서 자유를 얻는 길을 말해주고 있다.[124]

두려워 말고 두려워하라(20:18-21)

하나님께서 "우레와 번개와 나팔 소리와 산의 연기" 등의 여러 가지 신현현상들을 동반하신 상태에서 이스라엘 백성들의 귀에 직접 하늘로부터 십계명을 선포하자 그들에게 커다란 두려움이 일어났다(18-19절). 특히 그들은 자신들이 직접 하나님의 율법의 말씀을 듣는 대신 모세가 하나님과 자신들 사이에서 중계자의 역할을 감당해주기를 부탁하였다.

이런 백성들의 부탁을 듣고 모세는 20절에서 다음과 같이 대답한다.

124 십계명의 핵심을 자유라고 보는 견해는 많이 있다. 그러나 나는 비록 전문 신학자가 쓴 글은 아니지만 충분히 신학적이고 학술적인 깊이를 가지고 있는 김용규의 *데칼로그* (서울: 바다출판사, 2002)를 읽기를 추천한다. 이 책은 키에슬로프스키의 "데칼로그"란 연작영화에 근거한 저술이다. 키에슬로프스키는 충분히 신학적인 연구를 한 후에 십계명의 주제가 자유라는 관점에서 이 연작영화를 만들었다고 한다. 김용규는 이 영화를 계기로 다시 자신이 구약신학적인 자료들을 충분히 검토한 후 내린 결론을 반영하여 동일한 제목의 책을 썼다. 이 책에 나오는 참고문헌들이 상당히 훌륭하므로 같이 참고하면 좋을 것이다.

두려워하지 말라. 왜냐하면 이는 너희를 시험하기 위해서 하나님이 오시기 때문이며, 너희 앞에 그를 향한 두려움이 있음으로 해서 너희가 죄를 짓지 않게 하기 위함이니라(사역).

그는 먼저 백성들에게 "두려워하지 말라"고 요구한다. 그러나 이어서 하나님께서 이스라엘이 감당하지 못할 만큼 두렵고 떨리는 방식으로 말씀하신 이유가 "너희 앞에 그를 향한 두려움이 있게" 하기 위한 것이라고 말한다. 그러므로 그의 말은 모순된다. 그는 "두려워하지 말라"는 요구와 더불어 하나님을 "두려워하라"는 요구를 동시에 하고 있다.

우선 하나님에 대한 두려움의 측면을 보도록 하자. 하나님과의 만남은 두려움을 불러 일으킨다. 이것은 신구약을 통틀어 성경이 일관되게 증언하고 있는 바이다. 출애굽기 3:6에서 본 것처럼 모세는 자신이 하나님과 만나고 있다는 것을 깨닫는 순간 두려워한다. 유명한 이사야의 소명 기사(사 6장)에서 그는 하나님을 알현하는 순간 "화로다 나여 망하게 되었도다 나는 입술이 부정한 사람이요 나는 입술이 부정한 백성 중에 거주하면서 만군의 여호와이신 왕을 뵈었음이로다"라고 말하였다. 이와 비슷하게 다니엘은 신적 존재와의 만남으로 인하여 자신이 겪은 체험에 대해서 말하기를 "이 큰 환상을 볼 때에 내 몸에 힘이 빠졌고 나의 아름다운 빛이 변하여 썩은 듯 하였고 나의 힘이 다 없어졌으나"라고 하였다(단 10:8).

이런 현상은 비단 구약만의 현상은 결코 아니다. 베드로는 게네사렛 호수에서 밤새도록 고기를 잡으려고 했으나 한 마리도 못 잡다가 예수의 말씀을 듣고 그대로 행함으로써 감당할 수 없을 정도로 많은 고기를 잡은 적이 있다. 이 때 그는 예수 그리스도의 신성의 한 자락을 보았던 것 같다. 그래서 그는 "주여 나를 떠나소서. 나는 죄인이로소이다"라고 말한다. "나는 죄인이로소이다"라는 그의 고백은 표면적으로는 문맥과 전혀 어울리지 않는다. 이사야가 하나님을 만났을 때 외쳤던 탄식을 연상시키는 그의 이 고백은 오직 예수 그리스도의 신성에 대한 체험이라는 측면에서만 제대로 이해될 수 있을 것이다. 예수 그리스도의 신성과의 만남을 통해 이런 반응을 가져오는 예는 계시록에서도 볼 수 있다. 세례 요한은 영광의 주 예수 그리스도를 만나자 "그의 발 앞에 엎드러져 죽은자 같이 되었다"고 말하고 있다(계 1:17). 그는 오직 예수께서 "두려워말라"고 말씀하실 때에야 겨우 그의 말씀을 들을 수가 있었다.

이처럼 죄인인 인간이 하나님을 만날 때 보이는 반응은 불가항력적인 두려움이다. 그러나 이 두려움은 긍정적인 효과가 있다. 출애굽기 20:20에서 모세는 하나님께서 이스라엘에게 두려움의 체험을 주시는 이유가 그들로 하여금 "범죄하지 않게 하려 하심"이라고 설명한다.

"어떻게 우리가 죄에서 벗어날 수 있는가" 하는 것은 모든 기독교인들의 화두이다. 이에 대한 답은 하나님에 대한 진정한 두려움이다. 하나님을 진정으로 두려워하는 것만이 죄를 이기는 힘이 된다.

그러나 이 두려운 하나님은 또한 이스라엘과 관계 맺기를 원하시는 분이시다. 바로 이 때문에 모세는 "두려워하지 말라"고 명령하고 있는 것이다. 왜냐하면 진정한 관계는 두려움에만 기초해서는 안 되기 때문이다.

이렇게 해서 20절의 모세의 말은 상호모순되는 두 가지 내용을 담고 있다. 첫째, 그는 하나님을 두려워해야 한다고 말한다. 하지만 둘째, 그는 두려워하지 말라고 말한다. 이 모순된 두 가지 요소들의 신비로운 결합이야말로 진정으로 하나님과 관계를 제대로 맺는 방편이다. 거룩하신 하나님과의 관계는 이 해결불가능한 모순을 통해서만 가능하다.[125]

이 단락과 관련하여 한 가지 더 지적하고 넘어갈 사항은 모세의 중계자 직분이다. 물론 모세는 출애굽기 3장에서 하나님의 부름을 받은 이후로 지금까지 계속해서 중계자의 직분을 수행해왔다. 그러나 지금까지는 이 중계자의 직분은 하나님께서 그에게 수여하신 직분이었다. 하지만 이제 18-19절에서 백성들이 간청함으로 인해 그의 중계자 직분은 쌍방향적인 것이 된다. 이러한 쌍방향적인 중계자의 직분은 나중에 출애굽기 32-34장의 황금 송아지 사건에서 중요한 역할을 하게 된다.

언약의 책(20:22-23:19)

20:22-23:33의 본문은 "언약의 책"이라는 이름으로 불린다(참고, 출 24:7). 이중에서 에필로그에 해당하는 23:20-33을 제외한 본문을 여기에서 다루고자 한다. 이 본문은 십계명보다 더 자세하고 다양한 율법 사항들을 담고 있다.[126]

1. 우상숭배 금지 및 제단에 대한 율법(20:22-26).
2. 남녀 노예에 대한 율법(21:1-11).
3. 살인, 부모에게 언어나 육체적인 폭력을 행사하는 것, 유괴에 대한 금령들. 이 모든 죄들은 사형 죄에 해당됨(21:12-17).
4. 이웃, 종, 임신한 여인 등의 다른 사람들을 해하고 불구로 만드는 사람들을 처벌하는 것에 대한 율법들(사형 죄에 해당하지 않는 경우들, 21:18-26).
5. 받는 버릇이 있는 소가 사람을 사망에 이르게 한 경우에 대한 율법, 부주의한 주인에게 내리는 벌도 포함되어 있음(21:28-32).

125 이 책의 부록 4에 들어 있는 "두려워 말고 두려워하라: 출애굽기 19-40장의 해설"은 이 20절의 모순되는 두 가지 요소야말로 출애굽기의 후반부(19-40장)의 핵심이라는 것을 설파하고 있다.
126 아래의 구조분석은 해밀턴, *오경개론*, 262-263을 따른 것이다.

6. 구덩이를 덮지 않아서 짐승이 멋모르고 빠진 경우에 대한 율법 (21:33-34).
7. 한 가축이 다른 가축에 의해서 치명상을 입은 경우에 대한 율법. 필요한 조치가 취해지지 않은 경우에는 상처를 입힌 동물의 주인에게 책임이 있음(21:35-36).
8. 도둑질에 대한 금령으로 보상을 명령(22:1-4).
9. 불법적으로 가축에게 꼴을 먹이거나 불을 지름으로써 다른 사람의 밭에 해를 입힌 것에 대한 율법(22:5-6).
10. 물건을 빌린 자와 다른 사람의 소유물을 위탁 받은 자에 대한 율법 (22:7-15).
11. 처녀를 유혹해서 혼전 성관계를 가진 경우에 대한 율법(22:16-17).
12. 마술, 수간(獸姦), 우상숭배, 이방인에 대한 푸대접, 고리대금업 등의 종교사회적 문제들에 대한 잡다한 법들의 모음(22:18-31).
13. 증인과 재판관에 관한 사항 등 법정에서의 정의에 대한 내용(23:1-9).
14. 안식일 율법(23:10-13).
15. 세 가지 절기를 지킬 것에 대한 촉구(23:14-19전반절).
16. 어린 염소를 그 어미의 젖으로 삶는 것의 금지(23:19하반절).

여기에서는 이 규례들을 다 다루지는 않고 몇몇 핵심적인 사항들에 대해서만 간략하게 해설을 제공하고자 한다.

출애굽기 21:1-11 남녀 노예에 대한 율법: 인간의 자유와 권리의 보호자이신 하나님

이 문단의 구조는 다음과 같다.

1절: 서론

2-6절: 남종에 대한 사항

7-11절: 여종에 대한 사항

우선 2-6절의 남종에 대한 사항을 좀 살펴보도록 하자. 히브리 종은 7년째 되는 해에 해방되도록 규정되어 있었다. 이때 이 종은 자유의 대가로 돈을 치르지 않아도 되었다.

3-4절의 핵심은 종이 들어왔을 때와 동일한 상태로 나간다는 점이다. 그가 단신으로 종이 되었으면 그는 단신으로 자유의 상태가 된다. 그가 장가든 상태에서 종이 되었으면 그는 장가든 상태 그대로 자유의 몸이 된다.

여기에서 문제가 되는 경우는 단신으로 와서 장가를 들게 된 경우이다. 이 경우에도 들어왔을 때와 동일한 상태로 나간다는 원칙이 적용된다. 그러나 이 경우는 자기 가족들과 함께 있는 길을 택하기 위해 자유를 포기하고 영구적으로 자기 주인의 종이 되는 길을 택할 수가 있었다.

7-11절은 여종에 대한 사항을 다루고 있다. 이 본문에서 여종은 남종과는 달리 단순히 잡일을 하기만 하는 존재가 아니라 주인의 아내 혹은 첩의 역할도 했던 경우를 다루는 것 같다. 이런 경우 이 여종은 상당히 강력한 법적 보호를 받는다. 특히 그녀의 주인은 그녀 대신 다른 여자와 결혼을 한다고 해도 먹을 것, 입을 것, 성관계에 대해서 그녀에게 의무를 다해야 했다(11절).

현대의 기독교적인 입장에서 볼때 이 본문은 다루기가 쉽지 않다. 성경이 노예제도를 인정하고 있다는 것은 기독교인들에게는 껄끄러운 사항인 것이다. 그러나 우리는 이 시절의 이스라엘이 아직 구속사의 경륜 속에서 완벽한 유토피아적 상태에 도달한 것이 아님을 유념할 필요가 있다.

이 점을 유의하고 나서 이 본문의 내용을 들여다 보면 당시의 정황과 관련하여 다음과 같은 점들을 생각해 볼 수 있다.

첫째, 현대와 달리 아직 사회보장제도가 발달되어 있지 않던 고대 사회에서 노예제도는 가난한 사람들이 부득이한 상황 속에서 생존할 수 있는 방편이었다는 것을 인식할 필요가 있다(참고, 창 47:13-25; 특히 19절). 이런 면에서 볼 때 노예제도는 비록 성경의 궁극적인 윤리를 완벽하게 반영하는 제도는 아니라 할지라도 당시의 현실로서는 부득이한 측면이 있었으며, 잘만 활용되면 오히려 긍정적인 기능을 할 수도 있는 장치였다.

둘째, 이 본문은 또한 노예에게 자유를 선택할 수 있는 권리를 부여하고 있으며(2절 등), 노예의 인간적 권리가 과도하게 침해되는 것을 막는 정교한 조항들을 담고 있다는 점을 기억할 필요가 있다(10-11절 등).

이처럼 이 본문이 노예에 대한 권리를 강조하는 이유 중의 하나로 볼 수 있는 근거는 신명기 24:17-18이다. 신명기 본문에 따르면 이스라엘 백성들은 자신이 애굽에서 종살이를 한 경험이 있으므로 과거의 자신들과 비슷한 처지에 처해 있는 사람들을 함부로 대하면 안 되었다.

이런 점에서 볼 때 현재의 이 본문은 하나님이 인간의 자유와 권리의 보호자이신 것을 보여준다. 하나님은 아직 완벽하지 않은 사회 속에서 가능한 한 많은 선택의 자유와 권리를 사회적 약자인 노예들에게 부여하고자 하셨다. 십계명의 서두(20:2)에서 자유를 주시는 하나님으로 자신을 계시하셨던 여호와 하나님은 인간이 자유롭게 되기를 원하셨다.

동해동형법(21:12-27)

언약의 책의 많은 내용들은 동해동형법(lex talionis)를 기초로 하고 있다. 즉 사람을 죽이거나 다치게 하는 경우 형벌이 죄와 상응해야 한다는 것이 이 율법의 정신이다.

흔히 "눈에는 눈, 이에는 이"라는 문구로 상징되는 이 원칙은 불행하게도 아주 잔인하고 비현대적인 것으로 자주 생각된다. 그러나 다음 두 가지 점을 고려해야만 한다.[127] 첫째, 이 원칙은 말 그대로 단지 원칙이었을 뿐 이것이 모든 상황에 피와 눈물도 없이 무조건적으로 시행된 것은 결코 아니었다. 이 원칙은 분명히 존중되었으나 상황에 따라 고려할 점들에 맞추어 유연성있게 적용되었다는 사실을 잊어서는 안 된다.

둘째, 현대처럼 공권력과 사법제도가 철저하지 않은 고대사회에서 이 법은 보복의 한계를 정함으로써 과도한 복수를 방지하는 역할을 했다. 대체적으로 동해동형법의 원칙은 죄에 대한 형벌을 줄 때 한계점의 역할을 했다. 물론 특수상황 속에서는 이 원칙을 넘어서서 형벌이 훨씬 강한 경우도 있기는 했다.

21:12-27은 바로 이런 동해동형법의 원칙이 실제 상황들에서 어떻게 적용되는지를 경우에 따라 언급하고 있다. 이 21:12-27은 살인죄(12-14절), 부모에 대한 죄(15, 17절), 납치(16절), 기타 폭행죄(18-23, 26-27절)로 구성되어 있는데 이 각각의 경우에 동해동형법이란 원칙이 어떻게 적용되고 있는지를 살펴보도록 하자.

(1) 13절에서 실수로 살인이 발생한 경우("나 하나님이 사람을 그의 손에 넘긴 것이면"이라고 표현의 의미)에는 동해동형법의 원칙을 적용하지 않고 보복을 피할 기회를 허락해 준다.

(2) 15, 17절의 부모에 대한 죄의 경우에는 동해동형법을 훨씬 초과하여 강력하게 처벌한다. 이 점은 십계명의 부모 공경의 율례와 연결

127 동해동형법에 대한 이런 이해는 Gordon Wenham, *Exploring the Old Testament: A Guide to the Pentateuch* (Vol. 1; Downers Grove: InterVarsity Press, 2003), 72-73을 주로 참고한 것이다.

시켜 이해하는 것이 좋을 것이다.

이처럼 동해동형법은 결코 피도 눈물도 없는 무자비한 원칙이 아니었다. 이것은 단지 일반적인 원칙일 뿐 실제 구체적인 규례들에 있어서는 정황에 따른 정상참작이 가해졌다.

사회적 약자에 대한 하나님의 관심(22:21-27; 23:1-9)

22:21-27은 하나님께서 사회적 약자들에게 깊은 관심을 보이시는 분이심을 말해주고 있다. 이 점은 당신 스스로 과부, 고아, 나그네들의 고통을 갚아주시겠다는 것을 강조하고 있는 구절들에서 특히 두드러지게 나타난다. 23, 24, 25, 27 등은 직접 "나"라는 주어를 써서 하나님의 적극적인 개입을 강조하고 있다. 그 이유는 하나님이 "자비로운 자"이시기 때문이다(27절).

이처럼 사회적 약자에 대한 하나님의 관심도 동해동형법에 근거해서 이해할 수가 있다. 다른 사람들이 자기를 괴롭혀도 아무런 조치를 취할 수 없어 그냥 당할 수밖에 없는 약자들을 위해 하나님은 대신해서 동해동형법을 시행해 주겠다고 말씀하신다.

23:1-9은 사람을 차별하면 안 된다는 원칙을 제시하고 있다. 1-3, 6-7절은 재판과 관련하여 불의를 저지르면 안 된다는 것을 언급하고 있다. 그 중에서도 특히 가난한 사람에게 불리하게 판결하면 안 된다는 것을 강조하고 있다(3,6절), (참고, 약 2:1-13). 이처럼 율법은 하나님께서 사회적 약자들을 돌보시는 분이심을 강조하고 있다.

앞서가시는 하나님(23:20-33)

이처럼 언약의 조항들인 율법의 말씀들을 주신 후에 하나님은 "언약의 책"의 마지막에 가서 이스라엘을 향한 권면의 말씀을 주신다. 23:20-33의 권면의 말씀의 구조는 다음의 세 부분으로 나뉜다.

20-22절 약속-경고-약속

23-26절 약속-경고-약속

27-33절 약속-경고

우선 20-22절을 살펴보도록 하자.

(1) 20절은 약속이다. "내 사자를 네 앞서 보내어"라는 약속을 주신다.

(2) 21절은 경고이다. "그의 목소리를 청종하라"는 명령이 주어진다. 이 사자는 "내 이름이 그에게 있음이니라"는 구절에서 보듯이 하나님의 대리자이다. 그를 대하는 것은 곧 하나님을 대하는 것과 같다.

(3) 22절은 약속이다. 20절과 21절의 내용을 결합한 것이다. 사자의 말을 잘 들을 때 하나님은 이스라엘의 대적들을 상대해 주신다.

이어지는 23-26절은 앞의 20-22절의 내용을 발전시키고 있으며, 역시 약속-경고-약속의 구조로 이루어져 있다. 우선 약속을 담고 있는 23절에는 다시 한 번 하나님의 사자가 언급된다. 이 사자는 이스라엘을 가나안의 족속들에게로 데려갈 것이고, 그곳에서 하나님은 이들을 멸절시킬 것이다. 이어서 24-25a절은 경고를 담고 있다. 이스라엘은 그 가나안 족속들의 신들을 섬겨서는 안 되며, 오직 여호와 하나님만을 섬겨야 한다. 25b-26절은 다시 한번 약속을 담고 있다. 하나님은 이스라엘에게 복을 내리시고 병을 제거하시며 다산과 장수를 주실 것이다.

마지막 27-33절은 앞의 절들과는 달리 약속-경고로 구성되어 있다. 27-31절은 가나안 땅에서의 하나님의 정복 계획과 관련하여 아주 상세한 내용들을 구체적으로 언급하시면서 약속을 주신다. 32-33절은 앞에서도 이미 경고로 주어진 바와 같이 가나안의 신들을 섬기지 말 것을 명령하고 있다.

언약의 체결(24:1-11)

19-23장은 언약에 대한 동의 및 언약의 내용인 율법들을 담고 있다. 이제 이 시내 산 언약 본문의 마지막 본문인 24:1-11은 앞의 내용들에 근거하여 언약을 체결하는 의식을 다루고 있다.

우선 1-2절에서 모세는 하나님의 마지막 명령을 듣는다. 하나님은 언약의식을 위해 아론과 나답과 아비후와 이스라엘 장로 70명을 여호와 앞으로 데리고 오라는 말씀을 듣고 산에서 내려온다.

3-8절은 언약체결 의식이다.

(1) 3,7절에 따르면 이스라엘은 두 번에 걸쳐서 하나님의 말씀을 지킬 것을 약속한다. 이것이 19:5-8과 다른 점은 거기에서는 이스라엘이 언약의 조항들을 듣기 전이다. 이제 이스라엘은 그 모든 언약의 조항들을 다 듣고 나서 다시 두 번에 걸쳐서 언약 준수에 대한 서약을 한다.

(2) 언약의 의식은 다음과 같이 치러진다.

1. 여호와의 모든 말씀을 기록한다.
2. 이른 아침에 일어난다.
3. 산 아래에 제단을 쌓는다.
4. 이스라엘의 열두 지파대로 열두 기둥을 세운다.
5. 이스라엘 자손의 청년들이 여호와께 소로 번제와 화목제를 드린다.
6. 모세가 피를 가지고 반은 제단에 뿌린다.
7. 언약서를 가져다가 백성들에게 낭독해준다.
8. 백성들의 서약이 다시 한 번 주어진다.
9. 모세가 남은 피를 백성들에게 뿌리면서 "언약의 피"라는 선포를 한다.

(3) 9-11절은 언약의 식사이다(참고, 창 21:22-34; 26:26-33-아브라함/이삭과 아비멜렉). 1-2절에서 이미 예정된 대로 이스라엘의 지도자들이 산 위에 올라서 "하나님을 뵙고 먹고 마신다"(11절).

여기에서 유의할 점은 "하나님을 보았다"라는 표현이다. 사실 이

지도자들이 결코 하나님을 맨 눈으로 직접 보았을리는 없다. 출애굽기 33:20에서 하나님은 모세에게 말씀하시기를 "네가 내 얼굴을 보지 못하리니 나를 보고 살 자가 없음이니라"고 하셨다. 모세도 여호와의 얼굴을 직접 볼 수가 없는데 이스라엘의 다른 지도자들이 여호와를 직접 보고 무사했을리가 없다. 그러므로 이들이 본 것은 하나님의 실제 모습이 아니라 단지 하나님의 특별한 임재를 나타내는 어떤 신현현상일 것이다. 10절의 "그의 발 아래에는 청옥을 편 듯 하고 하늘같이 청명하더라"는 표현은 바로 이런 신현현상에 대한 묘사인 것으로 이해된다. 이처럼 이들이 하나님을 직접 보는 것은 고사하고 그런 신현현상을 경험하는 것만 해도 특별한 위험을 감내해야 했다는 사실은 이어지는 11절의 "하나님이 이스라엘 자손들의 존귀한 자들에게 손을 대지 아니하셨고"라는 말씀을 통해서 드러난다. 이들이 이만큼 하나님의 임재 앞으로 다가갈 수 있었던 것은 하나님의 특별한 은총 덕분이었던 것이다.

이처럼 이스라엘이 두 번에 걸쳐서 하나님의 언약의 말씀들을 지킬 것을 맹세하고(3,7절), 세세한 언약체결 예식을 치르고, 이스라엘의 지도자들이 하나님과 언약의 식사를 함으로써 드디어 언약이 공식적으로 체결되었다. 언약을 결혼에 비유하자면 이스라엘은 드디어 하나님과 결혼식을 치렀다. 이제 남은 일은 신방을 차리고 그 신방에서 함께 사는 것이다. 이 신방은 곧 성막이다.

6장

출애굽기

24:12-40:38

출애굽기 24:12-40:38

본문의 구조

이 본문은 크게 "성막 이야기"(대략 출 25-31장; 35-40장)와 "황금 송아지"(대략 출 32-34장)의 두 개의 이야기로 구성되어 있다. 원래는 시내 산 언약을 통해 하나님과 이스라엘 사이에 맺어진 언약은 성막의 건설을 통해 이 두 언약 당사자가 함께 하는 것으로 막을 내리도록 되어 있었다. 그런데 모세가 성막 건설에 대한 하나님의 지시(출 25-31장)를 듣는 40일의 기간(24:18)을 견디지 못하고 이스라엘은 황금 송아지의 우상을 만든다(32:1-6). 이로 인해 시내 산 언약은 무효화되고, 이스라엘은 하나님의 진노로 인해 멸절을 당할 위험에 빠지게 되다(32:7-10). 이 문제는 오직 모세의 수차례에 걸친 중보기도(32:11-33:23)를 통해서야 겨우 무마된다. 하나님과 이스라엘은 다시 언약을 세운다(34장). 성막은 그 이후에야 겨우 건설된다(35-40장).

비록 이렇게 간단하게 줄거리를 요약하기는 했지만 현재의 우리의 성경본문에서 이 두 이야기는 훨씬 더 복잡하고 정교한 방식으로 서로 얽혀있다.[128]

a. 24:12-18 서론

b. 25:1-31:17성막

(c. 31:12-17안식법)

d. 31:18 중첩부분

e. 32:1-33:6 황금 송아지

f. 33:7-11 회막

e′ 33:12-34:35 황금 송아지

d′ 중첩부분(34:[28]29-35)

(c′ 35:1-3안식법)

b′ 35-40성막

a′ 40:34-38 결론

서론과 결론 부분을 제외하고 나면 이 본문은 기본적으로 성막 이야기(25-31장)가 황금 송아지 이야기(32-34장)를 감싸고 있는 형태로 되어 있다. 흥미로운 것은 이 두 이야기 사이에는 이중의 연결장치가 존재한다는 것이다. 우선 성막 이야기 전반부(25-31장)의 마지막 단락인 c와 후반부(35-40장)의 첫 단락인 c′는 동일하게 안식법으로 되어 있다. 특히 이 두 단락은 "엿새 동안은 일할 것이나 일곱째 날은 큰 안식일

128 이 책에서 나는 너무 전문적인 내용은 다루지 않을 생각이다. 그러나 이 본문에 대한 분석은 나의 박사논문인 Chulhyun Park, "From Mount Sinai to the Tabernacle: a Reading of Exodus 24:12-40:38 as a Case of Intercalated Double Plot" (Ph. D. diss.; University of Gloucestershire, 2002)에 기초하고 있다. 이 논문에서 나는 최근까지의 역사비평학자들의 견해를 반박하면서 이 본문 전체를 하나의 통일된 이야기로 읽어야 한다는 주장을 하였다. 이 주장을 제대로 이해하기 위해서는 "서사학"(narratology) 혹은 "서사비평"(narrative criticism)의 많은 전문적인 개념들과 "더블플롯"(double plot)이라는 기법을 이해해야만 한다. 이 책의 구성상 이 개념들 및 기법들을 설명하기에는 부적절하므로 나는 최대한 현재 본문을 이런 것들에 대한 사전지식이 없이 이해할 수 있도록 노력하였다. 더블플롯 기법에 대한 설명은 나의 책 *깨진 토기의 축복*(서울: 솔로몬, 2013)의 부록 III에 수록된 "삼상 24-26의 더블플롯과 등장인물 묘사기법"이라는 글을 참고하도록 하라. 서사비평에 대해서는 많은 좋은 책들이 나와 있으므로 따로 소개하지는 않겠다. 단지 나의 앞의 책의 부록 II에 수록된 "구약의 서사학적 연구의 과거, 현재, 미래"란 글에는 기존의 성경신학계의 서사비평 책들에 언급되지 않은 기법들에 대한 설명이 나오는데, 그것들을 참고하기를 바란다.

이니 여호와께 거룩한 것이라. 안식일에 일하는 자는 누구든지 반드시 죽일지니라"는 문구를 공유하고 있다(31:15; 35:2).[129] 이 두 개의 안식일 단락은 성막 이야기와 황금 송아지 이야기의 경계선 부분에 위치함으로써 두 이야기를 연결시켜주는 역할을 한다.

두 이야기 사이의 또 하나의 연결고리는 d-d′의 중첩 부분이다. 이 중첩 부분에는 두 이야기의 공통된 요소가 함께 들어가 있다. 그래서 두 이야기 사이의 교량 역할을 하고 있다. 예를 들어, 31:18에는 "증거판 둘…돌판"이라는 표현이 나온다. 이 "증거판"과 "돌판"은 사실은 동일한 물건이다. 그러나 성막 이야기는 "증거판"이라는 용어만을 사용하고 있다(25:16,21 등). 그리고 황금 송아지는 거의 대부분 "돌판"이라는 용어만을 사용하고 있다(34:1 등). 31:18은 "증거판"과 "돌판"을 함께 언급함으로써 두 이야기의 경계선에서 이 두 이야기가 중첩되어 만나게 해주고 있다.

위의 구조상 두 이야기 사이의 마지막의 연결점은 황금 송아지 이야기의 한가운데에 위치하고 있는 f의 회막 본문(33:7-11)이다. 주변 문맥과 전혀 동떨어진 것처럼 느껴지는 이 회막 본문 역시 두 이야기를 연결시켜 준다. 왜냐하면 출애굽기의 본문상으로는 분명히 이 회막은 성막과 동일시되고 있기 때문이다(39:32; 40:2).[130]

그리고 이 구조상에는 나타나 있지 않지만 성막 이야기와 황금 송아지 이야기는 내용상 서로를 비추고 있는 부분이 아주 많다. 예를 들어, 모세는 황금 송아지를 만든 죄에 대하여 결국 하나님의 완전한 용

129 개역개정판의 번역은 이 두 구절 사이의 유사성을 잘 살려놓지 않았다. 그러나 히브리어 원문상으로는 사소한 차이를 제외하고는 거의 동일하다.

130 사실 오늘날 학계의 거의 만장일치적인 견해는 이 회막이 성막과는 전혀 별개의 존재라고 본다. 이 견해의 바탕에는 내러티브의 흐름상 성막은 35-40장에 가서야 지어지므로 33:7-11에 나오는 회막은 이 성막과 동일한 것일 수가 없다는 것이다. 이 책의 부록 3의 "출애굽기 33:7-11의 '회막 기사'에 대한 서사비평적인 해석: 이 본문을 몰시간법적 기법(achrony)의 한 예로 읽기"란 나의 글은 이 문제의 여러 측면들을 상세하게 논의하고 있다.

서를 받아낸 후에 갑자기 "주의 영광을 내게 보이소서"란 간구를 한다(33:18). 그가 갑자기 이 간구를 왜 하는지에 대한 이유는 오직 성막 이야기를 함께 읽을 때에만 이해될 수가 있다. 왜냐하면 하나님은 성막 건설에 대한 명령을 주시면서 29:42-43에서 다음과 같이 말씀하셨기 때문이다.

> 이는 너희가 대대로 여호와 앞 회막 문에서 늘 드릴 번제라. 내가 거기서 너희와 만나고 네게 말하리라. 내가 거기서 이스라엘 자손을 만나리니 내 영광으로 말미암아 회막이 거룩하게 될지라.

이처럼 하나님의 영광으로 말미암아 회막이 거룩하게 되는 것에 대한 기록은 성막 이야기의 마지막 부분인 출애굽기 40:34, 그리고 이와 연관된 레위기 9:22-24 등의 본문에 잘 나타나 있다. 그러므로 모세가 황금 송아지 숭배의 죄를 용서받은 후에 "주의 영광"을 보여달라고 간청한 것은 현재 우리가 갖고 있는 정경 본문의 플롯의 흐름상으로 볼 때 이 죄 때문에 중단된 성막 건설을 하게 해달라는 요청으로 이해하는 것이 문맥상 가장 명쾌한 해석이다. 이처럼 출애굽기 24:12-40:38의 성막 이야기와 황금 송아지 이야기는 구조적으로나 내용상으로 서로 뗄래야 뗄 수 없는 형태로 연결되어 있다.

두 이야기의 서론(24:12-18)

24:12-18은 성막 이야기와 황금 송아지 이야기의 시작이다. 하나님은 모세에게 "내가 율법과 계명을 친히 기록한 돌판을" 줄테니 산으로 올라오라고 명령하신다. 이 돌판은 앞에서 체결된 시내 산 언약의 상징으로서, 언약의 모든 율례들을 대표하는 "십계명"을 기록한 것이다(참고, 34:28).

이 돌판이라는 주제는 성막 이야기와 황금 송아지 이야기 모두에서 중요한 역할을 한다. 우선 성막 이야기에서는 이 돌판은 "증거판"이라고 한다. 이 "증거판"은 성막의 심장과도 같은 지성소의 증거궤 속에 놓일 것이다(25:16,21). 이처럼 "증거판"을 지성소 안에 안치 하는 이유는 성막 건설이 하나님과 이스라엘 사이의 언약때문임을 보여 주기 위한 것이다. 앞으로 하나님은 이 증거판이 안치된 증거궤 위에서 모세와 만나고 그에게 백성들에게 지시할 모든 것을 말씀해주실 것이다(25:22).

황금 송아지 이야기에서도 이 돌판은 중요하다. 이 이야기에서 돌판은 성막 이야기의 경우와 달리 주로 "돌판"이라는 용어로 불린다. 이스라엘이 황금 송아지를 만드는 큰 죄를 저질렀을 때 모세는 이 돌판을 부셔버림으로써 하나님과 이스라엘 사이의 언약이 깨진 것을 상징적으로 나타낸다(32:19). 오직 모세가 여러 차례에 걸친 중보기도를 통해 하나님의 완전한 용서를 받아낸 후에야 이 돌판은 다시 만들어진다(34:1, 3, 28-29). 이 새로운 돌판은 언약의 회복을 나타낸다.

24:12-18 본문 중 16, 17절에 나오는 "여호와의 영광"이란 용어도 두 이야기 모두에서 중요하다. 16, 17절에서 모세가 돌판을 받기 위해 산에 올라갔을 때 시내 산 위에서는 "여호와의 영광"이 머무르고 있었다. 나중에 성막이 완성된 후에 이 "여호와의 영광"은 성막 위에 임한다(출 40:34-35). 기본적으로 "여호와의 영광"은 하나님의 임재를 상징하는 것으로 보인다(출 16:7, 10; 레 9:6, 23). 시내 산에 머무르던 이 "여호와의 영광"이 성막이 완성된 후에 그 위로 옮겨감으로써 하나님의 임재의 장소가 변화 되었음을 상징적으로 나타낸다.

앞에서도 언급했지만 황금 송아지 이야기에서도 이 "여호와의 영광"이라는 표현은 중요하다. 33:18의 "주의 영광을 내게 보이소서"라는 모세의 간구는 오직 성막 이야기의 "여호와의 영광"이란 주제의 기능을 고려할 때에만 제대로 이해할 수 있다.

플롯의 흐름상으로 보아도 24:12의 하나님의 명령은 두 이야기의 시발점 역할을 한다. 이 명령은 모세가 산에 올라가서 성막 건설에 대한 하나님의 긴 지시(25-31장)를 받는 동기가 된다. 그리고 모세가 돌판을 받기 위해 산에 올라감으로써 산 아래의 이스라엘 백성들을 떠나 있던 기간은 그들이 황금 송아지를 만드는 동기가 된다(32:1).

또한 24:14에서 모세는 아론에게 이스라엘 백성들을 맡겼는데 아론이 이들과 더불어 황금 송아지를 만드는 죄를 지었기 때문에 그는 나중에 모세의 책망을 받는다(32:2-6, 21-24). 이처럼 이 짧은 본문은 성막과 황금 송아지 이야기의 플롯상의 중요한 요소들의 시발점 역할을 한다.

성막건설의 명령(25:1-31:17)

성막건설의 지시(25:1-9)

이 단락은 성막 이야기 전반부(25-31장)의 서론에 해당한다. 2-7절은 성막을 건설하는데 필요한 예물의 항목을 나열하고 있다. 이 리스트의 서론인 2절은 매우 중요하다. 먼저 예물을 바치는 자의 마음에 대한 언급이 나온다. 모세는 오직 "기쁜 마음으로 내는 자"가 바치는 것들만을 받도록 하였다. 여기에서 "기쁜 마음으로 내는 자" 라는 개역개정판의 번역은 별로 적절하지 않은 듯하다. "자발적으로 내는 자"라는 히브리어 원문의 직역이 더 낫다. 성막에는 오직 자원하는 심령으로 낸 것들만이 사용되도록 되어 있다.

8-9절은 성막 신학의 핵심적인 내용들을 다루고 있다. 첫째, 8절에 따르면 성막은 "내가 그들 중에 거할 성소"이다. 성막 신학의 중요한 신학적 메시지 중의 하나는 하나님의 함께 하심의 신학, 즉 임마누엘의 신학이다. 둘째, 9절은 성막을 지을 때 하나님께서 "네게 보여주시는 모양대로 장막을 짓고 기구들도 그 모양을 따라 지을지니라"고 말

하고 있다. 성막은 아무렇게나 만드는 것이 아니라 하나님께서 계획하시고 명령하시고 보여주신 것과 똑같은 모양으로 만들어야 한다.

지성소(25:10-22)

성막 이야기 전반부(25-31장)의 본문의 배열 순서는 대체적으로 중요성의 원칙을 따르고 있는 것으로 보인다. 따라서 성막에서 가장 중요한 장소인 지성소(25:10-22)가 가장 먼저 다루어진다. 다음으로 지성소의 바깥 부분인 성소의 기구들(진설병 상, 등잔대와 부속기구들, 25:23-40)이 다루어진다. 다음으로 성막의 벽을 구성하고 있는 사항들이 다루어진다(26장). 마지막으로 성막 뜰의 구성요소들이 다루어진다(27장).

25:10-21은 지성소의 가장 중요한 구성물인 증거궤의 제작에 대한 내용을 다루고 있다. 이 궤는 아카시아 나무를 틀로 해서 만들어지며, 순금으로 판금을 입히고, 금으로 테를 두른다.

이 본문에서 특히 중요한 것은 증거궤를 운반하는데 사용되는 채에 대한 언급이다(13-15절). 특히 15절의 "채를 궤의 고리에 꿴 대로 두고 빼내지 말지며"라는 명령은 아주 중요하다. 성막을 설치한 후에도 궤에서 운반용 채를 고리에 끼운 채 그대로 두라는 명령은 "성막의 이동성"을 극명하게 상징한다.[131] 성막은 한 곳에 고정되어 있도록 만들어진 성소가 아니라 이스라엘이 가는 곳마다 그들과 함께 가기 위해서 만들어진 것이다. 이런 점에서 성막은 하나님의 함께 하심의 열망을 가장 잘 보여주는 상징물이다. **하나님의 임재는 동행하시는 임재이다**. 이스라엘이 있는 곳에 하나님도 있다!

131 James Plastaras, *The God of Exodus* (Milwaukee: The Bruce Publishing Company, 1966), 269. Stuart, *Exodus*, 568은 채를 빼지 않은 이유가 궤에 최대한 손상이 가지 않도록 하기 위한 것이었다고 주장한다. 그러나 그의 이런 주장은 이 궤를 운반하기 위해서 포장을 해야 할 때는 채를 뺐을 것이라는 각주(n. 337)의 그의 해설과 상충된다. 그의 설명은 포장을 위해 빼야 하는 채를 왜 이동하지 않는 중에서도 빼놓지 않고 그대로 두는지를 전혀 설명해주지 못한다.

참고로 성막의 이동성은 채를 빼지 않는 증거궤 외에도 성막의 여러 가지 요소들 속에 반영되어 있다. 26장은 성막의 벽채와 각종 휘장 등 뼈대를 이루는 구성물들에 대해서 다루고 있는데, 이것들은 다 쉽게 조립하고 분해할 수 있는 형태로 되어 있다. 벽채는 다 분리해서 운반할 수 있게 여러 개의 널판으로 구성되어 있다. 또 성막을 덮는 막들은 여러 겹으로 포갤 수 있는 구조로 되어 있다. 27:6, 8 등이 보여주듯이 성막의 번제단도 고리에 채를 끼워 운반할 수 있는 형태로 되어 있다. 특히 이 번제단은 널판지로 틀을 만들고 겉에 놋을 덧씌움으로써 마치 속이 빈 상자와 같은 형태로 되어 있다. 번제단은 흔히 상상하듯이 큰 돌을 네모난 모양으로 깍아 막든, 속이 꽉찬 모습이 아니었다. 이처럼 속을 텅 비게 하는 제작기법이 사용된 이유는 운반 및 이동을 용이하게 하기 위한 것으로 보인다. 성막은 그 전부가 속속들이 이동을 위한 구조를 갖고 있다.

이런 점에서 성막은 고정형 성소인 솔로몬의 성전과 많은 차이가 난다. 하지만 솔로몬의 성전에도 성막의 정신을 이어받은 것이 한 가지 있다. 그것은 바로 빼지 않고 언약궤에 그대로 끼워둔 운반용 채이다(왕상 8:8). 이스라엘이 정착을 해서 더 이상 이동할 필요가 없어져서 굳이 그렇게 끼워둘 필요가 없었음에도 불구하고 이 채는 원래대로 그곳에 끼워진 채로 놓여있었다. 이렇게 해서 솔로몬 성전에서도 여전히 이 채는 하나님의 이동성을 상징한다. 이동용 성소인 성막의 건설을 명령하시면서 하나님께서 보여주신 그대로 둔 것이다.

그러나 솔로몬 성전에도 여전히 남아 있는 이러한 이동성은 이스라엘이 죄악으로 물들 때에는 그들에게 불리하게 작용할 수도 있다. 하나님께서 그들과 더 이상 함께 하실 수 없는 상황이 되면 하나님은 그들을 떠나실 수도 있는 것이다. 예를 들어, 에스겔은 가증한 것으로 가득찬 예루살렘 성전에서 여호와의 영광이 떠나시는 장면을 환상으로 본다(겔 8:4; 9:3; 10:4, 18-19; 11:22-25).

이처럼 성경신학적으로 볼 때 성막의 이동성은 하나님의 이율배반적인 두 가지 의지를 동시에 나타내준다. 이스라엘이 하나님의 거룩한 백성으로 있을 때에는 성막의 이동성은 그들과 언제든지 함께 하시겠다는 하나님의 의지를 나타내준다. 그러나 이스라엘이 거룩성을 상실할 때에는 성막의 이동성은 하나님께서 그들을 떠나실 수도 있음을 보여준다. 나중에 출애굽기 33:7-11의 회막 본문을 다룰 때 이 점을 좀 더 살펴 볼 것이다.

진설병 상과 등잔대(25:23-40)

이 본문은 지성소 휘장 바깥 쪽, 성막의 성소 안에 배치되는 진설병 상과 등잔대에 대해서 언급하고 있다. 진설병 상은 조각목으로 만든 것에 순금을 씌우고, 여기에 다시 금으로 테를 둘러 만들어진다. 등잔대는 전부 순금으로 만들어진다. 또한 이것들에 부수적으로 사용되는 대접, 숟가락, 병, 잔, 불 집게, 불 똥 그릇 등도 다 순금으로 만들어진다. 이것들이 다 순금으로 만들어진 것은 이것들이 얼마나 거룩하고 귀한 것인지를 상징적으로 나타내 주고자 함이다.

성막(26:1-37)과 뜰의 벽(27:9-19)

26:1-37과 27:9-19의 본문은 각각 성막 및 지성소를 구성하고 있는 벽과 그 입구의 휘장들, 그리고 뜰의 벽과 뜰 입구의 휘장의 제작에 대해서 언급하고 있다. 우선 성막 및 지성소를 구성하고 있는 벽과 입구의 휘장의 제작에 대해서 다루고 있는 26:1-37의 본문은 크게 두 부분으로 나뉜다. 그것은 각각 성막의 벽채와 성막의 지붕 역할을 하는 막들의 제작(1-30절)과 성막의 문 역할을 하는 휘장들의 제작(31-37절)이다. 더 세부적으로 구분하면 각 부분은 두 부분으로 나뉜다.

성막 구조물의 제작(26:1-30)

성막을 덮는 막들(26:1-14)

성막의 벽(26:15-30)

휘장의 제작

지성소 휘장(26:31-35)

지성소의 휘장은 성막을 두 부분, 즉 지성소와 성소로 나누어 주는 역할을 한다.

성막의 휘장(26:36-37)

성막의 휘장은 성막과 뜰의 경계선이 되는 휘장의 역할을 한다.

그리고 뜰의 벽과 입구의 휘장의 제작에 대해서 다루고 있는 27:9-19은 다음과 같이 두 부분으로 나뉜다.

1. 뜰 벽(27:9-15)
2. 뜰 휘장(27:16-19)

성막을 덮는 막들(26:1-14)

성막의 지붕역할을 하는 막은 총 네 가지다. 즉 "성막", "성막을 덮는 막", "막의 덮개", "윗덮개"가 그것들이다.

우선 성막의 지붕 역할을 하는 막 중 가장 안쪽에 배치되는 것은 "성막"(미쉬칸, משכן)이다(1-6절). "성막"이란 단어는 우리가 통상적인 의미로 사용하는 성막 전체의 구조물을 가리킬 수도 있고, 여기에서처럼 성막의 지붕막 중 가장 안쪽 막을 가리킬 수도 있다. 이 점은 히브리어 원어상으로도 마찬가지다.

이 "성막"은 가늘게 꼰 베실에 청색, 자색, 홍색 실로[132] 그룹을 정교하게 수 놓은 천을 사용하여 길이가 28규빗, 폭이 4규빗인 휘장 열 폭으로 만들어진다.[133] 이 열 폭은 각각 다섯 폭 씩 한 조를 이룬다. 각 조의 끝에는 청색 실로 50개의 고리구멍들을 만든다. 이 구멍들에 50개의 금으로 만든 갈고리를 끼워서 이 두 조의 휘장을 연결하여 성막을 만든다.

휘장을 그냥 두 폭으로 만들지 않고 총 열 폭으로 나누어서 만들고, 이것들을 다시 다섯 폭 씩 한 조를 만든 다음 이것들을 고리로 끼워 조립한 이유는 아마 앞에서 이야기한 바와 같이 성막의 이동성을 위한 것으로 보인다.

"성막" 위에는 "성막을 덮는 막"(7-13절)이 놓인다. 이 막의 재료는 앞의 "성막"과 달리 염소 털로 짠 천이다. 이것은 길이가 30규빗, 폭이 4규빗인 앙장 열한 폭으로 만들어진다. 이 열한 폭은 각각 다섯 폭, 여섯 폭이 한 조를 이룬다. 여섯 폭으로 구성된 조의 마지막 여섯 번째 폭은 반으로 접는다(즉, 폭이 4규빗에서 2규빗이 됨).

이 접은 부분을 성막의 앞쪽으로 향하게 한다. 참고로 22절에 따르면 성막의 뒤편은 서쪽이다. 따라서 성막 앞편은 동쪽이 된다. 성막은 동쪽을 향하여 문이 나있는 구조로 되어 있다.

앞의 "성막"의 경우와 마찬가지로 이 막의 경우에도 각 조의 끝에 고리구멍 50개를 만든다. 그리고 이 50개의 고리구멍들은 모두 50개의 놋갈고리와 연결시킨다. 여기에서 주목할 점은 갈고리의 재료가 앞의 "성막"과 차이가 난다는 점이다. "성막"의 경우에는 갈고리는 금으로 만들어졌는데, 이 막에는 놋이 사용된다.

132 M. Haran, *Temples and Temple Service in Ancient Israel* (Oxford: Clarendon, 1985), 160은 이 염색된 실의 순서가 그 중요성과 가격에 따른 것이라고 주장하고 있다.

133 1규빗은 대략 50cm 정도로 생각하면 된다. 따라서 휘장 한 개의 폭은 4규빗이니까 약 2m 정도 된다. 이 휘장을 열 폭을 만들면 20m가 되는 것이다.

또 한 가지 생각할 점은 이 막은 4규빗 짜리 휘장이 총 열한 개로 구성되어 있으므로 동일한 폭의 휘장이 총 열 개로 구성되어 있는 "성막"보다 폭이 넓다. 그렇게 한 이유는 이 막으로 "성막"을 완전히 덮고도 조금 남게 하기 위한 것 일뿐 아니라(12-13절) 아마도 안쪽의 더 귀한 "성막"을 보호하기 위한 것일 것이다.

성막 지붕의 세 번째 막은 "막의 덮개"라고 되어 있다(14절). 이 막은 붉게 염색한 수양의 가죽으로 만든다. 마지막의 막은 "윗덮개"라고 불리고 있다. 이것은 **타하쉬**의 가죽으로 만들었다고 되어 있다. 타하쉬는 흔히 해달이나 돌고래를 지칭하는 것으로 이해되고 있다.134

이 네 막에 대한 사항들을 표로 정리해보면 다음과 같다.

	재료	연결고리	고리구멍
1 성막(משכן) 미쉬칸	1절 가늘게 꼰 베실 청색 자색 홍색 실 그룹이 정교하게 수놓아짐(1절)	6절 금	청색 실
2 성막을 덮는 막 (אהל על־המשכן)	7절 염소털	11절 놋	재료언급 없음
3 막(위의 2번 막)의 덮개 (מכסה לאהל)	14절 붉게 염색된 수양가죽		
4 윗덮개 (מכסה עֹרֹת)	14절 타하쉬의 가죽		

134 타하쉬가 정확히 무엇인지는 파악할 수 없다. 개역개정판은 "해달"이라고 번역하고 있다. 그리고 난하주는 "돌고래"일 수도 있다고 언급하고 있다. 히브리어 사전 HALOT는 돌고래 종류의 가죽을 더 선호하는 듯하다. 그러나 가능성은 유보적이다. 결론적으로 HALOT는 어떤 동물의 가죽이 되었든지 간에 이 가죽은 수입된 고급 가죽으로 보인다고 말한다.

여기에서 중요한 점은 이 막들이 그 위치에 따라 재료에 있어서 차등을 보여준다는 점이다. 가장 안 쪽에 있는 막은 가늘게 꼰 베실을 사용하여 만들어졌다. 그리고 거기에 아주 비싼 염료를 사용하여 염색된 청색, 자색, 홍색 실로 그룹이 정교하게 수놓아졌다. 두 번째 막은 염소털로 만들어졌다. 그리고 세 번째와 네 번째 막은 가죽을 사용하였다. 물론 이 모든 재료들이 다 귀한 것들임에는 틀림이 없다. 그럼에도 불구하고 이것들 사이에는 상대적인 가치가 분명히 존재한다. 가장 안 쪽의 막은 가장 귀한 재료로 만들어졌지만, 가장 바깥의 막은 상대적으로 가장 덜 귀한 재료로 만들어졌다.

이러한 재료의 차이가 나타내고자 하는 것은 소위 "거룩성의 차등 현상"(gradation of holiness)이다.[135] 이러한 현상은 뒤에서 살펴볼 성막의 다른 구성물들의 경우에도 다 적용되고 있다. 또한 이런 현상은 재료 이외의 다른 요소들에서도 드러난다. 일례로 성막은 지성소, 성소, 뜰의 삼중구조로 되어 있는데, 이 각각의 장소에 다가갈 수 있는 사람은 차등적으로 제한되어 있다. 우선 일반 백성들은 성막에서 바깥 뜰까지만 다가갈 수 있었다. 성소는 주로 제사장들만 다가갈 수 있었고, 경우에 따라서 레위인들이 특별한 사역을 위해 접근할 수도 있었다. 마지막으로 가장 거룩한 곳인 지성소에는 오직 대제사장만이 들어갈 수 있었다. 그것도 일 년에 오직 속죄일 하루만 그렇게 할 수 있었다.

이처럼 성막의 모든 사항들은 "거룩성의 차등" 개념을 정교하게 반영하고 있다. 이것은 성막이 하나님의 임재를 상징하는 것과 관계가 있다. 이스라엘에게 임재하시고 그들과 함께 하시는 하나님은 거룩한 분이시다. 그러므로 하나님의 임재는 거룩의 임재를 수반한다. 성막

135 이에 대해서는 Haran, *Temples and Temple Service,* 158-165, 175-188; Philip Peter Jenson, *Graded Holiness: A Key to the Priestly Conception of the World* (JSOTS 106; Sheffield: JSOT Press, 1992)를 참고하라.

의 가장 거룩한 곳인 지성소로부터 멀어짐에 따라 재료가 가장 귀한 것으로부터 점점 덜 귀한 것으로 차등이 있는 것과 성막의 각 부분마다 다가갈 수 있는 사람이 제한되어 있는 것은 바로 하나님께서 거룩 그 자체이시고, 거룩의 원천임을 상징적으로 나타낸다.

성막이 이렇게 하나님의 거룩성을 상징적으로 나타내게 됨으로써 성막은 이율배반적인 속성을 띠게 된다. 앞에서 살펴본 바와 같이 성막은 일차적으로 하나님의 임재와 내주하심을 상징한다. 성막은 하나님께서 자기 백성 가운데 계심을 나타내주는 것이다. 특히 성막은 일차적으로 다가오시는 하나님, 접근 가능한 하나님(an approachable God)을 표현해준다.

하지만 "거룩성의 차등 현상"은 이와 반대로 다가갈 수 없는 하나님(an unapproachable God)을 상징적으로 나타내준다. 성막의 각 영역마다 다가갈 수 있는 사람과 시기가 제한되어 있었던 것처럼 재료의 차등 현상들도 하나님의 이런 속성을 상징해준다. 이처럼 성막은 접근불가능한 하나님, 인간이 결코 함부로 다가갈 수 없는 하나님도 상징한다. 이것이 성막의 이율배반성이다. 사르나의 표현을 빌리자면 다음과 같다.[136]

> 성막은 일차적으로 하나님께서 이스라엘 공동체 속에 내주하신다는 개념을 구체적이고, 시각적으로 상징하고 있다. 그러나 성막이 하나님의 내재성이란 개념을 전달하고 있다고 해서 그의 모든 물질성으로부터의 독립성, 즉 그의 초월성이 타협되어서는 안 된다는 점이 아주 중요하다. 거룩성의 차등 현상은 접근불가능한 하나님의 거룩성을 표현해주고, 말로 표현할 수 없는 그의 광휘와 존재의 헤아릴 수 없는 신비를 강조해주는 방편이다.

136 Sarna, *Exploring Exodus*, 205-206.

이런 점에 있어서 성막은 출애굽기 20:20의 “두려워 말고 두려워하라”는 모세의 명령과 일맥상통한다. 성막은 두려워하지 말아야 할 하나님과 두려워해야 할 하나님을 동시에 보여주고 있다.

성막의 벽(26:15-30)과 뜰의 벽(27:9-15)

성막의 벽(15-30절)과 뜰의 벽(27:9-19) 역시 “거룩성의 차등” 현상을 보여준다. 우선 성막의 길이 방향의 벽, 즉 남쪽과 북쪽의 벽은 벽 하나당 길이가 10규빗, 폭 1.5규빗의 아카시아 나무 널판 총 20개(총 30규빗 길이; 대략 15m)로 구성된다. 각 널판의 아래에는 두 개의 튀어나온 부분, 즉 촉이라고 불리는 부분이 있다. 이 촉은 은으로 만든 널판 받침에 끼우게 되어 있다. 촉 하나당 은 받침이 하나씩 필요하므로 총 40개의 은 받침이 필요하다.

성막 뒤 편(서쪽, 22절)에는 널판 여섯 개(총 9규빗), 모퉁이에는 널판을 한 개씩 더 덧대어 두겹으로 한다. 따라서 성막 뒤 편을 위해 필요한 널판 수는 총 8개이고, 은 받침 수는 총 16개이다.

이 널판들을 가로질러서 고정시키는 가로대(개역개정판, “띠”)는 한 널판 당 위에서부터 아래로 총 다섯 개로 구성되어 있다. 이 중 특히 가운데 가로막은 널판들 끝에서 끝까지 닿는 길이로 되어 있다. 널판들과 가로대는 전부 금으로 씌우고, 가로대를 끼우는 고리는 금으로 만들어졌다(26:29).

성막의 뜰을 둘러싼 벽은 남쪽과 북쪽의 벽의 경우 100규빗의 세마포 휘장으로 되어 있다. 벽의 기둥은 20개를 설치했고, 기둥 받침은 놋으로 되어 있다. 그리고 기둥의 갈고리와 가름대는 은으로 만들어졌다. 서쪽과 동쪽은 각각 50규빗으로 설치되어 있었으며, 입구가 있는 동쪽에는 가운데에 20규빗의 입구 휘장이 설치되어 있었다.

이 벽에 대한 사항들을 도표로 정리해보면 다음과 같다. 여기에서도 “거룩성의 차등 현상”은 분명하게 나타난다.

	재료	가로대	고리	받침대
성막 벽	조각목 + 금 씌움	조각목 + 금 씌움	금	은
뜰 벽	세마포 휘장 + 기둥	은	은	놋

지성소, 성소, 뜰 입구의 휘장 및 휘장 기둥들(26:31–37; 27:16–19)

휘장들 중 가장 안쪽에 위치한 휘장, 즉 성막을 지성소와 성소의 두 부분으로 나누어주는 휘장은 “거룩성의 차등” 원칙에 따라 가장 비싼 재료로 가장 정교하게 만들어졌다(26:31-33). 이 휘장은 청색, 자색, 홍색 실과 가늘게 꼰 베실로 짜서 만들어졌으며, 그 위에 그룹들을 정교하게 수 놓았다. 그리고 금 갈고리로 걸어서 네 개의 기둥 위로부터 늘어뜨렸다. 기둥은 조각목으로 만들고, 금으로 싸서 은 받침 위에 세웠다.

성소 입구에 드리운 휘장은 성막과 뜰을 구분짓는 역할을 한다. 이 휘장은 청색, 자색, 홍색 실과 가늘게 꼰 베실로 수를 놓아 짠 것이다(26:36-37). 그룹을 수놓으라는 언급은 없다. 이것을 금 갈고리로 걸어서 다섯 개의 기둥 위로부터 늘어뜨린다. 기둥은 조각목으로 만들고, 금으로 싸서 놋 받침 위에 세운다.

뜰 입구의 휘장은 청색, 자색, 홍색 실과 가늘게 꼰 베실로 수를 놓아 짠 것이다. 그리고 네 기둥 위에 은 갈고리로 걸어서 늘어뜨린다. 기둥의 재료는 언급되어 있지는 않지만 조각목으로 만들었을 것으로 보이며, 받침은 은이다. 이처럼 벽과 휘장들에도 “거룩성의 차등” 원칙이 분명하게 반영되어 있다.

	재료	도금	받침	갈고리
지성소 휘장	청색 자색 홍색실 가늘게 꼰 베실 그룹 형상 정교한 수	미쉬칸	가늘게 꼰 베실	금
지성소 휘장 기둥(4개)	조각목	금	은	금
성막 휘장	청색 자색 홍색 실 가늘게 꼰 베실 그룹 형상 없음 아랫 단계 수			
성막 휘장 기둥(5개)	조각목	금	놋	금
뜰 휘장	청색 자색 홍색실 가늘게 꼰 베실 그룹 형상 없음 아랫 단계 수			
뜰 휘장 기둥(4개)	조각목	언급없음	놋	놋

성막 제작시 사용된 수놓은 기술들

성막 본문을 읽을 때 꼭 알아두어야 할 점을 하나 더 언급하고자 한다. 성막 제작시에 여러 가지 천들을 가지고 각종 물품을 만드는 내용이 많이 나온다. 이때 천들을 가지고 작업할 때 사용하는 기술들에 대해서 히브리어 원어는 엄밀하게 세 개의 용어를 구분해서 사용하고 있다.[137] 불행히도 현재의 영어 성경들이나 한글 성경들은 이것을 정확하게 반영하지 못하고 있다. 앞으로 성경번역시에 이 기술 용어들을좀 더 유념해서 번역해야 할 필요가 있다고 본다.

137 Haran, *Temples and Temple Service*, 160-163; Jensen, *Graded Holiness*, 104-105; Larsson, Larsson, *Bound for Freedom*, 216-217.

(1) “정교한 수”(**마아세 호셰브**, מעשה חשב, the work of a skilled craftsman, 26:1,31; 28:6,15)

이 기술은 성막에서 가장 귀한 것들을 제작하는데 사용된다. 성막의 가장 안 덮개인 “성막”과 지성소의 휘장, 그리고 제사장 의복 중 가장 귀한 것들인 에봇과 가슴받이를 제작하는데 이 기술이 사용되었다.

(2) ‘수 놓는 작업”(**마아세 로켐**, מעשה רקם, the work of an embroiderer, 26:36; 27:16; 28:39)

이 기술은 중요성에 있어서 다음 단계의 것들, 즉 성막과 뜰을 구분 짓는 휘장, 뜰의 문에 치는 휘장, 그리고 제사장 의복 중 허리띠의 제작에 사용되었다.

(3) “짜기” (**마아세 오렉**, מעשה ארג, weaving, 28:32; 39:22,27)

이 기술은 성막에서 상대적으로 가장 덜 중요한 것들, 즉 제사장 겉옷이나 속옷 등의 제작에 사용되었다.

이처럼 천으로 작업할 때 사용하는 기술 등에도 위에서 말한 “거룩성의 차등” 원칙이 엄밀하게 적용되었다.

제단(27:1-8)

이 단락은 제단의 제작에 대해서 다루고 있다. 단은 길이와 너비가 각각 5규빗의 정사각형 모양으로 되어 있고, 높이는 3규빗이다. 조각목에 놋을 씌워서 만든다. 제단의 네 모퉁이에는 뿔을 달았는데, 이 뿔들은 제단과 일체형으로 만들도록 하였다. 제단에 사용된 석쇠는 놋으로 만들고, 제단 높이의 절반 부분에 설치하도록 하였다.

제단 운반용 채는 조각목에 놋을 씌워 만들었다. 이 채들은 제단 양

옆의 고리에 끼워서 운반하도록 되어 있다. 또한 제단은 가운데가 텅 빈 형태로 제작되었다. 앞에서도 이미 언급한 바와 같이 제단이 속이 텅빈 형태로 되어 있었다는 것은 운반의 편의를 고려한 것으로 보인다. 이처럼 성막의 모든 기구들은 최대한 운반하기 좋게 만들어져 있었다. 이 점은 성막이 얼마나 철저하게 운반용 성소로서 기능하도록 만들어졌는가 하는 것을 잘 보여준다.

등불의 관리(27:20-21)

이 짧은 단락은 성막 안을 밝히는 등불에 대한 내용을 담고 있다. 성막의 등불에는 오직 "순결한 기름"만 사용되어야 한다. "순결한"에 해당하는 히브리어 단어(**자크**, זך)는 오경에서 오직 이 성막의 등잔대의 기름과 성막에 사용되는 향에만 사용된다(출 27:20; 30:34; 레 24:2,7, 총 4번). 제사장들은 이 등잔의 불을 저녁부터 아침까지 항상 잘 관리해야만 했다.

대제사장 및 제사장의 의복(28장)

28장은 대제사장 및 제사장이 입는 의복에 대한 내용을 담고 있다. 그 내용은 다음과 같다.

1-5절 서론
5-14절 에봇
15-30절 가슴받이
31-35절 겉옷
36-38절 순금 패
39-43절 기타사항들

우선 1-5절은 28장 전체의 서론 역할을 하고 있다. 대제사장과 제사장들이 입는 의복이 "거룩한 옷"이라는 것을 강조하고 있다(2,4절).

의복 중 가장 먼저 다루어지는 것은 에봇이다(5-14절). 이 에봇은 성막 혹은 지성소를 반영하고 있는 것으로 보인다. 왜냐하면 에봇의 제작에 사용된 재료가 금실을 빼고는 지성소 휘장에 사용된 것과 동일하며, 제작 기술 또한 동일하기 때문이다. 이 중 특별히 "금실"이 추가적으로 에봇에 사용된 것은 대제사장이 하는 사역이 얼마나 중요한지를 상징적으로 보여주고자 함일 것이다.

9-12절은 에봇 위에 다는 두 개의 보석의 제작을 다루고 있다. 이 보석들에는 이스라엘 지파의 이름이 출생 순서대로 기록되었다. 이 보석들은 에봇의 두 어깨받이에 붙이도록 되어 있었다. 이것들은 "이스라엘 아들들의 기념보석"으로서 하나님이 이스라엘을 항상 기억하게 하는 기능을 했던 것 같다. 마지막으로 13-14절은 에봇에 사용된 고리와 끈에 대해서 말해주고 있다. 이것들이 금과 순금으로 만들어진 것은 지성소의 기구들을 연상시킨다. 특히 에봇은 대제사장의 의복 중에서도 가장 중요한 물품으로서 성막, 그 중에서도 특히 지성소와 많은 점에서 상응하고 있다.

15-30절은 가슴받이의 제작에 대해서 언급하고 있다. 이 가슴받이는 두 가지 기능을 했던 것으로 보인다. 첫째, 가슴받이 위에 장식된 열두 보석은 에봇 위의 두 돌처럼 이스라엘 열두 지파를 상징했다(21,29절). 둘째, 이 가슴받이는 주머니 형태로 되어 있었는데, 이 주머니는 우림과 둠밈을 담아두는 역할을 했다(30절). 우림과 둠밈은 이스라엘 자손에게 하나님의 뜻을 알리는데 사용된 도구였다(출 28:30; 레 8:8; 민 27:21).

31-35절은 제사장의 겉옷에 대해서 다루고 있다. 겉옷은 전부 청색으로 만든다. 겉옷자락에는 금방울과 석류 모양의 술을 달았는데 이것들이 내는 소리는 아론이 거룩하신 하나님의 임재 앞에 나갈 때 죽지

않게 해주는 역할을 했다(35절).

36-38절은 머리에 쓰는 관에 대해서 다루고 있다. 제사장이 머리에 쓰는 관에는 "여호와께 성결"이라는 문구가 새겨진 순금 패를 달았다(36절). 이 문구는 이스라엘과 제사장이 하나님께 어떤 모습을 갖추어야 하는지를 보여준다. 또한 이 문구는 하나님께 드려지는 제물 혹은 제사가 어떤 이유로 인하여 잘못이 있을 경우에 하나님께서 은혜로 받아주시도록 해주는 기능도 한다.

마지막으로 39-43절은 예복의 기타 요소들 및 결론 등을 담고 있다. 여기에는 하체를 가리는 속옷이 언급되어 있다. 제사장이 하체를 노출하는 것은 죄였으며, 그때문에 죽임을 당할 수 있었다(43; 출 20:26).

한 가지 유념할 점은 대제사장은 속죄일(레 16장)의 경우에는 다른 날과는 달리 세마포 옷을 입었다. 이 날에는 그는 백성의 대표로 활동하기도 하지만 그 자신이 일반 제사장이나 일반 백성과 같이 하나님 앞에서 자기 죄에 대한 희생 제물을 드려야 하는 날이었다(레 16:6,11). 이 날은 그가 하나님 앞에서 다른 사람들과 다를 바가 조금도 없는 죄인임을 확인하는 날이었다. 이 때문에 그는 통상적인 대제사장 의복이 아닌 세마포 옷을 갖춰 입었다.[138] 대제사장도 죄씻음을 필요로 하는 인간에 불과하기 때문이다.

제사장 위임식(29장)

29장의 본문은 제사장 위임식에 대한 명령들을 담고 있다. 이 명령은 레위기 8-9장에서 실행된다. 28장에서 제사장의 의복을 다루면서 살펴보았듯이 제사장 역시 성막과 유사성이 있다. 성막이 거룩하므로 그 속에서 일하는 제사장 역시 성막과 동일한 거룩성을 띠어야 했다.

138 Larsson, *Bound for Freedom*, 225-226.

따라서 제사장 위임식은 이들을 거룩하게 만드는 절차를 포함하고 있다. 이 절차는 28:41의 순서를 따라 "입히고, 기름을 붓고, 제사장으로 세우고, 거룩히 구별하는" 순서로 진행된다.

우선 1-3절은 서론을 담고 있다. 제사장 위임식에 필요한 희생제물은 어린 수소 한 마리와 흠없는 숫양 두 마리이다. 이것들을 무교병 등과 함께 모세에게 가져온다.

4-9절은 28:41의 동사의 순서를 따라 제사장 의복을 "입히는" 절차에 대해서 다루고 있다. 28장의 제작법에 따라 만든 의복을 다 입힌 다음 제사장에게 "관유"를 붓는다. 이 기름은 30:22-33의 제조법을 따라 만들어진 기름이다 이 기름은 "지극히 거룩한 것으로 구별"되게 만드는 기능을 한다(30:29). 나중에 이 기름은 성막의 모든 거룩한 물건들을 거룩하게 구별하는데 사용된다. 특히 이 기름이 제사장을 거룩하게 구별하는 데에도 사용된다는 점은 제사장 역시 거룩한 장소에서 사역을 하기 위해서는 그 자신이 거룩하게 될 필요가 있음을 보여준다. 이에 대해 라르손(Larsson)이라는 학자는 다음과 같이 지적했다. "그러므로 제사장은 기름부음을 통해서 성막과 동일한 거룩성을 부여받으며, 그로 인해 그들은 거룩한 기물들에 접근할 수 있게 되며, 심지어 그것들을 만질 수도 있게 된다".[139]

성막에서 사역하는 자가 성막과 같은 정도의 거룩성을 갖추어야 한다는 이 본문의 메시지는 우리 그리스도인들에게 시사하는 바가 크다. 특히 신약에서 성도는 만인제사장의 지위를 부여받은 자로서 하나님의 전이라고 일컬어지고 있다(고전 3:16-17; 6:19-20). 구약의 제사장이 성막과 동일한 거룩성을 갖추어야 했다면 신약의 만인제사장들인그리스도인들은 더욱더 하나님 앞에서 그 주어진 지위와 역할에 합당한 거

139 Larsson, *Bound for Freedom*, 227.

룩함을 갖추어야 할 것이다.

제사장 의복에 기름을 부어 거룩하게 하는 의식에 이어서 속죄제(10-14절)와 번제(15-18절)와 화제 및 요제(19-28절)가 드려진다. 이 모든 제사에서 아론과 그의 아들들은 희생 제물의 머리에 안수를 한다(10,15,19절). 이 안수의 의미는 죄의 전가를 나타내는 것이다(참고, 레 1:4). 앞의 7절의 관유와 더불어 이런 절차를 행사하는 이유는 제사장이 원래부터 거룩한 존재가 아니기 때문이다. 제사장의 거룩함은 그에게 원래부터 존재하던 고유한 거룩함이 아니라 하나님의 은혜에 의해 부여된 거룩함이다.

좀 더 자세히 살펴보면 10-14절의 속죄제는 레위기 4:3-12의 제사장의 죄에 대한 속죄제와 중요한 차이가 난다. 그것은 이 후자의 본문의 경우 제사장은 속죄 제물의 피를 회막 안으로 가지고 들어가서 의식을 행하도록 되어 있다(레 4:5-7). 그러나 이 제사장 위임식의 경우는 그렇게 하지 않는다는 것이다. 29장에서 이런 독특한 속죄제가 드려지는 이유는 제사장이 최종적으로 성별되어 백성을 대표할 수 있기 전에 그 자신이 먼저 이 속죄제를 통해 정결케 되어야 하기 때문이다. 즉 이 위임식에서는 제사장이 아직 자신의 임무를 위해 정결케함을 받지 못한 상태이기에 성소 안에 들어가거나 제단을 정화시키는 일 자체를 할 수가 없었다. 이러한 속죄 의식상의 중대한 차이는 제사장들 역시 하나님의 은혜에 의한 허락이 아니고서는 백성들의 죄를 사하는 사역을 할 수가 없었다는 것을 보여준다. 제사장 위임식이 끝나기 전까지는 그들도 일반 백성들과 마찬가지로 죄사함을 받아야 하는 평범한 사람들인 것이다. 또한 그들이 제사장으로 위임된 후에 다른 사람들의 죄를 속하는 의식을 집행할 수 있었던 유일한 근거는 하나님께서 그들이 그렇게 할 수 있도록 허락하셨기 때문이다. 결코 제사장이 그 스스로 고유한 거룩성을 가진 것은 아니었다.

19-28절은 제사장 위임식에 쓰이는 마지막 숫양에 대한 것이다. 이 숫양은 여러 가지로 사용된다. 그 중에서 19-21절에서 이 숫양의 피는 아론과 그 아들들의 오른쪽 귓불과 오른손 엄지와 오른발 엄지에 바르는데 사용된다. 라르손은 이처럼 피를 귀와 오른손 엄지와 오른발 엄지에 바르는 의식은 제사장 위임식의 경우를 제외하고는 오직 문둥병자를 정화화는 의식의 경우에만 적용된다는 점을 지적한다(레 14:14).[140] 또한 이 신체부위들은 "머리부터 발끝까지"(from head to toe)라는 영어의 관용적 표현과 상응한다고 생각한다. 그러므로 이 의식은 제사장이 머리 끝부터 발 끝까지 정화되는 것을 나타낸다. 이런 의미를 강조하면서 딜만은 다음과 같이 부연설명을 한다.[141]

> "제사장은 항상 하나님의 거룩한 목소리를 듣기 위해 귀를 성별해야 했고, 언제나 거룩한 행동을 하기 위해 손을 성별해야 했으며, 늘 거룩한 길을 걷기 위해 발을 성별해야 했다".

초대 기독교 당시 필로(Philo)도 역시 모세의 생애(*On the Life of Moses*, 2.150)란 저작에서 비슷한 해설을 한 바 있다.[142]

> "완전히 성결케 된자는 자신의 말과 행동과 삶에서 순수해야 한다. 왜냐하면 말은 듣는 것에 의해 판단되고, 손은 행동의 상징이며, 발은 삶의 역정이기 때문이다.

제사장은 하나님의 말씀을 잘 듣기 위해 귀를, 하나님 앞에서 바른

140 Larsson, *Bound for Freedom*, 229.
141 A. Dillmann, *Exodus und Leviticus* (KEHAT; Leipzig: Verlag von S. Hirzel,1880), 465.
142 Larsson, *Bound for Freedom*, 229에서 재인용.

사역을 하기 위해 손을, 하나님 앞에서 바른 길을 걷기 위해 발을 깨끗하게 해야 했다. 여기에 사용하고 남은 피는 성별하는 기름과 함께 제사장의 예복 위에 뿌려져서 그것들을 거룩하게 하는데 사용되었다.

29-30절은 아론의 제사장 예복의 전수에 대해서 말해주고 있다. 아론의 자손 중 제사장의 직분을 수행하는 자는 이 옷을 칠일 동안 입음으로써 제사장 위임식을 거행한다.

31-34절은 앞의 22-28절에서 드려진 화목제물을 섭취하는 것을 언급하고 있다. 원래 화목제물은 모든 제물 중에서 그 제물을 드리는 자가 먹을 수 있는 유일한 제물이었다. 아직 위임식 중이므로 아론과 그의 아들들은 원래 화목제물 중 제사장의 몫이었던 넓적다리와 가슴 부위를 먹는 것이 아니라 살코기를 먹었다.

35-37절은 위임식의 기간이 칠일임을 말해주고 있다. 이 기간 동안 아론과 그의 아들들은 수송아지 한 마리씩을 계속 속죄제로 드려야 했다. 이 속죄제는 죄를 속하는 것 뿐 아니라 제단을 정결하게 하는 역할을 했다. 하나님의 일을 하기 위해서는 이렇게 엄격한 준비가 필요했다.

38-41절은 제사장이 매일 드려야 할 제사에 대해서 언급하고 있다. 이렇게 지속적인 제사가 드려져야 하는 이유는 42-46절에서 밝혀진다. 제사가 드려지는 제단이 있는 회막 문은 거룩하신 하나님이 이스라엘을 만나는 곳이었다(43절). 43-44절이 말해주는 중요한 점은 결국 성막과 제단을 진정으로 거룩하게 하는 것은 지금까지 살펴본 제사나 각종 의식이나 희생 제물이 아니라 하나님이시라는 것이다. 마지막으로 45-46절은 거룩하신 하나님께서 이스라엘의 하나님이 되시는 것을 진정으로 기뻐하신다는 것을 언급함으로써 끝을 맺는다(45-46절).

분향단(30:1-10)

분향단은 성소 안에 진설병 상 및 등잔대와 함께 놓여 있었다. 이것은 "여호와께 지극히 거룩"한 것이었다(10절). 따라서 "거룩성의 차등" 원칙에 따라 순금으로 싸고, 금테를 두른 형태로 되어 있었다.

속전(30:11-16)

이 본문은 회막 봉사에 사용될 속전에 대한 내용을 담고 있다. 이스라엘의 인구 수를 계수할 때 모세는 그 숫자에 포함된 사람 한 명당 성전 세겔로 반 세겔씩을 "생명의 속전"으로 받아서 회막에 사용하라는 명령을 받았다(30:12,16).[143] 이 속전은 "여호와 앞에서 이스라엘 자손의 기념이 되어 너희의 생명을 대속"하는 기능을 갖도록 했다(30:16). 무엇보다 이것을 바치는 목적은 이스라엘 중에 "질병이 없게 하려는"것이었다(30:12).

이스라엘이 인구조사를 하고 나서 왜 속전을 내야하며, 또 속전이 어떻게 "질병이 없게" 할 수 있는 것인가 라는 문제에 대해서 설명하고자 시도한 학자들은 이 본문을 사무엘하 24장의 다윗의 인구조사 이야기나 민수기 31:48-54의 미디안과의 전쟁 후에 속전을 낸 이야기와 연결시킨다. 이 세 본문은 모두 인구조사 혹은 계수라는 주제를 공통분모로 갖고 있다. 또한 출애굽기 30:11-16의 본문과 사무엘하 24장의 본문은 "질병" 혹은 "전염병"이라는 주제를 공유하고 있다. 또 30:11-16과 민수기 31:48-54의 본문은 계수와 관련된 "속전"이라는 주제를 공유하고 있다.[144]

143 무게의 단위인 세겔은 성전 세겔(약 10g), 일반 세겔(11.7g), 궁중 세겔 혹은 무거운 세겔(13g)이 있었다. 현재 본문의 세겔은 성전 세겔이다.

144 이러한 본문들과의 연관성에 대한 상세한 분석은 J. Liver, "The Half-Shekel of Offering in Biblical and Post-biblical Literature", HTR 56 (1963), 173-198; John I. Durham, *Exodus* (WBC, 3; Waco: Word Books, 1987), 401-403 등을 보라. 아쉬운 점은 출 30:11-16의 본문 자체에 대한 주석 및 관련 본문들과의 관계에 대한 연구가 매우 놀라울 정도로 적다는 것이다.

이 출애굽기 본문을 사무엘하와 민수기의 본문과 연관시켜서 연구한 학자들이 바탕에 깔고 있는 전제는 인구조사가 하나님 앞에서 공동체를 위험에 빠뜨릴만큼 위험한 일이라는 것이다. 바로 이 때문에 그들은 이 본문에서 인구조사를 받은 사람들이 내는 속전을 "생명의 대속"(16절)으로 규정짓고 있다고 생각한다. 그러나 이런 해석들이 갖고 있는 딜레마는 최소한 이 출애굽기 30장의 본문은 사무엘하 24장과는 달리 인구조사 자체에 대해서 부정적인 시각을 결코 반영하고 있지 않다는 점이다. 또한 민수기 1장과 26장의 인구조사에 대한 본문들을 고려해 볼 때 인구조사가 자동적으로 공동체를 위험에 빠뜨리는 행위는 아니라는 것이다. 특히 이러한 개념이 구약 자체에 있었다고 보기도 어렵다. 그리고 이 출애굽기의 본문에서는 인구조사를 명령하는 분이 바로 하나님이신데 하나님이 그런 명령을 해놓으시고도 또 생명을 대속할 속전을 요구하시는 것은 모순이 아닐 수 없다.[145]

더욱이 이 출애굽기의 본문은 민수기 31장의 본문과도 별로 큰 연관이 없어 보인다. 우선 민수기 31장의 본문에서는 계수의 목적 자체가 전체의 인구를 파악하고자 하는 것이 아니라 단지 전투를 치른 후에 사상자를 확인하기 위한 것이었다. 그리고 이 본문에서도 속죄하기 위해 예물을 바치는 내용이 나오기는 하지만 그것은 이들이 전투를 치르는 과정에서 부득이하게 저지른 죄들을 속죄하기 위한 것일 가능성이 높다. 또한 이 속죄의 예물은 출애굽기 30:11-16처럼 모든 사람이 일정한 액수를 내는 것은 결코 아니었다. 이 점은 전투에 참여한 사람들이 만이천 명이었는데 바친 예물은 금으로 16,750 세겔이었다는 점을 통해서 잘 알 수 있다(민 31:4-5,52).

나는 이 출애굽기 단락의 해석은 이 본문 자체와 그 주변 문맥에 대

145 Larsson, *Bound for Freedom*, 235에서 그는 인구조사가 위험한 행위라는 견해를 취하고는 있지만 다른 학자들과 달리 이 견해가 이런 모순을 야기할 수밖에 없다는 점을 뚜렷이 인식하고 있다.

한 연구를 통해서 해결해야 한다고 생각한다. 출애굽기 전체, 특히 출애굽기 19장 이후의 본문 속에서 우리는 "위험한 거룩성"(dangerous holiness)이라는 개념을 보아왔다. 거룩하지 못한 인간이 거룩하신 하나님과 접촉하는 것은 위험하다. 따라서 이스라엘은 하나님과 만날 때 경계선을 넘어가면 안 되었다(출 19:12-13, 21-24; 34:3). 그러나 하나님께서 성막을 통해서 이스라엘과 함께 하시기 위해서 이러한 경계선을 넘어서 그들 속으로 들어오신 순간부터 이스라엘은 하나님의 거룩성이 내포하고 있는 위험을 감수할 수밖에 없었다. 이 본문에서는 이런 위험한 거룩성의 문제를 해결하는 방법으로 속전을 내는 것을 말하고 있는 것으로 생각된다. 즉 이 본문은 이스라엘이 성막을 자신들 가운데 두고 있는 것은 곧 스스로 목숨을 위험에 빠뜨리는 행위나 마찬가지이지만 하나님은 상징적으로 속전을 받고 이들의 생명을 살려주시는 것이다. 그러므로 이 속전은 하나님께서 성막을 통해서 임마누엘하고자 하실 때 당신의 "위험한 거룩성"의 문제를 해결하는 하나님 차원의 방법인 것이다.

이 본문의 속전이 바로 이런 성격을 갖고 있기 때문에 이 속전은 레위기의 속죄 제물의 경우와 달리 이스라엘의 모든 사람들에게 균등하게 적용된다. 거룩하시고 위험하신 하나님을 맞아들이기 위해서 각자가 치러야 하는 목숨의 값은 누구에게나 똑같은 것이다.

이처럼 이 속전이 인구조사 때문이 아니라 성막의 거룩성 때문에 야기된 것이라는 나의 해석은 이 본문의 근접 문맥들을 고려해 볼 때 더욱 타당성이 있어 보인다. 왜냐하면 이 본문을 싸고 있는 주변 본문들은 성막의 물품들을 다룰 때의 위험성에 대한 경고들을 담고 있기 때문이다. 30:17-21의 놋 물두멍이나 30:22-38의 거룩한 향기름과 향에 대한 규례들은 다 이것들과 관련된 규례들을 엄밀히 지키지 못할 경우 치러야 할 위험성에 대해서 경고하고 있다. 아마 28:31-35과

28:40-43의 제사장의 의복과 관련된 경고들도 마찬가지의 맥락에서 이해될 수 있을 것이다. 이런 점들을 고려해 볼 때 30:11-16의 속전은 이스라엘이 거룩하신 하나님께 함께 하기 위해 치러야 하는 목숨의 값인 것으로 생각된다.

놋 물두멍(30:17-21)

이 놋 물두멍은 회막과 제단 사이에 위치했다. 제사장들은 회막에 들어가기 전이나 제단에서 의식을 집행하기 전에 손과 발을 씻도록 되어 있었다. 간혹 이 규례를 위생적인 측면에서 해석하려는 학자들이 있기는 하지만[146] 본문 안에는 어떤 형태로든 위생의 문제가 깔려 있는 것 같지는 않다. 이 씻는 의식은 아마 출애굽기 19:10, 14 등과 같이 하나님을 만나기 전에 먼저 성결과 정결을 갖추어야 함을 보여주기 위한 규례인 것으로 생각된다. 이 씻는 의식이 중요했다고 볼 수 있는 것은 "죽기를 면할 것이요"라는 말씀이 이 짧은 본문 안에 두 번이나 언급되고 있기 때문이다.

거룩한 향기름(30:22-33)

이 향기름은 "지극히 거룩한"(29절) 것으로서 성막의 모든 것을 성별하게 할 때와 제사장 위임식을 할 때 사용되었다. 이것은 엄격한 제조방법과 재료배합량을 지켜서 만들어야 했다. 결코 세속적으로 제조하거나 사용되어서는 안 되었다. 이렇게 하는 자들은 "그 백성 중에서 끊어지리라"는 경고가 주어졌다(33절).

146 예를 들어, Stuart, *Exodus*, 640-641 등.

거룩한 향(30:34-38)

성소 안의 분향단에서 사용될 이 향 역시 앞의 거룩한 향기름처럼 "지극히 거룩한" 것이었다(37절). 따라서 이것 또한 향기름처럼 결코 사적으로 제조되거나 사용되어서는 안 되었다. 그런 사람에 대해서는 "그 백성 중에서 끊어지리라"는 경고가 주어졌다(38절).

성막 건설자들(31:1-11)

이 본문은 성막의 건설자들에 대해서 지시하고 있다. 총책임자인 브살렐에게 하나님은 "하나님의 영을 충만하게" 하여 그가 "지혜와 총명과 지식과 여러 가지 재주로" 성막을 제작하게 해주시겠다고 약속하셨다(2-3절). 또한 오홀리압과 "지혜로운 마음이 있는 모든 자"들에게도 지혜를 주셔서 그와 함께 성막을 제조할 수 있게 해주시겠다고 말씀하셨다(6절). 이 말씀을 고려해 볼 때 성막의 궁극적인 원천은 하나님 자신이시다. 하나님의 영과 하나님의 지혜로 성막의 건설이 가능하게 되기 때문이다.

안식일 규례(31:12-17)

성막 건설에 대한 하나님의 긴 지시(25-31장)는 이 안식일 규례로 끝을 맺는다. 이 규례의 중요성은 다음의 몇 가지이다. 첫째, 안식일은 하나님과 이스라엘 사이를 연결시키는 표징으로서 이스라엘을 거룩하게 구별해주신 분이 바로 주 하나님이심을 나타내는 것이다(13절). 따라서 이 안식일을 부인하는 것은 하나님과의 관계를 부인하는 것이 된다. 이런 이유 때문에 안식일을 범하는 것은 죽임을 당해야할 만큼 중대한 과실이 된다(15절; 민 15:32-36). 둘째, 이스라엘이 성막을 건설하는 중에도 안식일을 준수해야 한다는 것은 그들이 아무리 성막 건설이라는 거룩한 일을 한다고 해도 그것이 그들의 다른 의무들을 면제시켜

주는 것은 아니라는 것을 보여준다. 비록 그들이 하나님의 명령에 따라 하나님의 일을 한다고 하더라도 그들은 여전히 하나님의 다른 명령들도 준수해야만 한다.

성막의 건설(35-40장)

25-31장과 35-40장의 관계

25-31장의 성막 건설에 대한 하나님의 지시는 35-40장에서 그대로 실시된다. 그래서 본질적으로 이 두 본문은 거의 동어반복적인 경우가 많다. 굳이 두드러진 차이점이라면 25-31장에서는 하나님께서 모세에게 여러 가지를 지시하시면서 사용한 2인칭 명령문의 형태로 되어 있고, 35-40장에서는 이 명령을 이스라엘이 수행한 것을 서술하고 있으므로 3인칭 과거형으로 되어 있다고 할 수 있을 것이다.

이 때문에 해석자들은 왜 굳이 35-40장이 필요한가 라는 질문을 던지곤 했다. 일례로 옛날 스페인의 유대인 주석가 아브라바넬(Abravanel)은 이 장황하게 긴 35-40장의 본문 대신"여호와께서 모세에게 명하신 대로 이스라엘 자손이 모든 역사를 필하매 모세가 그 마친 모든 것을 본즉 여호와께서 명령하신 대로 되었으므로 모세가 그들에게 축복하였더라"(39:42-43)고 약술하는 것만으로도 하였어도 충분하였을 것이라고 지적하였다.[147] 그런데 저자는 왜 굳이 25-31장과 본질적으로 동일한 내용을 35-40장에서 자세하게 다시 한 번 기록하고 싶어했을까?

이 질문에 대한 답은 몇 가지로 할 수 있다. 그러나 답을 하기 전에 먼저 기억해야 할 것은 이 질문은 그 자체가 매우 잘못된 것이라는 점

147 이것은 Nehama Leibowitz, *New Studies in Shemot: Exodus* (Jerusalem: Eliner Library, 1976), II: 645에서 참고한 것이다. 또한 H. Holzinger, *Exodus* (KHAT; Tübingen: J. C. B. Mohr, 1900), 148은 본문의 이러한 현상은 "Pg [P문서의 원본]의 엄밀성과 현학성의 정도를 넘어선다"고 지적하였다. 그리고 McNeile, *Exodus*, 223은 이것이 "거추장스럽고 과도한" 것이라고 지적하였다. 이 때문에 문서설을 따르는 학자들은 대체로 출 35-40장은 P문서에 나중에 가서 삽입된 것이라는 견해를 피력한다.

이다. "반복"(repetition)이라는 문학적 기법은 구약이 아주 즐겨 사용하고 있는 기법이다. 그러므로 반복 현상 자체는 문제가 전혀 될 것이 없다는 점을 먼저 인식할 필요가 있다.

그러므로 더 중요한 질문은 왜 내레이터가 이런 세세하고도 불필요해보이는 반복을 하며, 그 반복을 통해서 얻는 효과는 무엇인가 하는 것이다. 이에 대해 현재까지 제시된 가장 설득력있는 대답 중의 하나는 25-31장; 35-40장이 많은 고대 근동의 문헌에서 보는 "명령-실행"(command-fulfilment)의 양식을 따르고 있다는 것이다.[148] 고대 근동의 문헌들에서는 명령 본문과 실행 본문이 내용과 양에서 그대로 상응하는 경우들이 많은데 이 출애굽기 본문의 경우에도 역시 그렇다는 것이다.

이 대답은 비교문헌학적으로 검토해 보아도 분명히 설득력이 있다. 그러나 여전히 더 생각해 보아야 할 점은 이 "명령-실행"이라는 문학양식을 출애굽기의 저자가 무조건 기계적으로 수용해야 하는 것은 아니라는 점이다. 성경 저자들은 굉장히 창조적인 사람들이었다. 이들은 전통적이고 관행적인 문학양식이나 기법을 빌려쓰기도 하지만 여전히 상당한 창조성을 보여주고 있다. 그들이 자신들의 글에 어떤 양식을 빌려올 때에는 그것들을 통해서 자신들의 글의 효과를 극대화할 수 있을 때였다.[149] 그러므로 출애굽기 저자가 25-31장의 내용을 35-40장에서 반복하고 있는 좀 더 구체적인 이유에 대해서는 다음의 두 가지를 더 고려할 수 있다. 그 두 가지는 수사학적인 이유와 플롯적이면서 신학적인 이유이다.

우선 수사학적인 이유를 보도록 하자. 앞에서 24:12-40:38의 구조를 다루면서 살펴보았듯이 수사학적으로 볼 때 25-31장과 35-40장은 전

148 V. A. Hurowitz, "The Priestly Account of Building the Tabernacle", *JAOS* 105 (1985), 25-30.

149 구약 저자들에게 있어서 전통과 창조성의 관계에 대한 통찰력있는 글은 Adele Berlin, "Motif and Creativity in Biblical Poetry", *Prooftexts* 3 (1983), 231-41을 보라.

체 구조에서 서로 상응하는 부분이다. 만약 35-40장을 생략하여 위의 아브라바넬의 지적처럼 확 축소시켜버리면 이 본문의 수사학적인 구조는 마치 한쪽 날개가 부러진 새처럼 심하게 훼손되고만다. 따라서 수사학적인 측면에서 볼 때 현재의 출애굽기 본문의 형태를 그대로 유지하는 것이 훨씬 더 균형미가 있다.

다음은 플롯적이고 신학적인 측면에서의 이유이다. 35-40장의 성막 건설 본문은 현재의 출애굽기 본문 속에서는 32-34장의 황금 송아지 사건 다음에 위치하고 있다. 즉 이스라엘은 하나님의 명령을 받은 즉시 성막을 건설한 것이 아니다. 그들은 모세가 하나님의 지시를 받는 동안 황금 송아지 우상을 만드는 죄를 범했다(32:1-6). 이 때문에 그들은 완전히 멸절을 당할 위기를 겪었으며(32:7-10), 성막 건설은 당연히 물건너 간 일이 되었다. 오직 모세의 혼신을 다한 중보기도만이 하나님의 진노로부터 그들을 살려낼 수 있었다(32:11-33:23). 무엇보다 하나님과의 언약을 새로 세우고 나서야(34장) 이들은 성막 건설을 다시 시작할 수 있었다. 이런 플롯의 흐름을 고려할 때 35-40장은 단순히 25-31장의 반복이 아니라 죽을 위험에서 살아난 자들이 자신들이 받은 용서에 대한 반응으로 하나님께 철저히 순종을 하는 모습을 보여준 것에 대한 상세한 기록인 것이다. 이런 관점에서 이 본문을 다시 보면 왜 성막을 짓는데 사용될 예물을 이스라엘이 필요 이상으로 많이 갖다 바쳤는지(36:2-7), 또 이 본문에 "그들이…여호와께서 모세에게 명령하신 대로 하였더라"는 문구나 그와 비슷한 문구들이 왜 그렇게 자주 반복되는지를 이해할 수 있게 된다(39:1, 5, 7, 21, 26, 29, 31, 32, 43; 40:16, 19, 21, 23, 25, 27, 29, 32). 이스라엘 백성들의 이런 모습은 바로 32-34장에서 자신들이 지은 끔찍한 죄를 용서받은 것에 대한 반응인 것이다. 이렇게 볼 때 35-40장은 결코 25-31장의 기계적인 반복이 아니다.

반복의 문제와 더불어 35-40장의 본문 해석자들이 던진 또 하나의 중요한 질문은 이 본문이 25-31장과 상당히 비슷하기는 하지만 본문 배열 순서상의 차이등 상당한 차이가 있는데 이 부분은 어떻게 설명할 것인가 하는 것이다. 이에 대한 답은 두 가지로 할 수 있다.

첫째, 25-31장은 "안에서부터 밖으로"라는 원칙과 "중요한 것에서 사소한 것으로"의 원칙에 따라 본문의 각 부분이 배열되어 있는 것으로 보이는 반면에 35-40장은 실제 성막의 각 부분을 제작하는 순서 등에 따라 사실주의적으로 본문이 배열되어 있다고 생각된다.[150]

둘째, 35-40장은 25-31장을 노예적으로 따르고 있지는 않은 것으로 여겨진다. 또한 그 자체의 문맥적 맥락에 따라 뺄 것은 빼고 더할 것은 더한 경우들도 몇 가지 보인다. 예를 들어, 38:8은 놋 물두멍의 제작(30:17-21)에 대한 내용을 담고 있는데 하나님의 지시 속에 들어있는 상세한 사항들은 전부 다 생략하고 있는 반면에 이 물두멍의 재료로 사용된 놋의 출처에 대해서는 구체적으로 밝히고 있다. 이 출처는 하나님의 지시 속에서는 전혀 언급이 안 된 사항이다. 이처럼 35-40장은 결코 25-31장의 무의미하고 지겨운 반복이 아니다.

성막의 외형적 완성과 내적 완성(40:1-16)

이 책은 출애굽기에 대한 상세한 주석이 아니므로 굳이 35-40장의 모든 세세한 부분을 다 다룰 필요는 없는 것으로 생각된다. 따라서 여기에서는 40:1-16의 본문이 주는 교훈만을 잠깐 살펴보기로 하겠다.

첫째, 이 본문은 조립을 통한 성막의 외형적 완성(2-8절)과 성막의 내적 완성(9-15절)으로 나뉜다. 성막은 그 외형적인 건물이 완성되었다고 해서 결코 건설이 끝난 것이 아니다. 성막의 진정한 완성은 그것의 내적인 완성이다. 이 내적인 완성은 30:22-33의 지시를 따라 만든 관유

150 Sarna, *Exodus*, 191.

를 성막과 그 안에 있는 모든 것에 발라 그것들을 거룩하게 하는 절차를 말한다(9-11절). 이 기름부어 거룩케 하는 절차가 없이는 성막은 결코 완성된 것이 아니다.

둘째, 성막의 내적 완성은 거기에서 사역할 제사장이 성결케 되는 절차를 포함한다(12-15절). 아무리 성막이 외적으로 완성되었고, 그것이 기름부음을 통해 내적으로도 준비되었다고 해도 그 안에서 일할 사역자가 준비되어 있지 않으면 아무 소용이 없다. 사역자의 기름부음과 성결케 됨이 없이는 성막은 제 기능을 할 수 없다. 그러므로 내적 완성은 사역자의 거룩을 통해서 완성된다.

성막본문(25-31장 ; 35-40장)의 고려점들과 신학

성막과 창조

25-31장과 35-40장의 성막 본문에는 창조 신학이 곳곳에 깔려 있다.[151] 성막과 창조 신학의 연결은 주로 다음과 같은 네 가지 유비(類比, analogy)를 통해서 찾아볼 수 있다: (1) 칠중구조, (2) 안식법, (3), "하나님의 신", (4) 평행본문들, (5) 홍수 기사 등이다.

칠중구조

출애굽기 25-31장의 성막 건설에 대한 하나님의 명령은 칠중구조를 갖고 있다. "여호와께서 모세에게 말씀하여 이르시되"라는 문구가 이

151 성막과 창조에 대해서는 특히 J. G. Vink, "The Date and Origin of the Priestly Code in the Old Testament", *OTS* 40 (1969), 106-107; Peter J. Kearney, "Creation and Liturgy: The P Redaction of Ex 25-40", *ZAW* 89 (1977), 375-389; Hamilton, *오경개론*, 233-35; Peter Weimar, "Sinai und Schoepfung: Komposition und Theologie der priesterschriftlichen Sinaigeschichte", *RB* 95 (1988), 364-69; Fretheim, *Exodus*, 268-72; Se Young Roh, "Creation and Redemption in Priestly Theology" (PhD diss.; Drew University, 1992), 150-61; Sarna, *Exodus*, 213-15; Shimon Bakon, "Creation, Tabernacle and Sabbath", *JBQ* 25 (1997), 79-85; Cornelius Houtman, *Exodus* (vol. 3; HCOT; Kampen: KOK Publishing House, 2000), 323-25 등을 보라.

본문에 총 일곱 번 나오는데 이것이 본문의 뼈대를 제공하는 역할을 하고 있는 것이다(25:1; 30:11,17,22,34; 31:1,12).[152] 그리고 이러한 칠중구조는 이 하나님의 명령을 따라 성막을 건설한 이야기를 담고 있는 출애굽기 35-40장의 본문에도 여러 번 사용되고 있다. 우선 39장에서 제사장의 옷을 제작하는 과정을 기술할 때 "그들이 여호와께서 모세에게 명령하신 대로 하였더라"란 표현이 일곱 번 사용되고 있다(39:1, 5, 7, 21, 26, 29, 31).[153] 또한 성막의 조립 및 완성에 대해서 묘사하고 있는 40:1-33에도 역시 칠중구조가 사용되고 있다("여호와께서 모세에게 명령하신 대로 되니라", 19, 21, 23, 25, 27, 29, 32절). 이러한 칠중구조는 창세기 1:1-2:3a의 칠일간의 창조를 반영하고 있는 것으로 보인다.

안식법

출애굽기 31:12-17과 35:1-3의 안식일에 대한 규례 역시 성막과 창조를 연결시켜준다. 특히 출애굽기 25-31장이 창세기 1:1-2:3a의 창조기사의 7일 구조에 기초해 있다는 것을 고려할 때 25-31장의 일곱 번째 단락인 31:12-17이 안식일 규례에 대해서 언급하고 있다는 것은 두 기사간의 연결성이 단순한 우연의 일치가 아니라 저자의 의도에 의한 것임을 확실하게 보여준다.[154]

"하나님의 영"(Spirit of God)

이 주제 역시 양자를 연결시켜 준다. 창세기 1:2은 하나님께서 천지

152 Kearney, 375-389 등.

153 개역개정판의 번역은 아쉽게도 원문상으로는 완전히 동일한 이 반복구를 매 절마다 좀 다른 식으로 번역해 놓았다. NIV 영어성경만 해도 이 점에 있어서는 일관성있는 번역을 하고 있다.

154 참고로 Kearney는 더 나아가 두 기사의 일곱 개의 각 단락끼리의 연결성을 주장한다. 즉 창조의 첫째 날이 25-31장의 칠중구조의 단락과 상응한다고 보는 것이다. 그러나 몇몇 흥미로운 연결에도 불구하고 양자의 이런 식의 연결은 과도한 것으로 보인다.

를 창조할 때 "하나님의 영"이 수면 위에 운행하고 있었다고 언급하고 있다. 창세기 41:38에서 이방인인 애굽의 바로가 요셉에게 이 표현을 사용한 것을 제외하고는 오경에서 "하나님의 영"이 다시 언급되는 첫 번째 본문은 바로 성막 본문이다. 하나님은 성막 제작자 브살렐에게 하나님의 영을 충만하게 하신다(31:3; 35:31). 성막 본문이 창조 기사와 여러 가지로 연결되어 있다는 점을 생각할 때 이 "하나님의 영"이라는 어구가 이곳에 나오는 것은 결코 우연의 일치가 아닌 것으로 생각된다.[155]

기타 평행본문들

창세기 1:1-2:3a의 창조기사와 출애굽기 25-31; 35-40장의 성막 기사 사이에는 다음과 같은 많은 평행본문들이 존재한다. 개역개정판 성경

하나님이 **만드신(עשה)** 그 **모든(כל)** 것을 **보시니(ראה)** 보시기에 심히 좋았더라(창 1:31)	모세가 **모든(כל)** 일을 **보니(ראה)**, 그들이 그것을 여호와께서 명령하신 대로 **만들었더라(עשה)** (출 39:43)
천지와 모든 만물이 **다 끝이 났다(כלה)** (창 2:1)	성막 곧 회막의 모든 일이 **다 끝이 났다 (כלה)** (출 39:32)
하나님이 만드시던 **일(מלאכה)을 끝내셨다**(כלה) (창 2:2)	모세가 **일(מלאכה)을 끝냈다(כלה)** (출 40:33)
하나님이 일곱째 날을 **축복하셨다(ברך)** (창 2:3)	모세가 그들을 **축복하였다(ברך)** (출 39:43)

155 "하나님의 영"은 현대의 성경번역의 역사에서 가장 많은 논쟁거리가 된 사항들 중의 하나일 것이다. 많은 현대의 번역본들은 이 단어를 "큰 바람" 혹은 "하나님의 바람" 등으로 번역하고 있다. 이렇게 번역한 자들은 창세기가 지닌 신화적 바탕을 볼 때 여기에 "하나님의 영"이라는 개념이 사용되었을 리가 없다고 생각하기 때문이다. 그러나 성막 기사와 창조 기사 사이의 의도적인 많은 유비들을 고려할 때, 그리고 특히 "이 하나님의 영"이라는 어구의 연결성을 고려할 때 현대의 대안적인 번역들은 오경 저자의 의도를 왜곡시키고 있는 것으로 보인다. 하나님께서 브살렐에게 부어 주신 것을 "큰 바람"이나 "하나님의 바람"이라고 해석하는 사람은 하나도 없다. 그러면 당연히 이 단어와 연결되어 있는 창 1:2의 동일한 어구도 이렇게 번역하면 안 된다.

이 히브리어 원문상의 유사성을 잘 드러내주지 못하기 때문에 아래의 비교 도표에서 나는 대체로 사역을 통해서 양 본문 사이의 유사성을 강조하고자 한다.

이러한 양 본문 사이의 현저한 유사점들은 이 성막 기사가 창조 기사를 의도적으로 인용 및 활용하고 있음을 분명하게 보여준다.

홍수 기사와의 연관성

창세기 6-9장의 홍수 기사는 창세기 1-3장과 많은 연관성을 보여주는 본문이다. 이러한 홍수 기사와의 연결성은 간접적으로 성막 기사와 창조 기사 사이의 연관성을 보여주는 증거가 된다.[156] 특히 창세기 6:22은 출애굽기 39:32,42과 밀접한 연결성을 보여주고 있다.

> 노아가 **하나님께서 자기에게 명하신 대로 다 행하였다**(창 6:22)

> 이스라엘 자손이 **여호와께서 모세에게 명하신 대로 다 행하였다** (출 39:32)

> **여호와께서 모세에게 명하신 대로** 이스라엘 자손이 모든 일을 다 행하였다(출 39:42)

또한 홍수의 물이 걷히고 노아가 방주 뚜껑을 연 것이 601년 1월 1일(창 8:13)이었던 것처럼 모세 역시 출애굽으로부터 제2년 1월 1일에 성막을 세웠다(출 40:2,17). 이 두 사건 모두 새해의 첫 날에 이루어졌다.

그러면 출애굽기의 저자가 이처럼 성막 기사와 창조 기사와 연결하

156 Joseph Blenkinsopp, "The Structure of P", *CBQ* 38 (1976), 283-86; Weimar, "Sinai und Schoepfung", 369-72; Fretheim, *Exodus*, 268-69.

여 새해의 첫날에 완성된 성막 건립을 강조하고 있는 이유는 무엇일까? 아마 그는 이것을 통하여

> 이 세상의 창조의 시작, 곧 혼돈(chaos)으로부터 질서(cosmos)로의 전환에 대한 강력한 상징을 보여주고자 한 것 같다. 이 날은 "땅으로부터 [홍수의] 물이 마르기 시작한" 날이며, 새롭고 정화된 세계가 드러난 날이며, 인류가 새로운 시작을 할 수 있는 기회를 얻은 날이다. 마찬가지로 성막은 이스라엘 공동체의 삶에 있어서 새로운 시대를 열어주고 있는 것으로 인식되었다…. 그러므로 성막은 굳이 말하자면 대우주를 반영하고 있는 소우주이다.[157]

다시 말해 성막의 건립은 곧 "새 창조"이며, 이스라엘의 역사에서 새로운 시대의 시작을 알리는 신호탄이다.[158]

성막과 회막: 두 개의 장막

출애굽기 24:12-40:38 전체를 제대로 이해하기 위해서 반드시 해결해야 할 문제는 출애굽기 25-31; 35-40장의 성막과 출애굽기 33:7-11의 회막 사이의 관계이다. 이 문제는 오경의 문제들 중 가장 난해한 문제들 중의 하나로 인식되어 왔다. 이 문제에 대한 학자들의 거의 만장일치적 견해는 성막과 회막이 서로 다른 존재라는 것이다.[159]

이 책에서 나는 성막과 회막을 다른 것으로 보는 이론에 반대한다.

157 Sarna, *Exodus*, 214.

158 Weimar, "Sinai und Schoepfung", 369,371.

159 이 이론은 거의 모든 출애굽기 주석에서 찾을 수 있다. 이 문제에 대한 가장 상세한 논의들은 M. Haran, "The Nature of Ohel Mo'edh' in Pentateuchal sources", *JSS* 5 (1960), 50-65; *Temples and Temple Services*, 260-75와 Tryggve N. D. Mettinger, *The Dethronement of Sabaoth: Studies in the Shem and Kabod Theologies* (Lund: CWK Group, 1982), 80-87 등이다. 또한 표준적인 성경신학 사전들도 역시 이 이론을 따르고 있다.

본문상의 증거들을 엄밀하게 분석해볼 때 모든 본문들은 이 두 개가 서로 동일한 것을 보여주고 있다고 생각한다. 이 문제에 대해서는 이 책의 부록 3의 "출애굽기 33:7-11의 '회막' 기사(the 'tent of meeting' narrative)에 대한 서사비평적인 해석: 이 본문을 몰시간법적 기법의 한 예로 읽기"라는 나의 글을 참고하기를 바란다.

그러나 상당히 전문적인 논의를 한 이 부록의 글을 읽지 않는다 할지라도 본문상의 다음 두 가지 점을 고려하는 것만으로도 이 두 장막은 서로 같은 것임이 분명해진다. 첫째, 출애굽기 25-31; 35-40장에서 성막은 회막이라는 용어와 완전히 상호 호환적으로 사용되고 있다(출 28:43; 29:4,10,11,30,32, 42, 44; 30:16, 18, 20, 26; 31:7; 35:21; 38:8,30; 39:32; 40:2, 6, 7, 12, 29, 30, 32, 34, 35). 둘째, 성막과 회막이라는 용어가 동격(apposition) 관계에 놓여 있는 경우들을 자주 찾아볼 수 있다("성막, 곧 회막", 39:32; 40:2, 6, 29[160]). 이런 점에서 볼 때 최소한 우리가 갖고 있는 정경적인 출애굽기 본문은 이 두 장막을 동일한 것으로 간주하고 있음이 틀림없다. 이 둘을 서로 다른 개체로 이해하는 것은 내가 부록의 글에서 지적한 것처럼 잘못된 비평학적 전제들에서 파생된 것이다.

성막 본문이 말해주는 하나님의 신학

보통 "성막" 하면 성경 해석자들이나 성도들은 하나님의 함께하심, 곧 "임마누엘의 상징"이라고만 생각한다. 즉 성막은 하나님을 다가오시는 하나님, 다시 말해 우리가 가까이 다가갈 수 있는 하나님(the approchable God)을 보여주고 있는 것으로만 생각한다. 그렇지만 성막 본문 속에는 그 반대편의 주제, 즉 너무나 거룩하셔서 도저히 다가갈 수 없는 하나님(the unapproachable God)이라는 모순된 주제도 함께 담겨

160 뒤의 두 구절은 "성막, 곧 회막"이라고 번역하지 않고 "회막의 성막"이라는 표현을 쓰고 있는데 히브리어상으로는 앞의 두 구절과 완전히 동일하다.

있다. 성막 본문이 보여주고자 하는 하나님에 대한 신학은 이 두 가지 상반된 주제를 함께 볼 때에만 제대로 이해될 수가 있다.

다가오시고, 다가갈 수 있는 하나님

성막이 자기 백성에게 다가오시는 하나님에 대해서 묘사하고 있다는 사실은 성막 이야기의 처음부터 명백하게 드러난다. 하나님은 성막 건설에 대한 명령을 주시는 첫 순간부터 이 점을 명백하게 하신다. "내가 그들 중에 거할 성소를 그들을 시켜 나를 위하여 짓되"(25:8). 이 점은 출애굽기 29:45-46에서 다시 확증된다:

> **내가 이스라엘 자손 중에 거하여 그들의 하나님이 되리니** 그들은 내가 그들의 하나님 여호와로서 **그들 중에 거하려고** 그들을 애굽 땅에서 인도하여 낸 줄을 알리라. 나는 그들의 하나님 여호와니라.[161]

출애굽기 24:12-40:38의 서론 역할을 하는 성막 이야기의 전반부(24:15-18; 25-31장)의 거의 모든 본문은 자기 백성과 함께 하시고자 하는 하나님의 간절한 열망을 반영하고 있다는 사실은 자명하다. 24:18이 밝히고 있듯이 하나님은 사십일 밤낮을 당신의 임재의 상징이 될 이 성막에 대한 상세한 지시를 하시는데 여념이 없으시다! 하나님께서는 하실 수만 있다면 훨씬 더 쉬운 길을 택하실 수도 있으셨다. 그러나 하나님은 사십 일 동안 정성들인 지시를 하는 길을 택하셨다. 굳이 남녀간의 사랑에 빗대어 설명하자면 하나님은 언약을 통해 신부가 된 이스라엘을 맞이할 신방을 꾸미는 일에 온갖 정성을 다하고 계신다.

161 Donald E. Gowan, *Theology in Exodus: Biblical Theology in the Form of a Commentary* (Louisville: Westminster John Knox Press, 1994), 186은 이 단락이 출애굽의 가장 중요한 주제의 요약이라고 주장한다.

또한 하나님은 성막 건설을 위해 일할 사람들을 일일히 임명하신다. 특히 브살렐의 경우는 "하나님의 영"으로 채우신다(출 31:1). 이 구절은 오경에서 창세기 1:2과 31:1의 평행구절인 35:31에만 나온다는 점을 고려해볼 때 이 구절의 중요성은 간과되어서는 안 된다.

마지막으로 앞에서 살펴본 바와 같이 성막의 이동성이라는 주제 역시 하나님의 임재의 열망에 대한 강력한 증거가 된다. 이러한 점들을 고려해 볼 때 성막은 그 전체가 다가오시는 하나님, 그리고 그렇게 다가오심으로 해서 인간이 다가갈 수 있게 된 하나님이신 것을 강조해 주고 있다.

다가갈 수 없는 하나님

"다가갈 수 없는 하나님"이라는 주제는 바로 앞에서 말한 주제와 완전히 상반된다. 그러나 성막이 이 상반된 주제에 대해서도 역시 많은 강조를 하고 있다는 것은 분명한 사실이다. 이 점은 다음의 몇 가지 사항들을 통해서 알 수가 있다.

(1) 성막에는 "거룩성의 차등 현상"(gradation of holiness)이 나타나 있다. 앞에서 자세히 다룬 바와 같이 성막에 사용된 재료들은 지성소로부터의 거리에 따라 차이가 있다. 마찬가지로 성막에서 제의를 담당하는 사람들은 성막의 각 장소마다 접근성에 있어서 차등이 있다. 이러한 거룩성의 차등 현상은 하나님이 성막에 임하여 이스라엘과 함께 하고자 하셔도 이스라엘 편에서는 거룩하신 하나님의 존전에 쉽게 다가갈 수 없다는 사실올 보여준다.

(2) 성막에서 일하는 자들은 하나님께서 정하신 규칙들을 정확히 지켜야 했다. 출애굽기 28:33-35은 대제사장 아론이 지성소에서 하나님에 의해 죽임을 당하지 않기 위해서는 소리를 내는 금방울과 석류를 의복에 달아야 한다는 것을 규정하고 있다. 28:40-43은 아론이 허리부

터 허벅다리까지 이어지는 신체부위를 가리기 위해 베로 된 속옷을 입어야 한다는 것을 규정하고 있다. 이것을 위반해도 역시 죽게 된다. 30:17-20은 제사장들이 회막 안으로 들어가거나 제단에서 사역하기 전에 손과 발을 씻어야 한다는 것을 규정하고 있다. 30:22-38은 성막에서 사용할 기름과 향을 특정한 방식으로만 제조해야 하고, 개인적인 용도로 쓰면 안 된다는 것을 규정하고 있다. 30:11-16은 이스라엘이 계수를 하면서 재앙을 피하기 위해 회막의 봉사에 사용할 속전을 지불하는 규정을 언급하고 있다. 그리고 31:12-17은 안식일을 엄격하게 지킬 것을 규정하고 있다. 이러한 규정들을 어기는 것은 치명적인 위험을 내포하는 일이었다. 이러한 모든 사항들은 거룩하신 하나님과 함께 거하는 것이 쉽지 않음을 분명히 보여주고 있다.

이처럼 이스라엘 가운데 임재하시는 하나님은 거룩하시고 위험한 분이시라는 사상은 이미 출애굽기 3:1-6을 해설하면서 살펴본 적이 있다. 특히 이러한 점은 민수기에서 좀 더 선명하게 제시된다. 민수기 1:51-53은 레위인들이 성막 주위에 진을 치고 있다가 만약 허락되지 않은 자가 성막으로 다가올 경우 그를 죽이라는 규례를 언급하고 있다. 특히 허락되지 않은 사람이 성막의 영역을 침범하면 죽일 수 있는 권한은 성막의 동쪽 입구에 진을 치도록 되어 있는 아론과 그의 아들들에게도 주어졌다(민 3:10,38). 또한 성막과 관련된 일을 허락받은 경우에도 자신의 임무를 넘어서서 성물을 접촉하거나 보는 것은 죽음을 가져왔다(민 4:15,18-20). 제의적으로 부정하다고 생각되는 자들, 즉 "나병 환자와 유출증이 있는 자와 주검으로 부정하게 된 자"들은 다 진 밖으로 내보냄으로써 진이 더럽혀지지 않도록 해야 했다(민 5:2-3). 또한 9:1-14의 유월절에 대한 보충적인 규례에 따르면 어떤 사유로 해서 부정하게 된 사람들은 정상적인 유월절에 헌물을 드려서는 안 되었다. 그들은 부정함을 먼저 해결하고 나서 두 번째 달에 따로 유월절을 지켜야 했다. 이러한 모든 규례들은 비록 여호와께서 이스라엘 가운데에서 함께 하신다고 해도 아무나 무작정 그의 존전에 나아갈 수가 없다는 것을 말해주고 있다. 죄인된 인간이 거룩하신 하나님 앞에 다가가는 것은 치명적인 위험을 내포하고 있었다. 이처럼 임마누엘의 상징인 성막은 또한 하나님의 "위험한 거룩성"에 대한 강력한 상징이기도 했다. 아니 좀 더 정확히 말하자면 성막은 하나님 앞으로 다가가려고 하는 모든 자들에게 실제적으로 치명적인 위험요소였다. 하나님을 제대로 섬기고자 하는 모든 자들은 바로 이 점을 분명하게 깨달아야만 했다.

황금 송아지 이야기(32-34장)의 본문이해

성막 이야기와 황금 송아지 이야기의 전환점(31:18)

본격적으로 32-34장의 황금 송아지 이야기 본문을 이야기하기 전에 31:18에 대해서 잠깐 언급하고자 한다. 31:18은 여러 가지 측면에서 성막 이야기 전반부(25-31장)에서 황금 송아지 이야기(32-34장)로 전환하는 축을 형성하고 있다.

첫째, 공간적 배경의 측면에서 전환이 이루어진다. 25-31장의 공간적 배경은 시내 산 꼭대기였다. 그러나 이 장면을 마무리짓는 31:18을 전환축 삼아 이어지는 황금 송아지 이야기의 첫 단락인 32:1-6의 공간적 배경은 산 아래의 이스라엘 진영이다.

둘째, 등장인물의 측면에서 전환이 이루어진다. 25-31장에서는 하나님과 모세가 무대의 중심을 차지하고 있었다. 그러나 31:18의 마무리와 더불어 32:1-6의 등장인물은 이스라엘 백성들과 아론이 된다.

셋째, 이러한 전환축으로서의 이 구절의 역할은 "증거판"이라는 표현과 "돌판"이라는 표현을 함께 사용하고 있는 것에서 잘 드러난다. "증거" 혹은 "증거판"이라는 표현은 24:12에서 하나님께서 주시기로 한 돌판을 지칭하는데 있어서 성막 이야기가 사용하고 있는 용어이다.

그리고 "돌판"이라는 표현은 황금 송아지 이야기가 사용하고 있는 용어이다. 이 두 용어를 결합하여 사용함으로써 이 구절은 두 이야기 사이의 교량 역할을 하고 있다.

출애굽기32:1-6

이 본문은 출애굽기 19장부터 지금까지 안정적으로 지속되어 온 하나님과 이스라엘의 관계를 완전히 뒤흔들어 놓는 사건을 담고 있다. 만약 이 짧은 단락에서 이스라엘이 황금 송아지 우상을 만들지 않았다면 출애굽기의 본문은 32-34장이 없이 바로 35장으로 직행했을 것이다. 모세는 하나님께서 주신 돌판을 산에서 가지고 내려와서 이스라엘에게 성막을 만들도록 지시했을 것이며, 이스라엘이 성막을 건설한 후에 이 돌판을 성막의 지성소에 안치했을 것이다(40:20; 참고, 25:21-22). 그러면 모든 것은 평안하게 마무리되었을 것이다.

그러나 32:1-6에서 벌어지는 사건은 이러한 모든 안정적인 흐름을 파괴한다. 이 사건은 단순히 시내 산 언약을 파기(출 32:19의 파괴된 돌판이 상징)하는 수준에서 끝나는 것이 아니라 이스라엘을 완전히 멸절시킬 위험을 야기시킨다(출 32:10).

이 모든 일의 시작은 모세가 산 위에서 40일 동안 머무르고 있는 것을 견디지 못한 이스라엘 백성들이 아론에게로 몰려듦으로써 시작된다(1절). 이 1절은 "백성이…모여"라고 말하고 있는데, 이 때 "모여"에 사용된 동사 어구는 출애굽기 15:22-18:27을 다룰 때 이미 살펴본 바와 같이 광야 전승의 불평 모티프(the murmuring motifs)의 특징적인 용어들 중의 하나이다(출 32:1; 민 16:3, 19; 17:7; 20:2 [cf. 또한 렘 26:9]). 이들은 광야 전승 속에서 자신들이 보여주었던 모습을 여기에서 재현한다. 그들은 음식이나 물이 없을 때 즉각적으로 생각없이 그런 상황에 따라 반응해서 하나님과 모세에게 불평을 퍼부었다. 마찬가지로 그들은 자신들의 지도자 모세가 없는 상황을 견디지 못하고 아론에게로 몰려들었다(32:1).

아론에게로 몰려든 그들은 "일어나라 우리를 위하여 우리를 인도할 신을 만들라. 이 모세 곧 우리를 애굽 땅에서 인도하여 낸 사람은 어찌 되었는지 알지 못함이니라"고 말한다. 이들의 첫 번째 요구는 "우리를 인도할 신을 만들라"는 것이다. 이것은 아주 중차대한 사건이다. 그 이유는 다음과 같다. 첫째, 이 요구는 십계명 중의 첫 계명인 "너는 나 외에는 다른 신을 네게 두지 말라"는 계명을 정면으로 위반하는 것이다. 둘째, 십계명은 이스라엘이 하나님으로부터 직접 들은 유일한 계명이었다. 십계명은 뒤이어 나오는 "언약의 책"(20:22-23:33), 즉 모세가 하나님으로부터 받아 이스라엘에게 전달해준 말씀들과 달리 자신들의 귀로 직접 들은 계명이었다. 그럼에도 불구하고 그들은 이 계명을 사정없이 깨뜨리고 있다. 셋째, 이들은 언약을 맺을 때 하나님의 언약의 말씀을 지킬 것을 총 세 번에 걸쳐서 흔쾌히 약속한 바가 있다(19:7-8; 24:3,7). 이 언약은 강요된 것이 아니라 이들의 자발적인 동의에 의한 것이었다. 그러나 그들은 자신들의 이런 약속을 초개처럼 내던지고 만다. 넷째, 시기적으로 볼 때 그들은 언약을 체결한지 얼마 되지도 않은 상태에서 이 언약을 깨뜨렸다. 이들은 자신들의 입으로 굳게 약속을 한지 40일만에, 그것도 하나님께서 그들과 함께 하시기 위해 성막 건설을 지시하고 있는 동안에 언약을 파괴해버렸다.

그들의 이어지는 말 역시 자못 충격적이다. 그들은 "이 모세 곧 우리를 애굽 땅에서 인도하여 낸 사람"이라는 용어를 사용하고 있는데 이 말 역시 하나님 앞에서 참람한 것이다. 왜냐하면 이 말은 십계명의 서론으로 하나님께서 하신 말씀, 즉 20:2의 "나는 너를 애굽 땅, 종 되었던 집에서 인도하여 낸 네 하나님 여호와니라"는 말씀을 패러디한 것이기 때문이다. 하나님은 출애굽의 주체를 하나님 자신이라고 선언하셨다. 그러나 그들은 출애굽의 주체가 하나님이 아닌 모세라고 말하고 있다. 이것을 결코 소홀히 취급할 수 없는 이유는 32:7에서 하나님께서 이 점을 지적하시고 있기 때문이다. 그들의 이 말이 충격적인 또 한 가지 이유는 이 말씀 역시 하나님께서 말씀하시는 것을 이들이 직접 자신들의 귀로 들었기 때문이다. 이들은 그때 그 말씀을 듣고 무척이나 두려워했었다(20:18-19). 그러나 시기적으로 얼마 지나지 않은 이 상황에서 그들은 그 말씀을 패러디해서 사용하고 있다.

이들의 말에 담긴 세 번째의 문제는 "이 모세"(**제 모쉐**, זה משה)라는 표현이다. 여기에 사용된 "이"(**제**, זה)라는 지시형용사는 거리감과 경멸감을 함께 내포한 표현이라고 할 수 있다.[162] 이스라엘 백성들의 이러한 태도는 이전의 본문들에서 그들이 모세를 매우 존경했다고 표현하고 있는 본문들을 고려할 때 상당히 충격적이다(출 14:31; 20:18-21; 참고, 출 4:16; 19:9).

이들의 이런 요구에 대해서 2절에서 아론은 반발하지 않고 그냥 수용한다. 그의 이런 모습은 다른 본문들에서 모세가 이스라엘의 불평을 해결하는 방식과 확연한 차이를 낸다. 모세는 이들이 부당한 요구들을 할 때 결코 그 악한 요구들에 순응하지 않았다. 대신 모세는 다음의 몇 가지의 방식으로 대응했다. 첫째, 그는 이들의 불평에 정면으로 대처한다. 상황에 따라서 그는 낙심한 이스라엘을 격려하거나(출 14:13), 이들의 잘못된 요구를 수정하려고 노력했다(출 17:2). 둘째, 그는 이런 식으로 대처할 수 없을 경우에는 여호와 앞에 엎드렸다(민 14:5; 16:4; 20:6). 셋째, 그는 기도하면서 여호와께 해당 문제를 보고하는 조치를 취하기도 했다(출 14:15; 17:4; 민 16:15). 모세와 달리 아론은 이러한 모습들을 전혀 보여주지 못한다. 최소한의 수동적인 반대마저도 보여주지 않는다. 그는 단지 그들의 요구를 따른다. 한 발 더 나아가서 그는 그들이

162 제(זה)라는 지시형용사와 고유명사의 결합이 이런 뉘앙스를 나타내는 것에 대해서는 J. Joosten, "The Syntax of *zeh Moseh* (Ex 32,1.23)", *ZAW 103* (1991), 412-15를 보라.

금고리를 가져다 줄 것을 지시한다. 그리고 그들이 가져온 금붙이들로 황금 송아지를 제작한다(3-4절).

아론이 만든 황금 송아지를 보고 이스라엘 백성들은 "이스라엘아, 이는 너희를 애굽에서 인도하여 낸 너희의 신이로다"라고 선포한다(4절). 바로 앞의 32:1에서 이들은 "이 모세 곧 우리를 애굽에서 인도하여 낸 사람"이라고 말하면서 출애굽기 20:2의 하나님의 말씀을 패러디했었다. 그들은 이번에는 이 황금 송아지가 자신들을 출애굽시킨 신이라고 선포함으로써 다시 한 번 하나님 말씀을 패러디를 한다.

이 3-4절의 내용의 중요성은 아론과 이스라엘 백성들이 십계명의 서론격인 하나님의 말씀을 이렇게 다시 한 번 조롱했을 뿐만 아니라 더 나아가서 십계명의 첫 두 계명을 참람하게 위반했다는 점이다. 이들은 황금 송아지가 자기들의 신이라고 선언함으로써 제1계명을 위반했다. 또한 금으로 송아지를 만듦으로써 제2계명을 위반했다.

이들의 이런 선언을 듣고 아론은 그 앞에 제단을 쌓는다. 그리고 "내일은 여호와의 절일이니라"라고 선포한다. 그의 이 말이 정확히 무엇을 의미하는지에 대해서는 많은 논쟁이 있다. 이 말은 황금 송아지가 여호와라는 것을 아론 자신이 확증해서 선언하는 것인가? 아니면 그는 우상숭배의 길로 잘못 가고 있는 이스라엘 백성들의 행로를 조금이나마 돌려 놓기 위해 이들의 축제를 여호와의 축제로 돌려놓고 싶은 것인가? 본문상의 증거만으로는 그가 정확히 무엇을 의도했는지는 알 수가 없다. 그러나 그가 어떤 것을 택했든지 간에 그가 잘못한 것만은 분명한 사실이다. 그가 만약 첫 번째의 의미로 말했다면 그는 종교적인 지도자로서의 자격이 없는 겁쟁이였다. 그는 이 백성을 바른 길로 돌려 놓을 용기가 없는 자였다. 그가 만약 두 번째 의미로 말했다면 그는 교활한 술수꾼에 불과한 자였다. 그는 이 백성을 대항할 용기도 없었을 뿐 아니라 순간의 위기를 모면하려고 간교한 술수를 쓰는 자일 뿐이었다. 본문은 이 둘 중 어느 것이 더 진실에 가까웠는지를 알려주지 않는다.

그러나 백성들이 그의 말을 어떻게 이해했든지 간에 상관없이 6절에서 그들은 "이튿날에 일찍이 일어나 번제를 드리며 화목제를 드리고 앉아서 먹고 마시며 일어나서 뛰논다". 우리는 그들의 이런 행위들을 이미 한 번 본 적이 있다. 출애굽기 24:3-11에서 그들은 언약체결 예식 및 언약의 식사를 할 때 "이른 아침에 일어나"(4절), "번제와 화목제를 드리고"(5절), "먹고 마셨다"(11절). 여기에 한 가지 더 추가적으로 말하면 5절에서 아론이 제단을 쌓은 행위는 24:4에서 모세가 "제단을 쌓은" 것과 상응한다. 이렇게 보면 백성들이 하는 행위는 24장의 언약체결 의식을 그대로 흉내내고 있다. 그들은 자신들이 새로 만든 신 앞에서 시내 산 언약을 흉내내어 다시 한 번 언약식을 치르고 있는 것이다.

이 6절의 단어들 중 "일어나 뛰놀았다"는 표현은 24장에는 안 나온다. 이 행위는 이스라엘이 24장에서 여호와 하나님과 언약체결할 때에는 하지 않았던 것이다. 따라서 역사적으로 많은 주석가들은 "뛰놓았다"의 히브리어 원어인 **짜하크**(צחק)를 매우 부정적으로 해석했다. 예를 들어, 유대교 주석의 황제라 할 수 있는 **라쉬**(Rashi)는 창세기 26:8; 39:14,17 등에서 이 단어가 사용된 용례들을 참고로 해서 이 단어는 이들이 성적으로 난잡한 행위에 빠져든 것을 표현하고 있다고 이해했다. 또 미드라쉬는 이 단어가 "싸우다"라는 의미를 완곡하게 표현한 것이라고 풀이했다. 그리고 어떤 주석가들은 이 단어는 그러한 의미가 아니라 그냥 축제의 즐거움에 따라 춤추고 논 것을 표현하고 있다고 이해했다.[163] 어떤 의미를 택하든지 간에 32:7의 "네 백성이 부패하였도다"란 표현과 32:17-18의 모세와 여호수아의 대화 및 32:19의 "그 춤

163 이런 다양한 해석들에 대한 정리는 William H. C. Propp, *Exodus* 19-40 (AB: New York: Doubleday, 2006), 553을 참고하라.

추는 것들"이라는 표현을 볼 때 이들의 축제는 상당히 요란하고 선정적이었던 것 같다. 이것은 24:3-11의 엄숙하고 장엄한 분위기와는 확연하게 틀린 것이었다.

이렇게 해서(32:1-6) 출애굽기 19-31장까지 이어온 하나님과 이스라엘 간의 언약 및 유대 관계는 끝장이 날 위험에 처해졌다. 위에서 살펴본 것처럼 이스라엘 백성들은 말과 행동으로 하나님에게 도발할 수 있는 모든 것을 다 했다. 그들은 입으로 20:2의 십계명의 서론과 십계명의 첫 두 계명을 파기하는 선언을 했다. 이렇게 함으로써 그들은 19:5-6에서 하나님께서 시내 산 언약체결을 제시하시면서 하셨던 말씀, 즉 "너희가 내 말을 잘 듣고 내 언약을 지키면"이라는 말씀과 그에 대한 자신들의 19:7-8; 24:3, 7의 약속을 깨뜨렸다.

또한 그들은 입으로 모세에 대하여 경멸을 표현하기도 했다. 모세가 하나님에 의해서 뿐만 아니라 백성들 자신들의 요청(20:18-19)에 의해서 양측의 중재자 역할을 한 것을 고려할 때 이들의 이런 경멸은 하나님과 자신들 사이의 관계를 위험에 빠뜨리는 행위였다.

특히 이들은 5-6절에서 자신들의 행위를 통해 언약체결 의식을 세밀하게 패러디함으로써 하나님과 자신들 사이에 새로 맺어진 관계를 조롱하였다. 더구나 그들의 이런 언약 파기의 발언과 행위가 시간적으로 엄숙했던 언약식의 분위기가 다 사라지기도 전에 이루어졌다는 것은 상당히 충격적이다.

이 문단에 대한 분석을 마치기 전에 반드시 지적하고 넘어가야 할 점이 한 가지 더 있다. 그것은 황금 송아지의 시작 단락인 이 문단이 바로 출애굽기 25-31; 35-40장의 성막 이야기와 32-34장의 황금 송아지 이야기의 중요한 교차점이라는 것이다. 이 교차점은 이 두 이야기의 가장 중요한 제의 기구인 성막과 황금 송아지 사이의 유비점들 및 대조점들을 통하여 강조되고 있다.

우선 성막과 황금 송아지 사이의 유비점들을 살펴보도록 하자. 첫째, 하나님은 성막 건설에 대한 지시를 하시면서 "내가 그들중에 거할 성소를…나를 위하여 만들라"(25:8)라고 말씀하신다. 이와 비슷하게 백성들은 아론에게 "우리를 인도할 신을 우리를 위하여 만들라"고 요구한다(32:1). 둘째, 하나님은 이스라엘 백성과 함께 하기 위하여 그들을 출애굽을 시켰다고 말씀하신다(출 29:46). 이와 비슷하게 백성들은 황금 송아지가 자신들을 출애굽시킨 신이라고 선언한다(출 32:4). 이처럼 출애굽 모티프가 성막과 황금송아지 모두에 다 연결되어 있다. 셋째, 이 백성은 성막을 위해 모세에게 몰려든다(35:1). 이와 비슷하게 이 백성은 황금 송아지를 만들기 위해 아론에게 몰려든다(32:1). 이 몰려드는 모습을 나타내는데 사용된 히브리어 단어는 동일하게 **카할**(קהל)이다. 마지막으로 성막과 황금 송아지는 재료에 있어서 공통분모를 갖고 있다(황금 송아지, 32:2; 성막, 25:1-7; 35:4-29). 특히 출애굽기 35:22의 "금고리"는 이 둘을 연결시켜준다.

하지만 성막과 황금 송아지 사이의 이러한 유사성은 양자의 다음과 같은 대조적인 성격을 더욱 강조하기 위한 문학적인 장치이다. 첫째, 성막은 하나님을 위한 것인 반면에 황금 송아지는 이 백성이 스스로를 위해서 요구한 것이다. 앞에서 유사성을 알아보기 위해서 살펴본 25:8; 32:1에서 "나를 위하여"란 하나님의 말씀과 이스라엘의 "우리를 위하여"란 말은 확연하게 대비를 이룬다. 둘째, 성막은 하나님의 계획에 의한 것이다. 출애굽기 25-31장이 보여주듯이 성막은 아주 상세한 지침과 계획을 바탕으로 한 것이다. 이 지침을 하나님께서 모세에게 전달하는데 40일이나 걸렸다는 점도 역시 이런 점을 방영하고 있다. 반면 황금 송아지는 아주 즉흥적인 것이다. 이스라엘 백성들이 갑자기 요구하자 아론이 급히 만든 것이다. 셋째, 성막을 짓는 데는 다양하고 많은 귀한 재료들이 사용된다(25:1-9; 35:4-36:7). 그러나 황금 송아지를 만드는

데는 오직 “금고리”만이 사용된다(35:22). 넷째, 성막의 재료는 자발적인 마음으로 내는 것을 강조하고 있다(25:2; 35:5, 21, 22, 29). 황금 송아지에는 이런 언급이 없다. 다섯째, 성막의 경우는 모세가 재료를 더 이상 가져오지 말라는 명령을 내려야 했을 정도로 이스라엘이 풍성하게 재료를 헌납했다(출 36:3-7). 황금 송아지의 경우에는 이런 언급이 없다.

이 문단 전체를 종합해볼 때 이 백성이 황금 송아지를 만든 것은 하나님을 자기들과 함께 있도록 하기 위한 것이었다. 그러나 이것은 하나님께서 그들과 함께 하기 위한 방법으로 택하신 성막과는 상충되는 것이었다. 그들이 자신들을 위하여 그들의 방식으로 하나님을 자신들 가운데 있게 하려는 시도는 오히려 다음 문단에서 보듯이 하나님의 진노를 불러 일으켰다. 이런 면에서 이 문단은 아이러니를 품고 있다.

출애굽기32:7-14

앞의 문단이 아이러니를 품고 있다면 이 문단은 그 아이러니의 결과를 담고 있다. 하나님을 자기들의 방식으로 자신들 가운데 두려고 황금 송아지를 만든 시도는 그 소기의 목적을 달성하기는 커녕 그들 전체를 죽음으로 몰아 갈 뻔 했다. 이것은 하나님의 맹렬한 진노를 야기시켰다(7-10절). 만약 모세의 중보기도(11-13절)가 없었다면 그들은 모두 하나님의 진노에 의해 죽임을 당하고 그들의 역사는 끝이 났을 것이다. 그러나 다행히도 그들에게는 탁월한 중보자 모세가 있었다. 그는 하나님의 진노를 돌려 놓을 수 있었다.

그러나 황금 송아지 이야기의 나머지 본문을 이해하기 위해 반드시 기억해야 할 점은 이스라엘의 죄가 아주 큰 것이었기 때문에 모세가 이에 대한 완전한 용서를 하나님으로부터 받아내고 하나님과 이스라엘의 사이를 황금 송아지 제작 이전의 상태로 원상복귀시키기 위해서는 한 번의 중보기도가 아니라 총 세 번에 걸친 중보기도를 해야 했다는 점을 인식 할 필요가 있다. 이 중보기도의 1단계는 바로 이 문단의 후반부인 32:11-14에 들어 있다. 그리고 두 번째 단계는 32:15-33:6까지인데, 이 중에서 32:31-32이 두 번째 중보기도를 담고 있다. 세 번째 단계는 33:12-23이다.[164] 이 중 33:12-17에 나오는 일련의 기도는 세 번째 중보기도이다. 이 세 번째 중보기도는 사실 여러 개의 기도가 하나의 연합체를 이루고 있다고 이해하는 것이 더 좋을 것이다. 이처럼 모세는 총 세 번의 힘에 겨운 중보기도를 드림으로써 이스라엘 백성을 하나님의 진노에서 구원해내고 하나님과 이스라엘의 관계를 회복시킨다.

공간적 배경과 등장인물의 측면에서 볼 때 이 문단은 앞의 문단과 달리 다시 25-31장과 같은 상태로 돌아간다. 다시 한 번 공간적 배경은 시내 산 꼭대기이며, 등장인물은 오직 하나님과 모세이다.[165]

이 문단은 크게 두 부분으로 나뉜다. 하나님의 진노는 7-10절에 나오고, 모세의 중보기도와 그 결과는 11-14절에 나온다.

그럼 이제 7-10절의 하나님의 진노의 말씀을 먼저 살펴보도록 하자. 7절에서 하나님은 "너는 내려가라"는 명령으로 말씀을 시작하신다. 이어서 하나님은 "네가 애굽 땅에서 인도하여 낸 네 백성이 부패하였도다"라고 말씀하신다. 여기에서 "네가 애굽 땅에서 인도하여 낸 네 백성"이라는 표현은 32:1의 이스라엘의 백성들의 말을 빗댄 것이

164 2단계(32:15-33:6)와 3단계(33:12-23) 사이에 낀 33:7-11의 회막 본문은 플롯의 흐름상으로 볼 때 모세의 중보기도의 단계와는 직접적인 관계가 없다. 그렇다고 해서 이 회막 본문이 중요하지 않다는 것은 결코 아니다. 이 본문에 대한 자세한 사항은 나중에 해당 본문을 설명할 때 제시하도록 하겠다.

165 혹시 이 글을 읽는 비전문적인 독자들이 의아해할지 몰라 노파심에서 지적한다면 "등장인물"이라는 용어는 영어의 character의 번역이다. 물론 신앙인들은 당연히 하나님은 "인물"이라고 생각하지 않기 때문에 이 등장 "인물"이라는 용어가 이상할 것이다. 그러나 불행히도 현재의 언어환경상 영어 character를 이 용어로 번역하는 방법 밖에는 없는 것 같다. 하지만 이것이 내가 하나님을 "인물"로 이해하고 있다는 것을 의미하는 것은 아니다. 이것은 단지 서사학(narratology)의 전문용어일 뿐이다. 처음 이 단어를 한국어로 번역한 사람들이 신앙적인 배경을 염두에 두지 않고 일반 세속적인 문학을 위해 이 용어를 이렇게 번역했기 때문에 부득이하게 우리도 이 용어를 사용할 수밖에 없다는 사실을 독자들은 이해해 주기를 바란다.

다. 32:1에서 이스라엘은 20:2의 하나님의 말씀을 패러디하면서 "이 모세 곧 우리를 애굽 땅에서 인도하여 낸 사람"이라는 표현을 한 적이 있다. 이제 하나님은 그들의 이 말을 다시 패러디하여 "네가 애굽 땅에서 인도하여 낸 네 백성"이라고 말씀하신다.

이 하나님의 말씀에서 중요한 또 한 가지 표현은 "네 백성"(**암카**, עמך) 이라는 표현이다. 구약성경에서 하나님은 에스겔서에서 "인자야 네 백성이…"라는 표현을 사용하실 때를 제외하고는 이스라엘을 지칭해서 "네 백성"이라고 부르신 경우는 거의 없다. 하나님은 거의 예외없이 이스라엘을 "내 백성"(**암미**, עמי)이라고 부르신다. "내 백성"이라는 표현은 이스라엘에 대한 하나님의 친밀한 관계와 소유권을 강조하는 표현이다.[166] 출애굽기 내에서 이스라엘이 하나님의 구원을 받을 수 있는 근거는 이들이 하나님의 백성, 곧 하나님의 시각에서 볼 때 "내 백성"이기 때문이다. 3:7-10에서 하나님은 모세에게 출애굽의 소명을 주시면서 이스라엘을 처음으로 "내 백성"이라고 부르신다(3:7,10). "내 백성", 즉 하나님의 백성과 "네 백성", 즉 하나님의 백성이 아닌 자들 사이의 운명의 갈림은 출애굽기 8:20-24에서 잘 드러난다. 하나님께서 "내 백성과 네 백성 사이를 구별"(8:23)하신 것의 결과로 이스라엘은 파리의 재앙 때에 아무런 피해도 입지 않는다. 반면에 애굽은 황폐하게 된다. "내 백성"(**암미**)이라는 칭호의 이런 신학적인 중요성을 고려할 때 하나님께서 32:7에서 이스라엘을 "네 백성"(암카)이라고 부르시는 것은 상당히 심각한 일이다.

"네 백성"이라는 칭호의 심각성은 당연히 그 반대축에 있는 "네 하

166 이 "내 백성"이라는 표현은 심지어 구약에서 가장 맹렬하게 심판의 말씀을 전하고 있는 아모스서의 경우에도 이스라엘에 대한 소망으로 작용한다. 하나님은 최종적인 심판의 메시지를 전하고 있는 암 7:1-9:10에서도 이스라엘을 네 번에 걸쳐서 "내 백성"이라고 부르신다(7:8,15; 8:2; 9:10). 그리고 이 칭호는 아모스서의 유일한 구원의 메시지를 담고 있는 마지막 문단에도 등장한다(9:14). 심판의 대상을 계속 "내 백성"이라고 부르심으로써 결국 하나님은 그들에 대한 당신의 애착을 나타내신다.

나님"이라는 칭호에도 변화를 주게 된다. 출애굽기 20:2에서 십계명을 주시면서 하나님은 "나는 너를 애굽 땅, 종 되었던 집에서 인도하여 낸 네 하나님 여호와니라"고 말씀하셨다. 또 성막의 신학에 대해서 말씀하시면서 하나님은 출애굽기 29:45-46에서 "내가 이스라엘 자손 중에 거하여 그들의 하나님이 되리니 그들은 내가 **그들의 하나님** 여호와로서 그들 중에 거하려고 그들을 애굽 땅에서 인도하여 낸 줄을 알리라. 나는 **그들의 하나님** 여호와니라"고 하셨다. 이 짧은 본문 속에 "그들의 하나님"이라는 표현이 세 번이나 나오는 것을 주목하여 보라! 그러나 "네 백성"이라는 표현은 이 모든 것을 바꾸어 놓는다. 이 칭호는 오직 모세의 여러 번의 중보기도들을 통하여 하나님의 완전한 용서를 받고 다시 언약을 체결하기 전까지는 회복이 되지 않는다.[167]

이처럼 "네 백성"이라는 칭호는 신학적인 중요성을 갖고 있다. 이스라엘은 지금까지는 하나님에게 "내 백성"이었으므로 구원의 대상이었다. 그러나 이제는 "네 백성"이므로 멸망의 대상이 된다. 특히 이스라엘을 향한 하나님의 이러한 칭호의 변화를 일으킨 장본인들이 바로 그들 자신들이라는 점에서 그 심각성은 더욱 크다.

32:7에서 마지막으로 중요한 표현은 "부패하였도다"라는 표현이다. 이 표현은 어쩌면 창세기 6:11,12의 같은 단어와 연관되어 있을 수 있다.[168] 노아 홍수 때 하나님은 "온 땅이 하나님 앞에 부패"한 것을 보시고 이 땅을 심판하시고자 하셨다. 마찬가지로 황금 송아지 이야기에 등장하는 이스라엘 역시 하나님의 심판의 대상이 된다.

167 34:23에 나오는 "주 여호와 이스라엘의 하나님"이라는 표현을 이 구절의 평행구절인 23:14,17과 비교해보면 흥미롭다. 이 후자의 구절에서 하나님은 그냥 "주 여호와"라는 표현을 사용하신다. 그러나 이스라엘이 용서를 받고 난 후에 다시 언약을 체결할때 하나님은 34:23에서는 "이스라엘의 하나님"이라는 문구를 추가하신다. 이 추가된 표현은 하나님과 이스라엘의 관계가 회복되었음을 강조해주고 있는 것으로 보인다.

168 Gowan, *Theology in Exodus*, 222-223.

32:8에서 하나님은 "그들이 내가 그들에게 명한 길을 속히 떠나 자기를 위하여 송아지를 부어 만들고 그것을 예배하며 그것에게 제물을 드리며 말하기를 이스라엘아 이는 너희를 애굽 땅에서 인도하여 낸 너희 신이라 하였도다"고 말씀하신다. 여기에서 "내가 그들에게 명한 길"은 형상을 만들지 말라는 출애굽기 20:4,23의 말씀과[169] 그 형상들에 절하지 말라는 20:5의 말씀을 가리킨다.[170]

그리고 "이스라엘아 이는 너희를 애굽 땅에서 인도하여 낸 너희 신이라 하였도다"란 말씀은 앞의 32:4의 이스라엘 백성들의 말을 그대로 인용하고 있다. 앞의 "네 백성"이란 표현과 더불어 이 표현은 이스라엘이 자신들의 죽을 운명을 스스로 자초하고 있다는 것을 보여준다. 하나님은 그들의 말들을 그대로 인용하시면서 당신의 심판을 내리시고 있는 것이다.

9절은 이러한 이스라엘 백성들의 행보에 대한 하나님의 판정이다. 이스라엘은 "목이 곧은 백성"(**암 크세 오렙**, עם־קשה־ערף)이다. 이 표현은 황금 송아지 이야기에서 가장 중요한 반복어구 중의 하나로 총 네 번 언급된다(32:9; 33:3, 5; 34:9).[171]

지금까지 살펴본 바와 같이 이스라엘에 대한 하나님의 이런 판단은 10절의 심판의 말씀으로 이어진다. "그런즉 내가 하는 대로 두라. 내가 그들에게 진노하여 그들을 진멸하고 너를 큰 나라가 되게 하리라".

169 Bruno Baentsch, *Exodus-Leviticus-Numberi* (HAT; Göttingen: Vandenhoeck and Ruprecht, 1903), 270; Otto, "Die nachpriesterschriftliche Pentateuchredaktion", 88.

170 Robert Alan Hammer, "The New Covenant of Moses", *Judaism* 27 (1978), 348; Scott J. Hafemann, *Paul, Moses, and the History of Israel: The Letter/Spirit Contrast and the Argument from Scripture in 2 Corinthians 3* (WUNT 81; Tübingen: JCB Mohr, 1995), 199.

171 이에 대한 선구자적인 연구는 Martin Buber, "*Leitwort* and Discourse Type: An Example", in Martin Buber and Franz Rosenzweig, *Scripture and Translation* (Bloomington: Indiana University Press, 1994), 143-150을 보라. 개역한글판은 이 네 번을 다 "목이 곧은 백성"이라고 번역하고 있다. 하지만 개역개정판은 아무런 이유 없이 이러한 일관된 번역을 포기하고 두 번은 "목이 뻣뻣한 백성"(32:9; 34:9)이라고 번역하고 있고, 두 번은 "목이 곧은 백성"(33:3,5)이라고 번역하고 있다.

우선 "그런즉"(**붸아타**, ועתה)이란 표현이 중요하다. 이 **붸아타**란 표현은 화자가 자신이 앞에서 한 말들에 기초하여 논리적 귀결을 내리고, 어떤 결단을 언급할 때 사용된다.[172] 하나님은 이 **붸아타**란 말씀을 사용하여 심판을 선언하신다(32:10).

이어서 하나님은 "그런즉 내가 하는 대로 두라"고 말씀하신다. 이 번역은 원문의 뉘앙스를 제대로 살리지 못하고 있다. 하나님의 이 말씀을 가장 구어체적인 한국어로 살리자면 "나 말리지 마! 정도가 될 것이다. 하나님은 모세에게 자신의 심판의 결정과 시행에 끼어들지 말 것을 명령하시고 있는 것이다.

또한 하나님은 "내가 그들에게 진노하여 그들을 진멸하리라"고 말씀하신다. 여기에서 "진멸하다"라는 단어의 기본 뜻은 "끝을 맺다, 종결짓다"(to complete, finish)이다. 이렇게 볼 때 이 단어 역시 구어체적으로 번역하자면 "내가 그들을 끝장내버리겠다" 정도가 된다. 하나님의 진노는 이런 격렬한 표현을 통해서 생생하게 표현된다.

마지막으로 하나님은 "내가 너를 큰 나라가 되게 하리라"고 말씀하신다. 이 말씀은 하나님께서 아브라함에게 주셨던 약속들과 거의 문자적으로 비슷하다(창 12:2; 참고, 창 17:20; 18:18; 21:18; 46:3).[173] 이 말씀은 너무나도 엄중하다. 왜냐하면 이 말씀이 의미하는 바는 하나님께서 창세기 12:2에서 아브라함에게 이 약속을 주신 이후로 지금까지 끌고 오셨던 수백 년의 역사를 여기에서 중단하고 모세를 믿음의 조상으로 해서 새로운 구속사를 열어나가시겠다는 것이기 때문이다.

이렇게 하나님은 당신의 진노를 표현하셨다. 하나님의 말씀은 하나

172 이 단어 역시 Martin Buber, "Leitwort Style in the Pentateuchal Narrative" in Martin Buber and Franz Rosenzweig, *Scripture and Translation* (Bloomington: Indiana University Press, 1994), 114-128은 황금 송아지 이야기에서 아주 중요한 것으로 다루고 있다.

173 Propp, *Exodus* 19-40, 554.

도 틀린 것이 없다. 지금까지 살펴본 것처럼 이스라엘은 스스로의 말과 행동으로 자신들의 운명을 결정지었다. 그들의 말에 대한 하나님의 평가와 그들의 행동에 대한 하나님의 객관적인 기술(8절)은 공정하기 그지 없다. 이들은 "부패한" 자들이고, "목이 곧은 백성"임이 분명하다. 그러므로 하나님의 심판은 정당하다. 더구나 하나님은 모세에게 "나 말리지 마"라고 분명하게 선언하지 않으셨는가?

이런 상황에서 과연 모세는 어떻게 할 것인가? 하나님의 가장 충성된 종(민 12:7)인 그는 하나님의 명령대로 하나님을 말리지 않고 하나님의 정당한 심판의 선언을 당연한 것으로 받아들일 것인가? 또한 그는 "너를 큰 나라가 되게 하리라"는 하나님의 제안을 받아들일 것인가?

놀랍게도 모세는 하나님에게 반기를 든다. 심지어 그는 이 백성을 진멸하시겠다는 하나님의 의도를 감히 "악"(הרעה)이라고 두 번이나 표현한다(12절 [2번]).[174] 모세의 이런 모습은 자못 충격적이다. 충성된 종이 이래도 되는 것인가? 성경의 인물 중 그 누가 감히 하나님의 심판의 결정을 악하다고 할 수 있겠는가?[175] 하지만 모세는 하나님의 결정이 악하다고 말한다.

그러면 모세는 감히 하나님에게 대적하고 있는 것인가? 고금의 탁월한 해석자들은 아니라고 생각한다. 모세가 감히 하나님에게 이렇게 강력한 어휘를 써가면서까지 대항하고 있는 이유는 바로 하나님의 진

174 개역개정판은 이 두 번의 단어를 각각 "악한 의도"와 "화"라는 표현으로 달리 번역함으로써 원문이 가진 강력한 의미를 살리지 못했다. 물론 이것은 개역개정판 번역자의 잘못이라기 보다는 한 언어가 다른 언어로 번역될 때 어쩔 수 없이 의역을 할 수밖에 없는 경우일 수도 있다. 그럼에도 불구하고 현재의 번역은 아쉽기만 하다.

175 참고로 구약성경에서 이렇게 하나님의 판단을 악이라고 생각하는 다른 한 인물은 요나이다. 욘 4:1은 "요나가 매우 싫어하고 성내며"라고 번역되어 있다. 좀 더 히브리어 원문에 가깝게 번역하면 "그것[곧 니느웨를 용서하신 것]이 요나가 보기에 심히 악하였다" 정도가 될 것이다. 요나의 이런 모습은 요나서 저자가 그를 모세와 반대되는 인물로 그리고 있기 때문이다. 황금 송아지 사건에서 모세는 죄인인 이스라엘의 구원을 위해서 중보기도를 한다. 반면에 요나는 죄인인 니느웨가 반드시 멸망해야 한다고 생각한다.

노의 말씀 속에 감추어져 있는 자비의 흔적을 발견했기 때문이라고 생각한다.[176] 이 해석자들은 10절의 "그런즉 내가 하는 대로 두라", 즉 "나 말리지 마"라는 하나님의 말씀이 사실은 모세의 중보기도에 대한 초대, 즉 "어찌할 수 없는 하나님의 [심판의] 결정에 난 작은 틈"이라고 해석했다.[177] 또한 모세로 하여금 아브라함을 대체하게 하시겠다는 하나님의 제안은 실상은 "심판의 위협에 대하여 모세가 가장 강력한 반대 주장을 할 수 있는 단서"를 그에게 제공해 준다".[178] 그 외에도 이어지는 11-13절의 모세의 중보기도를 설명하면서 다루겠지만 이 하나님의 진노의 말씀 속에 담긴 여러 가지 사항들은 모세에게 하나님의 결정을 반박할 거리를 많이 제공해 주고 있다. 해석자들은 하나님께서 이처럼 모세가 파고들 수 있는 것들을 많이 말씀하심으로써 모세의 반발을 암시적으로 초청하고 있다고 생각한다.

그러므로 구약성경에서 가장 격렬한 하나님의 심판의 말씀은 오히려 독자들에게 하나님의 속성의 한 중요한 단면을 들여다 보게 해준다. 그것은 황금 송아지 이야기의 이후의 내용들을 통해서 점점 더 분명하게 드러나게 되겠지만 하나님의 공의와 자비의 신비로운 결합이다. 하나님은 공의의 하나님만도 아니고 자비의 하나님만도 아니라 이 두 가지 성품의 신비로운 결합으로 이루어진 분이시다. 비유적으로 말하자면 하나님의 성격은 모든 것을 "either/or" (이것이냐 저것이냐)로 표현하는 컴퓨터 공학의 이진법적 표현으로 표시할 수가 없다. 하나님은 디지털의 하나님이 아니라 아날로그의 하나님이시다. 그분은 "both/and"(동시에 이것이자 저것)의 하나님이시며, 대조적인 성격들의

176 이에 대해서는 Childs, *The Book of Exodus*, 567-568; R. W. L. Moberly, *At the Mountain of God: Story and Theology in Exodus 32-34* (JSOTS 22; Sheffield: JSOT Press, 1983), 50-53; Waldemar Janzen, *Exodus* (BCBC; Waterloo, Ontario: Herald Press, 2000), 385-87 등을 참고하라.

177 Janzen, *Exodus*, 385.

178 Childs, *The Book of Exodus*, 567.

무수한 조합을 가지실 수 있는 분이시며, 또 보여주실 수 있는 분이시다. 물론 이러한 "심리학적 사이버 동형론"(psychological cyber-morphism)이 하나님의 성격과 관련한 신비를 다 표현해주지는 못한다. 이런 두 속성의 신비로운 조합을 가지신 하나님은 비록 자신의 공의로움 때문에 이스라엘의 진멸을 선언하셨지만 또한 자신의 어쩔 수 없는 자비로움을 완전히 거두지도 못하신다.

이것이 모세에게는 하나님의 진노 중에 언뜻 보인 "작은 틈"인 것이다. 다시 말하자면 모세는 하나님께서 진노로 앞문을 완전히 닫으신 가운데서도 하나님께서 살짝 열어놓으신 뒷문을 본다. 이제 모세가 파고 들고자 하는 것은 바로 이 뒷문인 것이다. 11-13절의 기도를 통해서 모세는 이 뒷문을 향해 나아간다.

모세의 이런 모습은 코우츠(Coats)란 학자가 표현한 것처럼 "충성스러운 반대자"(a loyal oppositionist)란 개념으로 이해할 수 있다. 앞에서 본 것처럼 그는 이 백성을 멸하시겠다는 하나님의 의도를 감히 "악"이라고 칭한다. 왜냐하면 "하나님과 백성 사이의 관계에 대해서 하나님께서 원래 세우신 목표를 [스스로] 어기시는 것은 잘못된 것"이기 때문이다.[179] 이런 면에서 그는 "하나님의 드럼 소리에 맞추어서 무작정 복종의 춤을 추는 맹목적인 노예가 아니었다".[180]

그러나 "반대자"로서 행동하는 그의 역할은 하나님에 대한 충성스러움에서 나온 것이었음을 결코 독자들은 놓쳐서는 안 된다. 그가 지금 이 순간에 하나님에게 할 수 있는 가장 충성스러운 길은 바로 "그런즉 내가 하는 대로 두라"는 하나님의 말씀을 받아들이기를 거부하

179 George W. Coats, "The King's Loyal Opposition: Obedience and Authority in Exodus 32-34", in G. W. Goats and B. O. Long (eds.), *Canon and Authority in the Old Testament* (Festschrift W. Zimmerli; Philadelphia: Fortress Press, 1977), 98.

180 George W. Coats, "Moses Versus Amalek: Aetiology and Legend in Exod. xvii 8-16", in Luis Alonso-Schöckel, *Congress Volume: Edinburgh 1974* (SVT, 28; Leiden: Brill, 1975), 41.

고 하나님을 말리는 것임을 잘 알고 있다.

모세가 이렇게 할 수 있는 데에는 그가 하나님과 맺고 있는 특별한 관계도 중요한 작용을 한다. 하나님은 모세의 동의를 얻지 않은 채 당신의 결정을 실행에 옮기기를 원치 않으신다.[181] 그래서 하나님은 마치 창세기 18:16-21에서 아브라함에게 소돔의 심판에 대한 생각을 드러내신 것처럼 당신의 계획을 모세에게 드러내셨다. "하나님은 모세가 하고자 하는 말에 열린 태도를 취하시며, 그의 기여를 아주 중대하게 받아들이시며, 미래를 만들어나가시는데 있어서 그의 기여를 존중하신다".[182]

이제 11-13절의 모세의 중보기도를 살펴보도록 하자. 그의 중보기도를 통해 배울 수 있는 중요한 교훈은 그가 이스라엘 백성에 초점을 맞추어서 기도를 드리고 있는 것이 아니라 철저히 하나님의 은혜(자비)와 명예, 그리고 족장들에게 주신 약속에 초점을 맞추어서 기도를 드리고 있다는 점이다.[183] 그의 기도의 내용은 다음 세 가지다.

첫째, 11절에서 그는 이 백성이 "내 백성"(**암미**), 즉 모세 자신의 백성이 아니라 바로 "네 백성"(**암카**), 즉 하나님의 백성이라는 것을 강조한다. 이 "네 백성"을 개역개정판 성경은 "주의 백성"이라고 번역하고 있다. 높임말이 중요한 한국어의 특성상 하나님을 "너"라는 칭호를 사용해서 "네 백성"이라고 번역하는 것은 표준적인 공인 성경에서는 불가능한 일이다. 그러나 아쉽게도 이처럼 높임말로 번역해버리면 모세의 기도의 역동성이 사라져버린다. 왜냐하면 히브리어 원문의 암카(עמך)는 32:7의 하나님의 말씀인 "네 백성"과 완전히 동일하기 때문이

181 Herbert Hanan Brichto, "The Worship of the Golden Calf: A Literary Analysis of a Fable on Idolatry", *HUCA* 54 (1983), 9.

182 Fretheim, *Exodus*, 286.

183 Hafemann, *Paul, Moses, and the History of Israel*, 200; Houtman, *Exodus*, 1: 612.

다. 32:7에서 하나님께서 이스라엘을 "네 백성"이라고 부르신 이유는 32:1의 이스라엘 백성들의 말, 즉 "이 모세 곧 우리를 애굽 땅에서 인도하여 낸 사람"이라는 말 때문인 것을 이미 살펴보았다. 하나님께서는 그들의 말을 받아쳐서 모세에게 말씀하시기를 "모세야, 이 백성이 말하기를 네가 자기들을 애굽에서 인도하여 냈다고 하니 이제 '네 백성' 이라고 해라"고 말씀하신 것이다. 32:7의 하나님의 이 말씀을 32:10에서 모세는 다시 그대로 맞받아치면서 말하기를 "하나님, 왜 지금까지 이스라엘을 계속 '내 백성' 이라고 하셔 놓고는 이제 와서 '네 백성' 이라고 하십니까"라고 따지고 있는 것이다. 그는 하나님께서 지금까지 하시던 대로 지금도 이 백성을 계속 "내 백성"이라고 부르시라고 요구하고 있는 것이다. 이 점을 특히 강조하기 위해 그는 "여호와여 어찌하여 **그 큰 권능과 강한 손으로** 애굽 땅에서 인도하여 내신 '네 백성' 에게 진노하시나이까"라고 말하고 있는 것이다. 그는 특별히 "그 큰 권능과 강한 손으로"라는 말을 추가함으로써 이 백성이 하나님께서 그냥 아무 수고 없이 출애굽시킨 백성이 아니라 큰 수고를 하셔서 구원한 백성임을 강조하고 있다. 이런 백성을 지금에 와서 "내 백성"이 아닌 "네 백성"이라고 부르시면 안 된다는 것이다. 그래서 그는 하나님에게 "이 백성은 결코 '내 백성' 이 아니니 '네 백성' 하십시오"라고 말하고 있는 것이다.

둘째, 12절에서 모세는 이 백성의 멸망은 하나님의 명성에 오점을 남길 것이라고 주장한다. 하나님께서 이 백성을 진멸하시면 애굽 사람들은 "여호와가 이 백성을 산에서 죽이고 지면에서 진멸하려는 악한 의도를 가지고 [애굽에서] 인도하여 내었다"라고 말할 것이라고 주장한다. 그는 하나님의 말씀대로 "부패"하고 "목이 곧은 백성"인 이스라엘에게 혹시라도 남아 있을 어떤 가치에 기초하여 중보기도를 하지 않는다. 그는 대신 하나님의 명예에 기초하여 기도를 드린다. 그는 이 백성이 부패하고 목이 곧은 백성인 것과는 상관없이 하나님께서 이 백성을 죽이는 것은 하나님의 대적들에게 비방거리를 제공해주게 될 것이라는 점을 지적한다.184

셋째, 13절에서 모세는 하나님께서 족장들에게 주신 약속에 대한 하나님의 신실하심에 근거하여 중보기도를 한다. 이 기도는 앞의 10절의 하나님의 말씀, 즉 "너를 큰 나라가 되게 하리라"는 말씀에 대한 반박이다. 그는 하나님께서 자기를 큰 나라가 되게 해주시겠다고 새롭게 약속하실 것이 아니라 이스라엘을 큰 나라가 되게 해주겠다고 이미 족장들에게 약속하신 것이나 신실하게 잘 지켜 주실 것을 요청한다. 여기에서 모세는 하프먼(Hafemann)이 잘 지적한 바와 같이 족장들의 미덕(the merits of the Patriarchs)에 근거하여 중보기도를 하고 있는 것이 아니다. 그는 하나님의 신실성에 근거하여 기도하고 있는 것이다.185

이처럼 모세는 하나님의 지극한 진노 중에 살짝 비친 자비의 마음을 읽고, 하나님께서 깔아 놓으신 반박거리들을 징검다리 삼아 이스라엘을 위한 중보기도를 드렸다. 그 결과 14절에서 하나님은 12절의 모세의 말대로 정말 "그 악한 의도"를 돌이키신다. 이 14절의 하나님의 돌이키심에 대한 내레이터의 표현과 12절의 모세의 요구는 상당히 유사하다.

> 32:14 [그러자] **여호와께서 그의 백성**에게 행하겠다고 하신 **그 악[한 의도]를 돌이키셨다**(사역).

184 이것은 모세의 중보기도의 중요한 주제 중의 하나이다. 민 14:13-16을 보라. 특히 15-16절은 이 출 32:12와 거의 흡사하다. 차이점이라면 출애굽기 본문에서는 애굽인들이 하나님의 명성에 대해 비방할 것이라고 말하고 있는 반면에 민수기의 본문은 "여러 나라"가 그렇게 할 것이라고 말함으로써 하나님을 비방하는 주체를 확장시키고 있다는 점이다.

185 유대교 주석가들은 여기에서 모세가 "족장들의 미덕"(the merits of the Patriarchs)에 기초하여 기도를 드리고 있다고 주장한다. 이에 대한 비판은 Hafemann, *Paul, Moses, and the History of Israel*, 200-201을 보라.

(וינחם יהוה על־הרעה אשר דבר לעשות לעמו).

32:12 당신의 **백성**을 향한 **이 악[한 의도]를 돌이키소서**(사역).

(והנחם על־הרעה לעמך)

특히 모세는 "네 백성"(**암카**)이라는 표현을 쓰고 있는데 이 표현은 32:10에서 그가 32:7의 하나님의 말씀을 거부하면서 사용한 표현이다. 이 표현을 써서 모세는 이스라엘이 모세 자신의 백성이 아니라 하나님의 백성이라는 것을 강조했다. 14절에서 내레이터도 이스라엘을 "그의 백성", 즉 하나님의 백성이라고 지칭함으로써 모세의 손을 들어준다.

이처럼 이스라엘이 지은 죄와 그에 대한 하나님의 진노를 생각할 때 하나님의 용서는 너무 빨리 주어진 것처럼 보인다. 이 때문에 대다수의 역사비평학자들은 왜 모세가 이후에도 계속해서 중보기도를 해야 하는지 의아해한다.[186] 그러나 이것은 12절과 14절의 상응관계를 정확히 파악하지 못해서 나온 오해이다. 12절에서 모세가 하나님에게 돌이키시라고 요청한 것은 "자기의 백성을 산에서 죽이고 지면에서 진멸하려는 악한 의도"에 관한 것이었다. 즉 이스라엘 백성들을 완전히 지상에서 멸절시켜 존재하지 않게 하시겠다고 하신 그 심판의 계획이다. 이 12절과 정확히 상응하는 14절은 하나님께서 취소하신 것이 바로 이 심판의 계획임을 분명히 해준다. 이 문단의 서론에서 언급한 것처럼 진멸하고자 하시던 하나님의 계획의 취소는 모세의 중보기도의 세 단계중 첫 단계에 대한 응답일뿐이다.[187]

186 J. P. Hyatt, *Exodus* (NCBC; London: Marshall, Morgan & Scott, 1971), 301-304; Thomas B. Dozeman, *Exodus* (ECC; Grand Rapids: Eerdmans, 2009), 697 등을 보라.

187 Michael Widmar, *Moses, God, and the Dynamics of Intercessory Prayer: A Study of Exodus 32-34 and Numbers 13-14* (FAT 2. Reihe 8; Tübingen: Mohr Siebeck, 2004), 119-122도 비슷한 견해를 피력하고 있다.

모세가 생각하는 용서는 단지 하나님께서 이스라엘 백성들을 죽이지 않으시는 것만이 아니다. 그는 이것과 더불어 궁극적으로는 출애굽기 19-31장의 시내 산 언약과 성막 건설의 명령 속에 반영되어 있는 하나님과 이스라엘 사이의 관계를 회복하는 것이야말로 진정한 용서라고 생각한다. 이 때문에 모세는 15절 이하에서도 계속해서 중보자로서의 사역을 한다.

출애굽기32:15-33:6

다소 긴 이 단락은 모세의 중보기도의 두 번째 단계를 담고 있다. 앞에서 이미 이야기한 바와 같이 32:14은 황금 송아지 이야기의 결말은 아니다. 현재 이스라엘 백성은 단지 멸절의 위험으로부터 벗어났을 뿐이다. 그러나 이 상태는 출애굽기 25-31장의 성막 이야기에 반영되어 있는 이들의 지위와는 현저한 차이가 있다. 이들과 하나님 사이의 관계는 더 이상 언약 관계나 하나님의 임재를 자신들 가운데서 누리는 그런 관계가 아니다. 모세는 이 점을 정확히 파악하고 있다. 따라서 그는 25-31장의 상태로 되돌리는 것을 궁극적인 목표로 해서 두 번째 단계의 중보기도를 하려고 움직인다. 이 본문에서의 모세의 여러가지 행동들은 그의 신중한 성격에 기초해서 이해해야 한다. 모세는 자신의 궁극적인 목표, 즉 이스라엘과 하나님의 관계를 25-31장이 전제하고 있는 관계의 수준으로 되돌려 놓기 위해서 자신이 얼마나 신중하게 행동해야 하는지를 잘 알고 있다.

이 단원은 다음과 같이 다섯 개의 단락으로 나눌 수 있다:

(1) 32:15-20

(2) 32:21-24

(3) 32:25-29

(4) 32:30-35

(5) 33:1-6

이 각각의 단락은 한 명 혹은 그 이상의 등장인물이나 장소적 배경 및 시간의 변화에 의해서 선명하게 나뉜다. 첫 단락의 장면(32:15-20)은 영화의 롱테이크(long take)에 해당한다.188 공간적 배경은 어느 한 곳에 고정되어 있지 않다. 카메라는 산 정상으로부터 산 아래 진에 이르기까지의 모세의 동작을 잡아내고 있다. 이 장면에 나오는 등장인물들은 모세, 여호수아, 이스라엘 백성이다. 두 번째 단락의 장면(32:21-24)은 등장인물들의 변화에 의해서 확연하게 앞 장면과 구분된다. 이 장면에는 오직 모세와 아론만 등장한다. 세 번째 단락의 장면(32:25-29)에서 카메라는 모세와 백성에게로 돌아간다. 이 장면에서는 레위 사람들이 중요한 역할을 한다. 네 번째 단락의 장면인 출애굽기 32:30-35과 다섯 번째 단락의 장면인 33:1-6은 사실 하나로 통일되어 있는지, 아니면 두 개로 나뉘어 있는지 정확히 말하기가 어렵다. 이러한 어려움은 32:35절의 모호성 때문이다. 그러나 편의상 이 본문을 두 개로 나누기로 한다.

네 번째 단락의 장면(32:30-35)과 이전의 세 단락의 장면은 뚜렷하게 구분된다. 그 가장 두드러진 특징은 시간의 변화이다. 30절은 "이튿날"이라는 표현으로 시작된다. 이 네 번째 단락의 장면 역시 롱테이크 기법을 사용하고 있다. 그러나 같은 기법을 사용하고 있는 첫 번째 단락인 32:15-20과의 차이는 모세가 움직이는 방향이 정반대라는 것이다. 카메라는 모세의 움직임을 따라 진으로부터 산 정상으로 이동한다. 이 장면은 이 본문 전체에서 상당히 중요하다. 그 이유는 32:7-14

188 영화 용어에서 "테이크"(take)는 감독이 "레디고"를 하면서 촬영을 시작해서 "컷"함으로써 촬영을 마칠 때까지의 필름의 구간을 가리킨다. "롱테이크"(long take)는 용어 그대로 이 구간이 긴 것이다. 이 "롱테이크"는 그 특성상 등장인물이 한 곳에 고정되어 있지 않고 계속 장소를 바꾸어가면서 움직이기 때문에 카메라가 그 등장 인물을 따라 이동하게 되는 경우가 많다.

에서 하나님과 모세의 만남 이후 처음으로 하나님께서 다시 무대의 중심으로 돌아오신다는 점 때문이다.

마지막 단락의 장면(출 33:1-6)은 앞 장면과 동일한 등장인물들을 보여주고 있다. 1-3절의 장소적 배경은 확실하지가 않다. 하지만 4-6절의 배경이 진인 것은 확실하다. 전체적으로 내레이터는 공간적 배경과 관련하여 확실한 정보를 제공해주고 있지 않다.

이 다섯 단락 중 앞의 세 단락에서 모세는 하나님을 대신해서 이스라엘에 하나님의 진노를 퍼붓는다. 32:19의 "모세가…크게 노하여"란 표현은 32:10의 "하나님께서 그들에게 진노하여"란 표현과 상응한다. 모세가 여기에서 이렇게 하나님의 진노를 대신해서 터뜨리는 이유는 두 번째 중보기도를 드릴 수 있는 토대를 쌓기 위한 것으로 보인다.

이제 첫 번째 단락의 장면부터 살펴보도록 하자. 이 단락은 장소적 배경에 따라 다음과 같이 세 부분으로 나뉜다:

15-16절 (산 위)

17-18절 (산 중턱)

19-20절 (산 아래)

모세가 돌판을 들고 산 위에서 내려오는 것을 묘사하는 15-16절에서 내레이터는 잠시 사건의 진행에 대한 묘사를 완전히 멈추고 돌판에 대한 장황한 설명을 제공한다. 이어지는 17-18절에서 모세는 여호수아와 대화를 한다. 시간은 천천히 흐른다. 그러다가 19-20절에서 시간은 아주 급속하게 흐른다. 이러한 시간의 속도의 변화는 의도적이다. 즉 처음에는 시간을 멈추게 한 다음에 조금씩 천천히 흐르게 하다가 마지막에 가서 갑자기 사건들이 폭발적으로 터지게 함으로써 서스펜스 효과를 얻고자 한 것이다.[189]

독자들은 모세가 진에 내려올 때 무슨 일이 생길 것인가를 궁금해 할 수밖에 없다. 하나님께서 마음을 바꾸셨으므로(14절) 모세와 이스라엘 사이에도 별일이 없을 것인가? 아니면 주의 깊은 독자들이 눈치챈 바와 같이 14절은 완전한 용서와는 거리가 먼 것이기 때문에 이스라엘은 자신들의 죄를 어떤 형태로든 짊어져야 할 것인가? 서스펜스 기법은 이런 질문들에 대한 답을 독자들이 쉽게 찾아내지 못하게 시간을 늦춤으로써 그들이 달아오르게 하는 효과를 낸다.

그러면 이제 본문의 흐름을 따라서 이 첫 번째 단락을 살펴보도록 하자. 15-16절에서 내레이터는 모세가 첫 번째 중보기도를 성공적으로 마친 후에 "두 증거판"(24:12; 31:18; 참고, 25:16, 21-22은 이 증거판이 지성소의 증거궤 속에 놓이게 될 것을 말해주고 있음)을 손에 들고 내려 오는 것을 묘사하고있다. 그는 이 판이 "하나님이 만드신 것이요 글자는 하나님이 친히 쓰셔서 판에 새긴 것이더라"는 장황한 설명을 덧붙인다. 이 장황한 설명을 통해서 그 어떤 효과를 얻고자 하는 것일까? 그것은 다음의 몇 가지이다.

첫째, 앞에서 이 단락의 구조를 설명하면서 이미 언급한 바와 같이 이 장황한 설명은 서스펜스 효과를 내기 위한 것이다. 즉 모세와 이스라엘 백성이 만나는 장면을 늦추는 역할을 한다.

둘째, 이 두 구절은 증거판이 하나님께서 만드신 것이며, 글자도 하나님께서 새기신 것임을 강조하고 있다. 하지만 이것은 19절에 가서 모세가 그것을 깨뜨리는 것과 강한 대비를 이루게 된다.

셋째, 증거판은 25-31장의 성막에 대한 내용을 독자들에게 환기시키는 역할을 한다. 25:16, 21-22의 본문에서 보듯이 성막의 심장과도 같은 역할을 하는 이 돌판은 환유법적으로 하나님이 디자인한 작품인 성막을 대표한다. 그 결과 하나님의 작품인 성막과 인간의 작품인 황

189 Childs, *The Book of Exodus*, 568.

금 송아지는 강렬한 대조를 이루게 된다.[190]

이어지는 17-18절에서 내레이터는 증거판에 대한 장황한 설명에서 사건의 흐름에 대한 묘사로 돌아간다. 그러나 여전히 모세와 백성과의 만남에 대한 이야기를 지연시키고 있다. 이러한 지연의 역할은 여호수아가 맡는다.[191] 그는 진에서 들려오는 소리에 대해 모세에게 질문을 던진다.

여호수아의 질문에 대한 모세의 대답이 과연 무슨 뜻인가하는 것에 대한 해석은 다양하지만 다음의 해석이 가장 설득력 있는 것 같다.[192]

> 이것은 클라이막스 전의 일종의 쉬는 시간으로서, 모세의 내적 고통, 충격, 분노, 할 말을 잃은 심정을 대변해주고 있다. 그는 자기의 충성스러운 종의 말에 주목할 경황이 없었다…. 그는 그를 돌아보거나 그에게 대꾸하지도 않는다. 그는 침묵 속에서 자신의 길을 간다. 그는 자신의 임무, 즉 이 죄인들에게 심판을 겪게 해주는 일을 하려 한다.[193]

드디어 19-20절에서 모세는 산 아래에 도착해서 이스라엘 백성들이

190 Moberly, *At the Mountain of God*, 54. 증거판과 황금 송아지의 대비는 Moberly, *At the Mountain of God*, 56과 Janzen, *Exodus*, 388에서 지적되고 있다. 그러나 내레이터가 진짜 의도하는 바는 증거판 자체가 아니라 증거판으로 대변되는 성막이라는 점에 주의할 필요가 있다. 그러므로 증거판이 성막에 대한 환유법적인 장치라고 생각하는 것이 더 옳은 것으로 생각된다.

191 서사학적으로 설명하자면 등장인물로서의 역할보다는 내러티브의 흐름상 내레이터가 의도한 어떤 기능적인 역할을 담당하는 등장인물을 "기능적 인물"(functionary)이라고 부른다.

192 역사비평학자들은 여기에서 행한 모세의 대답은 그가 이스라엘 백성들이 한 일에 대해서 전혀 모르고 있음을 보여주고 있으므로 앞의 32:7-14의 내용과 모순된다고 생각한다. 왜냐하면 이 앞의 단락에서 그는 분명히 하나님의 말씀을 통해서 이스라엘 진영 내의 문제들을 완전히 파악했을뿐 아니라 거기에 대해 중보기도를 하기도 했기 때문이다. 그러나 이들의 이런 해석은 고대 저자의 미묘한 의도를 전혀 고려하지 못했기 때문에 나온 해석이라고 할 수 있다.

193 Leibowitz, *New Studies in Shemot*, 600. 그녀는 이 책에서 유대교 주석가들의 여러 가지 다른 흥미로운 해석들을 제공해주고 있다. 하지만 그녀 자신의 해석이 이런 해석들보다 더 신빙성이 있는 것으로 보인다.

저지르고 있는 행위들을 직접 자기 눈으로 목도한다. 이 대목에서 내레이터는 갑자기 사건 서술의 속도를 높인다. 모세는 즉시 이 백성들에게 자신의 진노를 터뜨리고, 돌판을 깨뜨리고, 황금 송아지를 갈아서, 그것을 백성들이 마시게 만드는데, 내레이터는 이 모든 것을 주로 동사로 구성된 간결한 문체로 단숨에 서술한다.

여기에서 모세가 송아지를 보고 나타낸 반응들 중 "모세의 진노가 타올랐다"(개역개정판, "[그가]…크게 노하여"; 봐이하르 아프 모세, ויחר־אף משה)란 내레이터의 표현은 특별히 중요하다(19절). 이 표현은 10절의 여호와의 말씀 중 "나의 진노가 타올라"(개역개정판, "내가 그들에게 진노하여"; 봐이하르 압피)란 말씀과 주어를 제외하고는 같은 어휘가 사용되고 있다. 즉 모세의 진노가 하나님의 진노와 상응하고 있다. 그러나 10절의 경우에는 모세는 여호와께서 진노하시지 못하도록 중보기도를 드렸다. 하지만 이 19절에서는 그 자신이 진노를 터뜨린다.

이런 모세의 모습을 모순된다고 생각하면 안 된다. 그의 이런 상반된 것처럼 보이는 모습은 그의 중보자 직분에 근거하여 이해되어야만 한다. 그는 여호와와 이스라엘 백성 사이에서 이중적인 관계를 맺고 있다. 우선 그는 이스라엘 백성을 향해서는 여호와를 대변하는 역할을 한다. 그러나 그는 또한 여호와 앞에서는 이 백성의 대표자 역할을한다. 도우즈먼(Dozeman)의 말을 빌리자면 그는 "하나님의 종인 동시에 이스라엘의 영웅"(both "the divine servant and Israelite hero)이다:[194]

> 이스라엘의 생존을 위해 여호와께 호소를 드리면서도 또한 여호와를 위해 이스라엘을 정화시키는 작업을 하는 모세의 모순된 역할들은 단순히 서로 독자적인 내러티브들이 [부적절하게] 결합된 결과라고 해석

194 Thomas B. Dozeman, "Moses: Divine Servant and Israelite Hero", *HAR 8* (1984), 45-61.

> 해서는 안 된다. 출애굽기 32장은 모세가 여호와와 이스라엘에게 똑같은 정성으로 헌신하고 있음을 강조하고 있는 것이다.[195]

해밀턴(Hamilton) 역시 모세의 이런 이중적 기능을 잘 포착하고 있다:

> 이 백성과 아론 앞에서 그는 비판자이자 비난자이자 적대자이다. 그러나 그는 하나님의 앞에서는 중계자이자 중보자이자 영웅이다.[196]

신중한 중보자로서 모세는 자신이 출애굽기 32:7-14에서 어떤 것을 얻어냈는지를 잘 이해하고 있음이 틀림없다. 또한 그는 완전한 용서를 얻기 위해서 뭔가가 더 필요함을 잘 알고 있다. 황금 송아지 이야기 본문(32-34장) 자체 내에서도 여러 번 하나님께서 밝히시고 있듯이 죄인이 아무런 벌을 받지 않고 그냥 넘어갈 수는 없다(참고, 출 32:33; 34:6-7[특히 7절 하반절]). 모세가 진노하였다는 표현을 고의적으로 선택함으로써 내레이터는 모세의 이중적인(Janus-faced) 중간자적 사역을 잘 묘사하고 있다. 앞 문단에서 그는 하나님께서 진노하신 것과 관련하여 이 백성을 위해 중보기도 하는데 성공하였다. 그러나 이제 이 본문에서 그는 황금 송아지의 죄에 대한 하나님의 시각을 그들에게 대변해주기 위해 그 자신이 하나님을 대신해서 진노를 터뜨린다.

이처럼 하나님의 대변자로서 그가 하는 첫 번째 일은 돌판을 "산 아래로" 내어 던짐으로써 하나님과 백성 사이에 맺은 언약관계가 파괴되었음을 상징적으로 나타내는 것이다(19절). 내레이터가 "산 아래로" 라

195 Dozeman, "Moses", 61. 이 인용문은 모세에 대한 그의 성격묘사에 사용된 용어들이다. 하지만 그것들 가운데 내가 동의하지 않는 것들을 포함하고 있는데, 그 용어들은 이 책의 논리적인 흐름과는 일치하지 않으므로 생략하였다.

196 "In the presence of the people and Aaron he is critic, fulminator, and antagonist. In the presence of God he is mediator, intercessor, and protagonist" (1982: 238).

는 표현을 선택한 것은 의도적인 것으로 보인다. 이 "산 아래"란 표현은 "산 위"라는 표현과의 대비 속에서 강한 신학적 의미를 내포한다. 내레이터는 산 위에서 계시된 모든 계획이 이제 황금 송아지의 죄로 인하여 산 아래서 무용지물이 되어버렸다는 것을 강조해 주고 있는 것이다.

모세가 하는 두 번째 일은 황금 송아지의 철저한 파괴이다. "불살라 부수어 가루를 만들어 물에 뿌려"(20절)란 표현은 많은 해석자들에게 난제로 인식되었다. 어떻게 황금으로 만든 것을 태우고, 갈아서, 흩뿌린다는 것인가(burn, grind, scatter)? 이 때문에 어떤 학자들은 이 황금 송아지가 단지 황금으로만 만들어진 것이 아니라 나무로 만든 뼈대에 황금을 씌운 것이라는 등의 추측을 하고는 했다.[197] 그러나 최근의 많은 해석자들은 이 표현들이 실제적인 어떤 사실을 있는 그대로 문자적으로 반영한다기 보다는 고대 근동지방에서 철저한 파괴를 상징할 때 관용적으로 사용되었던 어휘 집합을 따르고 있다고 본다.[198]

황금 송아지의 이러한 신속하고 철저한 파괴 후에 모세는 아론에게 화살을 돌린다(32:21-24). 모세는 아론에게 "이 백성이 네게 어떻게 하였기에 네가 그들을 큰 죄(such a great sin)에 빠지게 하였느냐"라고 묻는다.[199]

197 Houtman, *Exodus*, 3: 658-659의 요약을 보라. 또한 이러한 방식의 해결책 중 좀 더 최근의 것들은 R. Patai, "Biblical Figures as Alchemists", *HUCA* 54 (1983), 195-229; David Frankel, "The Destruction of the Golden Calf: A New Solution", *VT* 44 (1994), 330-339 등을 보라.

198 이 견해는 S. E. Loewenstamm, "The Ugaritic Fertility Myth: the Result of a Mistranslation", *IEJ* 12 (1962), 87-88에 의해서 처음으로 제시되었으며, 이후에 많은 학자들에 의해서 받아들여졌다. 예를 들어, Christopher T. Begg, "The Destruction of the Calf (Exod 32,20/Deut 9,21)", in N. Lohfink (ed.), *Das Deuteronomium, Entstehung, Gestalt und Botschaft* (BETL, 68; Leuven: Uitgeverij Peeters, 1985), 208-51; "The Destruction of the Golden Calf Revisited" (Exod 32,20/Deut 9,21)', in M. Vervenne and J. Just (eds.), *Deuteronomy and Deuteronomic Literature* (Festschrift C. H. W. Brekelmans; BETL, 133; Leuven: Leuven University Press, 1997), 469-479 등을 보라.

199 "큰 죄"(**하타아 그돌라** חטאה גדלה)란 표현은 구약성경 전체에서 오직 네 번만 나온다(창 20:9; 출 32:21,30,31). 창 20:9를 빼고는 나머지 구절들은 모두 황금 송아지 이야기에 속해 있으며, 좀 더 구체적으로 말하자면 모세의 말 속에 들어있다. 이 구절을 제외한 나머지 구절들의 영어 역본들은 "큰 죄"(a great sin)라고 번역하고 있으며, 오직 이 구절에서만 강조의 의미를 더욱 강하게 부각시키고 있다: "such great sin" (NASB; NIV), "so great a sin" (KJV).

이 질문에 대해서 아론은 "내 주여 노하지 마소서"라고 모세에게 말한다. 이 표현은 앞 문단의 출애굽기 32:19(내레이터), 그리고 32:10(하나님의 말씀), 32:11,12(모세의 말) 등을 반영하고 있다. 아론은 모세가 하나님께 말하였던 것과 유사한 표현을 써서 그에게 진노하지 말라고 간구하고 있다. 그러나 양자간의 유사성은 여기까지다. 아론은 모세와 달리 이 백성이 아닌 자신의 안위에만 관심이 있다. 그는 이 백성을 변호하려는 것이 아니라 자신을 변호하려고 한다. 그는 황금 송아지의 죄에 대한 모든 책임을 이 백성에게 돌리고 자신이 한 역할은 최소화하려고 든다. 그래서 그는 이 백성의 죄악된 성격을 강조한다: "이 백성의 악함을 당신이 아나이다(**키 브라 후**, כי ברע הוא)". 그가 한 말의 의미를 히브리어 원문을 살려서 번역해 보면 "이 백성이 본질적으로 악한 본성을 가진 것을 당신이 아나이다" 정도가 된다.

그는 이어서 황금 송아지의 죄에 대한 묘사를 하는데, 백성들의 행동은 상세히 문자적으로 진술하는 반면에 자신의 역할은 가능한 한 축소시킨다. 특히 그는 자신이 직접 황금 송아지를 만들었음에도 불구하고 그것이 불에서 혼자 튀어나왔다고 말한다. 그가 한 이 말의 의미가 무엇인지에 대해서는 다양한 해석이 있어 왔다. 특히 유대교 학자들은 아론을 옹호하려고 해왔다. 예를 들어, 뢰벤스탐(Loewenstamm)과 같은 학자는 중세의 주석들과 고대 근동 자료들로부터 모은 자료에 근거해서 아론의 이 말은 제의적 물건들이 스스로 만들어진다는 믿음을 반영하고 있다고 주장한다. 그러나 이러한 주장은 본문의 요점을 놓치고 있다. 더럼(Durham)의 지적처럼 "이 말은…아론의 대책없는 지도력, 그리고 아마 그에 대비되는 모세의 탁월한 지도력을 강조하기 위한 내레이터의 눈부시는 통찰력을 보여준다"고 볼 수 있다.[200]

200 Durham, *Exodus*, 431.

따라서 이 문단에서 내레이터의 중요한 의도는 거짓 중보자로서의 아론과 진정한 중보자로서의 모세를 대비시키기 위한 것이다. 특히 차일즈(Childs)는 양자간의 대조를 포괄적으로 다음과 같이 정리해준다:

> 아론은 이 백성이 악한 성향을 갖고 있다고 말한다. 반면에 모세는 하나님의 진노 앞에서 이 백성을 변호하였다. 아론은 자신의 능동적인 참여를 변명하였다. 반면에 모세는 이 백성을 위해서 자신의 목숨을 걸었다. 아론은 이 백성의 잘못을 저지하는데 있어서 나약했다. **반면에 모세는 하나님마저 말릴 정도로 강인했다.**[201]

따라서 아론은 모세의 "대조인물"(foil)의 역할을 하고 있다. 이 문단은 아론이 모세를 대체하기에는 함량이 미달되는 지도자라는 것을 강조하는 것과 더불어 모세가 진정으로 탁월한 지도력을 가진 사람이라는 것을 묘사하고 있다. 이렇게 볼 때 아론을 변호하려는 많은 해석들은 본문을 잘못 읽은 것(misreading)이며, 그결과 독자를 호도하는 것(misleading)이다.

그러면 아론을 모세와 대조시킴으로 해서 내레이터가 성취하고자 하는 목적은 무엇인가? 그것은 중보자로서의 모세의 가치에 대한 것을 부각시키고자 하는 것이다. 이제부터 모세의 중보기도의 중요한 논거는 자신이 하나님 앞에서 누리고 있는 은혜와 가치이다. 그는 바로 이 점에 근거해서 이 백성을 위한 중보기도를 드릴 것이다. 이런 면에서 볼때 진정으로 헌신적이고 자기희생적인 지도자로서의 모세의 이런 성격은 이후의 이스라엘의 운명과 플롯의 흐름을 위해 아주 중요하다.

출애굽기 32:25-29에서 모세는 이제 문제의 원인인 이스라엘 백성

201 Childs, *The Book of Exodus*, 570.

에게 향한다. 그는 이 단락에서 레위인들을 시켜서 그들중 삼천 명의 이스라엘 백성들을 죽인다. 20절에서 이 백성들로 하여금 황금 송아지의 잔존물을 마시게 한 것이 상징적인 벌이라면 삼천 명의 죽음은 실제적인 벌이다.

모세의 이러한 조치에 대해서 헤이프먼은 이 문단이야 말로 백성중의 신실한 남은 자(the faithful remnants)를 보여주기 위한 것이며, 이 신실한 남은 자는 모세의 두 번째 중보기도의 토대가 된다고 생각한다.202 그러나 이러한 해석은 근거가 없다. 다음에 나오는 모세의 중보기도의 내용을 자세히 살펴보면 잘 알 수 있는 바와 같이 그는 철저히 하나님의 은혜와 자신의 가치를 토대로 해서 중보기도를 한다(출 32:32).

지금까지 살펴본 세 단락의 여러 가지 조치들을 통해서 모세는 백성의 죄를 다스림으로써 두 번째 중보기도를 할 준비를 마쳤다. 이제 네 번째 단락(32:30-35)은 시간적인 배경의 전환에 의해서 표시된다. 어쩌면 "이튿날"(v. 30)이란 표현은 단순히 시간적인 변화를 나타내주는 역할만을 하고 있는 것이 아니라 그 이상의 상징적인 의미를 가질 수도 있다. 새 날의 밝음은 곧 새로운 시작을 알리는 표시일 수도 있는 것이다. 모세는 이 "새 날"에 백성의 죄에 대한 용서를 받기 위하여 다시 산에 오른다.

이 단락은 시간에 대한 다른 표시도 갖고 있다. "이제"(**붸아타**, ועתה)(30,32,33절)란 표현은 이 단락에서 총 세 번이나 사용되고 있다. 이 단어가 황금 송아지 이야기를 통틀어 총 여섯 번(32:10, 30, 32, 33; 33:5, 13) 나온다는 점을 생각해 볼 때 이 단어가 이 짧은 단락에서만 총 세 번이나 사용되고 있다는 것은 이 단락이 얼마나 중요한지를 보여준다. 모세가

202 Hafemann, *Paul, Moses, and the History of Israel*, 201-08.

다시 중보기도를 하기 위해 산에 오르는 이 순간은 이 백성의 운명을 위해서 정말로 중요한 시간이다.

앞의 구조분석에서 살펴 본바와 같이 이 중보기도 제2단계(35:15-33:6)의 첫 단락(출 32:15-20)처럼 이 단락도 진에서부터 산 위로의 모세의 움직임을 포착하기 위해 롱테이크 기법을 사용하고 있다. 그 결과 이 단락은 모세의 움직임에 따라 다음과 같이 세 부분으로 나뉜다.

30절: 모세와 백성(진)

31-34절: 모세와 하나님(산 위)

35절: 내레이터의 진술

첫 부분에서 모세는 이스라엘 백성들에게 자신이 산 위로 오르는 동기를 밝힌다. 그는 이 순간이 중요함을 "이제"(**붸아타**)라는 단어로 표현한다. 그들의 "큰 죄" (**하타아 그돌라**, חטאה גדלה)는 아직도 해결되어야 할 것들이 남아 있다. 그 자신이 하나님을 대신해서 행한 심판에도 불구하고 그들에 대한 용서는 자신의 권한 밖의 일이다. 죄를 용서할 권세는 오직 하나님에게만 있다. 따라서 모세는 "이제" 그 큰 죄에 대해서 하나님의 용서를 받아내고자 한다. 그러나 모세는 이 백성에게 자신이 그들에 대한 하나님의 용서를 받아낼 수 있다고 단언하지 않는다. 그는 단지 "혹 너희를 위하여 속죄가 될까 하노라"고만 말한다.

산 위에 오른 모세는 31-32절에서 하나님께 기도를 한다. 그는 다시 한 번 "큰 죄"(**하타아 그돌라**, חטאה גדלה)라는 용어를 사용한다. 그는 이 "큰 죄"에 대한 내용을 "이 백성이 자기들을 위하여 금신을 만들었사오니"라는 말로 부연설명한다. 이 표현은 출애굽기 20:23을 반영하고 있는 것으로 보인다. 여기에서 중요한 것은 그가 이 백성의 죄를 축소시키려고 하거나, 자신이 지금까지 해온 죄의 정화작업들을 부각시키려고 하지 않는다는 점이다. 그가 한 모든 조치에도 불구하고 이스라엘 백성들의 죄는 여전히 "큰 죄"로 남아 있다.

그럼에도 불구하고 그는 갑자기 이 백성의 죄를 용서해 주실 것을 간구한다. 하지만 그는 왜 하나님께서 그러셔야 하는지 그 이유를 제시하지 않는다. 또한 그는 자신의 중보기도를 이 백성이 가진 어떤 미덕이나 자신이 지금까지 해온 정화작업에 기초하지 않는다. 대신 그는 만약 하나님께서 이 백성을 용서해주지 않으시려면 자신의 이름을 "여호와께서 기록하신 책"에서 지워달라고 말한다(32절).

그는 이 요청을 하나님의 용서에 대한 논거로 사용하지 않는다. 단지 하나의 부탁으로 드리고 있다. 무엇보다 이것이 용서에 대한 논거가 아니라는 점은 그가 자신의 죽음을 대속적 죽음으로 이해하고 있지 않다는 점에 있다.**203** 그는 감히 자신이 이 백성을 대신해서 죽겠다고 말하고 있는 것이 아니다. 단지 그는 이 백성과 함께 죽겠다고 말하고 있는 것이다. 앞의 21-24절에서 아론은 백성과 함께 죄를 저질렀음에도 불구하고 그들과 자신을 분리시키려고 들었다. 이와 대조적으로 모세는 자신이 백성들의 죄에 동참하지 않았음에도 불구하고 기꺼이 그들의 운명에 동참하겠다고 나선다. 그의 위대한 점은 바로 이것이다.

이러한 모세의 자기희생적 제안은 하나님을 딜레마(dillemma), 즉 "뿔달린 삼단논법"(horned syllogism)에 빠뜨린다.**204** 만약 하나님이 모세를 벌하시면 하나님은 "은혜 줄 자에게 은혜를 주지"않으신 것이 되기 때문에 문제가 된다(참고, 출 33:19). 그러나 이 백성을 벌하시지 않으신다면 "형벌받을 자를 면제"해주신 것이 되기 때문에 역시 문제가 된

203 이것을 모세가 대속적 죽음으로 생각하고 있다는 견해를 참고하려면 Noth, *Exodus*, 251을 보라. 그에 대한 반대는 Gowan, *Theology in Exodus*, 227을 보라.

204 물론 논리학적 의미에서 나는 모세가 의식적으로 딜레마를 던지고 있다고 주장하는 것은 아니다. 단지 나는 모세의 자기희생적 요청이 하나님으로 하여금 논리학에서 딜레마로 설명할 수 있는 상황에 처하게 만들었다는 것을 제시할 뿐이다.

다(참고, 출 34:7). 이러한 딜레마에 대하여 하나님은 딜레마를 넘어서는 여러 가지 방법 중의 한 가지 방법인 "딜레마를 논박하기"(rebutting a dilemma)란 개념을 사용하여 대답한다.205 딜레마를 논박하기란 방법은 동일한 사실에 기초하면서도 반대결론에 이르는 또 하나의 딜레마를 던지는 것이다. 하나님의 말씀은 바로 이런 것이다. 하나님은 "누구든지 내게 범죄하면 그는 내가 내 책에서 지워버리리라"고 말씀하신다(33절). 또한 하나님은 "내가 보응할 날에는 그들의 죄를 보응"하실 것이라고 말씀하신다(34하반절).206 하나님의 이 말씀들은 벌받을 자들에게 벌을 주시겠다는 것이므로 그 자체로 정당하다. 그러나 하나님은 또한 잘못한것이 없는 모세가 이 백성을 약속의 땅으로 인도하는 것을 허락하심으로써 "은혜줄 자에게 은혜를 베푸실" 것이라고 말씀하신다. 또한 하나님은 출애굽기 23:20-21에 언급된 사자를 보내주시겠다고 말씀하신다.207 이 경우 역시 하나님의 말씀들은 은혜받을 자

205 Paul Edwards (ed.), *The Encyclopedia of Philosophy* (V; New York: The Macmillan Company & The Free Press, 1967): 43의 설명을 참고하라: 전형적인 딜레마 중의 하나는 프로타고라스(Protagoras)가 유아쓸루스(Euathlus)에 제기한 것이다. 프로타고라스는 유아쓸루스가 나중에 소송에서 이기면 그 때 가서 교육비를 내는 것을 전제로 하고 그를 변호사로 훈련시켰다. 유아쓸루스가 아무런 소송에도 참여하지 않자 프로타고라스는 그에게 교육비에 대한 소송을 걸었다. 그의 주장은 "유아쓸루스가 이 소송을 이기면 그는 합의한 바대로 교육비를 내야하고, 만약 그가 지더라도 교육비 지불에 대한 소송에서 패소했기 때문에 또한 교육비를 내야 한다"는 것이었다. 즉 유아쓸루스는 소송에서 이기든 지든 무조건 교육비를 내야 한다는 것이다. "딜레마 논박하기"란 방법은 동일한 사실에 기초하면서도 반대의 결론에 이르는 또 하나의 딜레마를 제시하는 것이다. 유아쓸루스가 제기한 반론이 바로 이것이었다. 그는 자기가 만약 소송에서 이기면 승소했기 때문에 교육비를 지불할 필요가 없고, 만약 자기가 패소하면 최초의 교육비 합의사항에 따라 역시 교육비를 지불할 필요가 없으므로 결국 이기든 지든 지불할 이유가 전혀 없다고 항변하였다.

206 "보응하다"(**파카드**, פקד)란 단어는 흥미롭다. 출애굽기 내에서 이 대목에 이르기까지는 이 파카드란 단어는 Moberly, *At the Top of the Mountain*, 58이 잘 지적한 바와 같이 이스라엘의 입장에서는 긍정적인 의미를 갖고 있었다(출 3:16; 4:31; 13:19; cf. 창 50:24-25). 그러나 "백성"(**백성**, עם)이란 주제가 긍정적인 것("내 백성", 암미)에서 부정적인 것("네 백성", **네 백성**)으로 바뀌었듯이 이 동사의 의미도 긍정적인 것에서 부정적인 것으로 바뀌었다. 그리고 "사자"란 단어도 역시 이런 식으로 긍정적인 의미에서 부정적인 의미로 바뀔 것이다(참고, 23:20-33).

207 사자란 단어의 정확한 의미는 출 33:1-3의 하나님의 말씀 속에서 분명하게 밝혀질 것이다.

에게 은혜를 주시겠다는 것이므로 그 자체로 정당하다.[208]

문제는 하나님의 이 두 부류의 말씀들이 서로 모순되지 않느냐는 것이다. 왜냐하면 결과적으로 이스라엘은 동일한 사안에 대해서 벌을 받기도 하고 은혜를 받기도 하기 때문이다. 그러나 모순되느냐 아니냐 하는 것은 "딜레마 논박하기"의 핵심이 아니다. "딜레마 논박하기"는 단순히 자기가 받은 딜레마와 동일한 수준의 강력한 딜레마를 되던짐으로써 먼저 딜레마를 던진 사람에게로 곤혹스러움을 되돌려주는 것이 포인트이기 때문이다.

따라서 33-34절에서 하나님께서 모세의 중보기도를 받아들이기를 거부했다는 통상적인 견해나[209] 하나님께서 모세를 죄인과 함께 벌하기 싫어서 그의 중보기도를 받아들이셨다는 대안적 견해[210]는 모두 틀린 것이거나 최소한 불충분한 것이라고 볼 수 있다. 왜냐하면 하나님의 대답에는 직설적인 거부나 수용 이상의 것이 들어있기 때문이다. 하나님은 자신에게 던져진 딜레마를 논박하는 것을 통해서 모세의 중보기도에 대한 거부와 수용, 이 두 가지를 다 하신다. 다시 말해 하나님은 32:7-14의 경우처럼 심판과 자비 두 가지를 다 보여 주신다.

심판과 자비 중에 현재 단계에서 어디에 더 초점이 가 있느냐고 묻는다면 아직까지는 심판에 더 비중이 가 있다고 볼 수 있다. 왜냐하면 심판의 주제가 33-34절에서 "주제적 인클루지오"를 이루며 가운데 있는 자비의 주제를 감싸고 있기 때문이다(참고로 황금 송아지 이야기의 진정한 전환점은 황금 송아지 이야기의 정 가운데에 있는 33:7-11의 회막 본문이다).

208 여기에서 이 백성을 단순히 살려주는 것은 하나님이 택하실 수 있는 선택이 아니다. 왜냐하면 이 문제는 이미 출 32:7-14에서 다루었기 때문이다.

209 G. Henton Davies, *Exodus* (TBC; London: SCM Press, 1967), 235; Alan Cole, *Exodus* (TOTC; Leicester: Inter-Varsity Press, 1973), 221-22; Willem Hendrik Gispen, *Exodus* (BSC; Grand Rapids: Zondervan, 1982), 302; Houtman, *Exodus*, 3: 673-74; Janzen, *Exodus*, 391 등을 보라.

210 Hafemann, *Paul, Moses, and the History of Israel*, 205-06. Moberly, *At the Mountain of God*, 57은 비록 첫 번째 해석이 더 그럴 듯 하기는 하지만 두 해석 모두 가능성이 있다고 본다.

이제 다음으로 넘어가도록 하자. 35절은 해석하기가 무척 어렵다. 그러나 이 절을 통해서 내레이터는 심판이라는 주제를 마무리하고 회복이라는 주제에 좀 더 초점을 맞추게 된다는 점만은 분명한 것 같다.

마지막 문단(출 33:1-6)의 장소적 배경은 명시되어 있지 않다. 아마 1-3절의 배경은 산 위인 것 같다. 4,6절의 경우는 진이 맞는 것으로 보인다. 5절의 경우는 확실하지 않다. 그러나 장소적 배경의 문제가 플롯의 이해에 문제가 되지는 않는다.

33:1-3에서 하나님은 32:34전반절의 주제로 다시 돌아가서 그것을 발전시키신다. 하나님은 모세에게 약속의 땅으로 가라고 명령하신다. "네가 애굽 땅에서 인도하여 낸 백성"(1절)이란 표현은 32:7의 하나님의 말씀을 상기시킨다. 이 말씀은 이 백성에 대한 하나님의 말씀을 드러내주는 것 같다. 이 백성은 아직 용서를 받지 못한 것이다.[211] 이 점은 하나님께서 이 백성을 "목이 곧은 백성"이라고 부르시는 것을 통해서 지지된다(3,5절).

하나님은 이 땅에 대해서 길게 묘사하신다:

> …내가 아브라함과 이삭과 야곱에게 맹세하여 네 자손에게 주기로 한 그 땅(1절).

> …젖과 꿀이 흐르는 땅(3절)

그런 후 하나님은 32:34전반절을 발전시키면서 "내가 사자를 너보다 앞서 보내어 가나안 사람과 아모리 사람과 헷 사람과 브리스 사람과 히위 사람과 여부스 사람을 쫓아내고"라고 덧붙이신다.

211 Moberly 1983: 60은 "이제 여호와께서 이스라엘을 자기 백성이자 약속의 상속자로 인정하신다"고 주장했다. 그러나 이것은 사실이 아니다. 우리는 이것을 위해서는 출 34:10까지 기다려야 한다.

그러나 이러한 상세한 기술은 아이러니컬하게도 정말 중요한 부분인 여호와의 함께하심의 상실을 강조하시기 위하여 사용했다는 점이다. 하나님은 더 이상 이스라엘과 함께 가지 않으실 것이다. 하나님은 그 이유를 이렇게 설명하신다:

> 나는 너희와 함께 올라가지 아니하리니 너희는 목이 곧은 백성인즉 내가 길에서 너희를 진멸할까 염려함이니라(33:3).

> 너희는 목이 곧은 백성인즉 내가 한순간이라도 너희 가운데에(בקרבך) 이르면 너희를 진멸하리니(33:5)

하나님은 목이 곧은 백성과는 함께 하실 수 없다고 말씀하신다.

언뜻 보기에는 하나님께서 이스라엘을 가나안 땅으로 올라가게 허락하시고, 사자까지 보내주신다고 약속하심으로써 피상적으로는 모든 것이 정상적인 상태로 되돌아간 것처럼 보인다. 그러나 여기에는 중대한 차이가 있다. 하나님은 이제 더 이상 그들과 함께 하지 않으신다.

어떤 학자들은 사자가 백성을 인도한다는 주제와 하나님이 그들과 함께 하지 않으시겠다는 주제가 서로 모순된다고 생각한다. 이들이 이렇게 생각하는 이유는 출애굽기 23:20-33 때문이다. 이 본문에서의 사자는 하나님의 함께 하심을 상징하는 것이 분명하다. "내 이름이 그에게 있음이라"(출 23:21). 하지만 중요한 것은 32:34 이후로 이 사자가 상징하는 바가 바뀌었다는 점이다.[212] 이제 사자는 더 이상 하나님의 임재의 상징이 아니라 오직 하나님의 양보의 상징일 뿐이다. 하나님은 모세의 간구 때문에 이 백성을 살려주시고 사자까지 보내 주시지만 그

212 Knight 1976: 192-93; Durham 1987: 436; Hafemann 1995: 207; Janzen 2000: 393.

들과 함께 가시지는 않는 것이다. 그러므로 이제 사자는 하나님의 임재의 상징이 아니라 양보의 상징이며, 더 나아가서는 부재의 상징일 뿐이다.[213]

이 대목에서 중요한 것은 야웨의 부재에 대한 명시가 이 본문을 성막 이야기에 비추어 읽도록 초청한다는 점이다:

> 비록 아무것도 명시되어 있지는 않지만 민감한 독자는 … 하나님의 임재를 위한 성막의 건설이 분명하게 취소되었다는 것을 보게 된다.[214]

하나님의 이 준엄한 말씀(문자적으로는 "이 악한 말씀"[215])을 듣고 이 백성은 슬퍼한다(33:4). 하나님은 그들이 몸에서 장신구를 제하면 "내가 너희에게 어떻게 할 일을 알겠노라"고 말씀하신다(33:5). 그리고 이스라엘은 하나님의 말씀대로 한다(33:6). 이제 이스라엘의 운명은 어찌 될 것인가?

이 대목에서 갑자기 내레이터는 황금 송아지 이야기를 중단하고 전혀 엉뚱한 회막 본문(33:7-11)을 삽입한다. 지금까지의 많은 학자들은 이 회막 본문을 황금 송아지의 연장선에서 읽어 왔지만 이것은 옳은 것이 아니다.[216]

이 문단을 벗어나기 전에 꼭 지적할 사항은 33:1-6의 "내가 중로에

213 Coats, "The King's Loyal Opposition", 100; Durham, *Exodus*, 436; Otto, "Die nachpriesterschriftliche Pentateuchredaktion", 91; Moberly, *At the Mountain of God*, 62; Janzen, *Exodus*, 392.

214 Janzen, *Exodus*, 392.

215 이 "악한"(evil, 라, רע)이라는 형용사의 의미는 앞의 출 32:12,14의 동족어 명사인 라아(רעה)의 연장선에 있는 것으로 보인다.

216 이에 대한 체계적인 분석은 부록의 "출 33:7-11의 '회막' 기사('the tent of meeting' narrative)에 대한 서사비평적인 해석: 이 본문을 몰시간법적 기법(achrony)의 한 예로 읽기"와 이어지는 이 본문에 대한 해설을 참고하라. 다음의 33:7-11에 대한 해석은 오직 이 부록의 글을 잘 읽은 후에야 제대로 이해가 될 것이다.

서 너희를 진멸할까 염려함이니라"는 엄위하신 말씀 속에서도 하나님의 자비를 읽을 수 있다는 점이다. 하나님께서 함께 가지 않으시려는 이유는 결국은 그들을 멸절하지 않으시려는 것 때문이다. 그러므로 이 경우에 하나님의 부재는 하나님의 은밀한 자비를 나타낸다. 이처럼 이 본문 역시 하나님의 심판은 자비를 숨기고 있다는 점을 잘 파악하는 것이 중요하다.

출애굽기 33:7-11

앞의 출애굽기 24:12-40:38의 구조분석에서 살펴보았듯이 황금 송아지 이야기에서 "회막 본문"(the tent of meeting narrative)은 "이야기의 전환점을 표시하는" 전환점의 역할을 한다. 즉 "심판에서 자비로의 전환"을 보여준다.[217] 비록 지금까지는 군데군데 하나님의 자비의 흔적이 보인다 할지라도 심판이라는 주제가 장면을 주도했다. 그러나 32:35를 통해서 심판이라는 주제는 마무리 되었으며, 33:1-6을 통해 하나님의 자비의 문이 열리고 있다. 이제 이 문단 이후부터는 하나님의 자비란 측면이 전면에 부각될 것이다.

이 본문을 이해하는 핵심은 이 본문이 "몰시간법"적인 본문(achrony)이라는 것을 파악하는 것이다.[218] 몰시간법적인 본문은 주변 문맥과 시간적인 관계가 완전히 배제된 본문을 가리킨다.[219] 즉 이 본문은 앞뒤의 문맥과 과거, 현재, 미래, 혹은 동시적 상황 등의 모든 시간의 관계가 가능하다. 그러나 본문 자체에는 그 관계를 파악할 수 있는 시간적 정보가 완전히 제거되어 있기 때문에 독자들은 이 본문과 주변 문맥 사이의 시제적 관계를 전혀 파악할 수가 없다. 그런 까닭에

217 Moberly, *At the Mountain of God*, 63, 65.

218 이 "몰시간법"이라는 개념은 G. Genette, *Narrative Discourse: An Essay in Method* (Ithaca: Cornell University, 1980)이 처음 제시한 개념이다.

219 Genette, *Narrative Discourse*, 83.

이 기법을 사용한 본문은 시간 이외의 다른 것을 통해 앞뒤의 문맥과 연결되게 된다. 그것은 주제, 지리적 배경 등의 그 어떤 요소도 될 수 있다. 내레이터가 굳이 이렇게 독특한 몰시간법적인 기법을 사용하는 가장 중요한 이유들 중의 하나는 이 본문이 앞뒤 문맥에 대한 "주석"(a commentary)의 역할을 하도록 하기 위한 것이다.[220] 즉 앞뒤 문맥의 사건들에 대한 일종의 해설 기능을 하기 위해 이 기법을 사용하는 것이다.

이처럼 이 본문이 몰시간적 기법을 사용하고 있다는 것을 어떻게 알 수 있는가? 그것은 이 본문의 동사들이 과거의 단회적 사건을 묘사할 때 사용되는 일반적인 과거 시제의 동사가 아니라 전부 과거의 반복적인(frequentative) 동작들을 나타내는 동사 형태를 띠고 있다는 점이다.[221] 앞뒤 문맥의 본문들은 과거에 단회적으로 일어난 사건들을 묘사하는데 사용되는 동사 형태를을 사용하고 있다. 반면에 이 본문은 불특정 과거의 어떤 반복적인 상황을 묘사하는데 사용되는 전혀 다른 형태의 동사들을 사용하고 있다.

그러므로 이 회막 본문을 바르게 해석하려면 이 본문을 앞뒤 문맥과의 시간적인 연결의 차원에서 이해하면 안된다. 주변 문맥과의 주제적 연결이나 주변 문맥에 대한 주석적 역할의 차원에서 이 본문을 이해해야만 한다.

이 본문을 이해하는데 있어서 중요한 또 한 가지 점은 이 "회막"이

220 Genette, *Narrative Discourse*, 85.

221 W. Gesenius, E. Kautzch and E. E. Cowley, *Gesenius' Hebrew Grammar* (2nd ed.; Oxford: Clarendon Press, 1910), §§ 107e, 112e,ee; S. R. Driver, *A Treatise on the Use of the Tenses in Hebrew and Other Syntactical Questions* (London: Oxford University Press, 1892), § 113.4b , 121; Paul Joüon, *A Grammar of Biblical Hebrew* (Roma: Editificio Istituto Biblico, 1993), 113e, 111i; 118 n. 이 반복적인 동작은 영어에서는 "~하곤 했다"는 의미를 가진 "used to", "would" 등의 조동사에 의해서 표시된다. 이 점은 이 본문에 대한 영어성경 번역들을 참고해보면 금방 알 수 있다. 불행히도 한국어 성경번역들은 이 형태의 동사들을 구분할 수 있을 만큼 눈에 띄게 번역하고 있지 않다.

출애굽기 25-31; 35-40장의 "성막"과 동일한 개체를 가리킨다는 점이다. 통상적으로 주석가들은 이 두 개체는 서로 전혀 다른 개체라고 주장해왔다. 가장 큰 이유는 "성막"은 35-40장에 가서야 겨우 건설되기 때문에 33:7-11의 시점에서는 성막이 존재할 수가 없다는 것이다. 그 때문에 고금의 거의 모든 해석자들은 소위 "두 장막 이론"(the two tent theory)이라고 부를 수 있을 만한 견해, 즉 성막과 회막은 결코 같은 것일 수가 없다는 견해를 제시했다. 그러나 이 견해는 이 회막 본문이 몰시간법적인 본문, 즉 시간의 흐름과는 전혀 상관이 없는 본문이라는 점을 제대로 파악하지 못했기 때문에 나온 잘못된 견해이다. 이 두 장막에 대한 구약의 모든 본문들을 고려해 볼 때 이 장막이 서로 다른 개체임을 가정하고 있는 본문은 그 어디에도 존재하지 않는다. 오직 이 본문에 쓰인 동사의 시제때문에 그동안 부득이하게 이 이론을 제시할 수밖에 없었을 뿐이다. 그러나 이 점은 몰시간법이란 기법을 이해하고 나면 다 해결된다.222 이제 이런 점들에 대한 이해를 바탕으로 해서 이 본문을 해석해나가도록 하겠다.

앞에서 설명한 바와 같이 이 본문은 시간적인 배경의 측면에서 주변 문맥과 어떻게 연결되어 있는지가 확실하지가 않다. 또한 이 본문의 공간적인 배경이 어디인지도 분명하지가 않다. 내레이터는 독자들이 이 본문과 주변 문맥과의 주제적 연결성에 집중할 수 있도록 하기 위해서 일부러 이러한 배경적 요소들을 모호하게 하고 있는 것으로 생각된다. 이 본문이 주변 문맥과 어느 정도 동떨어져 있다는 점은 이 본문이 갖고 있는 교차대조법(chiasm)적인 구조에 의해서 더욱 강화된다. 이 본문에서 7절은 서론의 역할을 하고 있으며, 마지막 절의 여호수아에 대한 부가적인 언급은 에필로그의 역할을 하고 있다:

222 이에 관해서는 부록 3의 나의 글에 더 상세하게 논의를 한 것이 있으므로 중복을 피하기 위해 여기에서는 이 정도만 서술하도록 하겠다. 꼭 부록의 글을 먼저 읽고 나서 이 글을 읽기 바란다.

서론: 모세가 항상 장막을 취하여 진 밖에 쳐서 진과 멀리 떠나게 하고 회막이라 이름하니 여호와를 앙모하는 자는 다 진 바깥 회막으로 나아가며(v. 7)

a. 모세가 회막으로 나아갈 때에는(v. 8a)

b. 백성이 다 일어나 자기 장막문에 서서 모세가 회막에 들어가기까지 바라보며(v. 8b)

c. 모세가 회막에 들어갈 때에 구름 기둥이 내려 회막문에 서며(v. 9a)

x. 여호와께서모세와 말씀하시니(v. 9b)

c′. 모든 백성이 회막문에 구름 기둥이 서 있는 것을 보고 (v. 10a)

b′. 다 일어나 각기 장막문에 서서 예배하며(v. 10b)

x′. 사람이 자기의 친구와 이야기함같이 여호와께서는 모세와 대면하여 말씀하시며(11a)

a′. 모세는 진으로 돌아오나

에필로그: 눈의 아들 젊은 수종자 여호수아는 회막을 떠나지 아니하니라(11b).[223]

이 교차대조법의 각 쌍의 상응성은 명약관화하기 때문에 더 이상의 설명은 필요없다. 이 교차대조법에서 유일하게 불규칙적인 항목은 x′인데, 이 항목은 중앙 부분의 주제를 발전시켜서 더 자세하게 다루고

223 E. G. Newing, "Up and Down? In and Out: Moses on Mount Sinai. The Literary Unity of Exodus 32-34", *ABR* 41 (1993): 30은 이 본문과 관련하여 다른 형태의 교차대조법을 제시했는데, 그 속에는 7절과 11a절이 포함된다. 그러나 내가 제시한 구조가 훨씬 더 완전하게 교차대조법 구성을 잘 보여주고 있다고 생각된다.

있다. 월시(Walsh)가 지적한 바와 같이 이 비대칭적인 항목은 이 본문의 메시지를 이해하는데 있어서 결정적으로 중요하다.[224] 우리는 이 점에 대해서 나중에 해당 구절을 해석하면서 더 자세하게 다룰 것이다. 어쨌든 이 잘 짜인 교차대조법적 구조는 주변 문맥의 본문으로부터 이 본문을 두드러지게 해준다.

그러나 이 본문이 시각적, 구조적으로 주변문맥과 구별되어 있다고 해서 이 본문과 황금 송아지 이야기가 서로 무관하다고 생각해서는 안 된다. 사실 이 본문은 황금 송아지 이야기와 출애굽기 24:12-40:38의 나머지 부분, 즉 성막 건설의 이야기(출 25-31; 35-40)와 관련하여 여러 가지 중요한 역할들을 하고 있다.

하지만 이 문제를 다루기 전에 이 본문의 내용을 먼저 살펴보는 것이 유익할 것이다. 7절에서 내레이터는 모세가 회막을 "진 밖에 진과 멀리" 떨어뜨려 설치하곤 했다는 것을 언급하고 있다. 특히 내레이터는 "진 밖"이라는 문구를 세 번이나 반복함으로써 회막이 "진 밖"에 있다는 사실을 확실하게 주지시키고 있다. 그는 두 번은 "진 밖"(**미후쯔 람마하네**, מחוץ למחנה)이라고 언급하고 있고, 한 번은 "진으로부터 멀리"(**하르헤크 민 함마하네**, הרחק מן־המחנה)라고 언급하고 있다. 일부 해석자들이 잘 지적해온 바와 같이 회막의 이러한 위치는 백성들이 여호와와 관계가 멀어진 것을 상징한다. 왜냐하면 성막은 원래는 "진 가운데" 있도록 의도되어 있었기 때문이다.[225] 이와 관련하여 칼빈은 이미 이 진 밖의

224 Jerome T. Walsh, *Style and Structure in Biblical Hebrew Narrative* (Collegeville, MA: The Liturgical Press, 2001), 101-03.

225 Childs, *The Book of Exodus*: 592; Moberly, *At the Mountain of God*: 63; Hafemann, *Paul, Moses, and the History of Israel*: 209; J. Gerald Janzen, *Exodus* (BCBC; Waterloo, Ontario: Herald Press, 2000): 394. 물론 이 학자들은 모두 이 장막이 성막과 다른 것이라고 간주한다. 부록 3의 글에서 나는 이 장막이 성막과 같은 것일 때에야 "진 밖"이라는 문구가 이 학자들이 지적한 의미를 갖게 된다는 점을 지적했다. 만약 회막과 성막을 구분하고, 회막은 진 한 가운데의 성막과 달리 원래 진 밖에 설치되어 있던 것이라는 소위 "두 장막 이론"의 견해를 따를 경우 이 "진 밖의 회막"이라는 개념은 이러한 신학적 의미를 전달할 수가 없는 것이다. 이 점에 있어서 이 학자들은 논리적 일관성을 갖고 있지

회막이 하나님과 이스라엘간의 이혼의 표시"(a sign of the divorce between God and the Israelites)이며, "성막의 제거[즉, 성막을 진 밖으로 옮긴 것]는 돌판의 파괴와 같은 것임"(the removal of the tabernacle was like the breaking of the tablets)을 지적한 바가 있다.226 만약 이런 해석이 맞다면 이 몰시간적 본문은 이스라엘 백성이 죄를 지음으로써 하나님 앞에 부정해진 상황을 반영하고 있는 것으로 볼 수 있다. 비록 본문이 이 점을 선명하게 밝히고 있지 않기는 하지만 말이다. 그러나 만약 회막이 진 밖으로 이동하게 된 어떤 구체적인 사건이 언급되었다면 이 본문은 반복적인 동작을 나타내는 동사(frequentative)를 사용할 수 조차 없었을 것이며, 황금 송아지 이야기와는 완전히 무관한 단락이 되어버렸을 것이다. 그러므로 이 문제와 관련한 본문의 막연성은 그 자체가 의도적인 것으로 보아야 한다.

이 점보다 더 중요한 사항은 "진 밖의 회막"에 대한 언급을 통해서 하나님과 이스라엘 백성들 사이의 분리만을 강조하고 있는 것은 아니라는 점이다. 이 구절에는 하나님과 이스라엘 백성늘 사이에 여선히 관계가 유지되고 있음을 보여주는 요소들이 있다. "여호와를 앙망하는 자"는 여전히 "진 바깥 회막으로" 나아갈 수 있는 것이다(7절하반절).

또한 33:8-11a에서 내레이터는 모세가 진 바깥의 회막으로 자주 왕래하는 상황을 거의 목가적인 문체로 묘사하고 있다. 이것은 영화에서 반복적인 상황을 묘사할 때 슬로우모션 기법을 통해 처리하는 것과 비슷하다. 이 본문은 평온한 느낌을 제공해준다.227 이 본문은 마치 하나님과 백성이 모세에 의해 연결되어 있음을 강조해 주는 것 같다. 특히 여기에는 서로간의 분리의 느낌이 아니라 연결의 느낌의 더 강조되어

못하다.

226 John Calvin, *Commentaries on the Four Last Books of Moses Arranged in the Form of a Harmony* (Grand Rapids: Baker, 1979): III, 369.

227 Moberly, *At the Mountain of God*, 64; Janzen, *Exodus*, 394.

있음이 분명하다. 이 백성은 모세와 하나님께 존경을 보인다 (8b-10절).[228] 모세는 회막 안에서 하나님과 "대면하여"(face to face) 이야기하며, 백성들은 하나님의 임재의 상징인 구름 기둥을 바라본다(참고, 25:22; 29:42-43; 30:6,36).[229]

이 단락에서 우리가 주목해야 할 또 한 가지 점은 내레이터가 모세와 하나님간의 대화란 주제를 강조하고 있다는 점이다. 이 점은 이 단락의 교차대조법의 중심을 차지하고 있는 9b절(x)과 이 구조에서 파격적인 위치를 차지하고 있는 11a절(x′)에 언급되고 있다. 이 두 구절은 "여호와께서 모세와 말씀"하신다는 표현과 그것을 좀 더 부연하고 있는 "사람이 그 친구와 이야기함 같이…대면하여"라는 표현을 통해 하나님과 모세 사이의 친밀감을 매우 강하게 부각시키고 있다(참고, 민 12:6-8).

이러한 관찰들에 기초하여 33:7-11의 본문이 황금 송아지 이야기 속에서 지닌 중요성, 그리고 출애굽기 24:12-40:38의 전체의 본문 속에서 지닌 중요성이 무엇인지 살펴보도록 하자. 황금 송아지 이야기와 관련하여 살펴볼 첫 번째 중요성은 이 본문이 앞뒤의 문맥과 아무런 뚜렷한 연결이 없다("no obvious connection with either what precedes or follows")는 차일즈[230] 등의 주장이 옳지않다는 것이다.[231] 이 본문은 몰

228 이 단락의 모세에 대한 이스라엘 백성들의 존경의 태도는 황금 송아지 이야기의 첫 구절인 32:1에서 보여준 그에 대한 그들의 태도와 대조된다.

229 여기에서 한 가지 흥미로운 점은 본문은 모세가 장막에서 하나님과 이야기하는 것과 구름 기둥이 신현 현상으로서 장막 입구에 내려오는 것을 모순된 것으로 보지 않는다는 점이다. 구름 기둥이 내려올 때 모세는 이미 입구가 아니라 장막 안에 있었다. 그러므로 신현이 성막의 경우에는 지성소에서 일어나고 회막의 경우에는 회막 입구에서 일어난다는 "두 장막" 이론은 근거가 없다(부록 3의 소위 "두 장막 이론"에 대한 글을 참고하라).

230 Childs, *The Book of Exodus*, 590.

231 또한 여러 사람들의 주장들 중 특히 Dillmann, *Die Bücher Exodus und Leviticus* (KEHAT; Leipzig: Verlag von S. Hirzel, 1880), 331 등의 주장을 보라. 그는 다음과 같이 주장했다: 가장 두드러진 점은 33:7-11이 앞뒤의 [문맥과] 거의 관계가 없다는 것이다. 왜 여기에서 갑자기 회막에 대한 언급이 등장

시간법적 본문(achrony)이 통상적으로 그러하듯이 주변 문맥에 대한 주제적 주석(a thematic commentary)의 역할을 하고 있다. 황금 송아지 이야기 내의 이전의 단락들과 관련해서 말하자면 33:7-11의 "진 밖의" 회막은 "이스라엘의 곤경—즉, 야웨의 함께 하심의 상실—에 대한 하나의 시각적인 비유(a visible parable)"이다.[232]

그러나 이 점이 이 33:7-11이 이전의 단락들과 맺고 있는 유일한 주제적 연결점은 아니다. 이 백성이 하나님을 두려워하고 경외하는 태도를 보인 것은 이미 바로 앞의 33:4-6에 언급되어 있다(Fretheim 1991, 293-94). 그러므로 이 33:7-11은 33:5에서 하나님께서 "그리하면 내가 너희에게 어떻게 할 것인지 정하겠노라"고 말씀하신 것의 결과가 어떻게 될 것인지 암시해주는 역할만 할 뿐이다. 비록 이 단락과 33:7-11은 시간적으로나 인과론적으로 연결되어 있지는 않지만 내레이터는 독자들에게 그 결과가 어떻게 될 것인지에 대하여 이 회막 본문 속에 등장하는 하나님을 향한 백성들의 태도를 통해서 암시해주고 있는 것이다.

33:7-11은 또한 황금 송아지 이야기 내의 뒤이어 나오는 단락들에 대한 해설을 제공해준다. 모세의 중보기도의 다음 단계는 철저히 모세 자신의 가치에 기초하게 될 것이다. 33:7-11은 모세가 이어지는 12절 이하에서 중보기도를 하면서 왜 그토록 자신이 하나님으로부터 누리고 있는 은혜를 계속 강조하고 있는지에 대한 배경적인 설명을 제공해 주고있다. 이 회막 본문에서 두 번씩(9b,11a절)이나 강조하고 있는 바와 같이 그는 하나님과 친밀한 관계를 갖고 있는 자이다. 그는 "사람이 그 친구와 이야기함 같이" 하나님과 대면하여 이야기하는 자이다. 그

하는지 그 이유는 잘 알 수 없다. 그리고 12절은 마치 7-11절 혹은 4-11절이 중간에 끼어 있지 않은 것처럼 진행된다.

232 Dale Ralph Davis, "Rebellion, Presence and Covenant: A Study in Exodus 32-34", *WTJ* 44 (1982): 80. 또한 비슷한 견해로는 Childs, *The Book of Exodus*, 593; Moberly, *At the Mountain of God*, 63; Hafemann, *Paul, Moses, and the History of Israel*, 209등을 보라.

가 백성들의 죄에 대해서 하나님께 특별한 중보기도를 드릴 수 있는 것은 그가 하나님과 맺고 있는 이런 특별한 관계 덕분이다.

이제 이러한 사항들을 다 살펴보고 나면 33:7의 "멀리"(הרחק, at a distance)라는 단어의 진정한 의미가 무엇일까 하는 의문을 갖게 된다. 이 문구는 기존의 해석자들이 제시한 바와 같이 오직 부정적인 의미만을 갖고 있는 것일까? 이 문구가 통상적으로는 물리적, 심리적으로 정말 먼 거리를 의미하지만 때로는 물리적으로는 멀지만 심리적으로는 극히 가까운, 의미심장한 거리를 나타낼 수도 있다는 것을 출애굽기 2:4의 "멀리"란 단어를 설명할 때 이미 살펴본 적이 있다(참고, 또한 창 21:16). 이와 마찬가지로 33:7-11에 언급되어 있는 이 단어 역시 하나님과 이스라엘 백성들이 비록 공간적으로는 서로 떨어져 있음에도 불구하고 심리적으로는 서로 밀접하게 연결되어 있음을 나타내는 것으로 이해하는 것이 좋은 것 같다. 백성들은 모세의 누이가 거리상으로 멀리 떨어져 있었음에도 불구하고 아기 모세를 지켜볼 수 있었던 것처럼 모세가 하나님과 회막에서 만나는 모든 과정을 목도할 수 있었다. 또한 "여호와를 앙망하는 자"(7절)는 누구든지 하나님 앞으로 나아갈 수 있었다. 그러므로 "진 밖"이라는 표현마저도 하나님의 자비라는 개념을 품고 있을 가능성이 높다. 하나님도 아무리 자기 백성이 죄를 지어서 함께 할 수 없게 되었다 할지라도 그들과 정말 완전히 멀어지는 것을 원하지 않으셨다. 그래서 하나님은 겉으로는 마치 이들과의 관계의 앞문을 철저히 걸어잠그신 것처럼 보이지만 실상은 은밀하게 뒷문을 열어놓으셨던 것이다.

이 본문은 이런 주변 문맥에 대한 주석적 기능 외에도 황금 송아지 이야기의 플롯의 흐름 속에서 전환점을 표시해주는 역할을 한다. 즉 이 본문을 기점으로 해서 플롯의 무게 중심은 심판으로부터 자비로 옮겨

가게 된다.[233] 이에 대해 하프먼은 좀 더 상세하게 설명을한다:

> 그러므로 회막은 32:30-33:6에 묘사된 하나님의 자비와 심판의 이중적 성격을 동일하게 보여준다. 그러나 이제 강조점은 여호와의 심판이 아니라 자비에 있다.[234]

이 본문을 전환점으로 해서 황금 송아지 이야기는 이제 하나님의 자비에 초점을 두게 된다.

또한 이 본문은 출애굽기 25-31; 35-40장의 성막 건설 이야기와의 관계에서도 역시 중요하다. 특히 두 가지 점이 현저하게 두드러진다. 우선 이 본문은 성막 이야기의 전반부인 25-31장의 내용을 반영한다. 다른 한편 이 본문은 34:29-35과 35-40장의 성막 내러티브의 후반부를 미리 내다본다.

첫 번째 사항을 더 자세하게 논의하기 위해서는 이 본문과 성막 내러티브 전반부와의 관계를 주목하는 것이 필요하다. 출애굽기 25:8은 "내가 **그들 중에 거할** 성소를 그들이 나를 위하여 짓되"라고 함으로써 성막 건설의 의의를 말하고 있다. 만약 회막을 성막과 다른 개체로 봄으로써 회막 본문을 이 구절과 단절시키면 "진 밖의 회막"이라는 주제는 그 상징적인 효력을 상실하게 된다. "진 밖의 회막"은 회막과 성막이 어떤 식으로든지 동일시되어야 하며, 회막은 원래 진 한 가운데에 있어야만 한다는 점을 전제로 할 때에야 비로소 이 회막 본문은 황금 송아지 사건에 대한 주석으로서의 기능을 하게 된다.이럴 때에야 진 밖에 설치된 회막은 백성들의 죄에 대한 통렬한 상징이 된다.

33:7-11과 성막 이야기 전반부(25-31장)와의 관계에 있어서 또 한 가

233 Moberly, *At the Mountain of God*, 65.
234 Hafemann, *Paul, Moses, and the History of Israel*, 209.

지 중요한 점은 이 본문이 출애굽기 29:42-26을 반영하고 있다는 점이다. 출 29:42는 "여호와 앞 회막문에서…내가 거기서 너희와 만나고 네게 말하리라"고 말하고 있다. 그리고 출애굽기 33:9은 "모세가 회막에 들어갈 때에 구름 기둥이 내려 회막문에 서며 여호와께서 모세와 말씀하시니"라고 말하고 있다. 이 두 구절은 내용상 유사하다. 이 구절에서 여호와는 모세와 "회막문에서" 만나며, "모세와 말씀"하신다. 여호와께서는 또한 이스라엘의 백성들과 만나시는데 이 주제는 여호와를 만나려고 백성들이 회막으로 가는 것을 말해주고 있는 33:7에 반영되어 있다. 그러므로 황금 송아지 이야기의 정중앙에 있는 33:7-11은 성막 이야기 본문 역시 반영하고 있으며, 그렇게 함으로써 황금 송아지 이야기와 성막 이야기를 연결시켜준다.

하지만 33:7-11은 다른 기능도 역시 가지고 있다고 할 수 있다. 그것은 성막 내러티브의 후반부를 미리 내다보는 것이다. 특히 이 본문은 반복적인(frequentative) 동작을 나타내는 동사들로 구성되어 있는데, 이 점은 34:34-35과 40:34-38의 경우에도 역시 마찬가지이다.

더 세부적으로 들어가보면 33:7-11과 34:34-35은 몇 가지 공통점들을 갖고 있다. 그리고 양 본문은 모두 반복적인 동작을 나타내는 동사들로 이루어져 있다. 양 본문은 모두 회막과 관련되어 있다. 비록 후자의 본문은 "회막"이란 용어 자체를 직접적으로 쓰고 있지는 않지만 대신에 "여호와 앞에"란 전문적인 용어를 쓰고 있다. 또한 양 본문 모두에는 하나님께서 모세와 말씀하신다는 주제가 두드러지게 나타난다.

33:7-11과 40:34-38의 본문의 경우에도 역시 반복을 나타내는 동사들이 사용된다는 점에서 양자는 상응하는 바가 있다(특히 40:36-38). 또한 "구름"이라는 주제가 이 두 본문을 연결시켜 준다. 특히 40:36-38은 광야 시기 내내 하나님께서 자기 백성들 가운데 강력하게 임재하시고 그들을 항상 인도하시는 모습을 묘사하고 있는데, 비슷한 모습을

나타내주고 있는 33:7-11은 40:34-38의 상황을 염원하고 있다.

이제 이 난해한 33:7-11의 본문에 대한 위의 해설들을 정리하고자 한다. 이 본문은 몰시간법적 본문으로서 황금 송아지 이야기의 자연스러운 시간의 흐름의 바깥에 있다. 그러나 주제적으로는 주변 문맥과 밀접한 관계가 있다. 우선 앞의 문맥과 관련하여 살펴보면 이 본문은 "진 밖의 회막"이라는 상징적인 표현을 통해 죄의 결과로 인한 하나님의 부재(God' s absence as divine judgment)에 대해서 언급하고 있다. 이 본문은 또한 33:5에서 하나님이 이 백성의 태도를 두고 보시겠다고 말씀하신 것과 관련된다. 33:7-11에서 이 백성은 하나님과 모세에게 완전한 존중과 경외를 보여주고 있는데, 이러한 그들의 모습은 결국 그들이 용서받게 될 것임은 암시를 해준다. 그러므로 이 본문은 "진 밖의 회막"이 던져주고 있는 부정적인 메시지만 담고 있는 것이 아니라 아주 긍정적인 메시지들도 역시 포함하고 있다.

33:7-11의 본문과 그 뒤 문맥과 관련된 사항들을 정리하자면 우선 이 본문은 33:12-17에서 모세가 오직 자신과 하나님과의 관계에 근거해서 중보기도를 올릴수 있도록 돕는 토대를 제공해주고 있다. 그러므로 이 본문은 이어지는 33:12-23에서 모세가 왜 그토록 하나님으로부터 받은 은총을 강조하고 있는지를 설명해주는 배경이 된다.

마지막으로 이 회막 본문은 황금 송아지 이야기와 성막 이야기의 중요한 연결고리의 역할을 한다. 진 밖의 회막은 오직 25-31장의 "함께 하시는 하나님 및 임재"의 상징으로서의 성막이라는 주제와 연결시켜 읽을 때에야 비로소 그 의미가 있는 것이다(25:8; 29:42-46). 또한 이 본문은 시내 산에서의 단회적인 사건과 성막의 반복적인 사건을 대비시키는 역할을 한다(출 34:29-35; 40:34-38와 더불어).

출애굽기 33:12-34:28.

이 긴 본문은 모세의 세 번째 중보기도(33:12-17)와[235] 그에 이어지는 결과들을 담고 있다. 이 본문을 통해서 황금 송아지의 죄에 대한 문제는 완전히 해결된다. 문제가 이처럼 완전히 해결되었다는 것은 언약의 갱신(34:10-27)과 새로운 돌판의 수여(34:28)를 통해서 표현된다.

이제 이 본문은 33:7-11의 회막 본문 이전의 33:5에서 하나님께서 살짝 열어주셨던 자비의 틈, 즉 "너희는 장신구를 떼어내라. 그리하면 내가 너희에게 어떻게 할 것인지 정하겠노라"(33:5)는 말씀이 열어놓고 있는 틈을 파고든다. 또한 이 본문은 중보기도의 마지막 단계이므로 이전의 문단들에 나오던 많은 주제들을 다시 포착하여 마지막으로 정리를 해준다.

이 본문을 읽을 때 유념해야 할 점은 모세의 기도와 하나님의 응답이 너무나도 미묘한 경우가 많기 때문에 그 핵심을 잘 포착해야 한다는 점이다. 기존의 상당히 많은 해석자들은 이 본문의 이런 미묘함을 놓쳤기 때문에 이 본문이 전후 문맥과 전혀 상관성이 없다고 이해하는 경우가 많았다.

이런 실수를 범하지 않기 위해서는 독자들은 다음의 사항들을 염두에 두어야 한다. 첫째, 독자들은 모세가 매 번 말할 때마다 정확히 무엇을 하나님으로부터 얻어내기 위해서 그런 말을 하고 있는지를 파악해야 한다. 즉 모세가 입으로 표현한 말 속에 숨겨져 있는 그의 진심을 파악해야 한다. 이 점은 하나님의 응답을 이해할 때도 역시 중요하다. 둘째, 독자들은 이 본문의 모세와 하나님 사이의 대화를 이해하기 위해서는 황금 송아지 이야기의 전체의 흐름과 더불어 이 이야기와 성막

235 이 세 번째 중보기도는 앞의 중보기도들과 달리 하나님과의 대화 형식으로 되어 있다. 즉 모세의 기도(12-13절), 하나님의 응답(14절), 모세의 기도(15-16절), 하나님의 응답(17절). 이러한 대화는 하나님께서 완전한 용서를 약속하신 17절 이후에도 계속 이어져서 다시 모세의 기도(18절), 하나님의 응답(19-23절)의 형식으로 이어진다.

이야기의 결합 본문(24:12-40:38)의 흐름에 대해서도 역시 포괄적인 시각을 갖고 있어야 한다. 이 점을 좀 더 구체적으로 풀어서 설명하면 아래와 같다.

첫째, 모세의 중보기도 속에 숨은 궁극적인 목표는 하나님과 이스라엘의 관계를 출애굽기 25-31장의 성막 건설에 대한 명령 속에 전제되어 있는 것과 동일한 관계로 완전히 되돌려 놓는 것이다.

둘째, 이러한 모세의 숨은 동기 때문에 모세의 중보기도는 황금 송아지 이야기와 성막 이야기의 어떤 부분들을 반영하고 있다.

셋째, 모세는 각각의 기도를 통해 자신의 궁극적인 목표를 향한 사다리를 올라가고 있다. 그리고 각 기도마다 하나님은 그에 상응하는 대답을 주신다. 그러므로 이 사다리의 각 단계에서 모세가 염두에 두고 있는 중간 목표가 무엇인지를 파악하는 것이 매우 중요하다.

그러면 이 본문 내에서의 모세의 첫 번째 기도(33:12-13)를 살펴보도록 하사. 모세는 우선 여호와의 주의를 끌기 위해 "보소서"(르에, ראה)라는 말을 한 후에 출애굽기 33:7-11에 의해 중단된 이야기의 끈을 다시 집어든다. "주께서 내게 이 백성을 인도하여 올라가라 하시면서 나와 함께 보낼 자를 내게 지시하지 아니하시나이다"

모세의 이 말은 학자들 사이에서 많은 논쟁을 불러일으켰다. 왜냐하면 하나님은 사자를 보내 주시겠다는 말씀을 이미 앞의 32:34; 33:1-2에서 하셨기 때문이다. 그러므로 모세가 "나와 함께 보낼 자를 내게 지시하지" 않으셨다고 말한 것은 하나님께서 이미 앞서 하신 말씀들과 모순된다고 많은 해석자들은 지적하고 있다.[236] 그러나 이런 논쟁은 모세의 동기 및 문맥을 잘 파악하지 못했기 때문에 생긴 것이다. 카수토(Cassuto)가 잘 지적했듯이 모세의 궁극적인 목표는 길에서 자신들

236 Houtman, *Exodus*, 696를 참고하라.

을 보호해주고 약속의 땅에서 이방인들을 쫓아줄 사자와 함께 여행하는 것이 아니라(출 23:20) "우리 가운데 당신의 임재"를 회복하는 것이다.[237]

그러나 신중한 인물인 모세는 자신의 이 최종적인 목표를 처음부터 내보이지 않는다. 대신 그는 하나님께서 이미 양보하신 사항, 즉 사자의 파견의 문제로부터 출발한다. 여기에서 모세는 자신의 요점을 전하기 위해서 전치사를 바꾸어 말한다. 여호와께서는 출애굽기 23:20를 따라 32:34; 33:2에서 사자를 네 앞서 보내겠다고(before you) 말씀하신 바가 있다. 그러나 모세는 "나와 함께 보낼 자를 내게 지시하지 아니하시나이다"("you have not let me know whom you will send with me")라고 말한다. 여기에서 모세의 논리 속에서의 초점은 "보내다"란 동사가 아니라 전치사에 있다. 모세가 전치사만을 살짝 바꾼 것은 그의 교묘함을 보여준다. 모세가 정말 하고 싶은 말은 "누가 나와 함께 갈 것이냐" 하는 것이다. 즉 모세는 "하나님이 나와 함께 가소서"라고 말하고 싶은 것이다. 그러나 그는 자신의 이 궁극적인 목표를 직접적으로 내보이지 않는다. 대신 그는 "나와 함께"란 말을 "보낸다"는 동사와 함께 써서 위장한다.

지금까지 해석자들은 이 "보낸다"는 동사가 32:34; 33:2 등에서 더 두드러지기 때문에 오직 이 동사에만 기초해서 모세의 말과 앞의 이 두 구절 사이의 연관성에 초점을 맞추었다. 그러나 모세가 이 "보낸다"는 동사의 위장 속에 숨기고 있는 것은 "당신께서 나와 함께 가시기를 원하나이다"라는 사실을 그들은 파악하지 못했다. 이 해석이 타당성이 있다고 할 수 있는 근거는 12-13절의 모세의 간구에 대한 14절의 하나님의 대답 및 그 이후의 대화가 증명해 주고 있기 때문이다. 하

237 Cassuto, *A Commentary on the Book of Exodus*, 433.

나님은 모세가 정말 하나님으로부터 듣고 싶어 했던 말씀, 즉 "내가 [친히] 가리라"는 말씀을 해주신다(14절; 참고, 15절). 그러므로 12절의 모세의 말은 앞의 32:34; 33:2와 모순되는 것이 아니라 단지 그의 교묘함을 보여주는 것이다.

이렇게 자신의 속마음을 넌지시 드러내고 나서 모세는 자신이 하나님과 특별한 관계를 누리고 있는 자라는 사실을 강조한다. 이 특별한 관계는 "은총"이라는 단어로 표현된다(חן, 출 33:12,13[x2]).[238] 그는 "주께서 전에 말씀하시기를 나는 이름으로도 너를 알고 너도 내 앞에 은총을 입었다 하셨사온즉"이라고 지적한다. 사실 우리는 하나님께서 이렇게 말씀하신 것을 출애굽기의 이전 본문들에서 찾아볼 수가 없다. 아마도 모세는 자신이 누리고 있는 특별한 은총을 "이름으로 너를 안다"는 주제와 "네가 내 앞에 은총을 입었다"란 두 가지 주제로 요약해서 말하고 있는 것 같다.[239] 이처럼 모세는 자신의 중보기도의 성공을 자신과 하나님과의 관계에 기초하고 있다. 그 때문에 그는 12-13절에서 은총이란 주제를 세 번이나 반복하고 있는 것이다.

하나님과 자신의 특별한 관계를 언급한 다음 그는 자신의 요청사항 한 가지를 더 "이제"(**붸아타,** ועתה)란 말로 시작해서 언급한다. 이 "이제"란 표현은 황금 송아지 이야기에서 여섯 번(32:10, 30, 32, 34; 33:5, 13) 나오는데, 이 절이 그 마지막 경우이다. 따라서 이 단어는 이 절에서 문

238 이 특별한 관계는 아주 중요하기 때문에 모세는 나중에 가서 다시 이 점을 언급하며 (33:16), 하나님은 그의 이 말을 그 다음 구절인 33:17에서 확인해주신다.

239 Cassuto, *A Commentary on the Book of Exodus*, 433. Polak, "Theophany and Mediator: The Unfolding of a Theme in the Book of Exodus", in Marc Vervenne (ed.), *Studies in the Book of Exodus: Redaction-Reception-Interpretation* (BETL, 126; Leuven: University Press, 1996), 144의 다음의 통찰은 아주 중요하다: 이 단락은 가시떨기 나무 이야기와 관련된 사항들로 가득 차 있다. 특히 "이름으로 너를 안다"(ידעתיך בשם, 33:12)는 말과 "내가 이름으로 너를 안다"는 언급(ואדעך בשם, 17절)이 그러하다. 거기에서 모세는 "모세야 모세야"라는 부름을 받은 적이 있다(3:4). Polak의 지적과 같이 하나님은 비록 "내가 이름으로 너를 안다"는 말씀은 하지 않으셨지만 이름으로 그를 부르심으로써 그의 이름을 안다는 사실을 분명하게 보여주셨다.

제 해결의 신호탄 역할을 하고 있다.

그러나 그는 이 간청을 하는 중에도 이것을 자신이 하나님으로부터 받는 특별한 은총으로 감싸고 있다:

> 내가 참으로 주의 목전에서 은총을 입었사오면
> 원컨대 주의 길을 내게 보이사 내게 주를 알리시고
> 나로 주의 목전에 은총을 입게 하소서(33:13a).

이 문장의 구조에서 볼 수 있듯이 모세는 문장이 어색해질 정도로 "은총"이란 주제를 과도하게 반복적으로 사용하고 있다. 그러나 이것이야말로 그의 의도이다. 그는 자신이 하나님의 은총을 누리고 있다는 사실을 최대한 강조하고 있는 것이다.

그러나 은총에 대한 이러한 강조에도 불구하고 그는 여전히 모호한 표현들을 사용한다. "주의 길을 내게 보이사 내게 주를 알리시고"라는 의미는 정확히 무엇인가? 문맥상으로 볼 때 모세는 누구를 자신과 함께 보내실 것인지에 대한 하나님의 마음을 드러내심으로써 하나님의 진짜 속성, 즉 그가 어떤 하나님인지를 드러내 주시라고 간구하고 있는 듯하다.

이렇게 한 후에 모세는 다른 간구 하나를 덧붙이는데, 그는 마치 자신이 이 말을 하는 것을 거의 잊어먹을 뻔 했다는 듯이 살짝 덧붙인다. 그러나 사실 이 간구는 앞의 간구보다 더 중요하다. 우리가 위에서 본 바와 같이 "네 백성"(**암카**, עַמְּךָ)이란 주제는 황금송아지 이야기에서 하나님과 모세의 대화의 중심이기 때문이다.

모세의 이런 간구에 대한 대답으로 하나님은 이렇게 말씀하신다. "나의 얼굴[개역개정판은 "내가 친히"로 번역함]이 갈 것이다. 그리고 내가 너를 쉬게 할 것이다"(My face [my presence]**240** will go and I will give you rest). 많은 학자들은 이 대답을 의문문으로 해석하고자 한다. 왜냐하면 만약 이 대답이 평서문이라면 이것은 33:15-17 및 34:9과 상충된다고 생각하기 때문이다.[241]

그러나 거의 모든 학자들은 여기에서 핵심을 놓치고 있다. 여기에는 모순이 있는 것이 아니라 단지 문제가 매우 미묘할 뿐이다. 하나님은 여기에서 분명히 약속을 주시고 있다. 그러나 하나님의 대답의 미묘함은 그가 자신이 "가는"(go) 방법에 대해서 말하시는 것을 빠뜨리시고 있다는 점에 있다. 아마 이것은 의도적인 것으로 이해 할 수 있을 것이다.

위에서 우리는 모세의 간구에서 강조점은 "누구"가 아니라 "함께"라는 전치사에 있다는 것을 살펴 보았다. 그러나 하나님은 "누구"("내가 친히")에 대해서만 언급하시고 "어떻게"(즉, 12절의 "나와 함께")에 대한 사항을 의도적으로 빠뜨리시고 있다.

이 대답에 이어서 하나님은 또 하나의 약속을 주신다. "내가 너로 쉬게 하리라"(**봐하니호티 라크**, והניחתי לך). 카수토(Cassuto)가 잘 지적했듯이 이 문장은 출애굽기 32:10의 하나님의 말씀과 평행을 이룬다. 거기에서 하나님은 "나대로 하게 하라"(**뵈아타 하니하 리**, ועתה הניחה לי)고 말씀하셨다. 그리고 이 백성을 멸망시키겠다고 말씀하시고 나서 이번에는 "이제"(**뵈아타**, ועתה)로 시작된 모세의 간구에 대답하시면서 하나님은 더 이상 그를 괴롭게 하지 않으시겠다고 약속하신다. 그러므로 하나님의 이 말씀은 "상황의 급격한 변화를 강조"해주고 있다.[242]

확실히 이것은 앞의 출애굽기 33:1-6에 비하면 큰 진전이다. 앞선 본문에서 하나님은 이 백성과 함께 가지 않으시겠다고 말씀하셨다. 그

240 참고, 삼하 17:11, "친히[당신의 얼굴이] 전장에 나가시고".
241 Houtman, *Exodus*, 3: 698.
242 Cassuto, *A Commentary on the Book of Exodus*, 434.

러나 이제 하나님은 가시겠다고 확정하셨다. 이 말씀을 보면 큰 진전이 있다는 것은 분명하지만 아주 중요한 문제가 아직 남아 있다. 하나님은 "어떻게" 자신이 가실 것인지를 말씀하지 않으셨다. 그는 모세 및 이 백성과 함께 가실 것인가? 그는 성막이라는 상징을 통해 원래 의도하신 형태의 임마누엘로 이스라엘과 함께 가실 것인가?

14절이 남긴 미묘하면서도 중대한 모호성 때문에 모세는 15-16절에서 다시 한 번 간구를 한다. 이번에는 모세는 정확하게 핵심을 찌른다. 그러나 그 전에 그는 다음의 두 가지 점을 먼저 지적한다.

첫째, 그는 하나님께서 14절에서 하신 말씀을 자기 입으로 다시 한 번 반복함으로써 하나님께서 확증하신 사항을 확인하고 넘어간다. 모벌리(Moberly)는 이 점을 잘 포착했다:**243**

> …그는 이미 만들어진 하나님의 부분적인 양보를 콕 집어서 확인한다(33:15). 그는 여호와께서 하신 말씀과 동일한 단어들을 사용하며, 이 단계에서는 아무런 전치사도 덧붙이지 않고 하나님과 이 백성 사이의 모호한 관계를 열린 채로 남겨둔다. 하나님의 부분적인 양보만 해도 큰 진전인 것이다.

따라서 모세는 힘주어 말한다. "[예, 정말로] 만약 당신의 얼굴이 가지 않으시려거든 우리를 이곳에서 올려보내지 마옵소서"([Yes, indeed], if your face will not go, you should not make us go up from here").

둘째, 그는 "은총"이란 주제를 다시 강조한다. 그는 이렇게 말한다. "내가 주의 목전에서 은총을 입은 것을 어떻게 알리이까, 즉 나와 주의 백성이"(사역) (How then can it be known that I have found favor in your eyes, I

243 Moberly, *At the Mountain of God*, 75.

and your people? v. 16). 이 기도의 아름다움과 정교함은 모세가 단어들을 배열하는 방식에서 나타난다. 그는 먼저 자신이 은총을 받은 사실을 언급한다. "내가 주의 목전에서 은총을 입은 것을 어떻게 알리이까?" 이 문장은 이 자체로 완전한 문장이다. 그러나 그는 거의 우연인 것처럼 보이게, 아주 계산된 방식으로 "즉, 나와 주의 백성[=네 백성]이" (I and your people)란 말을 덧붙인다. 15절에서 그는 "우리"가 누구인지를 구체적으로 밝히지 않았다. 그러나 이제 그는 "우리"가 과연 누구인지를 은근슬쩍, 그러면서도 확실하게 못박는다. 이런 식으로 모세는 자신의 기도를 자신이 하나님으로부터 받고 있는 은총에 기초해서 드린다. 그리고 나서 그는 자신이 누리고 있는 이 은총에 마치 자석처럼 이 백성을 끌어들인다. 이처럼 이 백성을 자신이 누리고 있는 은총의 자기장 속으로 끌어들인 후에야 그는 자신이 정말 하고 싶었던 말을 꺼낸다. "주께서 우리와 함께 가심으로써 우리, 곧 나와 당신의 백성이 땅 위의 다른 모든 백성들로부터 구별되지 않겠나이까?" (사역, 16b절).

이 기도에서 그는 드디어 자신의 기도의 핵심적인 간구, 즉 "당신께서 우리와 함께 하심"이란 주제를 밝힌다. "하나님이 우리와 함께 하시는 것"이 그가 정말 원하는 바인 것이다. 그리고 이 함께 하심은 이 백성이 여호와에 의해 이 세상으로부터 "구별되었다는" 것의 진정한 표시인 것이다.

여기에서 중요한 점은 그가 기도 속에서 자신과 이 백성을 언급하는 방식이다. 그는 마침내 "우리"란 대명사를 쓴다. 이 "우리"는 바로 "내가 주의 목전에서 은총을 입은 것을 어떻게 알리이까, 즉 나와 주의 백성이"라는 앞 문장을 반영한다. 그는 앞에서 언급한 바와 같이 자신이 누리고 있는 은총의 자기장 속으로 이 백성을 끌여들였다. 그런후 이제 34:9 등에서 볼 수 있는 바와 같이 이후로는 이 백성을 결코 자신과 분리시키지 않는다.

하나님은 "너의 말하는 이 일도 내가 하리니"라고 대답하신다(17절). 15-16절의 모세의 기도가 모든 점을 분명하게 말했기 때문에 하나님의 대답 역시 분명하다. 하나님은 출애굽기 33:12의 서로간의 특별한 관계에 대한 모세의 언급을 반복하심으로써 그에게 확증을 주신다.

이렇게 해서 모든 것이 끝이 난다. 모든 문제는 해결되었다. 그러나 모세는 마지막으로 18절에서 한 가지를 더 간구하는데, 그것은 "당신의 영광"을 보여달라는 것이다. 도대체 "당신의 영광"은 무엇이고, 이것을 보여달라는 간구의 의미는 무엇인가? "당신의 영광"은 24:12-40:38에서 중요한 문구인 "여호와의 영광"과 상응하는 것으로 보인다(24:16,17; 40:34-35). 또한 29:43에서 이 영광은 "내 영광"이라는 말씀으로 표현된다. 이 "여호와의 영광"은 지금까지 하나님의 임재의 상징이었다. 이것은 모세가 24:16-17에서 산을 오를 때 나타났다. 하나님은 임재의 상징인 성막을 여호와의 영광으로 거룩하게 할 것임을 약속하셨다(출 29:43; 참고, 레 9:23-24). 따라서 모세의 간구는 하나님께서 25-31장에서 성막의 건설을 명령하실 때에 의도하셨던 하나님과 이스라엘간의 친밀한 관계를 다시 회복시켜 달라는 의미로 이해할 수 있다.

모세의 간구에 대한 응답으로 하나님은 자신의 임재(presence)을 보여주신다(19-23절). 하나님의 임재를 보여주실 때 두 가지 사항이 수반된다. 첫째, 하나님은 자신의 임재의 모습의 일부를 모세가 경험할 수 있도록 허락하신다. 둘째, 하나님의 임재가 지나가는 동안 여호와 하나님은 자신의 이름을 선포하신다.

언뜻 보면 하나님께서 "나의 모든 선한 것(goodness)을 네 앞으로 지나가게 하고"라는 하나님의 약속(19절)은 그 의미가 분명하지 않은 것으로 보인다. "선한 것"이라는 것은 무엇을 의미하는가? 이것은 "하나님의 아름다움"(the beauty of God)을 의미하는가?**244** 아니면 하나님의 다른 특질들 중의 어느 하나를 가리키는 것인가? 이 문구에 대한 해석은 본문 자체에 근거를 두어야 한다. 모벌리(Moberly)는 19-23절의 하나님의 말씀 속에서 "나의 모든 선한 것"(19절)은 "나의 영광"(22절) 및 "나(I)"(22절)와 동의어라고 본다:245

> ["영광"이란 단어]는 하나님 자신이란 말과 사실상 동의어이다. 왜냐하면 문맥은 여호와께서 친히 지나가실 것임을 말해주고 있고, בעבר כבדי ("내 영광이 지날 때에" [22절])라는 말과 עד־עברי ("내가 지나도록"[22절])라는 말은 병행구로서 동일한 의미를 가진다. [즉, "내 영광"이란 말과 "나"라는 말은 동의어로 쓰인다]…."선한 것"이란 말과 "영광"이란 단어 사이의 동의어 관계는 19절의 אעביר כל־טובי ("내가 나의 모든 선한 것을…지나게 하고")와 22절의 "내 영광이 지나갈 때에" 사이의 평행 관계에 의해서 확증된다.

그러므로 이 세 단어가 하나님의 말씀 속에서 서로 같은 의미를 갖고 있다는 점은 확실하다. 이런 점에서 볼 때 70인경이 "나의 모든 선한 것"을 "나의 영광으로"(τῇ δόξῃ μου)라고 번역한 것은 아주 시사적이다. 결론적으로 말해 "나의 모든 선한 것"이란 하나님의 응답은 "주의 영광을 내게 보이소서"란 모세의 간구(18절)에 대한 응답인 것이다. 왜냐하면 "나의 모든 선한 것"은 "곧 나의 영광"이란 말과 동의어이기 때문이다.

이처럼 "나의 모든 선한 것"이란 단어와 "나의 영광"이란 단어가 문맥상 서로 동의어라는 것에는 의심의 여지가 없지만 왜 여호와께서 "나의 영광"이란 단어 대신에 "나의 선한 것"이란 단어를 선택했는지에 대해서는 그 정확한 동기를 알 수 없다. 어쩌면 여호와께서는 모세

244 Durham, *Exodus*, 452.

245 Moberly, *At the Mountain of God*, 76-77.

의 간구에 대한 응답으로 당신의 선하심을 강조하시고 싶었는지도 모른다. 왜냐하면 이러한 추론을 이 표현 다음에 나오는 자신의 "자비와 긍휼"에 대한 언급과 비교해 볼 때 상당히 설득력이 있기 때문이다. "나는 은혜 줄 자에게 은혜를 주고 긍휼히 여길 자에게 긍휼을 베푸느니라"(19b절).

여호와의 은혜와 긍휼에 대한 이런 강조는 앞의 출애굽기 32:33-34의 반대되는 구절과 비교해 볼 때 아주 중요하다. 이 전자의 구절은 하나님의 철저한 심판을 강조하고 있다. "누구든지 내게 범죄하면 그는 내가 내 책에서 지워버리리라…. 그러나 내가 보응할 날에는 그들의 죄를 보응하리라". 그러나 이제 이 19b절은 은혜에 강조점을 두고 있다. 그러므로 33:7-11은 황금 송아지 이야기 내의 플롯의 흐름을 이어주는 중요한 전환점이 된다는 사실을 인식하게 된다.

19절의 말씀에 이어지는 20-23절은 모세의 안위에 대한 하나님의 관심을 표현하고 있다. 하나님의 말씀에 따르면 그 어떤 인간도 하나님의 얼굴(아마 신인동형론적이고 상징적인 표현인 듯)을 보고 살아 남을 수가 없다. 그러므로 하나님은 자신이 지나가실 때 오직 등만 모세가 볼 수 있도록 허락하신다. 그리고 지나가시는 동안 모세를 당신의 손으로 덮어 보호하신다.

"내 영광이 지날 때에 내가 너를 반석 틈에 두고 내가 지나도록 내 손으로 너를 덮었다가"란 22절의 하나님의 말씀은 분명히 선행 본문들과 연결성이 있다. 여호와의 "영광"이란 표현은 24:15-16의 시내 산 및 29:43의 성막과 관련하여 언급된 적이 있는데, 이 두 곳은 계시의 이동과 관련되어 있다. 그러므로 영광을 보이신 것은 이 장소들을 다시 돌아보게 만들 뿐만 아니라 25-31장의 성막에 대한 원래의 계획의 회복을 상징한다고 볼 수 있다.

또한 이 본문들 간의 연결성을 더 고려할 때 "영광"이란 단어와 "손"

이란 단어의 연결성에 대해서 좀 더 생각해 보는 것이 좋을 것 같다. 이것과 관련하여 하우트만의 주장[246]은 시사하는 바가 크다:

> 우리는 여호와의 손을 투시해 볼 수 없는 구름과 연결시켜서 생각해야 하지 않을까? 이 구름은 여호와의 영광을 볼 수 없게 만들고, 모세를 그 영광의 강렬함으로부터 보호해 주었다(출 13:21,22를 보라).

이러한 주장은 출애굽기 34:5에 의해서 확증된다. 이 구절을 보면 여호와께서 구름 가운데에 임하신다.[247] 그리고 이 구름이라는 주제는 시내 산(출 24:15-18) 및 회막(출 33:7-11; 40:34-38)과 연결된다.

모세의 안위에 대한 이러한 내용을 언급한 후에 하나님은 모세에게 다시 산을 오르라고 명령하신다. 모세가 다시 산을 오르는 것은 하나님의 완전한 용서의 상징으로 간주할 수 있다. 여호와의 영광을 경험하고 두 번째 돌판을 받기 위해서는 이 과정을 반드시 거쳐야 한다. 여호와의 명령은 다음의 세 가지 사항을 포함하고 있다.

(1) "너는 돌판 둘을 처음 것과 같이 다듬어 만들라. 네가 깨뜨린 바 처음 판에 있던 말을 내가 그 판에 쓰리니"(34:1)

(2) "아침까지 준비하고 아침에 시내 산에 올라와 산꼭대기에서 내게 보이되"(34:2)

(3) "아무도 너와 함께 오르지 말며 온 산에 아무도 나타나지 못하게 하고 양과 소도 산 앞에서 먹지 못하게 하라"(34:3).

위의 첫 번째 명령은 모세로 하여금 "처음 것과 같이" 두 개의 돌판을 만들어 가져오라는 것이다. 그러면 하나님께서 "처음 판에 있던 말들을" 그 위에 쓰시겠다고 하신다. 이 명령은 양날을 가진 칼과 같다.

246 Houtman, *Exodus*, 3: 703.
247 Sarna, *Exodus*, 215. 각주에서 그는 애 3:44과 고대 유대교 주석가들의 해석을 증거로 든다.

한 편으로는 이 명령은 출애굽기 24:12, 즉 24:12-40:38의 성막 이야기와 황금 송아지 이야기의 결합 본문의 첫 구절을 상기시켜준다. 이 구절에서 보여주듯이 돌판을 다시 주시는 것은 하나님과 이스라엘 백성 사이의 관계가 완전히 회복된 것과 아울러 하나님의 원래의 계획으로 회귀한 것을 나타내준다.

하지만 다른 한 편 이 "처음"이란 표현은 처음과 두 번째 돌판 사이의 차이점에 관하여 독자가 주목하게 만든다. 24:12에 의하면 처음 돌판은 하나님이 친히 만드시고 **쓰신** "율법과 계명"을 담고 있는 것으로서, 하나님에 의해서 **주어졌다**는 것을 말해주고 있다. 출애굽기 31:18과 32:15,16은 이 점을 반복해서 확인해주고 있다. 그런데 34:1의 명령은 모세로 하여금 돌판을 가져오게 만든다. 이제 더 이상 돌판은 하나님께서 만들어 주신 것이 아니라 모세가 만든 것이다.

출애굽기 34:4에서 모세는 하나님의 명령대로 산을 오른다. 하나님은 구름 속에서 임하셔서 자신의 이름을 다음과 같이 선포하신다. "여호와로라 여호와로라 자비롭고 은혜롭고 노하기를 더디하고 인자와 진실이 많은 하나님이로다. 인자를 천대까지 베풀며 악과 과실과 죄를 용서하나 형벌 받을 자는 결단코 면죄하지 않고 아비의 악을 자여손 삼 사대까지 보응하리라"(34:6-7).

하나님께서 선포하신 이름은 하나님의 두 가지 측면, 즉 하나님의 자비의 속성과 공의의 측면을 모두 포함하고 있다. 이 두 가지 측면은 32:33-34과 33:19에 이미 언급된 바가 있다. 이제 하나님은 자신의 자비의 측면을 먼저 말씀하시고나서 공의의 측면을 말씀하신다.

모세는 두 번째 부분을 듣자 급히 땅에 엎드려 경배를 드린다. 많은 주석가들은 내레이터가 왜 아무런 설명 없이 "급히"란 단어를 사용하고 있는지에 대해서 논의를 해왔다. 그 중 부버(Buber)의 설명248이 가장 뛰어난 것 같다:

… 이 모든 와중에 [하나님께서] 자비의 한계들에 대한 논의를 전례없이 엄숙함으로 시작하시려고 하자 모세는 자비에 대한 그의 말씀에 근거해서 그를 영원히 설복시키기 위해서, 그리고 마치 그가 책벌에 대해서 더 이상 어떤 말씀을 하시기 전에 그를 멈추게 하려는 듯이 "급히" 땅에 엎드려 말한다.

그리고는 그는 마지막 기도를 드린다(34:9). 33:12-23에서 하나님의 용서가 완전히 임했기 때문에 이 기도는 엄밀하게 말하면 하나님의 심판의 의도를 바꾸려는 차원에서의 중보기도는 아니다. 오히려 이 기도는 모세 자신이 앞에서 언급했던 사항들을 하나님에게 상기시켜 드리려는 것이다. 그런 면에서 볼 때 34:9의 이 기도는 그가 앞에서 한 모든 기도들의 핵심을 담고 있다.

주여, 내가 주께 은총을 입었거든 원하건대 주는 우리 중에서 행하옵소서. 이는 목이 곧은 백성이니이다. 우리의 악과 죄를 사하시고 우리를 주의 기업을 삼으소서(사역).

이 기도의 첫 부분은 이전의 중요한 장면들을 뒤돌아본다. 첫째, 이 본문은 출애굽기 33:12-13,15-16의 모세의 기도를 언급한다. 이 구절들의 중심 주제는 모세가 하나님으로부터 은혜를 누리고 있다는 주제였다. 하나님께서 이스라엘에게 은혜를 베푸신 것은 그가 모세에게 베푸시고 있는 특별한 은혜에 기초한 것이었다. 모세는 자신의 기도의 서두에서 이 점을 다시 언급함으로써 하나님께 이 점을 상기시킨다. 둘째, "우리 중에 행하옵소서"란 간구 역시 다시 한 번 33:12-13,15-16의 내

248 Buber, "*Leitwort* and Discourse Type", 146.

용을 언급하고 있다. 셋째, "우리 중에서"란 표현과 "목이 곧은 백성"이란 표현을 선택함으로써 모세는 33:1-3,5의 하나님의 말씀으로 돌아간다. 특히 34:9과 33:3의 유사성은 현저하다:

(34:9) "원하건대 주는 우리 중에서 행하옵소서. 진실로 이들은 목이 곧은 백성입니다"(לך־נא אדני בקרבנו כי עם־קשה־ערף הוא).

(33:3) "나는 너희 중에서 올라가지 아니하리라. 왜냐하면 너희는 목이 곧은 백성이기 때문이다"(כי לא אעלה בקרבך כי עם־קשה־ערף)

또한 33:3과 평행구절인 33:5과의 유사성도 파악할 수 있다.

(33:5) "너희는 목이 곧은 백성이다. 내가 한 순간이라도 너희 중에서 올라간다면…"(אתם עם־קשה־ערף רגע אחד אעלה בקרבך וכליתיך)

화자 및 문맥의 차이로 인해 인칭대명사와 동사의 양태에 있어서 차이가 나는 것을 제외하고는 33:3과 34:9의 모든 요소들은 서로 거의 평행을 이루고 있다. 그러므로 모세가 34:9에서 33:5의 하나님의 말씀을 인유(allusion)하고 있음은 분명한 것 같다.

그러나 야웨의 말씀에 대한 그의 인유의 아름다움은 그가 그것들을 반복하고 있다는 사실에 있는 것이 아니라 그것들을 반복하는 방식에 있다. 34:9과 33:3의 단어의 쓰임새가 비슷하기는 하지만 **키**(כי) ("왜냐하면" 혹은 "진실로" 등)라는 단어의 의미는 다르다. 33:3에서는 하나님은 이 백성이 목이 곧은 백성이기 때문에 혹시라도 그들을 멸망시킬 까봐 그들과 같이 가지 않으시겠다고 말씀하신다. 모세는 하나님의 이 말씀을 거의 그대로 인용한다. 그러나 **키**의 의미를 바꿔 치운다. 그는 "비록 이 백성이 정말로 목이 곧은 백성이기는 하지만 우리와 함께 가소서"라고 말한다(여기에서 **키**는 "비록 정말…이기는 하지만" 정도의 의미를 갖고 있다).[249] 모세는 이 백성의 본성을 분명하게 파악하고 있다. 그는 이 백성이 변하지 않은 것을 잘 알고 있다. 그럼에도 불구하고 여전히 모세는 하나님의 용서를 구하고 있다. 이 얼마나 대담하고 대단한 기도인가! 그는 이 기도를 통해서 하나님의 속성에 대해 예리한 통찰력(a penetrating insight)을 보여주고 있다. 이스라엘의 운명은 **키**를 효과적으로 사용한 이 과감한 기도에 의해서 결정되었다.[250]

이처럼 모세는 하나님의 계속적인 임재를 간구하고 나서 두 가지 간구를 추가로 언급한다. 사실 이 간구들은 이미 응답을 받은 것들이다. 그러므로 이 기도는 모세의 새로운 중보기도가 아니라 이미 응답받은 것에 대한 확인으로 이해해야 한다. 모세의 이 언급은 긍정적인 것과 부정적인 것의 두 가지 상반된 요소로 구성되어 있다.

우선 부정적인 측면에서는 모세는 "**우리의** 악과 **우리의** 죄"를 사해주시는 것에 대한 하나님의 확답을 구하고 있다. 여기에서 모세는 자신과 이 백성의 운명을 완전히 동일시 하고 있는데, 이러한 관계는 그가 출애굽기 33:12-13,15-16의 미묘한 기도를 통해서 수립한 것이다. 이처럼 그가 자신을 이 백성과 연결지어 생각한 경우는 32:32에서도 이미 나왔다. 그가 자신을 그들과 완전히 동일시하였기 때문에 그의 기도에 대해서 하나님은 다른 대안이 없었다. 하나님께서 모세는 살리고 이 백성은 죽게 할수는 없었다.

"죄"라는 단어는 출애굽기 32:21(동사), 30(동사 x1; 명사 x2), 32, 32,

249 키의 여러 가지 의미에 대한 설명과 이 두 구절에서의 이 단어의 의미에 대해서는 Moberly, *At the Mountain of God*, 87-88을 보라.

250 거의 비슷한 키의 용법이 창 6-9장의 홍수 이야기에서도 발견된다. 이 두 이야기 및 접속사의 비슷한 용례와 그 의의에 대해서는 Moberly, *At the Mount of God*, 91-93와 Rolf Rendtorff, "'Covenant' as a Structuring Concept in Genesis and Exodus", *JBL* 108 (1989), 385-93을 보라.

33(동사), 34; 34:7, 9에 나왔다. "악"이란 단어는 34:7, 9에 나온다. 특히 "죄"와 "악"의 조합은 34:7, 9에만 나온다. 이 중 32:33, 34; 34:7은 하나님의 말씀이다. 그러므로 모세는 은혜로움에 대한 하나님 자신의 선포를 인용하고 있다. 따라서 여기에서 모세는 새로운 중보기도를 하고 있는 것이 아니라 단지 여호와께서 이미 선포하신 내용을 다시 반복하고 있는 것이다. 이런 점에 있어서 이 간구는 "**당신께서 선포하신 바**와 같이 우리의 악과 죄를 용서하소서"라고 말하는 듯한 뉘앙스를 풍긴다.

이제 긍정적인 측면에서 보자면 모세는 "우리로 주의 기업을 삼으소서"라고 기도한다(ונחלתנו). 이 간구는 황금 송아지 이야기에서 모세의 마지막 말인데, 이 말은 출애굽기 19:5에서 "그의 소유"가 되도록 이스라엘 백성들을 초청하는 여호와의 말씀을 다시 언급하고 있다는 점에 있어서 정말 놀랍다.[251] 이 본문은 또한 32:13 및 23:30 과도 연결되어 있는 것 같다. 32:13에서 모세는 하나님께서 아브라함, 이삭, 야곱과 맺은 기업의 약속을 기억하시라고 요청한다. 23:30에서 하나님은 "네가 번성하여 그 땅을 기업으로 얻을 때까지" 그 땅의 거민들을 조금씩 몰아내실 것이라고 말씀하신다. 이런 취지의 해석은 탈쿰 요나단(TPsJ)에 이미 반영되어 있다: "당신께서 우리의 조상들에게 약속하신 땅을 우리에게 기업으로 주시고, 다른 민족들이 우리의 처소를 차지하지 않게 하소서".[252]

모세의 이 기도에 대한 응답으로 하나님은 출애굽기 34:10-27에서 새 언약을 선포하신다. "언약을 세운다"는 개념은 34:10("내가 언약을 세우나니"), 27("내가…너와 이스라엘과 언약을 세웠음이니라"), 28("언약의 말씀") 등에 분명하게 나타난다. 이 34:10-27의 내용 자체는 주로 출애굽기

251 Durham, *Exodus*, 455.

252 Houtman, *Exodus*, 3:711-12.

20:1-17의 십계명과 20:22-23:33의 언약의 책의 내용을 다시 반복하고 있기 때문에 황금 송아지 이야기의 흐름을 이해하는데 있어서는 상세한 분석이 필요하지 않다. 그러나 다음의 몇 가지 점만은 이 흐름을 이해하는데 있어서 중요하기 때문에 살펴볼 필요가 있다.

(1) 이 새 언약은 모세의 중보자 직분에 토대를 두고 있다. 이 점은 이 본문의 여호와의 말씀을 통해서 분명하게 표현되고 있다. 여호와께서는 10절에서 다시 한 번 이 백성을 "네 백성"이라고 부르신다. "네 백성", 즉 "모세의 백성"이라는 호칭이 여기에 다시 한 번 더 사용된다는 사실은 다소 놀랍다. 여호와께서 이 백성을 완전히 용서하셨다면 출애굽기 내에서 황금 송아지 이외의 본문들에서 그렇게 하셨던 것처럼 이 백성을 "내 백성"(출 3:7,10; 5:1; 7:4,16; 8:1,20,21,22,23; 9:1,13,17; 10:3; cf. 22:25 도 보라)이라고 언급하셔야 하는 것이 아닌가? 그러나 "문맥상으로 볼 때 34:10의 '네 백성' 이란 표현은 이스라엘로부터 '내 백성' 이라는 영광스러운 칭호를 앗아갈 의도를 갖고 있는 것이 아니라 이들이 모세의 백성, 즉 모세와 같은 지도자와 중보자를 둔 특권을 누리고 있는 백성이라는 점을 강조하고 있다"고 할 수 있다.[253] 그러므로 여기에서의 "네 백성"이라는 표현은 여호와께서 이 백성을 용서했느냐 안 했느냐 하는 문제를 다루고 있는 것이 아니라 그가 어떻게 이 백성을 용서하시게 되었는가 하는 문제를 다루고 있다. 다시 말해 이들은 모세의 목숨을 거는 용감한 중보기도를 통해서 구원을 얻게 된 것이다. 물론 이 용서의 다른 한 축에는 여호와의 은혜가 있기는 하지만 말이다.[254]

(2) 모세의 간구에 대한 인유는 여호와의 말씀의 마지막 부분(34:27)

253 Cassuto, *A Commentary on the Book of Exodus*, 441.

254 Therefore, Buber: 146, "The phrase 'your people' as spoken by God to Moses is freed of any negative suggestion by the effect of Moses' having spoken the same phrase to God".

에 다시 나타나 있다. 이 구절에서 여호와께서 하신 말씀을 히브리어 어순을 살려서 직역해보면 "내가…너와 언약을 세웠음이니라, 이스라엘과"이다(כרתי אתך ברית ואת־ישראל). 여기에서 "너와"란 표현과 "이스라엘과"란 표현이 분리되어 있음에 주목할 필요가 있다. 여호와께서는 모세와 언약을 세웠다는 것을 먼저 언급하신다. 사실 여기까지만으로도 이 문장은 그 자체로 완성된 문장이다. 하나님은 이 문장을 말씀하시고 난 다음에 여기에 "이스라엘과"란 표현을 덧붙이신다. 모세와 이스라엘의 양자를 구분하시기 위해 하나님은 "너와"란 표현을 "언약"이란 단어 앞에 두신다. 이런 식으로 하나님은 언약을 다시 세우는데 있어서 모세가 한 중요한 역할을 강조하시고 있다. 모세에 대한 이런 강조는 출애굽기 33:12-13,15-16(그리고 34:9)의 모세의 중보기도를 상기시킨다. 이 후자의 본문에서 우리는 모세가 어떻게 이 백성을 자신이 누리고 있는 특별한 은혜의 자기장 속으로 미묘하게 끌어들이고 있는지를 살펴보았다. 이제 하나님은 모세와 언약을 체결하시면서, 이것에 근거해서 이 백성과 언약을 세우신다.

출애굽기 34:(28), 29-35

출애굽기 24:12-40:38의 "본문의 구조"를 분석하면서 이미 지적한 바와 같이 이 단락은 황금 송아지 이야기(32-34장)와 성막 이야기 후반부(35-40장)의 중첩 본문이다. 중첩 본문으로서 이 단락은 두 이야기의 요소들을 함께 가지고 있고, 또 두 이야기에서 각각 나름대로 기능들을 하고 있으며, 또한 양 이야기의 연결점으로서의 기능을 하고 있다.

우선 살펴볼 것은 이 단락이 황금 송아지 이야기의 결론으로서의 역할을 하고 있다는 점이다. 이 단락에서 모세는 시내 산 위에서 40일간을 머무른 후에 하나님이 주시는 두 번째 돌판을 가지고 시내 산에서 내려와 이스라엘 백성들을 대면하게 된다. 이런 내용은 황금 송아지 이야기의 시작 부분인 31:18-32:20의 내용과 상응한다. 이 후자의 본문에서도 모세는 40일간을 시내 산 위에서 머무른 후에 돌판을 가지고 내려와서 이스라엘 백성들을 만난 적이 있다.

그러나 시작 부분인 31:18-32:20과 34:(28), 29-35의 이런 유사성은 두 본문간의 차이를 드러내기 위한 도구일 뿐 그 내용은 전혀 정반대가 된다. 황금 송아지 이야기의 결말인 34:(28), 29-35은 황금 송아지 이야기의 시작 부분인 31:18-32:20의 내용을 다 뒤집는 것이다. 첫째, 32:1에서 이스라엘 백성들은 "이 모세…사람"이란 표현을 통해서 그를 경멸하는 태도를 보여주었다. 그러나 이제 34:29-35에서는 그들은 모세를 두려워하며, 그의 말을 경청한다(34:30-35). 이런 면에서 이 단락은 백성들 가운데서 그의 권위가 확고하게 회복되었음을 확인시켜 준다.

이와 관련하여 중요한 단어는 "뿔"(**케렌**, קרן)이란 명사에서 파생된, "빛나다"라는 뜻의 동사 **카란**(קרן)이다.[255] 70인경은 이 동사를 "영광"(녹사, δόξα)이란 명사에서 파생된 독사조마이(δοξάζομαι, "영광을 얻다", "빛나다")란 동사를 써서 번역하고 있다.[256] 내레이터가 "빛나다"란 의미를 나타내기 위해 **오르**(אור)와 같이 더 흔한 단어를 쓰지 않고 굳이 "뿔"이란 의미를 가진 명사 **케렌**에서 파생된 동사를 사용한 이유는 어쩌면 32:1-6에서 이스라엘이 만든 황금 송아지 우상과의 대비를 고려했기 때문일 수 있다. 즉 하나님에 대한 잘못된 형상인 황금 송아지와 하나님이 선택하고 승인한 정당한 하나님의 대변자(참고, 출 4:16; 7:1)인 모세를 대조하기 위해서 일부러 "뿔"이라는 단어에서 파생된 "빛나다"란

255 이 본문에서는 칼(Qal) 형을 사용하고 있다. 이 동사는 "뿔"(horn)을 의미하는 케렌(קרן)에서 파생된 단어일 가능성이 크다. 실제로 이 동사의 히필(Hiphil) 형은 "뿔을 갖고 있다"(to possess horns)는 의미로 사용되고 있다(시 69:31). 특히 34:29-30, 35의 아킬라 역본(Aquila)과 벌게이트 역본(the Vulgate) 등도 "뿔이 달리다"(to become horned)란 번역을 했다. 미켈란젤로의 모세 상이 뿔을 가지고 있는 이유는 라틴어 역본인 벌게이트의 영향 때문이다.

256 페쉬타(the Peshitta)와 탈굼들 역시 이 "빛나다"란 뜻으로 번역하고 있다.

동사를 사용한 것일 수 있다.[257] 이렇게 볼 때 모세의 빛나는 얼굴은 그의 회복된 권위를 나타내준다.

두 번째 중요한 것은 "증거의 두 판"이라는 주제이다. 첫 번째 하산 때(32:15-20) 모세는 이 돌판을 깨뜨림으로써 하나님과 이스라엘 사이에 세워진 시내 산 언약이 파기되었음을 상징적으로 선언하였다. 그러나 이제 모세는 하나님께서 다시 주신 돌판을 가지고 옴으로써 언약관계가 회복되었음을 상징적으로 표현한다. 이처럼 황금 송아지 이야기의 이 마지막 단락은 이야기의 서두 부분(32:1-20)의 내용을 반전시킴으로써 대단원의 막을 내리는 역할을 한다.

황금 송아지 이야기와 성막 이야기의 중첩 본문으로서의 기능을 하고 있는 34:(28), 29-35의 단락에서는 성막 이야기와의 연결도 중요한 요소이다. 첫째, 이 단락은 또 하나의 중첩 본문인 31:18과 마찬가지로 "증거의 두 판"이라는 표현을 동일하게 사용하고 있다(**쉬네 루호트 하에두트**, שני לחת העדת).[258]

둘째, 이 단락의 마지막 두 절은 33:7-11과 마찬가지로 몰시간법적 본문(achrony)이다. 즉 단회적 사건을 기록하고 있는 것이 아니라 반복적인 동작을 나타내는 동사형(frequentative)을 사용하여 과거의 반복적인 사건을 기록한 것이며, 시간의 흐름상으로 볼 때 24:12-40:38의 통상적인 시간의 흐름을 벗어나 있는 것이다. 이 몰시간법적인 기법을 통해 반복적으로 묘사된 모세의 행동에 따르면 그는 "여호와 앞"으로 들어갔다 나왔다하는 일을 반복한다. 여기에서 "여호와 앞"은 회막을 가리키는 것으로 대부분의 주석가들은 이해한다. 이렇게 볼 때 이 34:(28), 29-35의 단락의 전반부인 29-33절은 황금 송아지 이야기를 마

257 Widmer, *Moses, God, and the Dynamics of Intercessory Prayer*, 221-224.

258 히브리어 원문상을 보면 이 두 본문에서의 "증거의 두 판"의 히브리어는 완전히 동일하다. 그러나 개역개정판은 아무런 이유도 없이 31:18에서는 "증거판 둘"이라고 번역하고 있고, 34:29에서는 "그 증거의 두 판"이라고 번역하고 있다.

무리짓는 역할을 하고, 마지막의 두 절(34-35절)은 이어지는 성막 이야기 후반부와의 연결을 만들어주는 역할을 하는 것으로 보인다.259

황금 송아지 이야기와 성막 이야기의 중첩 본문으로서 이 단락이 부각시키고 있는 것은 하나님과 모세와 이스라엘 백성 사이의 '대화'란 주제이다. 물론 하나님과 이스라엘 백성의 대화는 직접 이루어지는 것이 아니라 모세를 통하여 중계된다(참고, 출 20:18-19). 이 점은 이 단락에 일곱 번 사용되는 "말하다"(**디베르**, דִּבֵּר)란 동사의 용례를 통해서 잘 드러난다.

모세-여호와: "자기[모세]가 여호와와 말하였음을"(29절)

모세-이스라엘: "모세가 그들[이스라엘]과 말하니"(31절)

모세-여호와: "여호와께서…자기에게 이르신 말씀을"(32절)

모세-이스라엘: "모세가 그들에게 말하기를"(33절)

모세-여호와: "모세가 [여호와와] 함께 말할 때에는"(34절)

모세-이스라엘: "[모세가] 이스라엘 자손에게 전하며(34절)

모세-여호와: "모세가 여호와께 말하러"(35절)

이 구조가 선명하게 보여주듯이 모세와 여호와 사이의 대화는 모세와 이스라엘 사이의 대화와 교호적으로 발생한다. 그리고 이 대화를 연결시켜주는 것은 중계자 모세이다. 이처럼 모세와 여호와의 대화란 주제, 그리고 이 대화가 모세를 통하여 이스라엘에게 전달된다는 주제는 이미 성막 이야기 전반부의 중요한 본문인 출애굽기 25:22를 통해서 강조된 바가 있다. "거기서 내가 너와 만나고 속죄소 위 곧 증거궤

259 이것은 영화로 말하면 "디졸브" 기법(dissolve)에 해당한다. 이 기법은 하나의 장면이 다른 장면과 전환될 때 앞선 장면이 점점 옅어지고(페이드아웃, fade-out), 다음 장면이 점점 짙어지면서(페이드인, fade-in) 전환되는 기법을 가리킨다.

위에 있는 두 그룹 사이에서 내가 이스라엘 자손을 위하여 네게 명령할 모든 일을 네게 이르리라(**디베르**)".

이 대화란 주제가 이 단락과 관련하여 중요한 점은 이것이 모세가 움직이고 있는 방향의 변화와 관련되어 있기 때문이다. 34:(28), 29-33에서 모세는 시내 산에서 내려오는 것을 마지막으로 이제 더 이상 시내 산에 올라가서 하나님과 만나고 대화하지 않는다. 대신 34-35절이 말하고 있듯이 그는 이제 "회막"으로 가서 하나님과 만나고 대화를 하게 된다. 출애굽기 19장에서부터 시작해서 이 대목까지 모세는 하나님과 대화를 하기 위해 시내 산 위로 오르락 내리락 하는 수직적인 움직임을 해야 했다. 그러나 이런 수직적인 움직임은 이 단락에서 드디어 끝을 맺는다. 반면에 이제부터는 34-35절의 본문이 보여주듯이 모세는 하나님과 대화하기 위하여 "회막"으로 들락날락하는 수평적인 움직임을 하게 될 것이다. 이처럼 하나님의 계시를 받는데 있어서 수직적인 움직임에서 수평적인 움직임으로의 전환은 시내 산 계시가 이제는 회막에서의 계시로 전환될 것임을 알려주는 역할을 한다.[260] 바로 이 점을 전달하기 위해 내레이터는 황금 송아지 이야기와 성막 이야기를 이 단락에서 중첩시키고 있는 것이다.

이 단락이 계시의 장소의 변화라는 메시지를 전하고 있다는 점을 이해하고 나면 앞에서 언급한 모세의 빛나는 얼굴이라는 주제는 다시 한 번 중요해진다. 도대체 모세의 빛나는 얼굴의 정체는 무엇인가? 출애굽기 24:12-40:38의 전체의 본문의 흐름을 살펴볼 때 이 빛나는 얼굴은 24:15-18과 40:34-35의 상응구절, 그리고 29:43; 33:18, 22의 "여

260 필자와 같은 방식으로 이 문제를 이해하고 있지는 않지만 여전히 이 본문에서의 모세의 이동의 변화가 계시의 방식의 전환을 나타낸다는 점을 잘 통찰한 학자는 고만(Gorman)이다. Frank H. Gorman, Jr., *The Ideology of Ritual: Space, Time and Status in the Priestly Theology* (JSOTS, 91; Sheffield: JSOT Press, 1990), 143-146을 보라.

호와의 영광"이라는 주제와 연결되어 있는 것으로 보인다.

앞에서 출애굽기 19-40장의 이중구조를 다루면서 살펴보았던 것처럼 출애굽기 24:12-40:38의 외곽틀을 형성하고 있는 24:12-18과 40:34-38은 인클루지오를 형성하고 있다. 특히 24:15-18과 40:34-35은 현저하게 비슷한 요소들을 많이 담고 있다.

24:15b-18a (16b-17은 제외)	40:34-35
그리고 구름이 그 산을 **덮었다.** **그리고 여호와의 영광이** 시내 산 **위에 머물렀다.**	**그리고 구름이** 회막을 **덮었다.** **그리고 여호와의 영광이** 성막을 채웠다.
모세가 구름 속으로 들어갔다.	**그리고 모세가** 회막에 들어갈 수 없었다.
	왜냐하면 **구름이 그 위에 머물렀고** **여호와의 영광이** 성막을 채웠기 때문이다.

이 도표에서 보듯이 "여호와의 영광", "구름", "모세가 들어감, 못 들어감", "덮음", "머무름", 그리고 이 동일한 주제들을 서로 연결해주는 장소인 "시내 산"과 "회막"(=성막)이 두 본문을 서로 상응하게 만들어준다. 다시 말해 성막의 제작과 그 중간의 황금 송아지 사건에 대해서 다루고 있는 24:12-40:38의 처음과 끝은 서로 유사한 주제로 연결이 되어 있다. 단지 장소만이 시내 산과 회막으로 서로 다를 뿐이다.

그러면 이러한 두 본문의 상응점을 통해 전달하고자 하는 메시지는 무엇인가? 그것은 바로 하나님의 계시의 장소의 이동이다. 출애굽기 19:1-24:12의 시내 산 언약, 그리고 출애굽기 25-31장의 성막 건설에 대한 지시와 32-34장의 황금 송아지 사건 내내 하나님의 계시의 장소는 시내 산이었다. 그런데 이제 35:1-40:33에서 성막이 드디어 건설됨으로써 계시의 장소가 이동한다.

황금 송아지 이야기와 성막 이야기 후반부를 연결시켜 주고 있는 34:29-35의 본문은 이처럼 24:15-18과 40:34-35에서 여호와의 영광이 시내 산에서 성막으로 이동하는 것을 모세의 빛나는 얼굴이라는 주제를 가지고 묶어주고 있다.[261] 즉 이 단락의 흐름 속에서 모세는 마지막으로 시내 산을 내려올 때 여호와의 영광을 자기 얼굴에 반영하여 가지고 내려오며(29-33절), 그 빛나는 얼굴을 가지고 성막으로 들어간다(34-35절). 이렇게 함으로써 여호와의 영광은 상징적으로 시내 산에서 성막으로 그 처소를 옮긴다. 이런 면에서 70인경은 "빛나다"라는 의미를 가진 **카란**이란 동사를 앞에서 본 것처럼 **"영광"**(독사, δόξα)이란 명사에서 파생된 **독사조마이**(δοξάζομαι,"영광을 얻다", "빛나다")란 동사를 써서 번역하였다. 그 결과 이 단어가 마치 "영광을 반영하다"는 뉘앙스를 지닌 것처럼 번역한 것은 아주 탁월한 통찰이라고 볼 수 있다.[262]

출애굽기 35-40

앞의 중첩문단으로 황금 송아지 이야기는 마감되고, 이제 성막 이야기의 후반부, 즉 성막의 건설에 대한 기록(35-40장)이 출애굽기의 나머지 부분을 채운다. 앞에서 성막 이야기의 전반부(25-31장)를 다룰 때 이미 설명한 바와 같이 이 본문은 기본적으로 전반부의 내용의 반복이다. 따라서 새롭게 장황한 설명을 하는 것은 불필요하게 보인다. 그런 까닭에 단지 중요하다고 생각되는 부분만 간략하게 설명하고자 한다.

261 Walter Brueggemann, "The Book of Exodus: Introduction, Commentary, and Reflections", in *The New Interpreter's Bible: A Commentary in Twelve Volumes* (vol. 1; New York: Doubleday, 1994), 953-954.

262 Gorman, *The Ideology of Ritual*, 146.

출애굽기 35:1-3

이 본문은 성막 이야기의 후반부의 첫 단락으로써 성막 이야기의 마지막 단락인 31:12-17과 더불어 황금 송아지 이야기를 앞뒤로 감싸는 역할을 하고 있다. 이 두 본문은 다 안식일 규례에 대해서 언급하고 있다. 또한 2절의 "엿새 동안은 일하고 일곱 째 날은 너희를 위한 거룩한 날이니 여호와께 엄숙한 안식일이라. 누구든지 이 날에 일하는 자는 죽일지니"란 규례는 31:12-17의 중심을 차지하고 있는 15절과 거의 동일한 문구를 사용함으로써 양 단락의 상응성을 더욱 돋보이게 하고 있다.

출애굽기 35:20-36:7

이 본문은 성막 건설을 위한 재료를 준비하고 하나님께 헌납함에 있어서 이 백성이 보여주는 열성을 묘사하고 있다. 특히 이들의 열성이 넘쳐서 너무 많은 예물을 가져왔기 때문에 모세는 더 이상 가져오지 말라는 명령을 내려야 했다(36:6). 이 본문은 성막을 건설함에 있어서 이 백성들이 보여준 열정을 강조하고 있다. 이들의 이런 모습은 출애굽기 32:1-6에서의 태도 및 행동과 완전히 대비된다.[263] 정경적 본문의 흐름상 이들이 이 본문에서 보여주고 있는 열성은 32-34장에서 자신들이 경험한 하나님의 은혜에 대한 반응으로써 이해하는 것이 가장 적절할 것이다. 이들은 자신들의 죄로 인해서 멸절을 당할 수밖에 없는 상황이었지만 하나님의 은혜와 모세의 중보기도를 통해 다시 한 번 언약을 맺고 새롭게 하나님의 백성으로 살아갈 수 있는 기회를 얻었

263 Childs, *The Book of Exodus*, 542-43; Craig R. Koester, *The Dwelling of God: The Tabernacle in the Old Testament, Intertestamental Jewish Literature, and the New Testament* (CBQMS, 22; Washington: The Catholic Biblical Association of America, 1989), 8; Martin Ravndal Hauge, *The Descent from the Mountain: Narrative Patterns in Exodus 19-40* (JSOTS, 323; Sheffield: JSOT Press, 2001), 35.

다. 성막의 건설은 자신들이 얻은 이 새로운 기회의 상징이다. 이렇게 내러티브의 자연스러운 흐름 속에서 볼 때 35:20-36:7에서 이 백성이 보여주는 열성은 당연한 결과라고 할 수 있다.

출애굽기 40:34-35

출애굽기 40:34-35이 출애굽기 24:15-18과 인클루지오를 형성하고 있다는 것은 앞에서 이미 여러 번 살펴보았다. 이어나오는 36-38절에서 내레이터는 다시 한 번 몰시간법적인 기법을 사용하고 있다. 출애굽기의 이 마지막 세 절은 다시 한 번 과거의 반복적인 동작을 나타내는 동사형(frequentative)을 사용해서 내러티브 속의 시간의 자연스러운 흐름을 뛰어넘는 상황을 그리고 있다. 특히 이 세 절이 묘사하고 있는 상황은 이스라엘이 시내 산에 정착하고 있는 상황이 아니라 성막과 더불어 광야 여행을 하고 있다는 점, 그리고 이 세 절의 내용 및 언어가 민수기 9:15-23과 상당히 비슷한 점을 볼 때 이 본문이 그리고 있는 상황은 최소한 민수기 11장 이후부터 가나안 땅에 들어가기 직전까지의 대체적인 상황을 보여주고 있는 것이 아닌가 생각된다. 이렇게 볼 때 출애굽기의 이 마지막 단락은 단지 성막의 완성을 보여주고 있는 것이 아니라 그 완성된 성막을 통해 하나님과 이스라엘이 동거하는 상황을 이상적이고 목가적으로 그림으로써 출애굽기를 아름답고 이상적으로 마무리해 주고 있다. 이처럼 출애굽기는 아름답고 많은 희망을 주는 내용으로 끝을 맺는다.

Bibliography
참고문헌

참고문헌

김용규, *데칼로그* (서울: 바다출판사, 2002).

김이곤, *출애굽기의 신학* (서울: 한국신학연구소, 1992).

박철현, "성막의 의미와 그 현대적 의의", 목회와 신학 편집부, 출애굽기 어떻게 설교할 것인가 (서울: 두란노아케데미, 2009), 119-127.

________, "시내 산의 은혜 언약: 출애굽기 32-34 주해와 적용", 목회와 신학 편집부, 출애굽기 어떻게 설교할 것인가 (서울: 두란노아카데미, 2009), 373-403.

차준희, *출애굽기 다시보기* (서울: 프리칭아카데미, 2004).

쿠걸, 제임스 L. *고대 성경 해석가들이 본문 모세오경* (서울: 기독교문서선교회, 2003).

프레다임, 테렌스 E. *출애굽기* (현대성서주석, 서울: 한국장로교출판사, 2001).

해밀턴, 빅터. *오경개론* (고양: 크리스챤다이제스트, 2007).

Alter, Robert. *The Art of Biblical Narrative* (New York: Basic Books, 1981).

Abrams, M. H. *A Glossary of Literary Terms* (7th Ed.; Fort Worth: Harcourt Brace College Publishers, 1999).

Baentsch, Bruno. *Exodus-Leviticus-Numberi* (HAT; Göttingen:

Vandenhoeck and Ruprecht, 1903).

Baker, David W. "God, Names of", in T. Desmond Alexander and David W. Baker, *Dictionary of the Old Tesatment: Pentateuch* (Downers Grove: InterVarsity Press, 2003), 359-368.

Bakon, Shimon. "Creation, Tabernacle and Sabbath", *JBQ* 25 (1997), 79-85.

Bar-Efrat, Shimon. *Narrative Art in the Bible* (JSOTS 70; Sheffield: Sheffield Academic Press, 1989).

Begg, Christopher T. "The Destruction of the Calf (Exod 32,20/Deut 9,21)", in N. Lohfink (ed.), *Das Deuteronomium, Entstehung, Gestalt und Botschaft* (BETL, 68; Leuven: Uitgeverij Peeters, 1985), 208-51.

______. "The Destruction of the Golden Calf Revisited" (Exod 32,20/Deut 9,21)', in M. Vervenne and J. Just (eds.), *Deuteronomy and Deuteronomic Literature* (Festschrift C. H. W. Brekelmans; BETL, 133; Leuven: Leuven University Press, 1997), 469-479.

Berlin, Adele. "Motif and Creativity in Biblical Poetry", *Prooftexts* 3 (1983), 231-41.

Blenkinsopp, Joseph. "The Structure of P", *CBQ* 38 (1976), 275-292.

Blum, Erhard. *Studien zur Komposition des Pentateuch* (BZAW 189; Berlin: Walter de Gruyter, 1990).

Brett, Mark G. Biblical Criticism in Crisis? *The Impact of the Canonical Approach on Old Testament Studies* (Cambridge: Cambridge University Press, 1991).

Brichto, Herbert Hanan. "The Worship of the Golden Calf: A Literary Analysis of a Fable on Idolatry", *HUCA* 54 (1983), 1-44.

Brueggemann, Walter "The Book of Exodus: Introduction, Commentary, and Reflections", in *The New Interpreter's Bible: A Commentary in Twelve Volumes* (vol. 1; New York:Doubleday, 1994).

Buber, Martin and Franz Rosenzweig, *Scripture and Translation* (Bloomington: Indiana University Press, 1994).

Buber, Martin "Leitwort Style in the Pentateuchal Narrative" in Martin Buber and Franz Rosenzweig, *Scripture and Translation* (Bloomington: Indiana University Press, 1994), 114-128.

________. "*Leitwort* and Discourse Type: An Example", in Martin Buber and Franz Rosenzweig, *Scripture and Translation* (Bloomington: Indiana University Press, 1994), 143-150.

Cassuto, Umberto. *A Commentary on the Book of Exodus* (Jerusalem: The Magnes Press, 1967).

Chatman, Seymour. *Story and Discourse: Narrative Structure in Fiction and Film* (Ithaca, NY: Cornell University, 1978).

Childs, B. S. *The Book of Exodus: A Critical, Theological* Commentary (Louisville: The Westminster Press, 1974).

Coats, G. W. *Rebellion in the Wilderness: The Murmuring Motif in the Wilderness Traditions of the Old Testament* (Nashville: Abingdon Press, 1968).

________. "Moses Versus Amalek: Aetiology and Legend in Exod. xvii 8-16", in Luis Alonsö-Schockel, *Congress Volume: Edinburgh 1974* (SVT, 28; Leiden: Brill, 1975), 29-41.

________. "The King's Loyal Opposition: Obedience and Authority in

Exodus 32-34", in G. W. Goats and B. O. Long (eds.), *Canon and Authority in the Old Testament* (Festschrift W. Zimmerli; Philadelphia: Fortress Press, 1977), 91-109.

Cohen, A. (ed.), *The Soncino Chumash: The Five Books of Moses with Haphtaroth* (London:The Soncino Press, 1947).

Cole, Alan. *Exodus* (TOTC; Leicester: IVP, 1973).

Currid, John D. *Ancient Egypt and the Old Testament* (Grand Rapids: Baker Books, 1997).

Danker, Frederick William. *A Greek-English Lexicon of the New Testament and Other Early Christian Literature* (3rd Ed.; Chicago and London: The University of Chicago Press, 2000).

Davies, G. Henton. *Exodus* (TBC; London: SCM Press, 1967).

Davis, Dale Ralph. "Rebellion, Presence and Covenant: A Study in Exodus 32-34", *WTJ* 44 (1982), 71-87.

Dillmann, A. *Exodus und Leviticus* (KEHAT; Leipzig: Verlag von S. Hirzel,1880).

Douglas, Mary. *Leviticus as Literature* (Oxford: Oxford University Press, 1999).

Dozeman, Thomas B. "Moses: Divine Servant and Israelite Hero", *HAR* 8 (1984), 45-61.

________. *Exodus* (ECC; Grand Rapids: Eerdmans, 2009).

Driver, S. R. *A Treatise on the Use of the Tenses in Hebrew and Other Syntactical Questions* (London: Oxford University Press, 1892).

Durham, John I. *Exodus* (WBC, 3; Waco: Word Books, 1987).

Eslinger, Lyle. "Freedom or Knowledge?: Perspective and Purpose in the Exodus Narrative (Exodus 1-15)", *JSOT* 52 (1991), 43-60.

Fox, Everett. *The Five Books of Moses* (London: The Harvill Press, 1995).

Frankel, David. "The Destruction of the Golden Calf: A New Solution", *VT* 44 (1994), 330-339.

Fretheim, T. E. "The Repentance of God: A Study of Jer. 18:7-10", *HAR* 11 (1987), 81-92.

________. "Yahweh", in Willem A. VanGemeren (ed.), *New International Dictionary of Old Testament Theology and Exegesis* (Grand Rapids: Zondervan, 1997), IV: 1295-1300.

________. *Exodus* (Interpretation: Louisville; John Knox Press, 1991).

Genette, G. *Narrative Discourse: An Essay in Method* (Ithaca: Cornell University, 1980).

Gesenius, W., E. Kautzch and E. E. Cowley, *Gesenius' Hebrew Grammar* (2nd ed.; Oxford: Clarendon Press, 1910).

Gispen, Willem Hendrik. *Exodus* (BSC; Grand Rapids: Zondervan, 1982).

Good, Edwin M. *Irony in the Old Testament* (Sheffield: The Almond Press, 1981).

Gorman, Frank H. Jr. *The Ideology of Ritual: Space, Time and Status in the Priestly Theology* (JSOTS, 91: Sheffield: JSOT Press, 1990).

Gowan, Donald E. *Theology in Exodus: Biblical Theology in the Form of a Commentary* (Louisville: Westminster John Knox Press, 1994).

Gressmann, Hugo. *Mose und seine Zeit: Ein Kommentar zu den Mose-Sagen* (FRLANT 18; Göttingen: Vandenhoeck & Ruprecht, 1913).

Hafemann, Scott J. *Paul, Moses, and the History of Israel: The Letter/Spirit Contrast and the Argument from Scripture in 2 Corinthians 3* (WUNT 81; Tübingen: JCB Mohr, 1995).

Halpern, Baruch "Kenites", *The Anchor Bible Dictionary* (New York: Doubleday, 1992), 4:17-22.

Hammer, Robert Alan. "The New Covenant of Moses", *Judaism* 27 (1978), 345-350

Haran, M. "The Nature of 'Ohel Mo 'edh in Pentateuchal sources", *JSS* 5 (1960), 50-65.

________ . *Temples and Temple Service in Ancient Israel* (Oxford: Clarendon, 1978).

Hauge, Martin Ravndal *The Descent from the Mountain: Narrative Patterns in Exodus 19-40* (JSOTS, 323; Sheffield: JSOT Press, 2001).

Holzinger, H. *Exodus* (KHAT; Tübingen: J. C. B. Mohr, 1900).

Hort, Greta. "The Plagues of Egypt", *ZAW* 69 (1957), 84-103.

________. "the Plagues of Egypt", *ZAW* 70 (1958), 48-59.

Houtman, Cornelius. *Exodus.* (vol. 1; HCOT; Kampen: KOK Publishing House, 1993).

________. *Exodus* (vol. 3; HCOT; Kampen: KOK Publishing House, 2000).

Hurowitz, V. A. "The Priestly Account of Building the Tabernacle", *JAOS* 105 (1985), 21-30.

Hyatt, J. P. *Exodus* (NCBC; Grand Rapids: Eerdmans, 1971).

Janzen, Waldemar. *Exodus* (BCBC; Waterloo, Ontario: Herald Press, 2000).

Jenson, Philip Peter. *Graded Holiness: A Key to the Priestly Conception of the World* (JSOTS 106; Sheffield: JSOT Press, 1992).

Joosten, J. "The Syntax of *zeh Moseh* (Ex 32,1.23)", *ZAW* 103 (1991), 412-15.

Joüon, Paul. *A Grammar of Biblical Hebrew* (Roma: Editificio Istituto Biblico, 1993).

Kearney, Peter J. "Creation and Liturgy: The P Redaction of Ex 25-40", *ZAW* 89 (1977), 375-89.

Knight, George A. F. *Theology as Narration: A Commentary on the Book of Exodus* (Edinburgh: The Handel Press Limited, 1976).

Koester, Craig R. *The Dwelling of God: The Tabernacle in the Old Testament, Intertestamental Jewish Literature, and the New Testament* (CBQMS, 22; Washington: The Catholic Biblical Association of America, 1989).

Larsson, Göran. *Bound for Freedom: The Book of Exodus in Jewish and Christian Traditions* (Peabody, MA: Hendrickson Publishers, 1999).

Leibowitz, Nehama. *New Studies in Shemot: Exodus* (Jerusalem: Eliner Library, 1976).

Liver, J. "The Half-Shekel of Offering in Biblical and Post-biblical Literature", *HTR* 56 (1963), 173-198.

Loewenstamm, S. E. "The Ugaritic Fertility Myth: the Result of a Mistranslation", *IEJ* 12 (1962), 87-88.

McNeile, A. H. *The Book of Exodus* (Westminster Commentaries; London: Methuen, 1908).

Marguerat, Daniel and Yvan Bourquin, *How to Read Bible Stories* (London:

SCM Press, 1999).

Mettinger, Tryggve N. D. *The Dethronement of Sabaoth: Studies in the Shem and Kabod Theologies* (Lund: CWK Group, 1982).

Milgrom, Jacob. *Studies in Levitical Terminology, I: The Encroacher and the Levite, The Term 'Aboda* (Berkeley: University of California Press, 1970).

________. Leviticus 1-16: *A New Translation with Introduction and Commentary* (AB 3; New York: Doubleday, 1991).

Moberly, R. W. L. *At the Mountain of God: Story and Theology in Exodus* 32-34 (JSOTS 22; Sheffield: JSOT Press, 1983).

Murfin, Ross and M. Ray Supryia, *The Bedford Glossary of Critical and Literary Terms* (Boston: Bedford Books, 1998).

E. G. Newing, "Up and Down? In and Out: Moses on Mount Sinai. The Literary Unity of Exodus 32-34", *ABR* 41 (1993), 18-34.

Noth, Martin. *Exodus: A Commentary* (OTL; Philadelphia: The Westminster Press, 1962).

Otto, Eckart. "Die nachpriesterschriftliche Pentateuchredaktion im Buch Exodus," in Marc Vervenne (ed.), *Studies in the Book of Exodus: Redaction-Reception-Interpretation* (BETL 126; Leuven: University Press, 1996): 61-111.

Patai, R. "Biblical Figures as Alchemists", *HUCA* 54 (1983), 195-229.

Plastaras, James. *The God of Exodus* (Milwaukee: The Bruce Publishing Company, 1966).

Prince, Gerald. *Dictionary of Narratology* (Lincoln and London: University of Nebraska Press, 1987).

Propp, William H. C. *Exodus 1-18* (AB; New York: Doubleday, 1998).

________. *Exodus* 19-40 (AB; New York: Doubleday, 2006).

Rendtorff, Rolf. " 'Covenant' as a Structuring Concept in Genesis and Exodus", *JBL* 108 (1989), 385-93.

Rhoads, David, Joana Dewey, and Donald Michie, *Mark as Story* (2nd. ed.; Minneapolis:Fortress Press, 1999).

Rimmon-Kenan, Shlomith *Narrative Fiction: Contemporary Poetics* (London and New York: Routledge, 1983).

Roh, Se Young. "Creation and Redemption in Priestly Theology" (Ph.D diss.; Drew University, 1992).

Ruprecht, Eberhard. "Exodus 24,9-11 als Beispiel lebendiger Erzähltradition aus der Zeit des babylonischen Exils", in Rainer Albertz (et. al.), *Werden und Wirken des Alten Testaments: Festschrift für Claus Westermann zum 70 Geburstag* (Göttingen: Vandenhoeck & Ruprecht, 1980), 138-173.

Sarna, Nahum M. *Exodus* (The JPS Torah Commentary; Philadelphia: The Jewish Publication Society, 1991).

________. *Exploring Exodus: The Origins of Biblical Israel* (New York: Schocken Books, 1986).

Ska, Jean Louis. *"Our Fathers Have Told Us": Introduction to the Analysis of Hebrew Narrative* (Rome: Editrice Pontificio Istituto Biblico, 1990).

Sternberg, Meir *The Poetics of Biblical Narrative: Ideological Literature and the Drama of Reading* (Bloomington: Indiana University Press, 1987).

Stuart, Douglas K. *Erodos* (NAC2; Nashville: Broadman and Holman Publishers, 2006)

Sweeney, Marvin. "The Wilderness Traditions of the Pentateuch: A Reassessment of Their Function and Intent in Relation to Exodus. 32-34", Society of Biblical Literature Seminar Papers (1989), 290-299.

Vink, J. G. "The Date and Origin of the Priestly Code in the Old Testament", *OTS* 40 (1969), 1-144.

Walsh, Jerome T. *Style and Structure in Biblical Hebrew Narrative* (Collegeville, MA: The Liturgical Press, 2001).

Weimar, Peter "Sinai und Schoepfung: Komposition und Theologie der priesterschriftlichen Sinaigeschichte", *RB* 95 (1988), 337-385.

Wenham, Gordon. *Exploring the Old Testament: A Guide to the Pentateuch* (Vol. 1; Downers Grove: InterVarsity Press, 2003).

Widmar, Michael. *Moses, God, and the Dynamics of Intercessory Prayer: A Study of Exodus 32-34 and Numbers 13-14* (FAT 2. Reihe 8; Tübingen: Mohr Siebeck, 2004).

부록 1

출애굽기의 관점에서 본 하나님과 시내 산의 관계:

선천적인가, 후천적인가?

부록 1
출애굽기의 관점에서 본 하나님과 시내 산의 관계:
선천적인가, 후천적인가?[264]

문제제기

출애굽기의 여러 가지 난제들 중의 하나는 "하나님의 산"으로서의 시내 산 혹은 호렙 산이다.[265] 이 산은 출애굽기 내에서 여러 번에 걸쳐서 "하나님의 산"으로 불려진다(출 3:1; 4:27; 18:5; 24:13).[266]

이중에서 특히 하나님과 모세의 첫 만남을 묘사하고 있는 출애굽기 3:1-4:17은 호렙 산 혹은 시내 산에 대해서 구약에서 처음으로 언급하

264 이 논문은 나의 박사학위 논문의 일부인 "From Mount Sinai to the Tabernacle: A Reading of Exodus 24:12-40:38 as a Case of Intercalated Double Plot" (unpubl., University of Gloucestershire, 2002), 169-178을 바탕으로 하여 상당한 수정을 가하여 작성한 것이다.

265 여기에서 우리의 논의는 호렙 산과 시내 산이 동일한 산이라는 가정에 기초한다. 이에 대해서는 E. W. Nicholson, *Exodus and Sinai in History and Tradition* (Growing Points in Theology; Oxford: Basil Blackwell. 1973), 61 n. 23; G. I. Davies, "Sinai, Mount", David Noel Freedman (ed.), *The Anchor Bible Dictionary* (New York: Doubleday, 1992), VI: 47을 보라. 호렙 산과 시내 산의 관계에 대한 더 상세한 논의 및 연구사는 Cornelis Houtman, *Exodus* (Vol. 1; Kampen: Kok, 1993), 116-122를 보라.

266 이외에도 시내 산은 구약의 다른 많은 본문들에서 하나님 혹은 야웨와 관련되어 있다. 예를 들어 민수기 10:33은 "야웨의 산"이라고 부르고 있다. 그리고 신 33:2; 삿 5:5; 시 68:9 (역본들 68:8); 합 3:3 등도 어떻게든 야웨 하나님과 시내 산을 연결시키고 있다. 이 중에서 민수기 10:33의 "야웨의 산"이라는 표현이 중요한데, 이 표현은 이 본문을 제외하고는 전부 예루살렘의 시온 산을 지칭하는데 사용되고 있다. 나중에 언급하겠지만 이러한 점은 "하나님의 산" 혹은 "야웨의 산"이라는 명칭이 산

고 있는데, 이 본문의 첫 구절(3:1)은 "하나님의 산 호렙"이라는 표현을 사용하고 있다. 여기에서 제기되는 의문은 구약 전체에서 처음으로 언급되는 호렙 산이 어떻게 "하나님의 산"이라고 언급되느냐 하는 것이다.[267] 이 때문에 많은 학자들, 그 중에서도 특히 역사비평학을 바탕으로 하는 학자들은 "고대로부터 야웨와 시내 산 사이에는 특별한 관계가 존재했는데, 이 관계는 출애굽과 이스라엘의 등장 이전부터 이미 존재했던 것"으로 보았다.[268]

마치 이러한 견해를 지지해주기라도 하듯이 하나님과 모세의 첫 만남의 장소인 이 시내 산은 출애굽기의 뒷 부분에서 하나님과 이스라엘 사이의 언약의 장소가 된다(출 19-24장). 또한 출애굽기의 나머지 본문들, 즉 출애굽기 25-40장의 본문도 시내 산을 그 공간적 배경으로 하고 있다. 더 나아가서 모세오경 전체에서 시내 산을 그 공간적 배경으로 하고 있는 본문의 양을 생각해 볼 때 시내 산이 차지하고 있는 위용은 매우 크다. 총 187장으로 이루어져 있는 모세오경에서 시내 산을 배경으로 하고 있는 본문은 약 60여장이나 된다. 모세오경 전체의 거의 삼분의 일의 본문이 시내 산을 배경으로 하고 있다.[269]

자체의 고유한 성격을 나타내는 것이 아니라 하나님의 선택에 의해 후천적으로 부여되는 것이라는 본 논문의 논지와 상응한다. 다시 말해 시내 산은 하나님의 산으로서의 소임을 다한 후에는 그 칭호를 새로운 하나님의 산인 시온에게 넘겨주는 것이다.

267 B. S. Childs, *Exodus* (OTL; Louisville: The Westminster Press, 1974), 49는 이러한 난점 때문에 히브리어 성경의 번역시 70인경이 출 3:1에서 "하나님의"란 표현을 생략한 것으로 보인다고 주장한다.

268 Nicholson, *Exodus and Sinai*, 63. 이외에도 이와 비슷한 견해들에 대해서는 R. E. Clements, *God and Temple* (Oxford: Basil Blackwell, 1965), 1-27; *Exodus* (The Cambridge Bible Commentary; Cambridge: The University Press, 1972), 19-20; Richard J. Clifford, *The Cosmic Mountain in Canaan and the Old Testament* (Cambridge, MA: Harvard University Press, 1972), 107-131; Davies, "Sinai, Mount", VI: 48-49 등을 보라.

269 우선 출 3-4; 19-40; 레 1-27; 민 1-10 (총 59장) 등이 명백하게 시내 산을 그 공간적 배경으로 하고 있다. 그리고 출 17-18장 역시 시내 산을 배경으로 하고 있을 가능성이 크다. 출 17:6의 "호렙 산 반석"이란 표현과 출 18:5의 "하나님의 산"이란 표현이 이 점을 잘 증명해 준다. 또한 신 4-5; 9-10장 등의 내용 역시 시내 산에서 있었던 이야기를 모세가 다시 반복해서 언급하고 있는 것이다.

이처럼 시내 산이 출애굽기, 그리고 더 나아가서 오경에서 두드러진 위치를 차지하고 있는 이유는 앞에서 본 니콜슨(Nicholson) 등의 주장과 같이 정말 시내 산이 선험적으로 하나님과 맺고 있는 고유한 관계 때문인가? 아니면 시내 산에서 일어난 어떤 후천적인 사건들이 시내 산을 "하나님의 산"으로 불릴만큼 중요성을 부여해 준 것인가?

본 논문은 시내 산이 "하나님의 산"이라고 불려지게 된 것은 하나님과 본래적으로 맺고 있는 관계 때문이 아니라 단지 이 산에서 일어난 여러 가지 중요한 사건들 때문임을 출애굽기의 본문을 통해서 밝히고자 한다. 출애굽기의 본문을 정밀하게 분석해 보면 시내 산과 하나님의 관계가 "출애굽과 이스라엘의 등장 이전부터 존재"했다고 봐야 할 이유가 전혀 없다는 것을 알게 될 것이다.[270]

하나님과 시내 산의 후천적인 관계의 증명

시내 산과 하나님과의 관계를 제대로 이해하기 위해서는 우리의 시야를 넓혀 폭넓은 시각에서 이 문제를 바라보아야 한다. 이렇게 할 때 우리는 다음의 몇 가지 점을 인식할 수 있게 된다. 첫째, 공간적 배경과 관련하여 출애굽기는 전체적으로 일관되게 뚜렷한 목적론적인 지향점을 나타내주고 있다. 둘째, 출애굽기는 시내 산이 야웨와 맺고 있는 특별한 관계에서 파생된 거룩성 등과 같은 특별한 속성을 본래적으로 띠고 있다고 말해주지 않는다. 셋째, 앞의 두 번째 사항을 고려해 볼 때 야웨나 이스라엘 백성은 시내 산을 떠나는 것에 대해서 꺼려해야 할

270 Nicholson 등의 견해를 따를 경우 야웨 하나님이 이 지구상의 어느 특정한 장소와 본래적인 관계를 맺고 있다는 생각, 곧 야웨가 지역신(地域神)적인 성격을 갖고 있다는 결론을 내릴 수밖에 없다. 하지만 이러한 결론은 구약 성경의 전체적인 신관, 즉 야웨는 온 세상의 신이지 어느 지역에 국한된 분이 아니시라는 생각과 상충된다. 본 소논문의 중요성은 Nicholson 등의 견해를 타파함으로써 출애굽기의 시내 산과 관련된 본문들 역시 구약의 보편적인 신관과 완전히 상응함을 보여주는데 있다고 할 것이다.

이유가 전혀 없다는 것을 알 수 있다. 넷째, 출애굽기는 성막이 시내 산을 계승하고 있는 것으로 이야기해주고 있기는 하지만 이것은 시내 산이 야웨와 근본적으로 특별한 관계를 갖고 있기 때문이 아니라 단지 시내 산에서 맺어진 특별한 사건들을 기념하기 위한 것일 뿐이다. 마지막으로 하나님이 모세나 이스라엘 백성들을 만나기도 전인 출애굽기 3:1에서 벌써 시내 산이 "하나님의 산"으로 불려지고 있는 이유는 내레이터의 전지적이고도 전시간적인 관점에서 이해하면 전혀 문제가 되지 않는다. 이하에서 우리는 출애굽기 본문의 이러한 네 가지 전반적인 증언들을 하나씩 자세하게 검토해 볼 것이다. 무엇보다 시내 산과 하나님 사이의 관계를 중점적으로 살펴 볼 것이다.

출애굽기의 목적론적인[271] 지향성과 시내 산

출애굽기가 가진 목적론적인 지향성은 출애굽기의 내용들을 이끌어나가는 동력이다. 하나님께서 모세와의 만남에서 계시하신 계획에 따르면 하나님께서 이스라엘을 애굽에서 구원해내신 궁극적인 의도는 그들을 약속의 땅으로 데려가는 것이다(특히 3:7-8,17).[272] 이 계획에 따르면 시내 산은 아예 처음부터 궁극적인 목적지로 계획된 것이 아니

271 여기에서 "목적론"(teleology)이란 개념은 필자의 논문의 플롯의 분류에 대한 논의 중 플롯을 인과론적 플롯(plot of casuality)과 목적론적 플롯(plot of teleology)으로 구분한 것과 관련이 있다(Chulhyun Park, "From Mount to the Tabernacle": 73). 플롯을 이러한 방식으로 구분하는 기준은 플롯을 진행시키는 힘이 어느 방향으로 작용하느냐 하는 것이다. 인과론적 플롯에서는 대체로 각 사건은 그 앞에 일어난 사건 때문에 발생하게 된다. 이런 종류의 플롯에서는 플롯이 진행되는 힘은 앞에서 뒤로 작용한다. 반면에 목적론적인 플롯은 "뒤의 어떤 사건들이 발생해야 하기 때문에 그 앞의 사건들이 발생한다". 즉 이런 종류의 플롯에서는 뒤의 사건들을 목적으로 해서 그 앞의 사건들이 발생하는 것이다. 이 경우 플롯을 진행시키는 힘은 최종적인 목적이 되는 사건이 그 앞의 사건들을 끌어당기는 식으로 작용한다. "인과론적 플롯"이란 용어는 Tzvetan Todorov, *The Poetics of Prose* (Oxford: Basil Blackwell, 1977), 63-65에서 사용된 용어이다. 그리고 "목적론적인 플롯"이란 용어는 Todorov의 글과 Gerald Prince, Narratology: *The Form and Functioning of Narrative* (Berlin: Mouton Publishers, 1982), 157; Robert M. Fowler, *Let the Reader Understand: Reader-Response Criticism and the Gospel of Mark* (Minneapolis: Fortress Press, 1991), 137-139 등을 참고하여 내가 새로 만든 용어이다.

라 단지 예배 [및 언약의] 처소로서, 그리고 모세의 소명의 진정성에 대한 증거로서 예비된 중간기착지일 뿐이다(3:12)[273]: "내가 정녕 너와 함께 있으리라. 네가 백성을 애굽에서 인도하여 낸 후에 너희가 이 산에서 하나님을 섬기리니 이것이 내가 너를 보낸 증거니라".[274]

그러므로 시내 산은 결코 모세와 이스라엘 백성들의 최종기착지가 아니라 단지 중간기착지일 뿐이다. 이들이 출애굽 후에 시내 산에 들렀다가 다시 거기로부터 떠나 진정한 목적지인 약속의 땅을 향해 갈 것이라는 점은 처음부터 계획 속에 포함되어 있었던 것이 분명하다. 이렇게 볼 때 시내 산은 이스라엘의 역사 속에서 결코 그 자체가 영속적인 가치를 가진 대상이 아니었다. 이것은 시내 산이 하나님과의 본질적인 관계를 가진 "하나님의 산"이 아니라는 점을 보여주는 하나의 단서가 된다.

272 특히 Waldemar Janzen, *Exodus* (Believers Church Bible Commentary; Waterloo, Ontario: Herald Press, 2000), 455-457에 나오는 "Promised Land"라는 항목을 참고하라. 출애굽기 및 오경을 목적론 혹은 목적론적인 플롯의 관점에서 이해하려는 시도는 지금까지 거의 존재하지 않았던 것 같다. 대부분의 출애굽기 및 오경에 대한 연구 및 주석들은 출애굽기와 관련하여 해방이라는 주제를 강조한다. 그러나 이것들은 출애굽의 궁극적인 목적이 무엇이냐 하는 점을 부각시키는 데에는 실패하고 있다. 예를 들어, Brueggemann은 자신의 최근의 출애굽기 주석에서 출애굽기의 중심 주제들은 "해방, 율법, 언약, 임재"라고 주장한다("The Book of Exodus", Leander E. Keck et. al. [eds.], *The New Interpreter's Bible* [Nashville: Abingdon Press, 1994], I: 678-680). 그러나 그는 "약속의 땅으로의 인도"이라는 주제가 이 모든 주제들을 한데 묶어주는 끈의 역할을 하고 있다는 점을 간과하고 있다. 오경과 출애굽기 내에서 항상 자유란 것은 단순히 어떤 것으로부터 벗어나는 것이 아니라 어떤 것을 향해 가는 것이란 점은 우리가 아무리 강조해도 결코 지나치지 않다. 이러한 목적론적인 시각은 본문 속에서 선행적인 원인이 되는 사건이 별로 분명하지 않은 사건들의 존재 이유를 이해하는데 도움이 된다.

273 A. H. McNeile, *The Book of Exodus* (London: Methuen, 1908), 18; S. R. Driver, *The Book of Exodus* (London: Oxford University Press, 1982), 23; Moshe Greenberg, *Understanding Exodus* (New York: Behrman House, 1969), 74-78; Willem Hendrik Gispen, *Exodus* (Grand Rapids: Zondervan, 1982), 54; John Durham, *Exodus* (Word Biblical Commentary 3; Waco: Word Books, 1987), 33; Waldemar Janzen, *Exodus*, 62-63 등을 보라.

274 이 본문에서 출 3:12의 "이것"이 "이 산에서 하나님을 섬기는 것"을 가리키는 것이 아니라는 주장, 즉 모세와 이스라엘이 시내 산에서 하나님을 섬기는 것이 모세의 소명의 증거가 아니라는 주장들에 대한 상세한 논의 및 참고문헌 목록은 Chulhyun Park, "From Mount Sinai to the Tabernacle", 170 n. 20을 보라. 더욱이 대안으로 제시된 해결책들은 별로 매력적이지 않거나 가능성이 없는 것들이다.

야웨와 시내 산 사이의 특별한 관계를 상정하지 않음

앞에서 언급된 니콜슨 등의 견해에도 불구하고 하나님과 시내 산이 원래부터 특별한 관계를 갖고 있지 않다는 것을 보여 주는 두 번째 증거는 야웨가 굳이 시내 산에 국한된 분이 아님을 보여주는 출애굽기의 구절들과 상치되기 때문이다.

우선 출애굽기 3:1을 제외하고는 야웨와 시내 산 사이의 특별한 관계를 상정하고 있는 듯한 구절들은 전부 현재 우리가 갖고 있는 본문이 상정하고 있는 연대기를 바탕으로 해서 판단해 보아도 시내 산과 관련된 본문들과(출 3-4; 19-40; 레 1-민 10장) 의 시간적 배경보다 연대기적으로 후대의 시간적 배경을 갖고 있다.[275] 그러므로 이 본문들이 시내 산과 야웨를 연관시키는 것은 바로 오경에 나타난 시내 산 본문들에 근거한 것일 수 있기 때문에 시내 산과 야웨 사이에 본래적인 관계가 있음을 나타내주는 증거가 될 수 없다.

또한 야웨와 시내 산 사이에 정말 선천적인 관계가 존재한다면 왜 출애굽기 3:1 이전에는 이 산에 대한 언급이나 암시가 전혀 없는지를 설명할 수가 없다. 더 나아가서 본문 속에서는 "아람 왕의 신복들이 왕께 고하되 저희의 신은 산의 신이므로 저희가 우리보다 강하였거니와 우리가 만일 평지에서 저희와 싸우면 정녕 저희보다 강할찌라"는 열왕기상 20:23의 구절에 나타난 것과 같은 사고방식처럼 야웨가 시내 산과 불가분리적 관계에 놓여 있다는 식의 사고방식이 나타나 있지 않다.[276] 오히려 야웨는 애굽의 신들(출 12:12; 참고, 민 33:4; 그리고 혹시 출

275 물론 오경 전승의 전수 및 편집과정에 대한 역사비평학적인 견해들을 따를 경우 전혀 다른 이해가 나올 수 있다. 그러나 이 견해들은 통일되어 있지 않으며, 문맥상 시내 산과 야웨와의 관계에 대해서 구체적인 정보로 사용되기에는 한계가 있다. 그런 까닭에 여기에서 이 점에 관해서 더 깊이 다루지는 않겠다.

276 Werner Foerster, "ὄρος", Gerhard Kittel and Gerhard Friedrich (eds.), *Theological Dictionary of the New Testament* (Grand Rapids: William B. Eerdmans, 1964-), V: 482.

18:11도 역시)[277]과 애굽의 술사들(출 9:16-19)보다 강력한 능력을 그들의 영토 내에서 발휘하셨다. 이 문제와 관련한 출애굽기의 전반적인 관점은 다음의 두 구절로 요약될 수 있다: "세상이 여호와께 속한 줄을…" (출 9:29); "세계가 다 내게 속하였나니" (출 19:5). 이 중에서 특히 두 번째 구절은 시내 산을 그 장소적 배경으로 하고 있는 본문 속에서 나온다는 점을 주목할 필요가 있다. 이 시내 산을 배경으로 하고 있는 본문마저도 야웨가 온 세상의 주인이심을 천명하고 있는 것이다. 그러므로 바이엘린(Beyerlin)의 다음과 같은 견해는 아주 적절하다.

> 모세의 시대에 이미 야웨가 시내 산에 전적으로 매여 있는 분이 아니며 또한 거기에 제한되어 있는 분도 아니라는 사상이 존재했음이 분명하다. 그렇지 않다면 어떻게 야웨가 출애굽을 통하여 애굽에 자신의 힘을 보이셨다는 믿음을 고대 이스라엘이 가질 수 있었겠는가?[278]

그러므로 현재 우리가 갖고 있는 본문을 통해서 볼 때 위에서 언급한 니콜슨 등의 견해보다는 사르나의 다음과 같은 견해가 더욱 타당성이 있어 보인다.

277 이 점에 대해서는 C. F. Aling, *Egypt and Bible History from Earliest Times to 1000 B.C.* (Grand Rapids: Baker, 1981), 106-109; Victor P. Hamilton, *Handbook on the Pentateuch* (Grand Rapids: Baker Book House, 1982), 165-166; James K. Hoffmeier, "Egypt, Plagues in", David Noel Freedman (ed.), *The Anchor Bible Dictionary* (New York: Doubleday, 1992), II: 376-377; *Israel in Egypt: The Evidence of the Authenticity of the Exodus Tradition* (New York: Oxford University Press, 1997), 149-53; John D. Currid, *Ancient Egypt and the Old Testament* (Grand Rapids: Baker Books, 1997), 108-113; Waldemar Janzen, *Exodus*, 158 등을 보라. 비록 열 가지 재앙을 각각 하나씩 애굽의 신들과 연결시키려는 시도는 지나친 것으로 간주(Hamilton; Janzen)할 수 있지만 몇 가지 재앙들이 이러한 견해와 아주 잘 맞아떨어진다는 것은 분명하다. 또한 애굽에서 바로가 신으로 간주되었다는 점도 주목해야 한다.

278 Walter Beyerlin, *Origins and History of the Oldest Sinaitic Traditions* (Oxford: Basil Blackwell, 1965), 102.

> 언뜻 보기에는 현재의 이야기 속에서 "하나님의 산"이란 칭호는 거룩성과 관련하여 이전부터 역사성을 갖고 있었음을 넌지시 내비치고 있는 듯이 느껴진다. 그러나 내러티브를 통해서 볼 때 모세는 이 점에 대하여 아무 것도 모르고 있으며, 성경도 이러한 점을 지지해 줄만한 그 어떤 정보도 제공해주지 않는다. 그러므로 이 칭호는 이제 곧 모세에게 드러날 하나님의 자기계시 혹은 이스라엘 민족이 출애굽 이후에 시내 산에서 체험한 위대한 국가적 경험으로부터 파생되었다고 보는 것이 더 적절해 보인다. 이 칭호가 이 대목에서 사용된 것은 예변적인(proleptic) 것이다.[279] 다시 말해 나중에 일어날 사건을 예견하는(anticipating) 것이다.[280]

그러므로 시내 산에 부여된 중요성은 **선천적인**(a priori) 것이 아니라 **후천적인**(a posteriori) 것이다. 시내 산에는 본질적인 거룩성이 존재하지 않는다.[281] 마치 이스라엘이 자신들의 본질적인 가치 때문이 아니라 야웨와의 관계 때문에 특별한 것처럼(참고, 출 33:16) 시내 산 역시 그것의 본질적인 가치 때문이 아니라 단지 야웨 하나님께서 그것을 자신의 신현의 장소로 선택했기 때문에 특별한 것이다.

그러면 이 산을 후천적으로 특별하게 만드는 요소들은 어떤 것인가? 우리는 최소한 세 가지 정도를 나열할 수 있을 것이다. 우선 이 산은 하나님과 이스라엘 백성 사이의 언약의 장소이다. 이 언약의 중요

279 Driver 역시 이 이름이 "이후의 율법 수여의 사건을 통해 획득된 거룩성을 토대로 해서 주어진" "예변적인" 성격을 띨 가능성이 있음을 언급한다(*Exodus*, 19). 그러나 그는 곧바로 이러한 자신의 추론을 포기하고 이 산은 "이미 고대로부터 거룩한 산"이었다고 보는 것이 더 타당하다고 본다.

280 Nahum Sarna, *Exploring Exodus: The Origins of Biblical Exodus* (New York: Schocken Books), 38-39.

281 Nahum Sarna, *Exodus* (The JPS Torah Commentary; Philadelphia: The Jewish Publication Society), 15, 106.

성은 하나님과 이스라엘 백성이 이것을 통하여 새로운 상태의 관계에 들어갔다는 점에 있다. 이 언약이 체결되기 전까지는 야웨는 그들의 조상의 하나님이었다. 하나님은 자신이 아브라함, 이삭, 야곱과 맺은 언약을 기억하셨기 때문에 이 백성을 구원하셨다(출 2:23-25; 3:6,15-16). 비록 하나님이 이스라엘 백성과 직접 언약을 맺기 전부터도 "내 백성"이라고 부르신 것(출 3:7,10; 5:1; 7:4,16,26; 8:16,17,18,19; 9:1,13; 10:3,4; 12:31)은 사실이지만 이 관계는 조상들을 통해서 매개된 간접적인 것이었다. 그러나 시내 산 언약은 이러한 관계를 간접적인 것에서 직접적인 것으로 바꾸어준다. "너희가 내 말을 잘 듣고 내 언약을 지키면 너희는 열국 중에서 내 소유가 되겠고 너희가 내게 대하여 제사장 나라가 되며 거룩한 백성이 되리라"(출 19:5-6). 언약의 규정들에 대한 이 백성의 동의를 통해 이들은 완전한 하나님의 백성이 된다(출 19:7-8; 24:3-8). 이처럼 시내 산 언약은 하나님과 이스라엘 백성의 관계에 있어서 새로운 시대의 신호탄이 된다.

시내 산을 후천적으로 특별하게 만드는 두 번째 요소는 이 산이 하나님의 아주 특별한 계시의 장소로 사용된 점이다. 이 산에서의 신현 현상은 전무후무한 것이었다(출 19장; 참고, 신 4:32). 이 백성은 아무런 매개를 통하지 않고 직접 하나님의 목소리를 듣고 십계명을 받았다(출 19:9; 20:1-17). 그들은 또한 모세의 매개를 통해 출애굽기 20:22-23:35의 규례들을 받았다.

시내 산을 특별한 장소로 만드는 세 번째 요소는 그들이 출애굽기 19:5-6의 "제사장 나라 거룩한 백성이 되리라"는 말씀과 언약의 수용에 대한 이스라엘 백성의 동의에 따라 역사상 유일무이하게 이스라엘의 모든 백성들이 다 제사장의 의무들을 수행하는 기회들을 가졌다는 점이다(출 24:3-11).282 물론 이러한 제사장적 의무들의 수행은 출애굽기

3:12에서 야웨께서 보여주시겠다고 했던 증거의 실현이기도 하다. 이처럼 시내 산에서 일어난 중요한 사건들이 이 산을 후천적으로 특별하게 만든다.

그렇지만 우리가 결코 간과해서는 안 되는 중요한 점은 이러한 후천적인 거룩성 혹은 특별함이 물리적인 측면에서 볼 때 영속적으로 지속되는 것은 아니라는 것이다. 즉 "이것의 거룩성 혹은 불가침성은 이 사건의 제한된 시간의 범위를 초월하여 지속되지 않는다".[283] 일단 사건이 종결되고 하나님께서 자신의 임재를 거두시고 나면 이 산의 거룩성은 사라진다.

하나님과 이스라엘은 시내 산을 떠나는 것에 대해 거리낌이 없음

위에서 언급한 두 가지 증거들을 인정하고 나면 시내 산과 하나님 사이의 관계와 관련하여 세 번째 논지가 자연스럽게 떠오른다. 시내 산의 거룩성 혹은 특별함은 지속되는 것이 아니기 때문에 하나님이나 이스라엘 백성들은 시내 산 사건들이 종료된 이후에 이 산을 떠나가는 것에 대해서 아무런 거리낌도 느낄 이유가 없다. 실제로 출애굽기 본문을 고찰하면 하나님과 이스라엘은 시내 산을 떠나는 것에 대해서 아무런 거리낌도 드러내지 않는다. 오히려 본문상의 증거로 볼 때 이들은 시내 산을 떠나는 것을 당연한 것으로 여기고 있는 듯하다.

이 점을 제대로 파악하지 못했기 때문에 이전의 역사비평학자들 중

282 이 흥미로운 견해에 대해서는 최근의 Eberhard Ruprecht, "Exodus 24,9-11 als Beispiel lebendiger Erzähltradition aus der Zeit des babylonischen Exils", Rainer Albertz *et. al.* (eds.), *Werden und Wirken des Alten Testaments: Festschrift für Claus Westermann zum 70 Geburtstag* (Göttingen: Vandenhoeck & Ruprecht, 1980), 138-173; Erhard Blum, *Studien zur Komposition des Pentateuch* (BZAW 189; Berlin: Walter de Gruyter, 1990), 51-52; Eckart Otto, "Die nachpriesterschriftliche Pentateuchredaktion im Buch Exodus", Marc Vervenne (ed.), *Studies in the Book of Exodus: Redaction-Reception-Interpretation* (BETL 126; Leuven: University Press, 1996), 78-80 등을 참고하라.

283 Sarna, *Exodus*, 106.

에서는 이 세 번째 논지와 상반되는 주장을 하는 경우가 자주 있었다. 예를 들어, 시내 산을 떠나가는 것의 문제를 다루고 있는 출애굽기 33:12-17과 관련하여 많은 학자들은 다음과 같은 주장을 하곤 했다.

> 아마 이스라엘 사람들 중에는 야웨가 시내 산과 어떤 방식으로든 밀접하게 연결되어 있다고 생각하는 사람들이 있었던 것 같다. [그들에게 있어서는] 가나안으로 가기 위해 [시내 산을 떠나는 것은] 야웨로부터 떠나가는 것과 마찬가지였다. 그러므로 야웨께서 몸소(히브리어 *pānîm*) 자기 백성과 함께 가시겠다는 말씀을 모세에게 주셨다는 믿음이 강한 지지를 받게 된 것은 바로 이러한 종교적인 긴장과 갈등을 통해서였다.[284]

"그러나 이러한 견해는 본문으로부터 거의 지지를 받고 있지 못하며, 이른 시기의 야웨 종교에 대하여 종교사적으로 다소 의심스럽게 재구성된 이론에 기초하고 있다"고 볼 수 있다.[285] 이러한 종류의 해석은 성경 본문에 대한 원자론적인 접근방법(atomistic approach)[286]의 한계를 보여주는 전형적인 한 예라고 할 수 있다. 우리가 현재의 출애굽기 본문의 맥락 속에서 출애굽기 33:12-17의 본문을 읽을 때 이 본문

284 R. E. Clements, *God and Temple*, 27. 이와 비슷한 견해는 M. Noth, *Exodus: A Commentary* (Old Testament Library; Philadelphia: The Westminster Press, 1962), 257; James Muilenburg, "The Intercession of the Covenant Mediator (Exodus 33:1a,12-17)", P. R. Ackroyd and B. Lindars (eds.), *Words and Meanings* (Cambridge University Press, 1968), 173-174; R. E. Clements, *Exodus* (Cambridge: The University Press, 1972), 214-215; Samuel Terrien, *The Elusive Presence: Toward a New Biblical Theology* (New York: HarperCollins Publishers, 1978), 141-142; Eckart Otto, "Die nachpriesterschriftliche Pentateuchredaktion", 92 n. 130 등에서도 역시 찾아볼 수 있다.

285 John Van Seters, *The Life of Moses: The Yahwist as Historian in Exodus-Numbers* (Louisville: Westminster/John Knox Press, 1994), 334.

286 역사비평학에 대한 이러한 별칭은 David Clines, *The Theme of the Pentateuch* (JSOTS 10; Sheffield: Sheffield Academic Press, 1978)에 의해서 사용되었다.

에서 다루어지고 있는 이슈는 하나님께서 자신의 영토인 시내 산을 떠나실 수 있느냐 없느냐 하는 문제가 아니다. 오히려 하나님께서 황금 송아지를 숭배하는 죄를 지은 이스라엘과 함께 시내 산 이후의 여정을 함께 하실 수 있느냐 하는 것과 과연 이 죄 많은 이스라엘을 멸하려고 하지 않으시겠느냐 하는 것이 문제이다.[287] 그러므로 이 본문은 하나님께서 자신의 특별한 영역인 시내 산을 떠나는 것을 꺼려하시는 모습을 그려주고 있는 것이 아니라 거룩하신 하나님께서 죄인들과 동행하실 수 있느냐 하는 문제를 다루고 있는 것이다.

그럼 이제 시내 산을 떠나는 문제와 관련하여 이스라엘 백성의 생각을 검토해 보자. 이와 관련하여 전형적인 견해는 보통 다음과 같다.

> 성막의 중요성과 목적을 이해하기 위해서는 우선 우리는 이스라엘 자손들이 시내 산에서 하나님의 계시를 목격하는 특권을 누린 후에 이제 막 거기를 떠나려고 하는 중이며, 그에 따라 신현의 장소로부터 멀어지려고 하는 중이라는 것을 인식해야 한다. 그들은 그곳에 진을 치고 있는 동안에는 하나님의 가까움(God' s nearness)을 인식하고 있었다. **그러나 일단 그들이 여행을 재개해야 할 때** 그들은 자신들 가운데에 하나님의 임재를 나타내주는 가시적인 상징물이 존재하지 않으면 마치 **[하나님과 자신들간의] 연결이 깨지는 것처럼 느꼈던 것으로 보인다.** 성막[이 단어는 문자적으로는 "거처"란 의미를 갖고 있음]의 기능은 바로 이런 상징물의 역할을 하는 것이었다(볼드체는 필자의 강조 부분).[288]

본문은 시내 산을 출발할 때 정말 이스라엘 백성들이 이런 식의 두

287 이러한 맥락에서 John Durham은 Muilenburg와 Terrien이 이 본문을 현재의 문맥 속에서 해석하는데 실패했다는 점을 비판하고 있다(*Exodus*, 445-446).

288 Umberto Cassuto, *A Commentary on the Book of Exodus* (Jerusalem: The Magnes Press, 1967), 319.

려움을 갖고 있었다고 말해주고 있는가? 이에 대한 대답은 "아니오"라는 것이다. 우리가 본문 속에서 발견하는 것은 그 반대이다. 출애굽기 32:1-6에서 이 백성이 걱정하는 것은 시내 산으로부터 멀어지는 것이 결코 아니다. 이 백성은 시내 산을 떠나 약속의 땅을 향해 여행을 계속 해야 한다는 것을 잘 알고 있었던 것 같다. 그러므로 그들은 자신들의 지도자가 행방불명 되었다고 생각했을 때 아론에게 몰려가서 "일어나라 우리를 인도할 신을 우리를 위하여 만들라. 이 모세 곧 우리를 애굽 땅에서 인도하여 낸 사람은 어찌 되었는지 알지 못함이니라"고 말한다(출 32:1). 그들의 주된 관심은 자신들이 "하나님의 산"을 떠나야 한다는 것에 있는 것이 아니라 행방불명된 모세 대신에 누가 자신들을 인도할 것이냐 하는 것에 있다. 이들의 말속에서 우리는 시내 산을 떠나는 것에 대한 거리낌이나 고민을 전혀 발견할 수가 없다. 시내 산으로부터의 출발은 예상치 못한 가운데 갑자기 일어난 사건이 결코 아니었다.이스라엘은 시내 산 언약이 체결된 후에 원래의 하나님의 계획에 따라 여행을 재개하는 것에 대한 거부감이 전혀 없었다.

그러므로 이 세 번째 증거 역시 시내 산과 하나님 사이에 불가분리적이고 내재적인 관계가 존재한다는 견해와는 배치된다. 시내 산은 단지 필요에 의해 하나님과 백성들 사이의 만남의 장소로 선택된 것이며, 그 만남이 끝났을 때 그곳으로부터 떠나가는 것은 결코 하나님이나 이스라엘 백성에게 문제가 될 것이 없었다. 시내 산이 정말 하나님과 본질적 관계를 가진 처소였다면 시내 산으로부터 출발은 하나님과 백성 사이의 격리라는 문제를 야기시켰을 수도 있었을 것이다. 그러나 본문은 이러한 견해를 지지해 줄만한 그 어떤 정보도 담고 있지 않다.

성막은 시내 산의 물리적 계승자가 아님

시내 산이 야웨와 본질적인 관계를 가진 것이 아니라 단지 시내 산에서 일어났던 중요한 사건들 때문에 후천적인 중요성을 띠게 되었다는 본 논문의 논지와 관련하여 살펴볼 마지막 사항은 시내 산과 성막 사이의 관계이다.

이 논지를 다루기 전에 우선 출애굽기 본문 속에서 성막의 시내 산 계승의 문제가 어떻게 다루어지고 있는지를 살펴보고자 한다. 이와 관련된 출애굽기의 중요한 본문은 24:12-40:38이다. 이 본문은 성막이 계시의 장소로서 시내 산을 계승하고 있다는 점을 공들여 이야기하고 있는 것 같다. 이 점과 관련하여 가장 돋보이는 사항은 "야웨의 영광"(כבוד יהוה)의 움직임이다. 시내 산에서 나타났던 "야웨의 영광"은 성막이 완성된 후에 이 성막에 임한다(출 24:16-17; 40:34-35).[289] 이러한 "야웨의 영광"의 상징적인 움직임을 통하여 하나님은 성막이 시내 산의 후계자라는 것을 승인하신다.

시내 산의 계승자로서의 성막은 시내 산과 여러 가지 측면에서 다음과 같은 비슷한 점들 혹은 연결점들을 갖고 있다.[290] 첫째, 양자 사이의 유사성을 보여주는 가장 두드러지는 사항은 바로 앞에서 말한 바와 같이 시내 산에 나타난 "야웨의 영광"이 성막에 임한다는 점이다. 둘째, 성막이 시내 산에서 주어진 가르침들을 따라 만들어졌다는 것이 본문 속에서 계속해서 강조되고 있는데, 이 점은 성막이 시내 산의 계승자임을 나타내 준다(출 25:9,40; 26:30; 27:8; 참고, 민 8:4).[291] 셋째, 두 개의 돌판이 양자를 연결시켜 준다. "지성소의 궤 안에 안치된 두 돌판은

289 이 두 본문 사이의 유사성에 대해서는 Chulhyun Park, "From Mount Sinai to the Tabernacle", 142-143 및 거기에 제시된 참고문헌들을 참고하라.

290 아래에 나오는 유사점 및 연결점들의 목록은 사항을 제외하고는 Sarna에 의해서 잘 정리되었다(*Exploring Exodus*, 203-204). 그러나 사항의 중요성은 결코 간과되어서는 안될 것으로 보인다.

291 Childs, *Exodus*, 533-34.

[성막의] 핵심인데, 이 두 돌판은 시내 산의 경험을 기억나게 해주는 가장 강력하고도 인상적인 기념물이다".[292] 넷째, 이 양자는 하나님과 이스라엘 사이의 의사소통의 매개체 역할을 한다. "하나님께서는 산의 정상에서 모세와 의사소통 하셨던 것처럼 지성소에서도 그렇게 한다".[293] 다섯째, 금방 눈에 띄는 사항은 아니지만 시내 산과 성막이 각기 세 부분으로 구성되어 있다는 견해는 오랫 동안 해석자들의 지지를 받아왔다.[294] 성막이 지성소, 성소, 뜰로 나뉘어져 있는 것처럼 시내 산도 산 정상, 산 중턱, 그리고 산 아래로 이루어져 있다. 그리고 성막과 시내 산 모두 이 세 개로 구분된 각각의 영역마다 접근할 수 있는 사람이 제한되어 있었다는 점 역시 양자의 유사성을 보여준다.

그러나 성막은 시내 산의 단순한 기념물 정도가 아니라 그것을 넘어서는 측면들을 갖고 있다. 해밀턴이 잘 지적한 바와 같이 성막은 시내 산을 "영속화", "강화", "완성"한다.[295] 첫째, 야웨의 영광의 상징적인 이동을 통해서 성막은 시내 산에서 임했던 하나님의 임재를 영속화한다. 여기에서 중요한 점은 성막의 이동성이다. 시내 산은 움직일 수 없는데 반하여 성막은 이스라엘 백성과 함께 여행할 수 있다.[296] 둘째, 야웨의 영광이 완성된 성막에 임했을 때 모세가 성막에 들어갈 수 없었다는 것은 성막이 시내 산을 강화하고 있음을 보여준다.[297] 마지

292 Sarna, *Exploring Exodus*, 204.

293 Sarna, *Exploring Exodus*, 203.

294 Jacob Milgrom, *Studies in Levitical Terminology, I: The Encroacher and the Levite. The Term* [illegible]*Aboda* (Berkeley: University of California Press, 1970), 44-46; *Leviticus 1-16: A New Translation with Introduction and Commentary* (AB 3; New York: Doubleday, 1991), 134-143; Sarna, *Exodus*, 105; *Exploring Exodus*, 203; Mary Douglas, *Leviticus as Literature* (Oxford: Oxford University Press, 1999), 59-63. 특히 Mary Douglas에 따르면 시내 산과 성막의 삼중구조에 대한 언급은 이미 주후 4세기의 Ephraim의 *Hymns on Paradise*에 나온다. Ephraim의 생각을 도표화 한 것을 보려면 Douglas의 위의 책 63쪽을 참고하라.

295 Hamilton, *Handbook on the Pentateuch*, 234-236.

296 James Plastaras, *The God of Exodus* (Milwaukee: The Bruce Publishing Company, 1966), 269에 따르면 "[증거]궤에 영원히 고정되어 있는" [운반용] 장대는 성막의 "본질은 이동성임을 나타내준다".

막으로 결혼의 비유를 통해 볼때 언약 의식이 야웨와 이스라엘 백성 사이의 결혼 예식이라고 한다면 성막은 야웨께서 자기 백성과 함께 살아가는 신혼방이라고 할 수 있다. 하나님은 이스라엘과 언약을 맺은 후 성막에 임재 하셔서 계속해서 그들과 함께 하신다. 하나님은 이스라엘과 행복한 결혼 생활을 유지하려고 하신다. 이와 관련하여 중요한 것은 출애굽기 40:34-35에 이어지는 36-38절의 존재이다. 이 본문은 이스라엘 백성들이 하나님의 지시를 따라 이 완성된 성막과 더불어 광야를 여행하는 모습을 목가적인 문체로 묘사해줌으로써 이 백성이 하나님과의 결혼 생활을 잘 영위하고 있음을 나타내주고 있다.[298] 이렇게 해서 이 본문은 시내 산에서 맺어진 언약이 성막을 통한 하나님과 이스라엘간의 동행을 통해 완성됨을 보여준다.

여기서 이 논문의 논제와 관련하여 던질 수 있는 질문은 다음과 같다. 우리가 지금까지 논의해 온 바와 같이 시내 산이 하나님과의 관계에서 아무런 내재적 가치를 갖고 있지 않다면 왜 하나님은 이러한 상징적인 행동을 하시는가?

297 일부 해석자들은 모세가 이 때 성막에 들어갈 수 없었다는 본문의 언급을 예로 들어, 모세가 그 이후로도 계속해서 성막에 들어갈 수 없었다고 주장한다. 예를 들어, Jacob Milgrom, *Leviticus* 1-16, 134-138 등을 보라. 그러나 본문 내에는 이런 견해를 지지해 줄 수 있는 단서가 전혀 없다. 이것은 단지 성막의 우월성을 상징적으로 나타내주기 위해 단회적으로 발생한 상징적인 현상일 뿐이다.

298 대부분의 비평학자들은 이 본문이 시간적으로 시내 산을 떠난 이후의 광야 시절의 이야기를 다루고 있는 반면에 이스라엘이 실제로 시내 산을 떠나는 것은 민 9:15-23에 가서야 나오므로 문맥상 어울리지가 않기 때문에 후대에 삽입된 것으로 본다. 예를 들어, Klaus Koch, *Die Priesterschrift von Exodus 25 bis Leviticus 16: Eine überlieferungsgeschichtliche und literarkritische Untersuchung* (Göttingen: Vandenhoeck & Ruprecht, 1959), 45-46; Jacob Milgrom, *Numbers* (The JPS Torah Commentary; Philadelphia: The Jewish Publishing Society, 1990), 61, 139; David Frankel, "Two Priestly Conceptions of Guidance in the Wilderness", *JSOT* 81 (1998), 31-37 등을 보라. 그러나 시간상의 이러한 불일치는 내러티브의 기법 중의 하나로서 저자가 언제든지 활용할 수 있는 기법이기 때문에 본질적으로 문제가 되지 않는다. 그리고 위에서 논의한 바와 같이 성막과 시내 산 사이의 관계, 특히 시내 산의 완성체로서의 성막의 개념을 이해한다면 출 40:36-38의 구절들을 후대의 삽입으로 판단하여 본문에서 제외시켜 버리는 것은 진정한 의미에서 볼 때 본문의 결론을 제거시켜버리는 것이나 마찬가지가 된다.

이에 대한 대답은 다음 몇 가지로 할 수 있을 것 같다. 첫째, 시내 산으로부터 성막으로의 하나님의 계시 장소의 이동을 상징적으로 보여주시는 것은 시내 산 자체의 내재적 가치 때문이 아니라 시내 산에서 일어난 사건들의 중요성 때문이다.

둘째, 시내 산이 정말 선천적이고 고유한 관계를 하나님과의 사이에서 누리고 있다면 성막이 시내 산을 계승한 다음에는 더 이상 시내 산이 출애굽기 19-40장에서와 같은 역할을 하지 못한다는 점도 이해하기 어렵다. 시내 산의 중요성은 오직 그 곳에 일어났던 사건들의 중요성 때문이지 산 자체의 고유한 내재적 가치 때문은 아닌 것이다. 계시 장소의 상징적인 이동이 끝나고 나면 성막은 시내 산에 부여된 모든 것들의 담지자로서의 역할을 하게 되며, 시내 산은 그 역할이 상실된다. 앞에서 언급된 바와 같이 출애굽기의 마지막 본문인 40:36-38은 시내 산 출발 이후의 광야에서의 이스라엘의 여행 모습을 그려주고 있는데, 이 본문의 중심은 성막이며 시내 산은 더 이상 이스라엘의 삶에서 어떤 역할도 하지 않는다. 이런 모습은 하나님과의 관계에서 시내 산의 중요성이 내재적이고 이동불가능한 어떤 것이 아님을 보여준다.

출애굽기 3:1은 내레이터의 전지성이라는 측면에서 보아야 함.

앞에서 설명한 논거들을 다 받아들인다고 해도 여전히 남는 난점은 어떻게 하나님께서 모세 및 이스라엘 백성과 만나기도 전인 출애굽기 3:1에서 이미 시내 산이 "하나님의 산"으로 불려질 수 있는가 하는 점이다. 아마 니콜슨 등의 역사비평학자들이 시내 산과 하나님 사이의 본질적인 관계를 상정하게 된 가장 근본적인 이유도 바로 이것 때문이 아닌가 하는 생각이 든다.

그러나 이 문제는 서사비평적으로 내레이터의 전지성(omniscience) 및 전시간성(omnitemporality)이라는 개념에서 이해하면 쉽게 해결된다. 서사비평에 따르면 출애굽기의 내레이터는 이야기 세계의 밖에 존재하며, 등장인물 중의 하나로 등장하지 않는 내레이터이다. 299 이런 종류의 내레이터는 전지성(omniscience), 편재성(omnipresence), 전시간성(omnitemporality)300 등의 속성을 지니고 있다.

이처럼 전지적이고 전시간적인 속성을 지닌 내레이터의 입장에서 보면 출애굽기 3-4장의 모세의 소명기사나 19-40장의 시내 산의 중요한 사건들이 발생하기 이전에 이 시내 산을 가리켜 곧 "하나님의 산"이라고 부르는 것은 크게 문제가 되지 않는다. 왜냐하면 그는 자신의 내러티브 속의 모든 것을 다 알고 있으며, 또한 시간에 얽매이지 않고 시간을 지배하고 있기 때문에 과거-현재-미래의 시간적 틀은 문제가 되지 않기 때문이다. 그는 자신의 필요에 따라 내러티브의 진행상 미래와 관계된 사항을 시간을 거슬러 과거의 시점으로 끌어들일 수도 있다. 그 예가 바로 출애굽기 3:1에서 호렙 산을 "하나님의 산"으로 부르는 경우인 것이다.

내레이터가 갑작스럽게 이렇게 미래적인 요소를 이 구절에 끌어들이는 것은 서사비평적으로 볼 때 플롯의 흐름상, 그리고 독자와의 관계에서 아주 중요하다. 출애굽기 1-2장에서 내레이터는 하나님에 대해서는 거의 언급하지 않고 이스라엘의 고통과 소명을 받기 전의 모세의 인생역정에 대해서만 초점을 맞추었다. 그러나 이 모든 것은 2장 마지막의 23-25절을 통하여 변화를 맞이할 조짐을 보인다. 그 동안 내러티브의 초점에서 벗어나 있던 하나님은 드디어 전면에 나서서 이스

299 서사비평에 익숙하지 않은 독자들은 이런 종류의 내레이터가 "3인칭 전지적 시점의 내레이터"를 가리키는 것으로 이해하면 될 것이다.

300 이런 종류의 내레이터가 전지성과 편재성을 갖는다는 것은 서사비평에 대해서 잘 모르는 독자들에게도 익숙한 개념일 것이다. 그러나 "전시간성"이라는 개념은 생소할 것이다. 이 개념은 Erich Auerbach, *Mimesis: The Representation of Reality in Western Literature* (Princeton: Princeton University Press, 1953), 544에 처음으로 사용되었으며, G. Genette, *Narrative Discourse: An Essay in Method* (Ithaca: Cornell University, 1980), 70 등에서 본격적으로 다루어졌다.

라엘의 고통을 위해 적극적으로 무엇인가를 하기로 결심하신다. 이스라엘의 고통의 문제를 해결하기 위한 이 "무엇"이 무엇인지를 구체적으로 밝히는 것이 3-4장인데, 그것은 바로 모세를 자신의 대리자로 세우시는 것이었다.

이 모세의 소명 기사의 첫 부분인 3:1에서 내레이터는 서사비평적으로 이중의 시점을 보여준다. "호렙 산"의 시점은 모세 자신의 시점이다. 40년 동안 평범하게 양을 치는 일을 해오던 모세의 입장에서 보면 자신이 도착한 이 산은 그저 호렙 산일 뿐이다. 그러나 내레이터는 여기에 자신의 시점을 하나 더 도입한다. 그의 전지적이고 전시간적인 시점에 따르면 모세가 도착한 이 산은 "하나님의 산"이다. 이 산은 모세와 이스라엘 백성의 운명을 궁극적으로 바꾸어놓을 엄청나게 중요한 일들이 벌어지게 될 장소이다.[301]

내레이터가 호렙 산에 대한 이런 이중 시점을 제공해주는 것은 내러티브의 기법상 수사학적으로 아주 중요하다. 지금까지 1-2장은 앞에서 언급한 바와 같이 이스라엘의 고통과 모세의 절망적인 인생에 대해서만 다룰 뿐 하나님에 대해서는 전혀 다루지 않았다. 자신이 양을 몰고 간 산을 "호렙 산"으로 보는 3:1의 모세의 시점은 바로 이러한 앞의 두 장의 흐름을 그대로 끌고 온다. 그러나 평범한 산을 아주 특별한 산, 즉 "하나님의 산"으로 보는 갑작스러운 내레이터의 시점의 투입은 지금까지 별 변화 없이 진행되던 내러티브의 흐름에 전혀 새로운 물결이 시작될 것임을 예고해 준다. 이처럼 서로 상반되고 상호간에 긴장감을 야기시키는 이중 시점을 사용하는 이유가 무엇인가? 그것은 독자로 하여금 이제부터 뭔가 심상치 않은 일이 일어날 것이라는 사실을

301 정확히 서사비평적인 용어와 개념을 사용하고 있지는 않지만 근본적으로는 이 논문의 주장과 같이 이 구절에 이중 시점이 반영되어 있다는 주장은 이미 Moshe Greenburg, *Understanding Exodus* (New York: Behrman House, 1969)에 의해서 제기되었다. 그가 내레이터란 용어 대신에 "저자"란 용어를 사용하고 있다는 점을 제외하고는 그의 견해는 본 논문의 이해와 완전히 상응한다.

미리 감지할 수 있도록 해주고자 함이다. 그 결과 독자는 앞으로 일어날 일들에 기대감을 갖게 되며, 정말 2:23-25의 말씀대로 하나님이 개입하시는 새로운 역사가 시작되는 것을 확인하게 되는 것이다. 호렙 산이 "하나님의 산"이 된 것처럼 모세의 양을 치던 지팡이는 "하나님의 지팡이"가 되고(출 4:20), 종이었던 이스라엘 백성은 하나님의 특별한 "소유"가 된다(출 24:5-6; 참고, 출 3:7,10; 5:1; 7:4, 16; 8:1,20-23; 9:1,13,17; 10:3-4; 16:4; 18:19; 19:5; 22:25; 23:27; 32:22; 33:12; 34:9).

이처럼 출애굽기 3:1의 "하나님의 산"이라는 표현을 서사비평적인 관점 곧 전지적이고 전시간적인 내레이터라는 개념을 가지고 보면 충분히 이해가 된다. 니콜슨 등의 역사비평학자들이 이 구절을 시내 산과 하나님간의 고유하고 내재적인 관계로 이해한 것은 이러한 내레이터의 개념을 올바로 파악하지 못했기 때문이다.

결론

앞에서 우리는 출애굽기 3:1 등에 나타난 "하나님의 산"으로서의 시내 산이란 주제에 대해서 살펴 보았다. 니콜슨 등이 주장한 것과 달리 시내 산은 그 위에서 하나님이 모세와 만나기 전부터, 그리고 하나님이 이스라엘과 언약을 맺기 전부터 하나님과 특별하면서도 내재적이고 선천적인 관계를 가진 산이 아니라 단지 그 위에서 일어난 특별하고 기념비적인 사건들 때문에 "하나님의 산"이라고 불리게 된 것일 뿐이다. 하나님은 결코 이 세상의 어느 한 지역에 본질적이고 내재적인 관계에 의해 제한을 받는 분이 아니다. 하나님은 온 세상의 주인이시다.

마지막으로 우리의 본문의 범위인 출애굽기를 넘어선 구약의 본문들과 관련하여 한 가지 점만을 언급하고 이 논문을 마치고자 한다. 우리의 이러한 논의는 출애굽기를 넘어선 구약의 본문들에서 왜 시내 산이 거의 아무런 역할도 하지 않고 있는지를 이해하게 된다. 시내 산이 정말 하나님과 특별한 관계를 가진 산이었다면 시내 산은 이스라엘이 가나안 땅에 들어간 이후에도 중요한 역할을 했을 것이다. 그러나 이스라엘이 시내 산을 떠난 이후로 시내 산은 더 이상 아무런 역할도 하지 않는다.**302** 그리고 "하나님의 산"이란 칭호에 상응하는 "야웨의 산"이라는 칭호는 예루살렘의 시온 산에게로 전가된다. 이러한 구약 전체의 증거는 우리 논문의 논지와 아주 잘 상응한다.

302 왕상 19장의 호렙 산에 대한 언급이 아마 거의 유일한 예외일 것이다. 그러나 여기에서 호렙 산은 하나님과 시내 산과의 관계를 보여주는 예가 된다거나 이스라엘 전체의 운명과 관련된다기 보다는 단지 엘리야를 모세의 뒤를 좇는 선지자로 그리는 과정에서 모세와 비슷한 경험을 하는 존재로 그리는데 활용되고 있을 뿐이다. 이에 대해서는 Thomas L. Brodie, *The Crucial Bridge: The Elijah-Elisha Narative as an Interpretive Synthesis of Genesis-Kings and a Literary Model for the Gospels* (Collegeville: The Liturgical Press, 1999), 46-48 등을 보라. 사실 왕상 19장에 등장하는 엘리야의 호렙 산에서의 경험은 단순히 시내 산에서의 모세의 경험을 되살리는 것 뿐만 아니라 그것을 뒤집는 것이기도 하다. 이런 측면에서 볼 때 엘리야의 경험은 "반시내 산적"(anti-Sinaitic)이다. 이런 점은 모세가 시내 산에서 하나님을 만날 때 하나님의 현현을 동반해서 나타났던 신현 현상들(강한 바람, 지진, 불; 왕상 19:11-12)을 통해서 엘리야가 하나님을 만난 것이 아니라 그와는 상반되는 "세미한 음성"(왕상 19:13)을 통해서 하나님의 현현을 경험한다는 점을 통해서 드러난다. 하나님은 꼭 강렬한 신현 현상들을 통해서만 임재하시는 것이 아니라 완전히 정반대 되는 현상을 통해서도 임재하시는 분이다. 그러므로 왕상 19장의 엘리야의 하나님 체험은 모세의 경험을 단순히 계승하는 것이 아니라 그것에 반기를 들기도 하는 것이다.

부록 2

유월절(출 12-13장) 본문의 구원 설교 어떻게 할 것인가?

부록 2
유월절(출 12-13장) 본문의 구원 설교 어떻게 할 것인가?

들어가는 말

출애굽기 1-15장은 이스라엘이 애굽의 바로의 압제로부터 구원받은 이야기를 담고 있는데 이 구원의 이야기의 클라이막스가 홍해 사건(출 14-15장)이라면 그 신학적 심장은 출애굽기 11-13장의 열 번째 재앙과 유월절 및 무교절 제의에 대한 본문이다.[303] 특히 출애굽기 12:1-13:16의 이 두 절기에 대한 규례들은 신학적으로 매우 중요하다.

그 중요성은 유월절을 기념하라는 명령(출 12:14,17,24,42)과 후손에게 유월절을 가르치라는 명령(출 12:26-27; 13:8-10,14-16)이 반복적으로 주어지는 것을 통해서 알 수 있다. 이스라엘은 유월절에 대한 가르침을 "네 손의 기호와 네 미간의 표"로 삼아야 했다(13:9,16). 그만큼 유월절은 이스라엘의 역사와 기억 속에서 중요한 것이었다. 이러한 중요성 때문에 구약은 중요한 순간마다 이 유월절에 대해서 언급을 하며, 신

303 학자들 중에는 이 두 절기가 원래는 서로 상이한 절기였다고 보는 경우도 있다. 그러나 현재의 출애굽기 본문에서는 이 두 절기는 서로 너무나도 밀접하게 연결되어 있어서 마치 하나의 절기인양 취급되고 있는 경우들이 있다. 아래의 논의에서 나는 필수불가결한 경우를 제외하고는 양자의 구분을 크게 염두에 두지 않을 것이다.

약은 예수 그리스도의 구원 사건을 자주 유월절 사건과 연결시키고 있다.304 이하에서 우리는 출애굽기 12-13장의 유월절 본문 및 그 신약적인 활용을 살펴보고자 한다. 이 과정을 통하여 유월절 주제의 구원 설교적 적용이 자연스럽게 떠오를 것이다.

출애굽기 12:1-13:16절의 문맥상의 정황

앞에서 언급한 바와 같이 12:1-13:16절의 유월절에 대한 본문은 출애굽기 1-15장의 출애굽 이야기의 신학적 핵심이다. 유월절 본문을 이해하기 위해서는 1-15장이 단순히 구원의 "사건"에 대한 역사적 서술이 아니라 여호와에 대한 "앎"에 대한 이야기라는 것을 이해하는 것이 중요하다. 5:2에서 바로는 이스라엘을 보내주지 않는 이유가 "나는 여호와를 알지 못"하기 때문이라는 것을 밝힌다. 그에 따라 하나님은 열 가지 재앙을 바로에게 내리시면서 "여호와인줄 알리라" 혹은 "여호와와 같은 이가 없는 줄을 알게 하리라"는 말씀을 자주 하신다(6:7; 7:5,17; 8:10,22; 9:14; 10:2). 바로와 애굽은 "세상이 여호와께 속한 줄"을 배워야 했고(9:29), 하나님의 능력의 체험을 통해 하나님의 이름이 온 천하에 알려지는 도구가 되어야 했다(9:16). 결국 바로는 재앙의 고통을 통하여 여호와를 알고 나서야 그의 주권에 굴복하였다.

열 번째 재앙과 유월절 규례는 바로 이런 배경 속에서 보아야 한다. 앞의 아홉 재앙이 바로와 애굽에게 향해 있었다면 이제 열 번째 재앙과 유월절 규례는 이스라엘에게 초점을 맞춘다. 앞의 모든 재앙들과

304 구약의 유월절에 대한 본문들 중 토대가 되는 출 12-13장을 제외한 나머지 본문들은 23:15; 34:18; 레 23:4-8; 민 9:1-15; 28:16-25; 33:3; 신 16:1-8; 수 5:10-15; 왕하 23:10-14; 겔 45:21; 에 6:19-22; 대하 30:1-27; 35:1-9 등이다. 신약에서의 유월절이란 주제에 대해서는 R. Bokser, "Unleavened Bread and Passover, Feasts of", in *Anchor Bible Dictionary* (New York: Doubleday, 1992): VI, 763; Norman Theiss, "The Passover Feast of the New Covenant", *Interpretation* 48 (1994): 17-35 및 거기에 언급된 본문들과 참고문헌들을 보라.

이 마지막의 열 번째 재앙 및 유월절 사건을 통해 이스라엘은 자신들의 하나님이 여호와이신 것(12:12)과 그가 "능하신 손"(13:9), 곧 "그 손의 권능"(13:3,14,16)으로 "우리의 집을 구원"하신 것(12:27)을 배워야 했다. 그들은 이 모든 일들이 "여호와께서 나를 위하여 행하신 일"인 것을 배워야 했다(13:8). 유월절 사건은 출애굽시의 하나님의 모든 행하신 일과 하나님에 대하여 알아야 할 모든 것들의 수렴점이다. 유월절을 통해 하나님의 사건과 하나님에 대한 앎은 하나가 된다.

우리의 논의에 있어서 중심 본문인 12:1-13:16에 들어가기에 앞서 11-13장의 구성을 먼저 살펴볼 필요가 있다. 이 본문은 열 번째 재앙에 대한 경고와 그 경고를 받아들이기를 바로가 거부한 것을 언급하고 있는 11장과 이 재앙의 결과로서 실제 출애굽이 이루어진 것을 다루고 있는 13:17-22 사이에 들어 있다. 즉 12:1-13:16를 통해 마침내 출애굽이 이루어진 것이다.

12:1-13:16은 열 번째 재앙에 대해 이스라엘에게 주어진 하나님의 설명 및 지시사항들과 그것과 연관된 유월절 규례들, 그리고 열 번째 재앙에 대한 역사적 기술들이 복잡하게 뒤엉켜 있어서 복잡하다. 내용 파악을 위해 최대한 정리를 해보면 다음과 같다:

12:1-14 유월절 규례(여호와→모세/아론)

12:15-20 무교절 규례(여호와→모세/아론)

12:21-27전 유월절 규례(모세→이스라엘)

12:27하-28 유월절 시행에 대한 역사적 서술

12:29-42 열 번째 재앙 및 출애굽에 대한 역사적 서술

12:43-49 유월절 규례(여호와→모세/아론)

12:50-51 유월절 시행 및 출애굽에 대한 역사적 서술

13:1-16 무교절 및 초태생 규례(여호와→모세)

여기에서 한 가지 유념할 점은 11-13장은 그 분량에서 보듯이 열 번째 재앙을 통한 이스라엘의 구원보다는 그 구원을 기념하는 유월절 예식 및 그 의미들에 대하여 더 많은 관심을 기울이고 있다는 점이다. 이 본문은 이전의 아홉 재앙들과는 달리 사건의 진행에 대해서는 거의 스케치하는 식의 묘사만 하고 있다. 그러나 유월절 및 무교절 규례와 의미에 대해서는 몇 번이고 반복해서 거듭 말하고 있다. 이것을 통해 본문의 강조점이 어디에 있는지 확연히 알 수 있다.

출애굽기 12:1-13:16의 유월절 규례 분석

앞에서 우리는 유월절 규례가 출애굽시의 여호와의 구원 사건, 그 중에서도 특히 열 번째 재앙인 애굽의 장자들을 죽이신 사건과 밀접하게 연결되어 있다는 것을 살펴보았다. 이제는 유월절 규례들을 세부적으로 살펴볼 차례이다.

유월절 규례(12:1-14)

이 단락은 여호와께서 모세와 아론에게 주신 유월절 규례를 가장 포괄적으로 담고 있다. 유월절의 날짜, 유월절 어린 양과 그 피, 기타 유월절 식사, 유월절 식사를 할 때의 복장 등에 대한 내용이 들어 있다.

우선 하나님은 유월절이 들어 있는 달, 즉 아빕 월(13:4)을 이스라엘 달력의 첫 달로 하도록 명령하신다(12:2). 유월절이 속한 달이 이스라엘의 역법의 기준점이 된다는 점은 이 유월절이 얼마나 중요한지를 보여준다. 새로운 출발을 하는 이스라엘에게 새로운 역법은 그 표식이 된다. 이 달 10일에 이스라엘은 유월절에 먹을 어린 양을 골라서 유월절인 14일까지 보관했다가 그 날 밤에 구워 먹었다(12:3,6).

유월절 규례의 가장 중요한 요소는 유월절 희생물이다. 그것은 양이나 염소의 일년 된 수컷 중 흠 없는 것을 잡아서 바쳐야 했다(12:5).

이 유월절 제물은 하나님에게 번제 등을 통해서 바쳐지는 부분이 전혀 없이 이스라엘이 남김없이 소비하게 되어 있다는 점에 있어서는 다른 희생제물들과 분명한 차이가 있다. 또한 유월절 절기에 대한 규례들도 구약의 다른 제사를 드리는 의식들과는 차이가 있다. 그럼에도 불구하고 "흠 없고 일년 된 수컷"을 고르는 등의 작업은 희생제물을 고를 때의 기준과 비슷하며 그런 점에 있어서 유월절 예식은 실제로 본문 내에서 "유월절 제사"라고 불려지고 있다(12:27).

유월절 양을 고를 때 "흠 없는 일년 된" 것을 골라야 하고 또 4일 전에 미리 준비를 해야 한다는 것은 이 양의 중요성을 보여주는 표시라 할 수 있다. 이스라엘은 각 가족당 한 마리씩 이 양을 준비하는데 혹시 식구가 너무 적은 경우에는 이웃과 함께 한 마리를 잡을 수도 있었다(12:3-4). 이 양을 잡아서 먹을 때는 반드시 구워서 먹어야 했으며 머리, 정강이, 내장 등 그 어떤 것도 결코 그 다음 날까지 남겨서는 안 되었다(12:9-10). 혹시 남긴 경우에는 반드시 불에 태워서 없애야 했다.

어린 양에 있어서 또 한 가지 중요한 점은 이 양의 피를 그 집의 "문 좌우 설주와 인방에" 발라야 했다는 점이다(12:7). 그 이유는 하나님께서 애굽 땅의 모든 장자를 치실 때 이 피가 표시 되어 있는 집은 넘어가심으로써 그들이 죽임을 당하지 않게 하기 위한 것이었다(12:12-13). 양의 피는 이스라엘에게 있어서는 구원의 표였다.

유월절 식사 때 양 외에도 무교병과 쓴 나물을 함께 먹었다(12:8). 무교병을 먹게 된 이유에 대해서 이 본문은 부연설명을 제공하지 않는다. 그러나 다음의 역사적 서술 부분을 보면 무교병은 이스라엘의 신속한 애굽 탈출 때문인 것으로 설명되고 있다(12:33-34,39). 쓴 나물은 애굽에서의 고통을 상징한다는 해석도 많이 있지만 이것은 추측일 뿐 이에 대해서 구체적으로 언급하고 있는 성경본문은 없다.

마지막으로 유월절을 언급하고 있는 본문은 유월절 식사를 할 때 여행을 떠나는 자의 모습을 하고 먹을 것을 요구하고 있다. 이스라엘은 허리에 띠를 띠고 발에 신을 신고 손에 지팡이를 잡은 채로 "급히" 먹었다(12:11). 유월절 식사는 떠나는 자의 식사인 것이다.

무교절 규례(12:15-20)

무교절은 정월 십사일 저녁, 즉 유월절 저녁부터 이십일일 저녁까지의 기간이다. 이 기간 동안 이스라엘은 집에서 누룩을 제거해야 했다. 누룩이 든 것은 절대로 먹으면 안 되었다. 이 무교절을 대대로 지켜야 하는 이유는 "이 날에 내가 너희 군대를 애굽 땅에서 인도하여 내었음"이라고 밝히고 있기 때문이다(12:17).

모세가 전한 유월절 규례(12:21-27전)

앞의 12:1-20의 규례가 하나님이 모세와 아론에게 주신 것을 담고 있는 반면에 이 본문은 모세가 이스라엘 백성에게 전한 내용을 담고 있다. 따라서 이 단원의 내용은 앞의 12:1-14의 규례를 거의 그대로 반복하고 있다. 단지 두 가지 사항이 새롭게 추가되어 있다. 첫째, 유월절 양의 피를 문 인방과 설주에 바를 때 "우슬초 묶음"을 사용하라고 되어 있다(12:22). 성경의 다른 곳들을 볼 때 우슬초는 특히 정결 의식과 관련하여 사용된 도구이다(참고, 레 14:4,6,49,51-52; 민 19:6,18; 왕상 4:33; 시 51:7). 둘째, 모세는 이 유월절 예식들에 대해서 자녀들이 묻거든 "여호와께서 애굽 사람을 치실 때에 애굽에 있는 이스라엘 자손의 집을 넘으사 우리의 집을 구원하셨느니라"고 가르칠 것을 명하고 있다(12:27).

유월절 참여 자격에 대한 규례(12:43-49)

이 본문의 중심적인 내용은 유월절 절기에 참여할 사람들의 자격에 관하여 논하고 있다. 그 기준은 할례에 있음을 밝히고 있다. 기본적으로 유월절 참여 자격은 이스라엘에게 국한되어 있었지만 종이든 타국인이든 할례를 받으면 유월절 참여가 허락되었다. 결국 유월절 참여는 혈통에 의한 것이 아니었다. 하나님과 관계를 맺고 있다는 표시인 할례305가 참여의 관건이었다. 또한 유월절 양의 뼈를 꺾으면 안 된다는 중요한 사항이 추가적으로 언급되어 있다(12:46).

무교절과 초태생에 관한 규례(13:1-16)

이 본문은 사람의 경우이든 짐승의 경우이든 간에 초태생은 전부 여호와께 속한 것임을 선언하고 있다(13:2,12). 특히 짐승의 경우에는 여호와께 바치고, 사람의 경우에는 그 장자를 대속하도록 명하고 있다(13:12-13). 중요한 것은 왜 이들을 여호와께 바치거나 대속하여야 하느냐 하는 것인데 본문은 여호와께서 사람으로부터 짐승에 이르기까지 애굽의 모든 처음 낳은 것을 다 죽이심으로써 이스라엘을 구원하셨기 때문이라고 말씀하고 있다(13:14-15).

유월절 규례의 신학적 의의

유월절 규례에 대한 본문이 담고 있는 신학을 정리하자면 다음 몇 가지로 간추려 볼 수 있다. 첫째, 유월절 사건은 여호와의 권능을 보여준 사건이었다(출 13:3,9,14,16). 앞에서도 지적한 바와 같이 출애굽기 11-13장은 열 번째 재앙 및 그 재앙의 결과로서의 출애굽에 대해서는 별로 부각시키지 않고 이것을 기념하는 유월절 규례에 초점을 맞추고 있다. 하나님이 선포하신 일은 이미 성취된 것이나 마찬가지(참고, 사 55:10-11)라고 기정사실화하고 그것의 기념에 더 초점을 맞추고 있다는 점에서 권능의 하나님을 그 어느 성경 본문보다도 더 잘 웅변적으로

305 할례가 기본적으로 이런 의미를 갖고 있다는 것에 대해서는 Robert G. Hall, "Circumcision", in *Anchor Bible Dictionary* (New York: Doubleday, 1992): I, 1025-1027을 보라.

나타내주고 있다.

둘째, 유월절 사건은 이스라엘에 대한 하나님의 소유권을 보여준다. 하나님은 당신의 장자(4:22)인 이스라엘을 바로가 놓아주지 않자 그의 장자를 죽이심으로써 이스라엘에 대한 당신의 소유권을 주장한 사건이다. 여기에서 중요한 것은 바로의 압제로부터의 구출을 어떤 것으로부터 벗어난다는 측면에서만 바라보지 않다는 것이다. 유월절 사건은 바로를 섬기던 것으로부터 하나님을 섬기는 것으로의 전환이다. 출애굽은 방종에 대한 보장이 아닌 것이다.

셋째, 유월절 사건은 하나님의 주권적인 은혜에 대한 천명이다. 유월절의 밤에 이스라엘이 구원을 받은 것은 이스라엘 사람들이 애굽 사람들보다 더 의롭기 때문이 아니었다. 그들을 애굽 사람과 구별하여(출 11:7) 구원하신 것은 여호와의 주권적인 은혜에 기인한 것이었다.

넷째, 유월절 예식의 참여는 할례를 받은 모든 자에게 열려 있다. 유월절 예식은 국수주의적인 것이 아니다. 유월절에 참여할 수 있느냐 없느냐 하는 것은 궁극적으로는 혈통적으로 이스라엘 사람이냐 아니냐 하는 것에 달린 것이 아니라 여호와와의 관계를 받아들이느냐 않느냐에 달려 있다. 여호와를 생명의 주인으로 받아들이는 모든 자들에게 유월절 밤의 구원은 열려 있는 것이다.

다섯째, 유월절의 구원은 피의 표시가 있느냐 없느냐 하는 것으로 판가름 난다(12:13). 유월절 밤의 구원을 위해서는 어린 양의 죽음이 필요했고, 그 피로 된 표식이 필요했다. 간접적이기는 하지만 13:1-16의 초태생과 무교절에 대한 규례는 이스라엘의 모든 장자들을 "대속"할 것에 대해 언급하고 있다(13:13-15). 여호와께서 애굽 땅의 모든 처음 난 것들이 죽던 밤에 이스라엘의 장자들이 살아남을 수 있었던 것은 유월절 양의 죽음과 그 피로 인한 표시 때문이었다.

마지막으로 유월절은 역사적으로 한 번 일어난 것으로 끝나버린 사건이 아니었다. 이 사건은 대대로 기억되어야 하는 사건이었으며, 유월절 규례는 영원히 반복적으로 지켜야 할 규례였다. 이스라엘의 모든 부모들은 자기 자녀들에게 유월절 예식에 대해서 "여호와께서 우리를 구원하신" 사건임을 끊임없이 가르쳐야 했다.

유월절과 신약[306]

신약은 예수 그리스도의 죽음을 유월절 사건과 명백하게 연결시키고 있다. 고린도전서 5:7은 예수가 우리를 위해 희생된 "우리의 유월절 양"이라고 선포하고 있다. 사복음서는 예수의 죽음을 유월절 양의 죽음과 연결시키고 있다(마 26:2; 막 14:1; 눅 22:1,7,15; 참고, 요 2:13-22). 또한 사복음서는 최후의 만찬을 유월절 식사와 연결시키고 있다(마 26:26-28; 막 14:22-24; 눅 22:14-20).[307] 예수는 떡과 포도주를 자신의 살과 피라고 선포함으로써 유월절 양과의 관련성을 부각시킨다. 예수와 함께 십자가에 달린 강도들의 뼈는 부러뜨려진 반면에 예수의 뼈는 유월절 양의 뼈처럼 부러뜨려지지 않았다(요 19:31-36; 출 12:46). 우슬초 역시 예수의 죽음과 유월절 양을 연결시키는 도구일 수 있다(요 19:29; 출 12:22). 요한복음 6장의 오병이어의 이적 역시 예수와 유월절 양의 연결을 바탕에 깔고 있을 가능성이 있다. 그 자신이 "생명의 떡"(6:35)이신 예수께서 이 이적을 행하신 시기가 바로 유월절과 연결되어 있기 때문이다(6:4).

이러한 신약의 본문들을 고려해 볼 때 신약의 기자들은 예수의 죽으심을 새 유월절로 이해하고 있는 듯하다. 이 새 유월절의 희생양이신 예수의 죽으심을 통해서 하나님의 새 백성은 자신들을 종살이시키

306 이하의 내용은 주로 Norman Teiss, "The Passover Feast of the New Covenant", *Interpretation* 48 (1994): 17-35 및 W. Janzen, *Exodus* (Waterloo, Ontario: Herald Press, 2000), 168-170의 정리에 주로 기초하고 있다.

307 더 정확히 말하면 최후의 만찬은 구약의 유월절 식사와 출 24:9-11의 언약을 기념하는 식사를 결합한 것이다.

던 모든 것들로부터 벗어나서 하나님께 속한 자들이 되도록 자유함을 얻게 된 것이다. 새 유월절로서의 예수의 대속적 죽음은 근본적으로 앞의 출애굽기의 유월절 본문의 신학적 의의를 공유한다고 볼 수 있다. 그 중에서도 특별히 의의가 있는 사항들을 다시 한 번 강조해서 언급한다면 다음과 같다. 첫째, 예수께서 유월절 양으로서 우리 대신 죽으심으로 우리는 그의 피로 구원을 얻었다(롬 5:9; 엡 1:9).

둘째, 우리는 예수께서 그 피로 대속하신 하나님의 소유물이다(고전 6:19-20; 7:23). 흔히 우리는 설교를 할 때 구원이 값없이 주어졌다는 것을 강조한다(참고, 롬 3:24; 계 22:17). 물론 이것이 맞는 말이긴 하지만 이것은 구원을 받는 우리 입장에서 그렇다는 것일 뿐이다. 구원을 주신 하나님 입장에서는 이 구원은 결코 공짜가 아니다. 하나님은 예수 그리스도라는 온 우주보다 더 크고 비싼 값을 치루신 것이다. 그러므로 우리는 유월절 날의 이스라엘 사람들처럼(출 12:27하) 참으로 두렵고 떨림으로 우리의 구원을 받아들여야 한다.

셋째, 출애굽기의 유월절 사건처럼 예수의 구속 사건도 하나의 섬김에서 다른 섬김으로의 전환이다. 우리는 하나님께서 값 주고 사신 하나님의 소유이므로 그를 섬기는 데에 합당한 모습을 갖추어야 한다. 고전 5:6-8은 유월절 양이신 예수의 희생과 우리의 거룩한 삶을 직접적으로 연결시키고 있다. 이 본문에서 특히 누룩을 죄로, 무교병을 순전함과 진실함을 나타내는 상징으로 해석함으로써 구원 얻은 자의 행실에 대한 가르침으로 삼고 있는 점은 흥미롭다.

넷째, 출애굽기의 유월절 사건이 그 세대만의 경험에서 그치는 것이 아니라 자손들에게 계속 전해지고 체험되어져야 하는 사건인것처럼 예수의 구속 사건 역시 먼저 구속을 체험한 자들을 통해 그 영적 자녀들에게 계속 전해지고 체험되어져야 한다.

맺는 말

우리는 출애굽기 12-13장의 유월절 사건 및 규례에 대한 본문을 근거로 하여 오늘날 우리가 어떻게 구원 설교를 할 것인가를 살펴보았다. 그리고 새 유월절 양이신 예수 그리스도의 구속 사건과의 연결성 또한 살펴보았다. 출애굽기의 유월절 사건이 21세기를 살아가는 우리 기독교인들에게 큰 의미로 다가오는 것은 결국 예수 그리스도의 구속 및 대속 사역을 통해서이다. 예수 그리스도의 십자가 사건이 "과거"의 사건으로 남지 않고 "현재"의 "나"의 사건으로 남아 있을 때 유월절은 깊은 의미로 다가오게 될 것이다.

부록 3

출애굽기 33:7-11의 “회막” 기사(the “tent of meeting” narrative)에 대한 서사비평적인 해석:

이 본문을 몰시간법적 기법(achrony)의 한 예로 읽기

부록 3
출애굽기 33:7-11의 "회막" 기사(the "tent of meeting" narrative)에 대한 서사비평적인 해석:
이 본문을 몰시간법적 기법(achrony)의 한 예로 읽기

들어가며

이 논문은 오경의 본문들 중에서 가장 난해한 본문들 중의 하나인 출애굽기 33:7-11에 대해서 서사비평적인 해법을 제공함으로써 이 난해한 본문이 사실은 본문의 전체적 흐름에 커다란 기여를 하는 아주 중요한 내용임을 보여주고자 한다.

이 본문이 왜 오경 중 가장 난해한 본문들 중의 하나로 간주되는지 파악하려면 주변 문맥들과의 관계를 살펴보면 된다. 출애굽기 24:12-40:38은 성막 이야기와 황금 송아지의 두 이야기가 대략 다음과 같은 모습으로 뒤엉켜 있다.[308]

24:12-18 서론(황금 송아지 이야기 + 성막 이야기)

25-31장 성막 이야기

32:1-33:6 황금 송아지 이야기

33:7-11 회막 본문

33:12-34:35 황금 송아지 이야기

35-40장 성막 이야기

40:34-38 결론 (황금 송아지 이야기 + 성막이야기)

현재의 본문의 개괄적인 흐름을 파악해 보면 출애굽기 24:12-18에서 하나님은 모세에게 자신의 가르침을 담은 돌판을 받으러 시내 산으로 올라오라는 명령을 주신다. 그리고 그 명령을 따라 모세는 산에 올라가 하나님과 함께 산 정상에서 40일을 머무른다. 25-31장에 따르면 그 기간 중에 하나님은 모세에게 성막 건설에 대한 계시를 주신다. 32-34장에서 이스라엘은 모세의 귀환이 늦어짐을 견디지 못하고 황금 송아지를 만듦으로써 하나님과의 관계를 위험에 빠뜨린다. 모세는 산에서 가지고 내려온 돌판을 깨뜨림으로써 관계의 단절을 상징적으로 표현한다. 오직 모세의 여러 번의 중보기도를 통하여 이스라엘은 하나님과의 관계를 회복한다. 모세는 다시 산에 올라가 새로 만들어진 돌

308 사실은 이 두 이야기의 연결 자체가 오경 학계에서는 가장 어려운 문제들 중의 하나이다. 통상적인 문서설적 분석에 다르면 성막 이야기는 P 문서, 황금 송아지 이야기는 J 혹은 E 문서로 분류된다. 이 두 이야기는 서로 완전히 상이한 내용을 담고 있고, 서로 완전히 다른 문체를 사용하며, 서로 완전히 다른 용어를 사용하고 있다. 그러나 이 두 이야기가 각기 서로 전혀 다른 내용을 다루고 있음에도 불구하고 현재의 본문에서와 같이 복잡한 형태로 서로 뒤엉켜 있다는 것은 문서설적으로 보면 일종의 수수께끼다. 나는 이 상이한 이야기들이 문서설로는 설명될 수 없다고 본다. 이 두 이야기는 서로 상이한 내용으로 된 두 문서가 짜집기된 것처럼 보이지만 사실은 그렇지 않다. 오히려 플롯의 흐름상 서로 밀접하게 연결되어 있으며, 현재의 형태 그대로 심오한 신학을 제공해주고 있다. 나는 이 점을 서사비평 이론과 더불어 "더블 플롯"이란 개념을 도입함으로써 박사학위 논문에서 이미 밝힌 바가 있다. Chulhyun Park, "From Mount Sinai to the Tabernacle: a Reading of Exodus 24:12-40:38 as a Case of Intercalated Double Plot" (Ph. D. Diss.; University of Gloucestershire, 2002)을 보라.

판을 가지고 내려온다. 35-40장은 성막 건설이 25-31장의 명령대로 시행되는 것을 다룬다. 그 마지막 문단인 40:34-38은 완성된 성막에 하나님께서 임재하시는 모습과 광야 생활 내내 이스라엘과 지속적으로 함께 하시는 모습을 목가적으로 그리고 있다.

위의 출애굽기 24:12-40:38의 구조분석에서 볼 수 있듯이 33:7-11은 이러한 성막과 황금 송아지 이야기의 정 중앙에 위치해있다. 33:7-11의 본문은 여러 가지 난점들을 갖고 있지만 그 중에서도 이 본문을 가장 난해하게 만드는 것은 33:7에 나오는 "진 밖의 회막"(the tent of meeting outside the camp, אהל מועד)이다. 39:32; 40:2,34-35 등을 볼 때 내레이터는 이 "회막"을 25-31; 35-40장에서 하나님의 명령에 의해서 건설되는 "성막"(the tabernacle, משכן)과 동일한 것으로 간주하고 있는 것 같다. 그러나 양자를 단순히 동일시하기에는 곤란한 난점들이 몇 가지 있다. 첫째, 성막은 오경 내의 여러 본문들에 따르면 진 한 가운데 위치하는 것으로 말해지고 있다. 진 안에 위치하도록 되어 있는 "성막"과 "진 밖의 회막"을 동일한 실체로 보는 것이 가능한가? 둘째, 33:7-11의 "회막"은 35-40장에서 "성막" 건설이 이루어지기 전에 등장한다. 시간상으로 성막이 지어지기도 전에 존재하는 회막을 성막과 동일시할 수 있는가?

이러한 설명하기 힘든 난점들 때문에 고금의 거의 모든 해석가들은 회막과 성막은 두 개의 다른 실체를 가리키고 있다고 생각했다. 출애굽기 33:7-11의 "회막"은 민수기 11:14-17,24-30; 12:4-10; 신명기 31:14-15에도 등장하는데, 이 "회막"은 문서설에 따르면 P 문서에 속하는 "성막"과는 같은 것일 수 없다고 생각했다.

그러나 이러한 난점들에도 불구하고 나는 출애굽기 33:7-11의 "진 밖의 회막"을 25-31; 35-40장의 "성막"과 동일한 것으로 보아야 하며, 오직 이럴 때에야 이 본문의 의미를 제대로 파악할 수 있다고 생각한다.

아래에서 나는 "회막"과 "성막"을 두 개의 서로 다른 개체로 보는 주장들에 대해서 반론을 제기할 것이다. 그리고 "회막"과 "성막"은 최소한 오경의 내레이터의 입장에서는 동일한 것으로 간주되고 있다는 점을 논할 것이다. 그리고 나서 33:7-11의 "회막"이 "성막"의 건설 이전에 본문 속에서 등장하는 문제는 서사비평적으로 해결할 수 있음을 밝힐 것이다. 마지막으로 이 두 결론에 근거해서 33:7-11의 "진 밖의 회막"은 내러티브상 어떤 의의를 가지는지, 문맥 속에서 어떤 역할을 하고 있는지를 밝힐 것이다.

회막과 성막의 관계

서론에서 지적한 바와 같이 33:7-11의 회막은 25-31; 35-40장의 성막과는 전혀 다른 실체라고 보는 것에 대해서 거의 대부분의 해석가들은 의견의 일치를 보이고 있다. 그 가장 주된 이유들은 앞에서 지적한 바와 같이 33:7-11의 회막이 성막이 건설되기 전에 이미 등장한다는 점, 그리고 이 회막이 진 한 가운데 설치되어야 하는 성막과 달리 "진 밖"에 설치되어 있다는 점 등이다.

그러나 학자들은 이 두 가지 차이점들 외에도 출애굽기33:7-11; 민수기 11:14-17,24-30; 12:4-10; 신명기 31:14-15 등에 기초해서 회막과 성막의 차이점들에 대해서 더 많은 것들을 찾아냈다고 주장해 왔는데 이것들을 정리하면 다음과 같다.[309]

1. 성막은 진의 중앙에 위치해 있는 반면에 회막은 진 밖에 설치되어 있다.

309 이 차이점들의 상세한 목록은 Tryggve N. D. Mettinger, *The Dethronement of Sabaoth: Studies in the Shem and Kabod Theologies* (Lund: CWK Gleerup, 1982), 81-82에 정리된 것에 주로 근거한 것이다.

2. 성막은 제의적이고(cultic), 회막은 신탁을 위한 것이다(oracular).
3. 회막은 제사장과 연관되어 있지 않다. 오직 여호수아만이 회막을 지키고 있다. 아마 그는 제의 담당자로 사역했을 것이다.
4. 신현(theophany)은 성막의 경우에는 지성소에서 이루어지는 반면에 회막의 경우에는 입구에서 이루어진다.
5. 하나님은 회막에 임하신다(ירד).[310] 구름은 "의사소통의 도구"이며, 구름이 사라지는 것으로써 신현은 마무리된다(민 12:10). 반면에 성막의 경우에는 하나님은 거기에 거하신다(שכן).
6. "회막" 전승은 "영광"(כבוד)이나 "거하다"(שכן) 등의 어휘를 사용하지 않는다.
7. 회막은 성막보다 훨씬 작다. 모세는 홀로 회막을 세울 수 있었다.[311]

양자의 이러한 차이점을 설명하기 위해 제시된 해결책들은 회막이 성막의 건설 때까지 존재한 임시적인 장막이라고 보거나, 33:6에서 이스라엘이 자신들의 몸에서 떼어낸 장신구들로 만든 [법]궤를 수용하기 위한 장막이라고 보거나, 제의적인 성막과 병행하거나 병치하여 존재한 신탁용 장막(an oracular tent)이라고 보거나, 모세 개인의 장막이라고 보는 것이다. 이처럼 양자의 차이점들을 조화시키려는 학자들의 주장은 33:7의 "לו"의 해석과 밀접하게 연결되어 있다.[312] 이 단어에서 3인칭 남성 단수 인칭 대명사는 위의 견해들의 연결 속에서 하나님, 모세, 백성, 법궤, 회막[313] 등을

310 Mettinger는 "일종의 랑데부 신학"(a sort of rendezvous theology)을 제안한다(1982: 82).

311 S. R. Driver, *The Book of Exodus* (CBSG; Cambridge: The University Press, 1911): 358-59; A. H. McNeile, *The Book of Exodus* (London: Methuen, 1908): 212.

312 이러한 여러 가지 견해들의 요약은 K. Koch, "אהל ʾōhel; אהל ʾāhal", *TDOT*: I, 125; M. Haran, *Temples and Temple Services in Ancient Israel* (Winona Lake: Eisenbrauns, 1985): 263-64; C. Houtmann, *Exodus* (vol. 3; HCOT; Kampen: KOK Publishing House, 2000): 693 등을 보라.

313 이 마지막의 경우 전치사 ל는 목적격을 이끌게 된다. ל의 이러한 용법에 대해서는 W. Gesenius, E. Kautzsch and E. E. Cowley, *Gesenius' Hebrew Grammar* (2nd ed.; Oxford: Clarendon Press, 1910), § 117n를 보라(이 책은 이하에서는 Gesenius로 언급될 것임).

가리키는 것으로 제시되었다.

"לו"의 해석과 관련된 위의 견해들 중 특히 주목을 받은 것은 이 어구의 3인칭 남성 단수 인칭 대명사가 모세를 가리킨다는 해석과 법궤 혹은 회막 자체를 가리킨다는 해석이다. 우선 모세를 가리킨다는 해석, 즉 33:7을 "그[모세]를 위하여"로 해석한다는 견해는 이미 70인경에도 반영되어 있다. 33:7의 번역에서 70인경은 τὴν σκηνὴν αὐτοῦ, "그[즉, 모세]의 장막"이란 표현을 쓴다.[314] 그러나 엄밀히 말해서 이 본문 혹은 위에서 언급된 기타 회막 본문들 중에서 회막이 원래 모세의 개인 장막이었다는 것을 증명해 줄 만한 본문은 전혀 존재하지 않는다.

"לו"의 인칭 대명사를 법궤 혹은 회막으로 보려는 견해, 이 문구를 "그것[즉, 법궤 혹은 회막]을 위하여"로 해석하는 견해 역시 한 때는 유행한 바가 있다. 이 견해를 주장하는 학자들에 의하면 이 본문은 그 앞의 몇 절과 함께 편집자에 의해 현재의 문맥 속으로 삽입된 것으로 간수되었다.[315] 이 견해를 주장하는 학자들은 33:6에서 백성들이 버린 장신구들이 법궤 혹은 회막을 만드는데 사용되었으며, 회막은 법궤를 수용하기 위해 사용되었다고 보았다. 그들은 또한 이 구조물의 제작과정을 기술하는 본문이 원래는 존재했는데 성막의 제작에 대한 P의 기록(출 25-31; 35-40장)에 의해 대체되어 현재의 본문에서는 빠져 있다고 추정하였다. 그러나 오늘날에 와서는 이 견해는 침묵에 의한 논증인 것으로 간주되어 대부분 기각되었다.[316]

314 이 주장을 지지하는 해석자들의 목록은 McNeile, *The Book of Exodus*: 212 n. 1; B. S. Childs, *The Book of Exodus: A Critical, Theological Commentary* (Louisville: The Westminster Press, 1974): 590 등을 보라.

315 Knobel, *Die Bücher Exodus und Leviticus*: 310; Dillmann, *Die Bücher Exodus und Leviticus*: 331-32, 344-45; McNeile, *The Book of Exodus*: 211-12 등이 대표적이다. 이에 대한 상세한 참고문헌 목록은 Haran, *Temple and Temple Services*: 262 n. 5을 보라.

316 M. Noth, *Exodus: A Commentary* (OTL; Philadelphia: The Westminster Press, 1962): 254; R. E. Clements, *God and Temple* (Oxford: Basil Blackwell, 1965): 36-38; Haran, *Temple and Temple Services*: 262-64.

이러한 견해들과 병행해서 역사비평학자들은 보통 출애굽기 33:7-11을 E에,[317] 성막 이야기를 P에 할당하여 두 개의 다른 문서에 등장하는 서로 다른 개체로 분리시킴으로써 두 장막의 관계에 대한 난점을 해결하려고 하였다. 그러나 이러한 견해는 문제의 해결이 아니라 회피에 지나지 않는다.

이러한 한계들에도 불구하고 성막과 회막은 서로 다른 것이란 견해는 가히 "두 장막 이론"(two tent theory)이라고 불러도 될만큼 여전히 거의 만장일치적인 지지를 받고 있다. 나는 이 이론을 체계적으로 반박하기에 앞서 출애굽기 33:7-11이 이 "두 장막 이론"의 핵심본문(locus classicus)이며, 회막이 제사장 문서의 성막과 현저하게 대조됨을 보여주는 증거가 될 수 있는 유일한 본문임을 지적하고자 한다. 다른 본문들의 경우에는 회막의 두드러진 특징들이 그다지 드러나지 않는다. 만약 33:7-11이 존재하지 않았다면 양자간의 차이는 어쩌면 전혀 주목을 받지 못했을 지도 모른다. 일례로 빙크(Vink)는 민수기 11장과 신명기 31장[318]의 장막이 P의 성막과 다르다는 견해를 배격한다. 미팅거(Mettinger)는 민수기 12장의 구조가 P의 כבוד 전승을 담고 있는 본문들의 경우와 비슷하다는 점을 시인한다(출 16장; 민 14,16,17,20장).[319] 홍미롭

317 그러나 몇몇 예외가 있다. M. Noth, *Exodus: A Commentary*: 255,267은 이 본문을 출 34:34-35와 연관되어 있는 특별 전승에 할당하였다. 최근의 일부 학자들은 출 33:7-11을 매우 늦은 시기에 할당한다. A. H. J. Gunneweg, "Das Gesetz und die Propheten: Eine Auslegung von Ex 33,7-11; Num 11,4-12,8; Dtn 31,14f.; 34:10", *ZAW* 102 (1990): 169-80; John Van Seters, *The Life of Moses: The Yahwist as Historian in Exodus-Numbers* (Lousville: Westminster/John Knox Press, 1994): 341-44 등을 보라. Gunneweg은 "늦은 post-P의 연대"를 제시하고, Van Seters는 이것을 그의 야위스트(Yahwist)로부터 파생되었으며, 그 연대는 "pre-P이자 post-D"라고 보았다.

318 신 31:15은 회막과 성막의 특징들이 혼합되어 있음을 보여준다. 특히 "여호와께서…나타나시고"(וירא יהוה)란 문구는 일관되게 성막의 용어이다. I. Knohl, "Two Aspects of the 'Tent of Meeting'", in Mordechai Cogan, Jeffrey H. Tigay, and Barry L. Eichler (eds.), *Tehilla le-Moshe: Biblical and Judaic Studies in Honor of Moshe Greenberg* (Winona Lake: Eisenbrauns, 1997): 77; Manfred Görg, *Das Zelt der Begegnung: Untersuchung zur Gestalt der sakralen Zelttraditionen Altisraelis* (BBB, 27; Bonn: Peter Hanstein Verlag, 1967): 150을 보라.

게도 노흘(Knohl)은 민수기 12장에서 미리암이 문둥병 때문에 칠 일 동안 진 밖으로 내보냄을 당했다는 점을 지적한다.320 원래 문둥병자는 하나님께서 함께 하시는 진을 부정하게 만들지 않도록 하기 위해 진 밖으로 내어보내 졌다. 만약 하나님의 계시의 장소인 회막이 항상 진 밖에 존재하도록 되어 있다면 문둥병자를 진 밖으로 내어보내는 것은 부정한 자와 회막이 한 곳에 존재하게 되는 신학적인 문제를 야기한다. 그러므로 민수기 12장에서 회막은 진 밖에 있는 것을 전제하지 않고 있을 가능성이 있다. 이렇게 볼 때 회막과 성막의 위치에 근거해서 "두 장막 이론"을 제기할 수 있는 확고한 토대가 되는 유일한 본문은 출애굽기 33:7-11 뿐이다.321

서론에서 밝힌 바와 같이 회막과 성막간의 차이를 분명하게 보여주는 점들은 단 두 가지에 지나지 않는다. 즉 회막과 성막의 상이한 위치와 연대기적인 난점이 그것이다. 이 두 가지 사항 이외에 차이점으로 제시된 다른 사항들은 때때로 해석자들이 몇 개의 추론에 의해 얼마나 그럴듯한 이론을 만들어낼 수 있는가 하는 것을 보여주는 좋은 예에 지나지 않는다. 그러나 이것들은 사실 33:7-11의 회막의 위치와 연대기적 문제가 제기하는 난점들을 설명하기 위한 노력에서 파생된 것에 불과하다.일반적으로 말해 회막과 성막의 차이에 대한 위의 차이점 목록의 각 사항들은 두 가지 논리적인 오류들을 범하고 있다. 첫째, 회막에 관한 자료 본문들은 두 장막 간에 존재하는 것으로 가정된 차이점들과 관련하여 어떤 신빙성 있는 결론을 도출하기에는 너무 빈약하다.

319 Mettinger: 86 n. 32.

320 Knohl: 74-75.

321 홍미롭게도 Alan M. Cooper and Bernard R. Goldstein, "At the Entrance to the Tent: More Cultic Resonances in Biblical Narrative", *JBL* 116 (1997): 201-15에서 민 27장의 장막이 출 33:7-11의 "회막"과 같은 개체라고 주장한다. 그러나 전자의 본문은 P의 모든 특징을 다 보여주고 있다. 그러므로 그들은 여기에서 이 문제에 대한 전통적인 논의를 뒤집어 놓는다. 이것은 이 문제와 관련된 여러 가지 사항들이 얼마나 혼란스러운지를 보여준다.

이 빈약한 자료 본문들로부터 이 본문들이 명시하지 않는 어떤 것들을 추론하는 것은 **침묵에 의한 논증**(argumento e silento)에 불과하다. 위의 (3)번과 (5)번의 논거들이 이에 해당한다. 이러한 사항들이 언급되지 않은 이유는 단순히 내레이터가 문맥상 이러한 사항들에 관심이 없었기 때문일 수 있다. 예를 들어, 우리는 민수기 14:10; 20:2-13의 통상적으로 P로 분류되는 본문들 속에서 제사 직분에 대한 언급이 전혀 없는 것을 볼 수 있다. 그럼에도 불구하고 이 본문들 속에 나타난 회막의 경우에 제사 직분자들이 없다고 주장하는 비평학자는 없다.

논거 (7) 역시 비슷한 논리적 오류를 범하고 있다. 이 본문은 사실 회막의 크기와 관련하여 그 어떤 구체적인 기술도 하고 있지 않다. 규모와 관련하여 해석자들이 취하는 유일한 단서는 "모세가 항상 장막을 취하여 진 밖에 쳐서"(33:7)란 표현이다. 그들은 모세가 이 장막을 혼자서 설치할 수 있었기 때문에 규모가 매우 작았을 것이 틀림없다고 주장한다. 그러나 사실 이 표현은 규모와 관련하여 그 아무 것도 말해주지 않는다. 이것은 일종의 제유법적인 표현일 수 있다. 즉 모세가 다른 사람들과 함께 장막을 설치하였는데 그냥 다른 사람들을 생략하고 대표격인 모세만을 내세워서 그가 설치하였다고 표현한 것일 수 있다.[322] 이 구절이 정말 모세가 혼자서 장막을 설치했다는 것을 의미한다고 해석하는 사람들 중에 출애굽기 40:1-33의 비슷한 제유법적 표현 역시 모세가 성막을 혼자서 설치한 것을 의미한다고 해석하는 사람은 단 한 사람도 없다. 출애굽기 33:7의 본문은 회막의 크기에 대해서 그 어떤 확실한 정보도 제공해주지 않는다.

둘째, 위의 논거들은 또한 "선결 문제 요구의 오류"(*petitio principii*)[323]

322 우리의 일상적인 어법에서도 이러한 예들은 흔히 찾아볼 수 있다. 가장 알기 쉬운 예를 들면 한글을 만드는데 집현전의 수많은 학자들이 투입되었음에도 불구하고 우리는 그냥 세종대왕이 한글을 만들었다고 표현한다.

를 범하고 있다. 이 점을 이해하기 위해서는 거의 모든 역사비평학적인 학자들이 제사장 문서의 성막이 회막의 특징들을 흡수했다는 것을 인정하고 있다는 점을 알아둘 필요가 있다.[324] 예를 들어, "회막 입구"가 P에서도 신현의 장소로 나타난다(출 29:42-43; 레 9:5-6,23-34; 민 16:19; 17:7,15). 또한 회막과 관련하여 중요한 주제인 여호와와 모세의 만남이란 주제—נועד란 동사에 주목하라!—가 P의 성막의 중심에 있다(출 25:22; 29:42-43; 30:6,36; 민 17:19). 이처럼 성막이 회막의 요소들을 흡수했다는 견해는 회막은 신탁용 장막(an oracular tent)이고 성막은 제의적인 장막(an cultic tent)이라는 전통적인 구분을 약화시킨다.[325] 이 논거들의 논리적 오류가 진행되는 과정은 아마 다음과 같았을 것으로 추정해 볼 수 있다. 해석자들은 진 한 가운데 놓여 있는 성막—때로는 "회막"이라고도 불리운다—의 위치에 대해서 깊은 인상을 받았다. 그런데 그들은 몇몇 본문의 경우에는 회막이 "진 밖에" 위치한 것을 보게 된다. 그들은 이 이상한 경우를 설명하기 위해 진 밖의 회막의 독특한 특징들을 수집한다. 그들은 성막과 구분되는 회막의 이러한 특성들 때문에 회막이 성막과 같은 존재일 수 없다는 결론을 내리고는 문제가 다 해결되었다고 생각한다. 그럼에도 불구하고 그들은 성막 안에 이 가설적인 "회막"의 특징들이 포함되어 있음을 발견한다. 그들은 이러한 특징들이 성막 안으로 흡수되었다고 결론짓는다. 하지만 불행히도 이러한 논리 전개는 순환논법의 오류를 범하고 있다. 내가 볼 때에는 "소위" 회막이 P의 성막의 다양한 특징들을 부분적으로 대변하고 있다고 보

323 이 형태의 오류는 증명이 필요한 논거를 이미 증명된 것으로 간주하고 논리를 전개해 나가는 오류를 가리킨다.

324 Cf. Gerhard von Rad, *Old Testament Theology* (New York: HarperCollins Publishers, 1962): I, 235; Terence E. Fretheim, "The Priestly Document: Anti-Temple?" *VT* 18 (1968): 315; Brevard S. Childs, *The Book of Exodus*: 533-35; Mettinger: 82,85-86; Haran, 1985: 271-73.

325 이 문제에 대한 더 상세한 논의는 Jacob Milgrom, *Leviticus 1-16: A New Translation with Introduction and Commentary* (AB, 3; New York: Doubleday, 1991): 386-87의 주의깊은 연구를 보라.

는 견해도 최소한 지금까지의 비평학자들의 통상적인 견해 이상의 타당성이 있어 보인다. 작은 분량의 자료에 근거하여 세워진 가설을 다룰 때에는 어느 정도의 논리적인 오류들을 범하지 않고는 이러한 종류의 추론들에 근거해서 어떤 확정적인 결론을 내릴 수 없다. 그러므로 우리는 이러한 종류의 문제들을 다룰 때 우리의 견해가 너무 독단적이 되지 않도록 조심할 필요가 있다. 두 장막 이론을 제시한 학자들은 결국 본문의 자료가 허용하는 것 이상으로 독단적인 주장을 펼쳤다. 이것은 심각한 문제가 있는 것이다.

마지막으로 논거 (5)의 경우에도 위에서 내세운 반박들이 적용되기는 하지만 조금 더 부연설명이 필요하다. P는 성막과 관련하여 "שכן" 이란 단어를 사용하는 반면에 회막 본문은 "ירד"란 단어를 상당히 인상적으로 일관성 있게 사용하고 있다는 주장이 자주 제기되어 왔다. 그러나 이것도 역시 일종의 순환논리에 불과하다. 또한 미팅거는 "שכן"이 때로는 "ירד"와 마찬가지로 "기동"(起動)적인(ingressive) 의미를 갖고 있음을 지적했다.[326] 마지막으로 우리는 일부 P의 본문들 속에서 구름이 회막 본문의 경우와 비슷하게 움직이는 것을 발견할 수 있다 (출 40:36-38; 민 9:15-23).

그러므로 앞에서 지적한 바와 같이 성막 및 회막이 놓인 위치 및 연대기적인 난점[327]을 제외하고는 출애굽기 33:7-11의 회막을 성막과 구분할 확실한 근거는 없다. 나중에 주석에서 논의하겠지만 이 본문에서의 "진 밖"이라는 회막의 위치는 이 회막이 성막과 다른 존재임을 보여주는 필연적인 증거일 필요는 없으며 단지 해석의 대상일 뿐이다. 그리고 시간적인 문제는 뒤이어 서사비평적 방법을 통해서 드러나겠

326 사실 Mettinger는 이상하게도 출 24:16만을 언급했다. 그러나 출 40:34-35의 경우도 역시 동일한 종류의 "שכן"의 용법을 담고 있음이 분명하다.

327 성막과 회막을 같은 존재로 놓고 볼 경우 출 35-40장에서 성막이 건설도 되기 전에 회막이 출 33:7-11에 이미 등장하는 문제가 남게 된다.

지만 전혀 문제가 되지 않는다.

이 문제에 대한 논의를 떠나기에 앞서 마지막으로 나는 이 문제를 서사비평적인 시각에서 살펴보고자 한다. 현재 우리가 갖고 있는 본문을 볼 때 내레이터는 성막과 회막을 연결시키는데 힘을 쏟고 있다. 내레이터는 성막을 자주 출애굽기 33:7-11에 나오는 "회막"이라는 용어를 사용하여 부른다(출 28:43; 29:4,10,11,30,32,42,44; 30:16,18,20,26; 31:7; 35:21; 38:8,30; 39:32; 40:2,6,7,12,29,30,32,34,35). 그리고 출애굽기 40:34-35의 평행법적인 본문을 살펴보면 내레이터의 시각에서는 이 두 이름이 동일한 것임을 보여준다. 그러므로 하우지(Hauge)의 다음의 주장은 정당하다.

> 이 두 본문들의 본문의 전(前)역사가 어떠하였든지 간에 출애굽기 19-40장의 맥락 속에 위치한 이 두 장막의 이름은 모종의 지시적 관계를 갖고 있음이 분명하며, 이 점은 고대의 편집자들과 현대의 독자들 입장에서 볼 때 명백하다(Whatever the literary prehistory of the two passages, the name of the two tents set in the contexts of chs. 19-40 must express some referential relationship, as obvious for ancient editors as for modern readers).[328]

그러므로 결론적으로 말해 성막과 회막의 관계 및 역사에 대한 역사비평학적인 재구성이 어떻게 되든지 상관없이 최소한 최종 형태의 본문에 기초해서 볼 때 오경의 내재적 저자(the implied author)[329]는 성막과 회막을 동일한 것으로 취급하고 있다고 보는 것이 더 타당하다.[330]

328 M. R. Hauge, *The Descent from the Mountain: Narrative Patterns in Exodus 19-40* (JSOTS 323; Sheffield: JSOT Press, 2001): 74.

329 이 "내재적 저자"란 개념에 대해서는 박철현, "'서사비평' (Narrative Criticism)의 현재와 미래", 개혁신학 17 (2005): 19-21을 보라.

330 Myung Soo Suh, "The Tabernacle in the Narrative History from the Exodus to the Conquest" (Ph.D. diss., Sheffield University, 1998): 24-25 역시 나와 같은 견해를 취하고 있다.

회막 본문의 연대기적인 시간의 문제

성막과 회막이 최소한 오경의 내레이터의 시각에서는 동일한 개체라고 할 때 부딪히는 난점은 출애굽기 24:12-40:38 내에 등장하는 33:7-11의 연대기적 시간의 문제이다. 황금 송아지 사건(32-34장)이 해결되고 나서야 건설되기 시작하는 성막(35-40장)이 어떻게 건설이 시작되기도 전에 황금 송아지 이야기의 정 중앙인 33:7-11에 등장하는가?

이하에서 나는 이 33:7-11의 회막 본문이 사실은 주변 본문과 시간적으로 전혀 관련이 없는 몰시간적 본문(achrony)이라는 점을 밝히고자 한다.331 다시 말해 이 본문은 연대기적으로 주변의 본문과 연결되어 있지 않다. 거의 모든 주석가들이 지적한 바와 같이 이 본문의 절들이 반복상(反復相, frequentative mode)332을 쓰고 있다는 것은 이 본문이 시간적으로 주변 본문들과 분리되어 있다는 것을 보여준다. 이 본문은 어느 정도의 기간 동안 반복된 관행적인 행동들에 대해서 기술하고 있다. 물론 이러한 행동들이 일상적인 행동들이었다고까지는 가정할 필요는 없지만 말이다.333 이 본문에 의하면 이 행동들이 언제 시작되어

331 이 몰시간법이란 서사 기법에 대해서는 G. Genette, *Narrative Discourse: An Essay in Method* (Ithaca: Cornell University, 1980), 83-83; M. Bal, *Narratology: Introduction to the Theory of Narrative* (2nd Ed.: Toronto: University of Toronto University, 1997): 97-99; Chulhyun Park, *From Sinai to the Tabernacle*: 80-81; 박철현, "'서사비평'(Narrative Criticism)의 현재와 미래": 33-34 등을 보라.

332 이 반복상(反復相)은 동사가 반복적인 동작을 나타내는 것을 가리킨다. 영어로는 "would", "used to"로 번역될 수 있고, 한글로는 "~하곤 했다" 정도로 번역하면 된다. 이 본문의 동사들을 반복상적으로 이해하는 히브리어 문법서들로는 Gesenius §§ 107e, 112e,ee; Driver 1892: §§ 113.4b , 121; Joüon §§ 113e, 111i; 118 n을 보라. 카수토(Cassuto)는 7절의 장막을 취하여, 세우고, 이름을 부른 행위들은 단회적인 사건들(singulative events)로 보아야 한다고 주장한다. 현실적인 의미에서 이 주장은 합리적인 측면이 있으며, 일부 해석자들은 이러한 주장을 받아들인다. 예를 들어 C. Houtman, *Exodus*: 693을 보라. 그러나 구문론적으로 분석하면 이러한 견해는 불가능하다. 동사의 형태를 볼 때 7절의 이러한 행동들 역시 반복적인 행동들로 해석하는 것 외에 다른 해석은 불가능하다.

333 우리가 공원에 산책하러 가곤 했다는 말을 할 때 그것은 우리가 꼭 스케줄에 따라 공원에 규칙적으로 갔다는 것을 의미하는 것이 아니라 때때로 그렇게 했다는 것을 의미한다. 마찬가지로 이 본문의 행동들 역시 꼭 규칙적인 것이 아니라 자주 일어난, 그러나 산발적인 행동들을 나타내는 것일 수 있다.

끝났는지, 얼마 동안 지속됐는지,[334] 시간적으로 황금 송아지 사건과 얼마나 관계가 있는지[335] 등에 대한 상세한 정보를 제공해 주지 않는다. 그러나 이러한 정보의 부족은 전혀 문제될 것이 없다. 왜냐하면 바로 이러한 특성들이야말로 바로 몰시간법의 특징이기 때문이다.

때로는 공간적인 배경이 사건들간의 연대기적인 관계에 대해서 어떤 단서를 제공해 줄 수 있다. 그러나 이 본문의 경우는 배경 역시 문맥상 시간적인 위치를 파악하는데 도움을 주지 않는다. 이 본문은 거시적인 공간적 배경에 대해서 어떠한 정보도 언급하지 않는다. 즉 이 본문은 황금 송아지 이야기의 배경이 되는 시내 산 주변 지역에서 일어난 사건들인지 아니면 시내 산과 상관없이 이스라엘이 40년 동안 떠돌던 광야의 다른 어떤 지역들에서 일어난 것인지에 대해서 아무런 단서도 제공해주지 않는다. 만약 이 본문의 공간적 배경이 시내 산 및 그 주변 지역이 아니라고 한다면 이 본문의 사건들은 황금 송아지 이야기의 사건들과 연대기적으로 연결되어 있지 않을 가능성이 높다. 오경 내에서 어조, 분위기, 내용, 문체 등의 측면에서 유사한 다른 본문들(출 13:21-22; 40:36-38; 민 9:15-25)을 고려해 볼 때 이 본문의 사건들은 "광야에서의 이스라엘의 방랑 생활 전체를 통해 [행해진]…모세의 관행적인 행동들"일 가능성이 매우 높다.[336] 만약 이러한 관찰이 옳다면 우리는 이 본문을 황금 송아지 이야기의 시간적 범위 속에 끼워 맞추어서는 안 된다.

그러나 이 본문이 황금 송아지 이야기의 시간적인 흐름 속에 들어

334 Seymour Chatman, *Story and Discourse: Narrative Structure in Fiction and Film* (Ithaca, NY: Cornell University, 1978): 65는 어떤 사건의 지속 정도를 나타낼 때 "amplitude"란 용어를 쓴다.

335 Chatman, *Story and Discourse*: 65에 나타난 용어로 두 사건 사이의 시간상의 거리를 나타내는 어휘는 "distance"이다.

336 S. R. Driver, *The Book of Exodus*: 359을 보라. 또한 August Dillmann, *Die Bücher Exodus und Leviticus*: 345는 "...während der ganzen Wüstenzeit", 즉 "광야 시기 내내"라고 말했다.

맞지 않는다고 해서 어떤 학자들[337]의 주장처럼 이 본문의 위치가 잘못 된 것은 아니다. 내레이터는 "전시간성"(omnitemporality)[338]을 갖고 있기 때문에 이야기상의 사건들을 담론(discourse) 속에서 자신이 의도하는 그 어떤 순서로도 재배열 할 수 있다는 사실을 염두에 둘 필요가 있다. 몰시간법(achrony)은 내레이터의 이러한 능력을 보여주는 가장 두드러진 예이다.[339]

내레이터가 몰시간법적인 본문을 도입할 때 그의 관심사는 시간상의 연결이 아닌 다른 것에 있다. 우리가 살펴볼 본문의 경우 이 본문을 주변 문맥과 연결시켜 주는 것은 주제이다.[340] 그러므로 우리는 이 본문과 주변 본문과의 관계를 따질 때 시간적인 연결보다는 주제적인 연결에 치중하여야 한다.

337 August Knoble, *Die Bücher Exodus und Leviticus*: 310; John I. Durham, *Exodus* (WBC 3; Waco: Word Books, 1987): 441-42.

338 내 논문 제3장의 논의를 보라. 내가 아는 한 이 용어는 Erich Auerbach, *Mimesis: The Representation of Reality in Western Literature* (Princeton: Princeton University Press, 1953)에서 프루스트(Proust)의 자전적 소설인 *A la recherche du temps perdu*를 분석할 때 처음으로 사용하였다. 이후에 Genette는 서사학에 대한 기념비적인 연구인 *Narratie Discourse*: 70,78,245에서 이 용어를 다시 채용하였다.

339 Shlomith Rimmon-Kenan, *Narrative Fiction: Contemporary Poetics* (London: Routledge, 1983): 16-17: 토도로프(Todorov)가 지적한 바와 같이…"이야기-시간"이란 개념은 이상적 연대기적 순서 혹은 때때로 "자연적 연대기"(natural chronology)라고 불려지는 관행과 연관되어 있다. 그러나 사실 엄격한 [시간의] 연속은 단일한 사건들의 흐름만을 가진 이야기나 단일한 등장인물을 가진 이야기의 경우에서만 찾아볼 수 있는 것이다. 등장인물이 한 명 이상이 등장하는 순간 사건들은 동시성을 띠게 되며, 이야기는 종종 단선적이라기 보다는 복선적이 되게 된다. **그러므로 엄격한 직선적 연대기(linear chronology)는 대부분의 이야기들에 있어서 자연스럽지도 않고 실제적이지도 못한 특성을 지니고 있다.** 이것은 너무나도 광범위하게 받아들여져서 이야기의 사실상의 복선적 시간성을 대체하고 거의 자연법적인 위치를 차지하게 된 관행적인 "규범"이다(나의 사역). 그러나 어떤 내러티브가 시간적으로 단선적인 흐름만을 갖고 있을 것이라는 이러한 일반적인 생각은 실제로 내러티브에는 나타날 가능성이 거의 없다는 점을 우리는 염두에 둘 필요가 있다.

340 이 개념의 선구자인 Genette는 프루스트의 소설 속에서 몰시간법적인 본문을 그 주변의 본문들과 연결시켜주는 몇 가지 연결 요소들을 열거했다: 지리, 날씨, 주제. 특히 주제란 요소와 관련하여 Genette는 "주제적 몰시간법" (thematic achrony)은 "고전적인 에피소드적 소설들의 경우에 서로 다른 '이야기' 들이 수없이 삽입되는 것을 통해서 지배적으로 나타나는데, [이 이야기들의 삽입은] 유비(analogy)나 대조(contrast) [등의 역할을 통해] 정당화된다"라고 지적하였다(Genette 1980: 85 n. 119).

그러나 불행하게도 몰시간법이라는 서사 기법에 대한 이해가 그 동안 구약학자들에게는 없었기 때문에 이 본문의 해석사는 주제적인 연결에 충분히 주의를 기울이지 못했다.

앞의 단원에서 살펴본 바와 같이 학자들은 성막이 건설되기도 전에 등장하는 회막을 성막과 동일한 것이라고 생각할 방법이 없었던 것이다. 출애굽기 39:32; 40:2,34-35 등이 분명히 양자를 동일한 개체로 간주하고 있음에도 불구하고 말이다.

몰시간법에 대한 몰이해가 가져다주는 이러한 한계는 보다 최근에 이 본문을 황금 송아지 이야기의 통일성에 대한 기본적인 가정 속에서 해석하고자 한 학자들의 경우에도 여전히 영향을 미친다. 이 학자들 역시 33:7-11이 황금 송아지 이야기 내에서 앞뒤의 본문들과 시간적인 연결을 갖고 있다고 한다.[341] 그러나 이렇게 주장하면 이 회막이 성막의 건설 때까지만 존재한 한시적인 구조물이었다고 추정을 할 수밖에 없게 된다. 이러한 견해는 원래의 문제도 해결하지도 못하면서 더 많은 곤란한 문제들만 야기시켰다. 첫째, 이 본문은 이러한 일시적인 조치의 필요성에 대해서 어떠한 암시도 해주지 않는다. 둘째, 이 해석은 이 본문의 "동사들이 반복적인 의미를 갖고 있다"는 사실과 잘 상응하지 않는다.[342] 이 본문은 그 안에 기록된 사건들이 상당한 시간에 걸쳐서 지속되었다는 것을 분명하게 시사해주고 있다. 또한 해석자들이 인정하듯이 다음에 나오는 본문(출 33:12-17)의 내용이 상당 시간 이상 지속된 사건들 뒤에 발생한 사건을 기록하고 있을 가능성은 거의 없는데, 이 점은 그들의 해석과 상충된다.[343] 시간적인 연

341 Umberto Cassuto, *A Commentary on the Book of Exodus* (Jerusalem: The Magnes Press, The Hebrew University, 1967): 429-32; Herbert Chanan Brichto, "The Worship of the Golden Calf: A Literary Analysis of a Fable on Idolatry", *HUCA* 54 (1983): 22-24; R. W. L. Moberly, *At the Mountain of God: Story and Theology in Exodus 32-34* (JSOTS 22; Sheffield: JSOT Press, 1983): 63-66.

342 McNeile, *The Book of Exodus*: 212.

343 이 본문을 이전 본문과의 시간적인 연결 속에서 해결하고자 한 히스펜은 이 본문 속의 사건들이 "며칠 동안 지속되었다"고 주장하였다. W. H. Gispen, *Exodus* (BSC; Grand Rapids: Zondervan, 1982):

결의 문제를 해결해주면서도 현재의 문맥 속에서의 이 본문의 위치를 설명해주는 유일한 해결책은 이 본문을 몰시간법적인 본문으로 보는 방법뿐이다.

이 결론은 한 가지 더 파생적인 효과를 갖는다. 거의 만장일치로 수용되고 있는 것은 "두 개의 장막" 가설(the "two tent" hypothesis)인데, 이러한 입장을 받아들이는 이유는 이 본문이 주변 문맥과 관련하여 가진 시간적인 난점 때문이다. 즉 회막과 성막을 동일체로 보면 출애굽기 33:7-11의 "회막"이 출애굽기 35-40장에서 건설되기도 전에 어떻게 여기에 등장할 수 있느냐는 것이다. 이 문제에 대한 답은 내레이터가 성막이 완성된 다음에야 일어난 사건을 그 주제적인 중요성 때문에 자신의 "전시간성"을 활용해서 몰시간법적인 본문의 형태로 현재의 문맥에 배치시켰다는 것이다. 따라서 이 본문을 몰시간법적인 것으로 보면 이러한 문제는 해결된다.

따라서 현재의 본문에서 "회막"을 성막과 동일시하여 보면 남아 있는 유일한 문제는 이것이 "진 밖에" 위치하고 있다는 점이다. 그러나 회막의 이러한 위치는 그 자체만으로는 회막과 성막이 서로 다른 존재임을 보여주는 궁극적인 증거가 되지 못한다. 이것은 해석의 문제일 뿐이다. 최근에 출애굽기 32-34장의 통일성을 지지하는 많은 해석자들은 회막이 "진 밖에" 위치한 것은 백성들의 죄에 대한 하나님의 심판을 나타내는 것이며, "백성들 중에 행하기"를 거부하시는 하나님의 태도를 반영하고 있는 것이라고 본다.[344] 그러나 이 해석에도 문제가 있다. 만약 그들이 주장하는 바와 같이 이 회막이 "하나님의 함께 하심"을 나타내는 성막(출 25:8; 참고, 민 2장)과 다른 개체라면 어떻게 회막

306-07. 그러나 그의 견해는 신빙성이 없다.

344 Childs, *The Book of Exodus*: 592; Moberly, *At the Mountain of God*: 63. "진 바깥"의 회막이 하나님의 부재(不在)의 상징이라는 것은 이제는 거의 만장일치적 동의를 누리고 있는 듯하다.

이 하나님의 부재를 나타내는 상징이 될 수 있느냐 하는 것이다. 이 두 장막이 서로 다른 존재라면 이 근사한 해석은 그 효력을 잃고 만다. 양자가 같아야만 이 해석은 의미가 있는 것이다.

정리하자면 이 본문을 몰시간법적인 것으로 간주하게 되면 연대기 및 회막의 정체와 관련한 난제들은 해결된다. 이 해결책은 이 본문 속의 회막의 정체와 관련한 어려움들을 말끔히 해소할 수 있게 해 준다.

서사비평적 주석

이 본문 속에 등장하는 인물들은 모세, 하나님, 백성들, 그리고 여호수아이다. 거시적인 측면에서 보면 공간적 배경과 시간적 배경을 확실하게 알 수 없다. 내레이터는 독자들이 이 본문과 주변 문맥과의 주제적 연결성에 집중할 수 있도록 하기 위해 이 배경적 요소들을 일부러 모호하게 만들고 있는 것 같다.

담론(discourse)상으로 시간을 재배열한 점은 이 본문의 가장 커다란 특징들 중의 하나이다. 우리가 앞에서 논의한 바와 같이 이 본문은 몰시간법적이다. 동사들이 "반복상"(frequentative mode)으로 되어 있다는 점은 이 본문의 사건들이 광야 여행 중에 관행적으로 일어난 것임을 보여주고 있는 것으로 보인다.

이 본문이 주변 문맥과 어느 정도 동떨어져 있다는 점은 이 본문의 교차대구법적인 구조에 의해 강화되는 듯하다. 이 본문에서 7절은 서론의 역할을 하고 있으며, 여호수아에 대한 부가적인 언급을 하고 있는 마지막 절은 에필로그의 역할을 하고 있다:

> **서론**: 모세가 항상 장막을 취하여 진 밖에 쳐서 진과 멀리 떠나게 하고 회막이라 이름하니 여호와를 앙모하는 자는 다 진 바깥 회막으로 나아가며(v. 7)

a. 모세가 회막으로 나아갈 때에는(v. 8a)

b. 백성이 다 일어나 자기 장막문에 서서 모세가 회막에 들어가기까지 바라보며(v. 8b)

c. 모세가 회막에 들어갈 때에 구름 기둥이 내려 회막문에 서며(v. 9a)

x. **여호와께서 모세와 말씀하시니(v. 9b)**

c′. 모든 백성이 회막문에 구름 기둥이 섰음을 보고(v. 10a)

b′. 다 일어나 각기 장막문에 서서 경배하며(v. 10b)

x′. **사람이 그 친구와 이야기함 같이 여호와께서는 모세와 대면하여 말씀하시며(11a).**

a′. 모세는 진으로 돌아오나

에필로그: 그 수종자 눈의 아들 청년 여호수아는 회막을 떠나지 아니하니라(11b).[345]

이 교차대조법의 각 쌍의 상응성은 명약관화하기 때문에 더 이상의 설명을 필요로 하지 않는다. 이 교차대조법에서 유일하게 불규칙적인 항목은 x′인데, 이 항목은 중앙 부분의 주제를 발전시켜서 더 자세하게 다루고 있다. 월시가 지적한 바와 같이 이 비대칭적인 항목은 이 본문의 메시지를 이해하는데 있어서 결정적이다.[346] 우리는 이 점에 대해서 나중에 더 다룰 것이다. 어쨌든 이 잘 짜여진 교차대조법적 구조는 주변 문맥의 본문과 비교해 볼 때 이 본문의 독특성을 두드러지게

345 E. G. Newing, "Up and Down?In and Out: Moses on Mount Sinai. The Literary Unity of Exodus 32-34", *ABR* 41 (1993): 30은 이 본문과 관련하여 다른 형태의 교차대조법을 제시했는데, 그 속에는 7절과 11a절이 포함된다. 그의 분석이 나의 것과 비슷하기는 하지만 나의 분석이 교차대조법의 각 쌍의 상응성이 더 뛰어나기 때문에 더 설득력이 있는 듯하다.

346 Jerome T. Walsh, *Style and Structure in Biblical Hebrew Narrative* (Collegeville, MA: The Liturgical Press, 2001): 101-03.

해준다.

그러나 이 본문의 연대기적, 구조적 독특성 때문에 이 본문이 황금 송아지 이야기와 무관함을 의미하는 것으로 이해해서는 안 된다. 사실 이 본문은 황금 송아지 이야기와 출애굽기 24:12-40:38의 더블 플롯 전체에서 몇 가지 중요한 역할들을 한다.

무엇보다 이 문제를 다루기 전에 이 본문의 내용을 검토하는 것이 유익할 것이다. 7절에서 내레이터는 모세가 “진 밖에 진으로부터 멀리” 떨어뜨려 장막을 치곤 했다는 것을 언급하고 있다. 특히 “진 밖”이라는 것을 세 번이나 언급함으로써 회막이 “진 밖”에 있다는 것을 강조하고 있다. 그는 두 번은 “진 밖”(מחוץ למחנה)이라고 언급하고 있고, 한 번은 “진으로부터 멀리”(הרחק מן-המחנה)라고 언급하고 있는 것이다. 이 본문의 해석자들이 잘 지적해온 바와 같이 장막의 이러한 위치는 백성들이 여호와로부터 소외되어 있음을 상징한다. 왜냐하면 성막은 원래는 “진 가운데” 있도록 의도되어 있기 때문이다.[347] 이와 관련하여 칼빈은 이 진 밖의 회막은 하나님과 이스라엘간의 이혼의 표시”(a sign of the divorce between God and the Israelites)이며, “성막의 제거는 돌판의 파괴와 같은 것임”(the removal of the tabernacle was like the breaking of the tablets) 을 지적한 바가 있다.[348] 만약 이러한 해석이 맞다면 이 몰시간적 본문은 이 백성이 죄를 저지름으로써 부정해진 상황을 반영하고 있는 것으로 볼 수 있다. 비록 본문이 이러한 점을 분명하게 명시하고 있지 않지만 말이다. 사실 만약 하나님의 장막이 진 밖으로 이동하게 된

347 Childs, *The Book of Exodus*: 592; Moberly, *At the Mountain of God*: 63; Hafemann, *Paul, Moses, and the History of Israel*: 209; J. Gerald Janzen, *Exodus* (BCBC; Waterloo, Ontario: Herald Press, 2000): 394. 물론 이 학자들은 모두 이 장막이 성막과 다른 것이라고 간주한다. 위에서우리는 이 장막이 성막과 같은 것일 때에야 “진 밖”이라는 이러한 학자들이 지적한 의미를 갖게 된다는 점을 지적했다.

348 John Calvin, *Commentaries on the Four Last Books of Moses Arranged in the Form of a Harmony* (Grand Rapids: Baker, 1979): III, 369.

어떤 구체적인 사건이 언급되었다면 이 본문은 반복상(反復相)을 사용할 수 조차 없었을 것이며, 황금 송아지 이야기와 완전히 무관하게 되어버렸을 것이다. 그러므로 이 문제와 관련한 본문의 막연성은 그 자체가 의도적인 것으로 보아야 한다.

이 점보다 더 중요한 사항은 이 장막이 진 밖에 있다는 것에 대한 강조에도 불구하고 이 구절에는 여전히 연결적인 요소가 있다는 점이다. "여호와를 앙망하는 자"는 여전히 "진 바깥 회막으로" 나아갈 수 있는 것이다(v. 7b).

33:8-11a에 따르면 내레이터는 모세가 진 바깥의 회막으로 자주 왕래하는 상황을 거의 목가적인 문체로 묘사하고 있다. 이것은 영화에서 반복적인 상황을 묘사할 때 슬로우모션 기법을 통해 처리하는 것과 비슷하다. 이 본문은 평온한 느낌을 제공해준다.349 이 본문이 강조하는 바는 하나님과 백성이 모세에 의해 연결되어 있다는 것이다. 여기에는 서로간의 분리의 느낌은 없으며 연결의 느낌이 더 강조되어 있는 것 같다. 이 백성은 모세와 하나님께 존경을 보인다 (vv. 8b-10). 모세는 회막 안에서 하나님과 "대면하여"(face to face) 이야기하며, 백성들은 하나님의 임재의 상징인 구름 기둥을 바라본다(cf. 25:22; 29:42-43; 30:6,36).350

이 항목에서 우리가 주목해야 할 또 한 가지 점은 내레이터는 모세가 하나님과 이야기하고 있다는 주제를 강조하고 있기 때문이다. 이 점은 33:11a (x′)의 비대칭적인 항목을 보면 잘 알 수 있다. 교차대조법적 구조 속에서 상응하는 항목이 없는 이 항목은 가운데 항목 x를

349 Moberly, *At the Mountain of God*: 64; Janzen, *Exodus*: 394.

350 여기에서 한 가지 흥미로운 점은 본문은 모세가 장막에서 하나님과 이야기하는 것과 구름 기둥이 신현 현상으로서 장막 입구에 내려오는 것을 모순된 것으로 보지 않는다는 점이다. 구름 기둥이 내려올 때 모세는 이미 입구가 아니라 장막 안에 있다. 그러므로 신현이 성막의 경우에는 지성소에서 일어나고 회막의 경우에는 회막 입구에서 일어난다는 "두 장막" 이론은 근거가 없다(출 25-31장의 주석 단락 앞의 "예비적 고찰들"을 보라).

반복하는 가운데 그것을 더 발전시키며(elaborate), "사람이 그 친구와 이야기함 같이…대면하여"라는 문구를 추가함으로써 하나님과 모세 사이의 큰 친밀감을 강조해 주고 있다(참고, 민 12:6-8).

마지막으로 교차대조법적 구조에 속하지 않은 이 최종적인 단락은 여호수아에 대한 언급으로 문단을 마무리하고 있다. 여기에서 여호수아가 제의 종사자로 봉사하고 있다는 주장이 자주 제기되어 왔다.351 그러나 이 본문은 그런 주장을 하기에는 너무 모호하다. 만약 "진 바깥"이라는 표현의 중요성에 대한 최근의 견해가 옳다면 우리는 여호수아가 사람들의 부정함으로 인해 장막이 더 이상 오염되는 것을 막기 위해 보초를 서고 있는 것이라고 생각해 볼 수 있다(참고, 민 1:51-53). 또한 여호수아는 출애굽기 24:12-18과 32:17-18의 경우와 마찬가지로 장막과 시내 산을 연결시켜주는 기능자(functionary)로서의 역할을 하고 있다고 볼 수도 있다.352

그러면 이 단락이 황금 송아지 이야기와 더블 플롯 전체에서 가진 중요성은 무엇일까? 황금 송아지 이야기와 관련하여 첫 번째 중요한 것은 이 본문이 앞뒤의 문맥과 아무런 뚜렷한 연결이 없다("no obvious connection with either what precedes or follows")는 차일즈353등의 주장과는 달리 몰시간법적 본문(achrony)이 통상적으로 그러하듯이 주변 문단에 대한 주제적 주석(a thematic commentary)의 역할을 한다는 점이다.354 황

351 역시 출 25-31장의 주석 단락 앞의 "예비적 고찰들"을 보라.

352 Cf. Erhard Blum, *Studien zur Komposition des Pentateuch* (BZAW, 189; Berlin: Walter de Gruyter, 1990): 91 n. 203; Childs, *The Book of Exodus*: 593.

353 Childs, *The Book of Exodus*: 590.

354 또한 여러 사람들의 주장들 중 특히 Dillmann, *Die Bücher Exodus und Leviticus*: 331 등의 주장을 보라. 그는 "가장 두드러진 점은 33:7-11이 앞뒤의 [문맥과] 거의 관계가 없다는 것이다. 왜 여기에서 갑자기 회막에 대한 언급이 등장하는지는 언급되어 있지 않으며 단지 추측될 수 있을 뿐이다. 그리고 12절은 마치 7-11절 혹은 4-11절이 중간에 끼어 있지 않은 것처럼 진행된다"(Am auffallendsten is der Mangel an Zusammenhang nach *rü*ck- und vorw*ä*rts bei 33, 7-11: warum die Rede hier auf einmal auf die Stiftsh*ü*tte kommt, is nicht angegeben sondern nur zu vermuthen, und V. 12 fährt

금 송아지 이야기 내의 이전의 단락들과 관련해서 말하자면 33:7-11의 "진 밖의" 회막은 "이스라엘의 곤경—즉, 야웨의 함께 하심의 상실—에 대한 하나의 시각적인 비유(a visible parable)"이다.[355]

그러나 이 점이 특별히 두드러지기는 해도 이것이 이전의 단락들에 대한 유일한 주제적 연결점은 아니다. 이 백성의 경외하는 태도는 출애굽기 33:4-6과 연결되어 있다(Fretheim 1991: 293-94). 이것은 독자들에게 하나님의 직전의 말씀의 마지막 구절인 "그리하면 내가 너희에게 어떻게 할 일을 알겠노라"(I may know what I will do with you)는 문구에 대한 힌트를 준다. 비록 이 단락과 33:7-11은 연대기적이나 인과론적으로 연결되어 있지는 않지만 내레이터는 독자들에게 그 결과가 어떻게 될 것인가에 대하여 커튼 뒤의 상황을 들여다 볼 수 있게 해준다.

33:7-11은 또한 황금 송아지 이야기 내의 뒤이어 나오는 단락들에 대한 주석을 제공해 준다. 모세의 중보기도의 다음 단계는 철저히 모세 자신의 가치에 기초하게 될 것이다. 33:7-11은 왜 모세가 자신의 중보기도의 무게를 전적으로 자신이 하나님으로부터 누리고 있는 은혜에 두고 있는지 그것에 대한 배경적 정보를 제공해 준다. 이 단락에서 두 번씩이나 강조하고 있는 것처럼 모세는 하나님과 친밀한 관계를 갖고 있다. 그는 "사람이 그 친구와 이야기함 같이" 하나님과 대면하여 이야기하는 하는 자이다(v. 11).

이제 이러한 사항들을 말하고 나니 우리는 "멀리"(הרחק, at a distance)의 진정한 의미는 무엇일까 하는 점에 대해서 의문을 갖게 된다. 이 문구는 해석자들이 자주 제시한 바와 같이 부정적인 의미만 갖고 있을까? 이 단어가 통상적으로는 물리적, 심리적으로 정말로 먼 거리를 의미한

fort, als *wäre* V. 7-11 oder 4-11 gar nicht dazwischen)고 주장한다.

355 Dale Ralph Davis, "Rebellion, Presence and Covenant: A Study in Exodus 32-34", *WTJ* 44 (1982): 80; Childs, *The Book of Exodus*: 593; Moberly, *At the Mountain of God*: 63; Hafemann, *Paul, Moses, and the History of Israel*: 209등을 보라.

다는 것은 분명한 사실이다(출 8:24; 수 3:16; 욥 13:21; 잠 4:24; 5:8; 30:8 등). 이 점은 이 단어와 동의어인 מרחק의 경우에도 역시 마찬가지이다(창 22:4; 창 37:18; 출 20:18,21; 24:1; 신 28:49).[356] 그러나 구약성경, 특히 오경에서 최소한 두 번의 경우에는 이 단어들은 물리적으로는 어느 정도의 거리가 있음에도 불구하고 심리적으로는 오히려 더 가까움을 나타내는데 사용된 경우가 있다. 그 경우는 창세기 21:16이다:

> "[하갈이] 가로되 자식의 죽는 것을 참아 보지 못하겠다 하고 살 한 바탕쯤(about a bowshot away; הרחק כמטחוי קשת) 가서 마주 앉아 바라보며 방성대곡하니"

이 구절은 사라로 인해 아브라함의 집에서 쫓겨난 하갈과 이스마엘이 광야를 떠돌다가 이스마엘이 목이 말라 죽어가는 상황에서 하갈이 차마 아들의 죽음을 가까이서 지켜볼 수 없어 그에게서 "멀리" 떨어져서 목놓아 우는 장면을 묘사하고 있다. 이 구절에서 "멀리"라는 것을 표현하기 위해 הרחק가 사용되었는데, 아쉽게도 이 단어는 한글 개역성경에는 명시적으로 번역되지 않았다. 이 단어를 살려서 번역한다면 "살 한 바탕쯤 멀리"라고 번역할 수 있을 것이다. 즉 내레이터는 הרחק, 곧 "멀리"란 단어를 "살 한 바탕쯤(about a bowshot)"(כמטחוי קשת)이란 표현을 사용하여 부연 설명을 하고 있다. 하갈이 이스마엘에게서 떨어진 "멀리"란 거리는 "살 한 바탕쯤"의 거리인 것이다. 도대체 이 "살 한 바탕쯤"의 거리는 어느 정도의 거리일까? 이에 대한 알더스(Aalders)의 분석은 핵심을 찌르고 있는 것으로 보인다:

356 이 두 단어는 70인경에서는 모두 μακρόθεν이라는 같은 단어로 번역되었다. 이 두 단어에 대해서는 J. Kühlewein, "רחק", in Ernst Jenni and Claus Westermann (eds.), *Theological Lexicon of the Old Testament* (Peabody, MA: Hendrickson, 1997: III, 1230-32을 보라.

> 그리고 나서 그녀는 자기 아들이 목말라 죽어가는 고통에 찬 모습을 보지 않으려고 **약간의 거리를 물러났다. 그러나 그녀는 이주 멀리 가지 않았다.** 단지 살 한 바탕쯤의 거리를 갔다. 그렇게 함으로써 그녀는 만약 자신이 자기 아들을 위해 할 수 있는 무엇인가가 있다면 도움을 주기에 충분할 만큼 가까이 있을 수 있었을 것이다 (나의 강조, 볼드체).357

즉, "살 한 바탕쯤"의 거리는 눈 앞에서 아들의 죽음을 목도하는 것을 견디지 못하는 어미가 그 상황을 모면하고 싶은 만큼의 물리적 거리이자 혹시 아들이 마지막 순간까지 언제라도 어머니의 도움이 필요하면 바로 다가올 수 있을 만큼 가까운 심리적 거리인 것이다.

"멀리"란 단어가 물리적으로는 멀지만 심리적으로 가까움을 나타내는 것으로 보이는 두 번째 본문은 출애굽기 2:4이다:

> "그 누이가 어떻게 되는 것을 알려고 멀리(מרחק) 섰더니".

이 본문은 히브리인들의 모든 남자 아이들은 보는 대로 살해하라는 바로의 명령이 내려진 가운데 태어난 모세를 더 이상 숨겨 키울 수 없는 한계에 직면했을 때 그의 부모가 갈대 상자에 그를 넣어 나일 강에 띄워 보내는 장면을 담고 있다. 이런 상황 속에서 모세의 누이는 자기 동생에게서 충분히 멀면서도 만약 그에게 무슨 일이 생기면 즉시 도움을 줄 수 있을 만큼의 거리를 유지하고 있다.

이 본문에서 모세의 누이와 아기 모세 사이의 심리적인 연결은 자명하다. "망을 보고 있는 누이, 어쩌면 아기에 지나지 않는 자기 동생이 죽는 것을 바라보고 있어야만 하는 누이의 모습 속에는 커다란 비애감이 들어 있다".358 이 두 본문에서의 הרחק과 그 동의어인 מרחק이

357 G. Ch. Aalders, *Genesis* (BSC, II: Grand Rapids: Regency Reference Library, 1981): 38.

담고 있는 정황적인 의미가 이 두 단어의 통상적인 의미보다는 이 본문의 경우에 더 잘 적용되는 것 같다. 공간적으로 서로 떨어져 있음에도 불구하고 33:7-11에서의 등장인물들은 심리적으로 서로 밀접하게 연결되어 있다. 백성들은 모세의 누이가 거리상으로 멀리 떨어져 있음에도 불구하고 아기 모세를 볼 수 있었던 것처럼 모세가 하나님과 회막에서 만나는 모든 과정을 목도할 수 있었다. 그러므로 "진 밖"이라는 주제마저도 하나님의 자비라는 개념을 품고 있다고 할 수 있다. 하갈과 모세의 누이처럼 하나님도 자기 백성들이 눈 밖으로 사라지는 것을 용납할 수 없으셨던 것이다. 그래서 그는 자기를 찾는 자들에게 문을 열어놓으셨던 것이다(7절).

이 본문의 두 번째 기능은 앞의 사항과 밀접하게 연결되어 있다. 이 본문은 심판으로부터 자비로의 이전을 표시해주고 있다.[359] 하프만의 설명은 좀 더 상세하다. "그러므로 회막은 32:30-33:6에 묘사된 하나님의 자비와 심판의 이중적 성격을 동일하게 보여준다. 그러나 이제 여기서 강조점은 야웨의 심판이 아니라 자비에 있다".[360] 이 본문을 전환점으로 해서 황금 송아지 이야기는 이제 하나님의 자비에 초점을 두게 된다.

이 본문은 성막 내러티브와의 관계에서도 역시 중요하다. 무엇보다 두 가지 점이 특히 현저하게 두드러지게 나타난다. 우선 이 본문은 성막 내러티브의 전반부인 출애굽기 25-31장의 내용을 반영한다. 다른 한 편 이 본문은 34:29-35과 35-40장의 성막 내러티브의 후반부를 미리 내다본다.

이 사항을 좀 더 자세하게 논의하기 위해서는 이 본문과 성막 내러

358 William H. C. Propp, *Exodus 1-18* (AB; Doubleday: The Anchor Bible, 1998): 150.

359 Moberly, *At the Mountain of God*: 65.

360 Hafemann, *Paul, Moses, and the History of Israel*: 209.

티브 전반부와의 관계를 주목하는 것이 필요하다. 출애굽기 25:8은 "내가 **그들 중에 거할** 성소를 그들을 시켜 나를 위하여 짓되"라고 성막 건설의 의의를 말하고 있는데, 우리가 다루고 있는 이 본문에서 회막과 성막을 분리된 것으로 보고 그것과 단절시키면 "진 밖의 회막"이라는 주제는 그 상징적인 효력을 상실하게 될 것이다. "진 밖의 회막"은 회막과 성막이 어떤 식으로든지 동일시되어야 함을 보여준다. 따라서 회막의 원래 의도는 진 한 가운데 놓여있는 것이라는 점을 상정할 때에만 황금 송아지 사건에 대한 주석으로서의 기능을 하게 된다. 오직 이 경우에라야만 진 밖이라는 장소는 백성들의 죄에 대한 통렬한 상징이 된다.

33:7-11과 성막 내러티브 전반부와의 관계에 있어서 또 한 가지 중요한 점은 이 본문이 29:42-26을 반영한다는 점이다. 양자간의 관계를 인식한 주석가들은 많다. 29:42은 "여호와 앞 회막문에서…내가 거기서 너희와 만나고 네게 말하리라"고 말하고 있다. 그리고 33:9은 "모세가 회막에 들어갈 때에 구름 기둥이 내려 회막문에 서며 여호와께서 모세와 말씀하시니"라고 말하고 있다. 이 두 구절의 내용상의 유사성은 쉽게 파악된다. 이 구절에서 야웨는 모세와 "회막문에서" 만나고, "모세와 말씀"하신다. 야웨께서는 또한 이스라엘의 백성들과 만나시는데 이 주제는 야웨를 만나려고 회막으로 백성들이 가는 것을 말해주고 있는 33:7에 반영되어 있다. 그러므로 황금 송아지 이야기 정중앙에 있는 33:7-11은 성막 내러티브도 역시 반영하고 있다. 그렇게 함으로써 이 두 내러티브를 연결시켜 준다.

하지만 33:7-11은 다른 기능도 역시 지니고 있는데, 그것은 성막 내러티브의 후반부를 미리 내다보는 것이다. 특히 이 본문은 반복적인 동작을 나타내는 동사(the iterative)들로 구성되어 있다. 이 점은 34:34-35과 40:34-38의 경우에도 역시 마찬가지이다.

더 세부적으로 들어가보면 33:7-11과 34:34-35은 몇 가지 공통점들을 갖고 있다. 양자는 모두 반복적인 동작을 나타내는 동사들로 이루어져 있다. 양자는 모두 회막과 관련되어 있다. 비록 후자의 본문은 "회막"이란 용어 자체를 직접적으로 쓰고 있지는 않지만 대신에 "여호와 앞에"란 전문적인 용어를 쓰고 있다. 또한 양 본문 모두에서 하나님께서 모세와 말씀하신다는 주제가 두드러지게 나타난다.

33:7-11과 40:34-38의 본문의 경우에도 역시 반복을 나타내는 동사들이 사용된다는 점에서 양자는 상응하는 바가 있다. 40:34-38은 더블 플롯을 결말짓는 마지막 단락이기 때문에 "구름"이라는 주제를 제외하고는 뚜렷하게 공통적인 요소들이 많이 드러나는 것은 아니다. 단지 우리는 이 두 본문이 예시(foreshadowing)와 성취(fulfillment)의 관계에 있다는 것으로 이해할 필요가 있다. 33:7-11은 하나님께서 자기 백성들 가운데 강력하게 임재하시고 그들을 항상 인도하시는 모습을 묘사하고 있는 40:34-38의 상황을 염원하고 있는 것이다.

나가며

이 소논문은 몇 가지 목적을 가지고 출발했다. 첫째, 이 논문은 출애굽기 33:7-11의 회막 본문이 가진 난점들을 해결하고자 하였다. 특히 회막과 성막은 서로 다른 것이라고 하는 견해, 즉 두 장막 이론(the two tent theory)를 넘어서서 양자를 동일한 실체로 봐야만 본문을 가장 잘 이해할 수 있다는 것을 제기하고자 하였다.

두 장막 이론의 두 가지 핵심 근거는 33:7-11에서 회막이 이스라엘의 진 한 가운데 위치하도록 되어 있는 성막과 달리 "진 밖에 멀리" 설치되어 있다는 점, 그리고 회막이 성막의 건설(출 35-40장) 이전에 등장한다는 점이다. 나는 회막의 위치는 결국은 해석의 문제일 뿐 절대적인 모순점은 아니라는 것을 제시하였다. 그리고 회막의 등장과 성막의 건설 사이의 시간 순서상의 문제는 "몰시간법"(achrony)이라는 서사비평적 개념으로 해결할 수 있다는 것을 주장하였다.

둘째, 나는 33:7-11이 몰시간법적 본문이란 것에 기초해서 이 본문의 서사비평적 해석을 시도하였다. 특히 이 본문을 몰시간법적으로 이해해야하는 이유는 24:12-40:38의 성막 이야기와 황금 송아지 이야기의 독특한 결합을 체계적으로 잘 설명해주고 있다고 보기 때문이다.

부록 4

두려워 말고 두려워하라:

출애굽기 19-40장의 해설

부록 4
두려워 말고 두려워하라:
출애굽기 19-40장의 해설[361]

"두려워 말고 두려워하라".

"두려워 말고 두려워하라". 이 구절만큼 출애굽기 19-40장의 핵심을 잘 요약하고 있는 표현도 없다. 이 표현은 20:20의 모세의 말을 요약한 것이다. 설명을 돕기 위해 이 구절의 모세의 말을 원어로부터 직접 번역해보면 다음과 같다. "두려워 말라. 왜냐하면 이는 너희를 시험하기 위해서 하나님이 오시기 때문이며, 너희 앞에 그를 향한 두려움이 있음으로 해서 너희가 죄를 짓지 않게 하기 위함이니라". 이 구절이 말하는 바는 크게 두 가지다. 첫째, 하나님이 이스라엘에게 임하시는 이유는 이스라엘이 하나님에 대한 두려움을 갖게 하는 것이다. 이러한 두려움은 이스라엘이 죄를 짓지 않도록 하기 위해서 꼭 필요한 것이다. 둘째, 이처럼 이스라엘에게 두려움을 불러일으키게 할 목적으로 하나님이 임하시는데 이 구절은 이것을 "두려워 말라"고 말한다. 하나님을 두려워할 것과 하나님의 오심을 두려워하지 말 것을 모세는 동시에 요구하고 있다. 한 문장 안에 완전히 정반대의 모순된 말이 들

361 이 글은 매일성경 2009년 5,6월호에 출애굽기 해설에 실린 글을 옮겨 놓은 것이다.

어있는 경우가 또 있을까?

하지만 이러한 모순이야말로 바로 출애굽기 19-40장의 메시지의 핵심이다. 출애굽기 19-40장은 시내 산 언약(19:1-24:11)과 성막 건설(24:12-40:38)에 대한 내용을 포함하고 있는데 이 두 내용이 모두 두려워하지 않음과 두려워함 사이의 긴장을 내포하고 있다.

두려워하지 말라고 하시는 하나님은 우리에게 다가오시는 하나님이시다. 우리에게 다가오시는 하나님은 또한 우리가 다가갈 수 있는 하나님이시다. 우리와 언약을 맺기를 원하시는 하나님, 성막을 통해 우리 가운데 거하기를 원하시는 하나님은 이처럼 다가오시는 하나님이시다. 이 하나님은 우리가 다가갈 수 있는 분이다. 이런 다가옴과 다가감은 두려워하지 않음을 필요로 한다.

반면 두려워하는 하나님은 우리가 다가갈 수 없는 하나님이다. 이 하나님은 너무나도 초월적이고, 너무나도 위엄 있고, 너무나도 거룩하셔서 우리가 감히 다가갈 수 없는 분이다. 그 분은 너무나도 두려운 분이시기 때문에 우리는 결코 다가갈 수가 없다. 두려움은 하나님을 경외할지언정 다가갈 수 없는 분으로 만든다.

두려운 하나님과 두려워 하지 말라고 우리에게 말씀하시는 하나님, 다가갈 수 없는 하나님과 다가갈 수 있는 하나님이라는 개념은 분명히 상호모순적이다. 그러나 이 두 가지 상반된 모습의 하나님이야말로 진정으로 우리가 섬기는 하나님이다. 하나님과의 바른 관계와 바른 섬김을 위해서 두려워함과 두려워하지 아니함은 필수불가결한 두 가지 요소이다. 이 두 가지 상반된 요소는 한 동전의 양면처럼 한 하나님의 두 모습을 구성하고 있다.

이 모습 사이에는 분명히 긴장이 있다. 그리고 이 긴장이야말로 바른 섬김을 위해서 반드시 필요한 것이다. 이러한 긴장을 중심으로 해서 19-40장의 본문을 풀어나가고자 한다.

시내 산 언약(19:1-24:11)

이 본문은 다음과 같은 구조로 되어 있다.

A. 언약의 준비(19:1-25)

B. 십계명(20:1-17)

C. 이스라엘의 반응(20:18-21)

B′. 언약의 책(20:22-23:33)

A′. 언약의 체결(24:1-11)

A단원에 해당하는 19장은 시내 산 언약식을 치를 준비과정을 담고 있다. 이 중에서 19:1-6은 이스라엘과 언약을 맺기를 원하는 하나님, 이스라엘에게 다가오시는 하나님을 그리고 있다. 우선 4절에서 하나님은 이스라엘에게 어떤 은혜를 베풀었는지를 설명하신다. 이어서 하나님은 이들과 언약을 맺기를 원하시면서 만약 이들이 언약의 말씀들을 잘 지키면 이들과 특별한 관계에 들어갈 것임을 알리신다. 언약을 바탕으로 해서 이스라엘은 하나님의 아주 특별한 "소유", "제사장 나라", "거룩한 백성"이 될 것이다.

하나님의 이 말씀들은 다음의 몇 가지 점에서 중요하다. 첫째, 하나님은 이스라엘과 언약을 맺을 때 강제로 맺은 것이 아니다. 하나님은 이스라엘에게 동의를 구하고, 이스라엘이 동의를 할 때에야 비로소 언약을 맺으셨다. 시내 산 언약은 양자간의 합의에 의한 것이지 결코 강요된 것이 아니었다. 둘째, 언약은 관계의 시작점이 아니다. 언약을 맺기 전에 이미 하나님은 이스라엘을 애굽에서 구출하시고, 광야에서 여행하는 동안 그들을 돌보셨다. 따라서 언약은 관계의 시작이 아니라 기존 관계의 확인이자 관계의 유지 수단이다. 셋째, 시내 산 언약을 맺기 전에 이스라엘이 하나님과 맺고 있던 관계는 조상들이 하나님과 맺은 언약에 기초한 간접적인 관계였다(2:24). 그런데 이제 공적인 언약을 맺게 되면서 이스라엘은 하나님과 직접적인 관계에 들어가게 된다. 하나님은 더 이상 "아브라함과 이삭과 야곱의 하나님"이 아니라 바로 직접적으로 이스라엘의 하나님이 되는 것이다. 넷째, 언약을 통한 하나님의 계획은 이스라엘이 "제사장 나라, 거룩한 백성"이 되게 하는 것이다(6절).

이스라엘은 하나님이 제안하신 이 언약을 받아들이고 지킬 것을 한 목소리로 맹세한다(7-8절). 자신들이 지금까지 경험한 하나님은 이들의 구원자(출 1:1-15:21)이시며, 이들의 필요의 공급자(출 15:22-18:33)이시기 때문에 이렇게 언약을 통해 다가오시는 하나님을 거부할 이유가 없었을 것이다.

그러나 19:9-25은 하나님의 다른 측면인 다가갈 수 없는 하나님의 속성을 보여주신다. 이스라엘과 언약을 맺기 위해 시내 산에 강림하시는 하나님은 당신의 영역을 침범하는 자에게 죽음을 가져오시는 분이다(12-13절). 이 분을 만나기 위해서는 백성들은 스스로를 정결하게 하고 거룩하게 해야 한다(13-14절). 그렇게 하고 나서도 여전히 이스라엘은 하나님의 영역에 침범해서는 안 되는 것이다(22-23절).

이런 엄숙한 경고가 주어진 가운데 B단원에서 하나님은 십계명을 주신다(20:1-17). 그러나 십계명에 이어 나머지 언약의 계명들이 주어지기 전에 C단원은 이스라엘이 하나님의 말씀을 직접 듣고는 두려움에 빠진 것을 알려준다. 우뢰와 번개와 빽빽한 구름과 불과 연기와 나팔소리 속에서 계명을 들은 백성들은 하나님에 대한 심한 두려움에 사로잡힌다. 이때 서론에서 살펴 본 20:20의 모세의 말이 선포된다. 하나님은 분명히 두려움의 대상이시다. 이 두려움은 이스라엘이 죄를 짓지 않도록 하는 방패의 역할을 한다. 그러나 하나님은 또한 다가오시며, 이스라엘과 관계를 맺기를 원하시는 분이시다. 그러므로 두려워하지 말아야 한다. 만약 하나님이 이스라엘에게 요구하신 것이 두려움 뿐이라면 이스라엘은 결코 하나님과 풍성한 관계를 누리지 못할 것이다. 반면 하나님과의 관계에서 두려움이 사라지고 오직 두려워하지 않음만 남는다면 이스라엘에게는 고삐 풀린 방종만 남을 것이다. 따라서 하나님과의 진정한 관계는 두려움과 두려워하지 않음 두 가지가 다 요구된다. 이렇게 두려워함과 두려워하지 않음의 경계선에 모세가 중간자로 서게 된다(21절).

C단원인 21:22-23:33의 언약의 말씀들, 즉 언약의 규례들은 이렇게 해서 하나님이 직접 말씀하신 것이 아니라 모세의 중계를 통해 전달된다. 모든 언약의 말씀을 다 들은 이스라엘 백성들은 두 번에 걸쳐서 언약을 받아들이고 준수할 것을 맹세한다(24:3,7). 다시 한 번 강조하지만 시내 산 언약은 하나님이 강제적으로 이스라엘과 맺은 것이 아니라 이스라엘이 적극적으로 동의함으로써 맺어진 것이다. 기독교인들 가운데 율법이 인간의 자유를 억압한다고 생각하는 경향이 있다. 그러나 최소한 시내 산 언약에 참여한 이스라엘 백성들은 그렇게 생각하지 않았음이 분명하다.

E단원에서는 백성들의 동의에 따라 언약식이 치러진다. 이스라엘의 젊은 사람들이 번제와 화목제사를 하나님께 드린다. 모세는 희생제물의 피를 취하여 반은 제단에 뿌리고 반은 백성에게 뿌린다. 번제와 화목제사를 드리는 것은 제사장들의 임무이다. 피를 반은 단에 뿌리고 반은 사람에게 뿌리는 것은 제사장 위임식 때 하는 의식이다(출 29:20-21; 레 8:23-24,30). 이러한 의식이 가진 의미는 19:6에서 하나님이 약속하셨듯이 이스라엘이 언약을 통해 "제사장 나라, 거룩한 백성"이 될 것임을 상징적으로 나타내주는 것이다.

언약식의 마지막 단계로 이스라엘의 지도자들은 시내 산에 올라 하나님 앞에서 먹고 마신다. 이 식사는 언약의 식사로서 언약의 체결을 기념하여 당사자들이 함께 먹고 마시는 것이다(참고, 창 21:22-34; 26:26-33). 이렇게 해서 시내 산 언약은 공식적으로 끝난다.

성막 건설과 황금 송아지 사건

이어지는 성막 건설의 본문(24:12-40:38)은 다음과 같은 구조를 갖고 있다.

A. 성막 건설의 프롤로그(24:12-18)

B. 성막 건설의 지시(25:1-31:17)

C. 황금 송아지 사건(32:1-34:35)

B′. 성막 건설(35:1-40:38)

A′. 성막 건설의 에필로그(40:34-38)

A단원은 성막 건설을 위한 프롤로그이다. 24:12에서 하나님은 모세를 다시 산으로 불러올린다. 그 이유는 모세에게 "율법과 계명을 친히 기록한 돌판"을 주기 위한 것이다. 이 돌판은 나중에 지성소의 증거궤 속에 들어가게 될 것이다(25:16,21). 다시 말해 성막에서 가장 거룩한 자리를 이 돌판이 차지하게 될 것이다. 15-18절은 다가오시는 하나님과 다가갈 수 없는 하나님의 모습을 동시에 보여준다. 하나님은 돌판을 주시기 위해 시내 산 위에 강림하신다. 그러나 모세는 하나님을 만나기 위해 육 일을 기다리다가 칠 일째에 하나님께서 부르실 때에야 들어갈 수가 있게 된다. 인간은 하나님께서 허락하신 방법과 때를 통해서만 하나님께 다가갈 수 있다.

B단원은 성막 건설에 대한 하나님의 상세한 명령들을 담고 있다. 이 단원이 제공하는 성막의 신학은 크게 두 가지로 요약할 수 있다. 즉 "함께 하심"과 "거룩"이다. 우선 하나님은 우리 가운데에서 함께 하시

기를 원하시는 분이다(25:9; 29:42-46). 이것을 위해 하나님은 성막을 지을 것을 이스라엘에게 명령하신다. 이스라엘과 함께 하시고자 하는 하나님의 의지가 가장 잘 나타나 있는 것은 성막의 이동성이다. 특히 성막의 심장이라고 할 수 있는 증거궤에 있는 운반용 채는 항상 증거궤에 끼워져 있는 상태로 두라고 하나님은 명령하신다(25:15). 이 채는 하나님이 이스라엘과 함께 어디든지 같이 가시겠다는 의지를 반영하고 있다.

이처럼 이스라엘과 함께 하기를 열망하시는 하나님의 모습은 25-31장의 성막 건설의 명령이 40일 밤낮에 걸쳐서 진행된 것을 통해서 드러난다. 마치 신혼부부가 함께 살게 될 신방을 꾸미는데 온갖 정성을 다하고, 모든 세세한 것에 신경을 쓰듯이 하나님은 그 40일의 기간을 온전히 들여서 모세에게 성막 건설에 대한 세세한 내용들을 말씀해주신다. 흔히 성도들은 25-31장이 지겹다고 생각한다. 그러나 이 본문을 위에서 말한 시각에서 읽으면 이 본문은 하나님의 사랑의 편지를 담고 있다는 것을 알게 될 것이다. 세세한 모든 내용들에는 하나님의 정성과 사랑이 새록새록 묻어난다.

그러나 하나님은 또한 지극히 거룩하신 분이신 것을 결코 잊어서는 안 된다. 성막은 그 자체가 하나님의 거룩성을 상징하도록 디자인되어 있다. 성막은 지성소, 성소, 뜰의 삼중구조를 갖고 있는데, 지성소는 가장 귀한 곳이고, 성소는 상대적으로 덜한 것이고, 뜰은 가장 덜 귀한 곳이다. 이러한 정도의 차이는 각 부분의 건설에 사용된 재료들의 차이가 나는 것을 통해 상징적으로 표현된다. 이것을 전문용어로 "거룩성의 차등성"(a gradation of holiness)이라고 부른다. 하나님의 직접적 임재가 있는 지성소가 가장 거룩하고, 그곳으로부터 멀어질수록 점점 거룩성의 정도가 떨어지는데 이것을 통해 하나님이 거룩한 분이시라는 것이 표현된다.

하나님의 거룩성은 또한 하나님 앞에 다가가기 위해 필요한 장비들이나 절차에 의해서도 표현된다. 예를 들어 제사장은 성소에 들어갈 때 제사장 예복에 달린 금방울과 석류 모양의 술을 가지고 소리를 내야 죽지 않았다(28:33-35). 제사장은 또한 제단에서 사역하기 전에 정결하게 씻는 절차를 치러야 했다(30:17-21). 이런 절차들을 지키지 않으면 그들은 죽임을 당했다. 결국 사람은 하나님께 아무렇게나 다가갈 수가 없다. 이처럼 성막은 다가오시는 하나님과 다가갈 수 없는 하나님의 이율배반적인 모습을 함께 보여준다. 분명 우리가 하나님과 관계를 누리기 위해서는 하나님을 두려워하지 말아야 한다. 그러나 우리는 또한 두려움으로 그분을 섬겨야 한다.

C단원은 황금 송아지 사건을 그리고 있다. 이스라엘이 시내 산 언약의 조건들을 잘 지켰더라면 25-31장의 성막이 별 탈없이 완성되는 것으로 출애굽기는 끝났을 것이다. 그러나 불행히도 이스라엘은 하나님께서 모세에게 성막 건설에 대한 명령을 주시기 위해 사용한 40일의 기간을 기다리지 못하고 황금 송아지의 우상을 만드는 죄에 빠졌다. 그들은 언약을 잘 지키겠다는 맹세를 세 번이나 한 적이 있다(19:7-8; 24:3,7). 그러나 그 맹세는 언약이 체결된 첫 순간부터 깨져버렸다. 황금 송아지를 만듦으로써 그들은 십계명의 제 1,2계명을 깨트렸다. 또한 24:3-8의 언약식을 흉내내는 짓을 함으로써 죄를 더욱 악화시켰다(32:6). 이 사건은 이스라엘에게 다가오시는 하나님이 정말로 두렵고 무서운 분이시라는 것을 각인시켜준다. 하나님은 이 백성들을 멸절시키고자 하셨다(32:7-10). 왜냐하면 하나님은 결코 죄인과 한 순간이라도 함께 하실 수 있는 분이 아니시기 때문이다(33:3,5).

이렇게 해서 깨져버린 하나님과 이스라엘간의 관계는 깨진 돌판(32:19)과 진 밖의 회막(33:7)을 통해 상징적으로 나타난다. 하나님과의 관계가 깨진 순간 이스라엘의 역사는 끝장이 날 수도 있었다. 그러나 모세의 목숨을 건 헌신적인 기도들을 통해서 하나님은 결국 그들을 용서하셨다(32:11-14,31-32; 33:12-17; 34:9). 그리고 하나님의 은혜로 34:10-28에서 새로운 언약이 세워졌다. 따라서 시내 산 언약은 사실 두 번에 걸쳐 세워진 것이다. 그리고 그 두 번째 언약은 하나님의 은혜로 세워진 것이다. 따라서 어떤 주석가는 이스라엘에는 처음부터 행위언약은 없고, 오직 은혜언약 뿐이라고 주장했다. 이스라엘이 하나님과 관계를 유지할 수 있었던 것은 오직 하나님의 은혜 덕분이었다. 이스라엘이 끔찍한 죄를 지었을 때 정말 두려워해야 할 분, 결코 다가갈 수 없는 분이심을 보여주셨던 하나님은 이렇게 해서 다시 한 번 자기 백성에게 다가오시는 하나님이심을 보여주셨다.

완전한 멸망의 끝에서 다시 살아난 이스라엘은 D단원에서 하나님의 명령을 따라 성실하게 성막을 제작한다. 이 단원에는 "여호와께서 모세에게 명하신 대로 하였더라"(39:1,5,7,21,26,29,31,32,43; 40:19,21,23,25,27,29,32)는 문구가 계속해서 반복되는데 이것은 이스라엘이 성막을 만드는 과정에서 얼마나 하나님의 말씀에 순종을 하였는지를 보여준다. 이런 철저한 순종은 황금 송아지 사건으로 인해 경험한 하나님의 은혜에 대한 반응일 것이다.

마지막의 E단원은 성막을 통한 하나님과 이스라엘 간의 행복한 밀월 관계를 보여준다. 하나님은 성막을 통해 이스라엘 가운데 임하시고, 이스라엘은 하나님이 성막의 구름을 통해 지시하시는 대로 순종하는 가운데 여행을 하게 된다. 이렇게 해서 출애굽기의 긴 여정은 막을 내린다. 그러나 두려워하지 말아야 할 분인 동시에 두려워해야 할 분인 하나님과의 여정은 오경의 나머지 책들과 구약 전체, 더 나아가서는 성경 전체로 계속해서 이어진다. 신구약 성경 전체는 우리가 마땅히 두려워해야 할 분인 동시에 두려워하지 말아야 할 분인 하나님과의 동행을 그리고 있다.